权威·前沿·原创

皮书系列为
"十二五""十三五"国家重点图书出版规划项目

北京国际城市发展研究院社会建设研究重点项目
贵州大学贵阳创新驱动发展战略研究院重点项目
北京国际城市文化交流基金会智库工程出版基金资助项目

贵阳蓝皮书
BLUE BOOK OF GUIYANG

贵阳城市创新发展报告 No.2
花溪篇

THE INNOVATION DEVELOPMENT REPORT OF GUIYANG No.2:
HUAXI CHAPTER

主　编／连玉明
执行主编／朱颖慧

社会科学文献出版社
SOCIAL SCIENCES ACADEMIC PRESS (CHINA)

图书在版编目(CIP)数据

贵阳城市创新发展报告. NO.2. 花溪篇/连玉明主编. --北京：社会科学文献出版社，2017.5
（贵阳蓝皮书）
ISBN 978-7-5201-0578-1

Ⅰ.①贵… Ⅱ.①连… Ⅲ.①城市建设-研究报告-贵阳 Ⅳ.①F299.277.31

中国版本图书馆 CIP 数据核字（2017）第063420号

贵阳蓝皮书
贵阳城市创新发展报告 No.2　花溪篇

主　　编／连玉明
执行主编／朱颖慧

出 版 人／谢寿光
项目统筹／邓泳红　郑庆寰
责任编辑／桂　芳　伍勤灿

出　　版／社会科学文献出版社·皮书出版分社（010）59367127
　　　　　地址：北京市北三环中路甲29号院华龙大厦　邮编：100029
　　　　　网址：www.ssap.com.cn

发　　行／市场营销中心（010）59367081　59367018
印　　装／三河市东方印刷有限公司

规　　格／开本：787mm×1092mm　1/16
　　　　　印张：27　字数：449千字
版　　次／2017年5月第1版　2017年5月第1次印刷
书　　号／ISBN 978-7-5201-0578-1
定　　价／98.00元

皮书序列号／PSN B-2015-490-2/10

本书如有印装质量问题，请与读者服务中心（010-59367028）联系

▲ 版权所有 翻印必究

贵阳蓝皮书编委会

编委会名誉主任 龙永图

编 委 会 主 任 陈　刚

编委会常务副主任 刘文新

编 委 会 副 主 任 李岳德　陈少荣　朱江华　王华平
　　　　　　　　　 兰义彤　庞　鸿　聂雪松　杨赤忠
　　　　　　　　　 徐　沁　向虹翔　刘玉海　王玉祥
　　　　　　　　　 陈小刚　徐　昊　钟汰甬　魏定梅

编　　　　　委 向虹翔　杨明晋　蒋志伦　钟　阳
　　　　　　　　　 刘本立　王　黔　王建忠　朱丽霞
　　　　　　　　　 常文松　李　瑞　钮力卿　张海波
　　　　　　　　　 林　刚　朱　刚　梅　俊　唐兴伦
　　　　　　　　　 邹　杰　唐　矛　孙绍雪　佘　龙
　　　　　　　　　 卓　飞　李仕勇　沈　兵　田胜松
　　　　　　　　　 洪　兵　宋书平　仇　玮　梁淑莲
　　　　　　　　　 谢国波　何发兵　金　松　王　峰
　　　　　　　　　 杨炜锋　吴永康　赵代刚　罗晓斌
　　　　　　　　　 张　恺　邱　斌　唐　樾　廖　勇
　　　　　　　　　 胡　勇　童祖强

《贵阳城市创新发展报告 No.2 花溪篇》
编 写 组

主　　　　编	连玉明
执 行 主 编	朱颖慧
副　主　编	武建忠　宋　青　胡海荣　张俊立　田　润
核心研究人员	连玉明　朱颖慧　武建忠　宋　青　胡海荣
	张俊立　田　润　陈惠阳　王鹏飞　李正贵
	祖章能　杨　刚　黄亚军　田丽梅　安中发
	张君发　冯真书　虎　静　何　露　李　雪
	文进方　黄陈伟　陶　巍　陈　慧　李明环
学 术 秘 书	何　露

主编简介

连玉明 著名城市专家，教授、博士，北京国际城市发展研究院院长，贵州大学贵阳创新驱动发展战略研究院院长，北京市人民政府专家咨询委员会委员，北京市社会科学界联合会副主席，北京市哲学社会科学京津冀协同发展研究基地首席专家，基于大数据的城市科学研究北京市重点实验室主任，北京市社会发展研究中心理事长，北京市朝阳区发展研究中心首席顾问，大数据战略重点实验室主任，阳明文化（贵阳）国际文献研究中心主任。

研究领域为城市学、决策学和社会学。近年来致力于大数据战略、生态文明理论及实践等研究。首创"大数据战略重点实验室"，打造中国特色大数据新型高端智库。首次提出"贵阳指数"，该指数成为中国生态文明发展风向标。主编《贵阳蓝皮书：贵阳城市创新发展报告No.1》《中国生态文明发展报告》《贵阳建设全国生态文明示范城市报告》等论著60余部。最新研究成果《块数据：大数据时代真正到来的标志》《块数据2.0：大数据时代的范式革命》《块数据3.0：秩序互联网与主权区块链》成为中国国际大数据产业博览会的重要理论成果，《六度理论》《绿色新政》《双赢战略》成为生态文明贵阳国际论坛的重要理论成果。

摘 要

"创新、协调、绿色、开放、共享"的发展理念正在成为当下中国发展的主旋律和最强音。"十二五"期间，贵阳在创新领域先行一步，先棋一着，引入大数据思维、大数据技术，推动产业转型、创新发展模式，逐步探索出了一条模范守住"两条底线"、实现"双赢发展"的新路径，这也是践行"五大发展理念"的自觉行动。以此为基础，贵阳审时度势，主动承担发展的责任与使命，将"一个目标、三个建成"作为"十三五"时期的奋斗目标，并科学提出以大数据引领经济转型升级、提升政府治理能力、提升民生服务水平的三大任务，以科技、人才、金融、安全为支撑，以培育创新环境、扩大开放合作、深化体制改革、健全法规标准、完善评价考核为保障，把建设块数据城市作为创新型中心城市的实现形态和战略抓手，增强区域发展的影响力、创造力和竞争力。贵阳市十个区（市、县）坚持以大数据为引领，服务大局、错位发展，发挥"长板"优势，补齐"短板"劣势，多维度、多层面进行实践探索，做强创新驱动引擎，加快构建全产业链；优化开放合作环境，加快构建全治理链；统筹民生事业发展，加快构建全服务链，为贵阳市建成创新型中心城市发挥强劲支撑作用。

《贵阳城市创新发展报告 No.2 花溪篇》以建设国家级全域文化旅游创新区和打造创新型中心城市腹地为目标，坚持理论探讨与实证研究相结合，在全面客观分析花溪区"十二五"规划实施情况的基础上，重点对公园城市建设的理论研究与规划研究进行了探讨；立足花溪区"十二五"发展基础，以破解发展难题、创新发展思路为导向，对乡镇、社区、行政村、居委会的发展情况进行调研，并对四级单位的主要领导进行深入访谈，综合分析出花溪区9个乡镇和18个社区在建设文化旅游创新区目标下发展存在的问题，并对其"十三五"发展思路进行探讨。

在此基础上，本书认为，城市发展要依托创新实现驱动，要从理念创新、

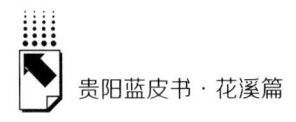

科技创新、制度创新、文化创新等方面不断激发城市发展的活力。花溪区，在"十三五"发展中，要厚植创新发展的城市基因，以建成国家级全域文化旅游创新区、打造创新型中心城市腹地、建设千亿级开放创新平台、推进更高水平全面小康社会建设为目标，以构建"九大体系"（协同创新、现代产业、对外开放、多元文化、城市生态、全域旅游、新型城镇、民生保障、社会治理）为支撑，建成生产发展、生活富裕、生态良好的现代化山水田园新城。

Abstract

The concept of development of "innovation, coordination, green, openness and sharing" is becoming the main theme and the strongest voice of the development of China. During the Twelfth Five-Year Plan period, Guiyang first introduced big data concept and big data technology in the field of innovation to promote industrial restructuring and innovation and development models, and gradually explored a new path to hold the "two bottom lines" and achieve the "win-win development", which is also a conscious action in practicing "five development concepts". On the basis of this, Guiyang, taking the initiative to assume the responsibility and mission of development, with "one objective and three establishments" as the goal during the period of Thirteenth Five-Year Plan, put forward the three major tasks of the data-leading economic transformation and upgrading, improvement of the management capacity of the government and improvement of the level of people's livelihood services, supported by science and technology, personnel, finance and security by cultivating an innovative environment, expanding open cooperation, deepening the system reform, improving the standards, and strengthening the assessment, to build a block data city as an innovative central city and to enhance the influence, creativity and competitiveness of the regional development. The ten districts (cities and counties) of Guiyang City have made multi-dimensional, multi-level exploration, strengthened the innovation-driven engine, and accelerated the construction of the whole industry chain by adhering to the principle of being led by big data, considering the overall situation, dislocation development, playing the "long board" advantage and filling the "short board" disadvantage; optimized the open and cooperative environment and sped up the construction of the whole governance chain; coordinated the development of people's livelihood and accelerated the construction of full service chain, thus providing a strong support for Guiyang City to build an innovative center city.

The Innovation Development Report of Guiyang No. 2: Huaxi Chapter aims to build a national-level region-based cultural tourism innovation district and create an innovation-driven city hinterland, combines the theoretical discussion and the empirical research, and focuses on the exploration and discussion of theoretical and planning research of building a park city based on a comprehensive and objective analysis of the planning and implementation of Huaxi District during the Twelfth Five-year Plan. Based on the period of the Twelfth Five-Year Plan of Huaxi District, this paper aims to solve the problems of development and innovate the concepts of development, investigate the development status of towns, communities, administrative villages and neighborhood committees, have in-depth interviews with their main leaders, and make a comprehensive analysis of the problems in the development of 9 towns and 18 communities in Huaxi District while building a cultural and tourism innovation district, and its development concept during the Thirteenth Five-year Plan is explored.

On this basis, the Book believes that the city development should rely on the innovation in concept, technology, system and culture and other aspects to inspire the vitality for urban development. During the period of the Thirteenth Five-year Plan, Huaxi District should grow urban genes for innovative development, and aim to build a national-level region-based cultural tourism innovation area, create an innovation-driven city hinterland, build a platform for openness and innovation, speed up the comprehensive construction of the well-off society at a higher level, build nine systems in collaborative innovation, modern industry, opening up, multiple culture, urban ecology, region-based tourism, new towns, people's livelihood, social governance, and build a modern new town with developed production, rich life, good ecology and beautiful landscape.

目　录

导论：以创新标注发展高度 …………………………………………… 001

Ⅰ　总报告

B.1　厚植创新优势建设国家级全域文化旅游创新区
　　　打造创新型中心城市腹地
　　　　——贵阳市花溪区"十三五"发展思路研究 ……………… 001
　　　一　花溪区"十二五"发展回顾与形势研判 ………………… 002
　　　二　基于贵阳市"十三五"规划确立花溪区发展思路 ……… 007
　　　三　对花溪区"十三五"发展任务与重点的思考 …………… 010
　　　四　结语 …………………………………………………………… 016

Ⅱ　评估篇

B.2　花溪区"十二五"规划实施情况的分析报告 ………………… 018

Ⅲ　理论篇

B.3　全域旅游战略背景下的公园城市建设 ………………………… 047
B.4　现代山水田园城市建设探析
　　　　——关于花溪区"百园之区"建设规划的研究与思考 …… 059

001

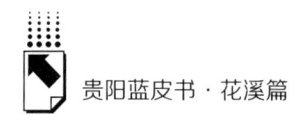

Ⅳ 调研篇

B.5 花溪区社区调研报告 …………………………………………… 069
B.6 花溪区居委会调研报告 ………………………………………… 086
B.7 花溪区乡镇调研报告 …………………………………………… 104
B.8 花溪区行政村调研报告 ………………………………………… 116

Ⅴ 案例篇

B.9 以大数据思维、大数据技术提升治理模式
打造老旧社区治理示范点
——花溪区明珠社区"十三五"发展思路研究 ………………… 136

B.10 深化"12371"工作法 变方法创新为机制建设
推进基层治理自治化进程
——花溪区阳光社区"十三五"发展思路研究 ………………… 146

B.11 以"促进发展、保障民生、强化治理"为主线推动
农村社区转型升级
——花溪区贵筑社区"十三五"发展思路研究 ………………… 157

B.12 解难题 保稳定 推进新型农村社区建设
——花溪区清溪社区"十三五"发展思路研究 ………………… 167

B.13 以大项目建设为平台 推动区域城市化进程
创新城郊农村社区发展模式
——花溪区溪北社区"十三五"发展思路研究 ………………… 175

B.14 强化服务管理 实现混合型社区的"提档升级"
——花溪区黔江社区"十三五"发展思路研究 ………………… 184

B.15 从传统单位型社区管理向城市新型社区服务转型
——花溪区清浦社区"十三五"发展思路研究 ………………… 192

B.16 以网格化管理为基础 以三类服务为重点
构建新型社区服务体系
——花溪区瑞华社区"十三五"发展思路研究 …………………… 201

B.17 立足核心区聚集各方资源 提升社区的公共性
——花溪区兴隆社区"十三五"发展思路研究 …………………… 209

B.18 在推动老旧小区改造中建设宜居社区
——花溪区平桥社区"十三五"发展思路研究 …………………… 217

B.19 从新型社区向示范社区提质增效的路径选择
——花溪区航天社区"十三五"发展思路研究 …………………… 226

B.20 推进企社共建共治共享 推动社区服务功能提升
建设新型现代化社区
——花溪区航空社区"十三五"发展思路研究 …………………… 237

B.21 变人口结构多元为参与主体多元 以基层和需求为
导向推动社区自治
——花溪区金欣社区"十三五"发展思路研究 …………………… 246

B.22 在城中村改造中实现农村社区的转型发展与品质提升
——花溪区黄河社区"十三五"发展思路研究 …………………… 255

B.23 破解二元结构困境 提升管理服务水平
推动农村过渡型社区社会治理创新
——花溪区三江社区"十三五"发展思路研究 …………………… 266

B.24 以大数据为引领 以项目建设为支撑
探索园区社区一体化发展模式
——花溪区小孟社区"十三五"发展思路研究 …………………… 275

B.25 以网格化推动社区发展特色化 精细化与精准化
——花溪区金竹社区"十三五"发展思路研究 …………………… 284

B.26 服务发展"两手抓" 夯实农村社区基层基础
——花溪区花孟社区"十三五"发展思路研究 …………………… 294

B.27 突出古镇文化　构建全域格局　打造全域文化旅游创新区
核心区和中国国际特色旅游小城镇
　　——青岩镇"十三五"发展思路研究 …………………… 305

B.28 借大数据推动转型升级　建设智慧旅游型小镇
　　——花溪区石板镇"十三五"发展思路研究 …………… 318

B.29 承接"两区"发展机遇　做足产业配套延伸
建设"四位一体"创新型工贸城镇
　　——花溪区燕楼镇"十三五"发展思路研究 …………… 328

B.30 发挥区位、土地、生态三大优势打造生态新城
　　——花溪区麦坪镇"十三五"发展思路研究 …………… 339

B.31 以"智慧物流+休闲车旅"为重点
建设产城互动示范小城镇
　　——花溪区孟关乡"十三五"发展思路研究 …………… 352

B.32 以生态农业、文化旅游为抓手
推动传统农业向现代都市农业转型
　　——花溪区马铃乡"十三五"发展思路研究 …………… 363

B.33 立足跨区域协同　推进文旅融合发展
建设独具特色生态文化旅游示范乡
　　——花溪区黔陶乡"十三五"发展思路研究 …………… 372

B.34 立足山地资源特色　推进农文旅融合发展　建设高坡国际
山地户外运动旅游休闲度假区
　　——花溪区高坡乡"十三五"发展思路研究 …………… 383

B.35 坚持生态涵养功能　推进茶文旅一体化发展
　　——花溪区久安乡"十三五"发展思路研究 …………… 394

皮书数据库阅读**使用指南**

CONTENTS

Introduction: Develop with Innovation /001

I General Report

B.1 Strengthen the Innovation Advantage, and Build a National-level Region-based Cultural Tourism Innovation Zone and an Innovation-driven City Hinterland
  —*A Study on the Development Concept of Huaxi District of Guiyang City during the Thirteenth Five-Year Plan* /001
  1. Development review and situation judgment of Huaxi District during the Twelfth Five-Year Plan /002
  2. Determining the development concept of Huaxi District based on the planning of the Thirteenth Five-Year Plan for Guiyang City /007
  3. Thinking on the development tasks and focuses of Huaxi District during the Thirteenth Five-Year Plan /010
  4. Conclusion /016

II Evaluation Report

B.2 Analysis Report of the Implementation of Huaxi District During the Twelfth Five-Year Plan /018

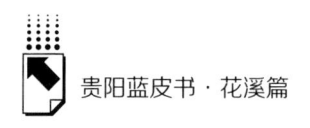

III Theory Reports

B.3 Building a Park City based on the Strategy of the Region-based Tourism / 047

B.4 Discussion on the Construction of a Modern Landscape and Pastoral City / 059

IV Investigation Reports

B.5 A Survey Report on the Communities of Huaxi District / 069
B.6 A Survey Report on the Residents' Committees of Huaxi District / 086
B.7 A Survey Report on the Towns of Huaxi District / 104
B.8 A Survey Report on the Administrative Villages of Huaxi District / 116

V Case Studies

B.9 Build a Demonstration Community for the Governance of the Old Community by Improving the Governance Model with Big Data Thinking and Big Data Technology
  —*A Study on the Development Concept of the Mingzhu Community in Huaxi District during the Thirteenth Five-year Plan* / 136

B.10 Promote the Autonomy Process of Grassroots Governance by Deepening the "12371" Work Law and Changing the Method Innovation to the Mechanism Building
  —*A Study on the Development Concept of the Yangguang Community in Huaxi District during the Thirteenth Five-year Plan* / 146

B.11 Promote the transformation and upgrading of rural communities with the theme of "promoting development, protecting people's livelihood and strengthening governance"
  —*A Study on the Development Concept of the Guizhu Community in Huaxi District during the Thirteenth Five-year Plan* / 157

CONTENTS

B.12 Solve problems, ensure stability, and promote the construction of new rural communities
　　　—*A Study on the Development Concept of the Qingxi Community in Huaxi District during the Thirteenth Five-year Plan*　/ 167

B.13 Promote the Process of Regional Urbanization with the Platform of Large Project Construction and Innovate the Development Model for Suburban Rural Community
　　　—*A Study on the Development Concept of the Xibei Community in Huaxi District during the Thirteenth Five-year Plan*　/ 175

B.14 Achieve the Upgrading of a Mixed Community by Strengthening the Service Management
　　　—*A Study on the Development Concept of the Qianjiang Community in Huaxi District during the Thirteenth Five-year Plan*　/ 184

B.15 Transform from the Traditional Unit-type Community Management to the City New-type Community Service
　　　—*A Study on the Development Concept of the Qingpu Community in Huaxi District during the Thirteenth Five-year Plan*　/ 192

B.16 Build a New Community Service System Focusing on Three Types of Services Based on Grid Management
　　　—*A Study on the Development Concept of the Ruihua Community in Huaxi District during the Thirteenth Five-year Plan*　/ 201

B.17 Enhance the Publicity of the Community by Gathering the Resources of All Parties Based on the Core Area
　　　—*A Study on the Development Concept of the Xinglong Community in Huaxi District during the Thirteenth Five-year Plan*　/ 209

B.18 Build a Livable Community While Speeding up the Transformation of Old Residential Communities
　　　—*A Study on the Development Concept of the Pingqiao Community in Huaxi District during the Thirteenth Five-year Plan*　/ 217

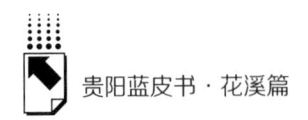

B.19 Choose a Path to Improve the Quality and Efficiency While Transforming From the New Community to the Demonstration Community

—*A Study on the Development Concept of the Hangtian Community in Huaxi District during the Thirteenth Five-year Plan* / 226

B.20 Build a New Modernized Community by Strengthening the Co-building, Co-operation and Sharing Between Enterprises and Communities and Improving the Community Service Function

—*A Study on the Development Concept of the Hangkong Community in Huaxi District during the Thirteenth Five-year Plan* / 237

B.21 Change the Population Structure Diversification to the Participant Diversification and Speed Up the Community Autonomy Oriented by Grass-roots and Demand

—*A Study on the Development Concept of the Jinxin Community in Huaxi District during the Thirteenth Five-year Plan* / 246

B.22 Realize the Transformation and Quality Improvement of Rural Community in the Reconstruction of Villages in the City

—*A Study on the Development Concept of the Huanghe Community in Huaxi District during the Thirteenth Five-year Plan* / 255

B.23 Drive the Social Governance Innovation of the Rural Transitional Community by Breaking the Dilemma of the Binary Structure and Improving the Management Service Level

—*A Study on the Development Concept of the Sanjiang Community in Huaxi District during the Thirteenth Five-year Plan* / 266

B.24 Explore the Development Model for the Integration of the Park with the Community Led by the Big Data and Supported by the Project Construction

—*A Study on the Development Concept of the Xiaomeng Community in Huaxi District during the Thirteenth Five-year Plan* / 275

CONTENTS

B.25 Strengthen Characteristics, Refinement and Precision of the Development of the Community with Grid Management
　　　—A Study on the Development Concept of the Jinzhu Community in Huaxi District during the Thirteenth Five-year Plan / 284

B.26 Consolidate the Basic Base of Rural Communities by Focusing on Both Service and Development
　　　—A Study on the Development Concept of the Huameng Community in Huaxi District during the Thirteenth Five-year Plan / 294

B.27 Build a Region-based Cultural Tourism Innovation-driven Core Area and China's International Tourism Small Town by Highlighting the Culture of the Ancient Town and Constructing a Region-based Pattern
　　　—A Study on the Development Concept of Qingyan Town during the Thirteenth Five-year Plan / 305

B.28 Build an Intelligent Tourism Town by Driving Transformation and Upgrading Via Big Data
　　　—A Study on the Development Concept of Shiban Town in Huaxi District during the Thirteenth Five-year Plan / 318

B.29 Build an Innovative Town of "Four in One" Integrating Trade and Industry by Grasping the Development Opportunities for "Two Areas" and Making the Industry Supporting Extension
　　　—A Study on the Development Concept of Yanlou Town in Huaxi District during the Thirteenth Five-year Plan / 328

B.30 Build an Ecological City by Playing the Advantages in Location, Land and Ecology
　　　—A Study on the Development Concept of Maiping Town in Huaxi District during the Thirteenth Five-year Plan / 339

B.31 Build a Demonstration Town Integrating Industry and Urban Focusing on Wisdom Logistics and Leisure Car Travel
　　　—A Study on the Development Concept of Mengguan Village in Huaxi District during the Thirteenth Five-year Plan / 352

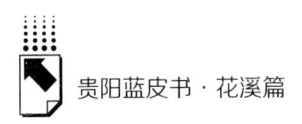

B.32 Drive the Transformation of Traditional Agriculture to Modern Urban Agriculture with Ecological Agriculture and Cultural Tourism as the Starting Point
    —A Study on the Development Concept of Maling Village in Huaxi District during the Thirteenth Five-year Plan / 363

B.33 Build a Unique Demonstration Town of Ecological Culture Tourism Based on Cross-regional Cooperation by Promoting the Integral Development of Culture and Tourism
    —A Study on the Development Concept of Qiantao Village in Huaxi District during the Thirteenth Five-year Plan / 372

B.34 Build a High-slope International Mountain Resort Integrating Outdoor Sports, Tourism and Leisure Based on the Characteristics of Mountain Resources by Promoting the Integral Development of Agriculture and Culture
    —A Study on the Development Concept of Gaopo Village in Huaxi District during the Thirteenth Five-year Plan / 383

B.35 Insist on the Ecological Conservation Function and Promote the Development Integrating Tea, Culture and Tourism
    —A Study on the Development Concept of Jiuan Village in Huaxi District during the Thirteenth Five-year Plan / 394

导论：以创新标注发展高度

创新是当今时代的主旋律和最强音，是中央五大发展新理念的核心与灵魂，是一个国家和地区的核心竞争力，是城市发展的核心要义。创新是城市发展之本，一个城市只有把创新放在极其重要的战略地位，将改革创新体现在经济社会发展的方方面面，才能抓住机遇、抓住主动权，进一步提速增效升级。一个城市的创新主要分为两个层面，在宏观层面，主要包括理论创新、制度创新、科技创新、文化创新等；在微观层面，主要包括管理创新、产品创新、模式创新等。"十三五"时期，贵州省省会贵阳要打造创新型中心城市，只有把创新作为引领城市发展的第一动力，才能突破自身发展的瓶颈、解决深层次矛盾和问题。

创新是一个系统工程，需要各方力量共同发力。"花飞溪畔，溪绕花城"是贵阳市"会客厅"花溪区的特点。2014年，贵州省委、省政府和贵阳市委、市政府明确花溪区建设文化旅游创新区的定位，举贵阳全市之力，推进其发展建设，花溪区按照"一区四化"的理念推动生态、旅游、文化融合发展，成绩斐然。"十三五"时期是花溪区厚植创新发展的城市基因、壮大综合实力、建成国家级全域文化旅游创新区的重要战略机遇期；是找准定位，实现产业支撑和功能拓展、打造创新型中心城市腹地的重要发力期；是加快转型，建成千亿级开放创新平台、实现可持续发展的重要转型期；是推动跨越，从全面建成小康社会向建设更高水平全面小康社会不断推进的重要转折期。花溪区将以创新为引领，实施创新驱动发展战略，在理念创新、科技创新、制度创新、文化创新等方面不断发力。

一 理念创新——推进更高水平全面小康社会建设的引擎

理念创新是革除旧的观念看法，用新的视角、方法、思维模式来指导实践的过程。"十三五"时期，中共中央提出要牢固树立和贯彻落实"五大理念"，强调创新发展理念是方向、是钥匙，是瞄准世界科技前沿、全面提升自主创新能力的重要动力。而花溪区结合贵阳市"守底线、走新路、打造升级版"的工作总纲，树立崇尚创新、注重协调、倡导绿色、厚植开放、推进共享的发展理念，依托抓精准扶贫，撕掉贫困标签，把破解民生难题作为检验一切工作成效的根本标准，以民之所望为施政所向，不断提升城乡居民的小康水平，通过推进脱贫攻坚战略行动，实施教育质量提升工程，实施健康花溪建设工程，实施民生解困保障工程，构建民生保障体系，推进实现更高水平的小康社会建设。

二 科技创新——打造创新型中心城市腹地的支撑

科技创新是应用新的知识、技术、工艺，采用新的生产方式，开发新产品，提供新服务的过程，通常被分为知识创新、技术创新和现代科技引领的管理创新三种类型。"十三五"时期，贵阳市确立打造创新型中心城市的目标，花溪区作为南部中心，起着产业支撑和功能疏解的城市腹地的作用，花溪区把经济结构升级作为发展的主攻方向，以科技创新为引领、现代服务业为支撑、新经济产业为助推、"互联网+"传统产业为契机，构筑产业发展的新优势，并加快推进贵阳·贵安大数据产业发展集聚区、贵阳大数据产业技术创新试验区建设，推进科技市场建设，把花溪打造成为科技成果转化和交易的重要市场，真正发挥科技创新在全面创新中的引领作用，成为创新型中心城市建设的有力支撑。

三 制度创新——构建千亿级创新平台的保障

制度创新是宏观层面上最重要的创新，是以政府为主体提供有利于深化改革、扩大开放、促进共享的各项制度与体制机制。制度创新是政府管理经济、社会方式的创新，旨在形成稳定的制度环境。在"十三五"时期，花溪区以构建千亿级创新平台为载体，坚持解放思想，破除制约花溪区经济社会发展的传统观念和体制障碍，做到发展思维、发展理念、发展路径、发展资源的开放,建立开放创新机制,以开放的姿态主动融入全国乃至全球的创新链,以开阔的胸襟吸纳全球创新资源,在开放的平台上提升全面自主创新能力,为加快发展争取更为强劲的动力。另外,花溪区把"容错"作为创新之盾,营造"容错免责"的良好环境,包容锐意进取者,使创新者能够安心实干,形成"大众创业、万众创新"的燎原之势。通过全面的政策创新,营造阳光公平的政务环境,推动创新创业要素资源顺畅流动,并利用现有的创新政策工具,形成支持众创空间发展的政策体系,为构建千亿级创新平台提供充分的制度创新保障。

四 文化创新——激发建设文化旅游创新区的活力

文化是人类社会发展进步的重要精神动力,文化创新是社会实践发展的必然要求。"十三五"时期,花溪区以建设国家级全域文化旅游创新区为目标,旅游是载体,文化是内核,文化创新的程度决定花溪发展的高度。因此,花溪区倡导鼓励创造、追求卓越的创新文化,推动创新成为花溪精神的重要内涵,让创新精神从文化上深入人心,引导大众关心、理解、支持、参与创新创业,厚植"双创"土壤,激发勇于探索的创新精神,构建良好的花溪创业创新生态体系。

花溪区以构筑"活"文化高地为方向,着力把握文化活的特性,全面推进文化理念创新、意识创新、服务创新,依靠创新增强花溪文化的生命力,通过融合扩大花溪文化的影响力。树立与文化旅游创新区相匹配的鲜明形象,不断为花溪区文化发展植入鲜活的创新基因,使文化创新成为花溪的基本样态。此外,花溪区充分发挥党委、政府在文化创新中的主推手作用,全面推进文化创新与体制模式、技术产业、城镇乡村、公共服务等创新相融合,鼓励人人都有创新意识、处处皆为万众创新服务,形成时时包容创新失误的社会氛围,使创新无处不在,让创新蔚然成风。并以开放创新的思维,谋划建设文化创意产业园,制定优惠政策、提高服务水平,引导项目、企业向文化产业园区集中,努力把花溪打造成为以创新思维引领发展的新兴文化城市,不断为建设国家级全域文化旅游创新区注入新的活力。

总报告

General Report

B.1
厚植创新优势建设国家级全域文化旅游创新区 打造创新型中心城市腹地

——贵阳市花溪区"十三五"发展思路研究

摘　要： 素有"高原明珠"美誉的花溪区，是贵州省贵阳市的"会客厅"，"十二五"前期，花溪区在贯彻落实党中央、贵州省、贵阳市各项决策部署的同时，经济社会发展成效显著、态势良好。"十二五"末期，花溪区按照贵州省委、省政府关于建设文化旅游创新区的要求，贵阳市委、市政府"一区四化"①的指导思想，开始踏上建设文化旅游创新区的新征程。立足发展基础，"十三五"期间，花溪区将以打造创新型中心城市腹地为定位，以建成国家级全域文化旅游创新区为重

---

① 一区四化：园区高端化、市区园林化、农村特色化、景区生态化。

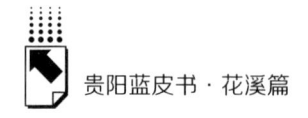

点,厚植创新优势,聚焦"三大任务九大体系"①,向建成更高水平的全面小康社会迈进。

关键词: 花溪区　城市腹地　文化旅游创新区　全面小康

一　花溪区"十二五"发展回顾与形势研判

"十二五"时期是花溪区聚焦大花溪发展理念、实现大融合发展和大跨越发展目标的关键时期。花溪区坚持"主基调""主战略",贯彻落实"一区四化"的理念,开始了建设文化旅游创新区的新征程,迈出了经济开发区、花溪区两区融合发展的新步伐,实现了建成全面小康社会的新目标,全区发展优势进一步凸显,综合实力进一步增强,民生福祉进一步改善,治理水平进一步提升,经济社会发展取得历史性突破,为"十三五"时期发展奠定了坚实基础。

(一)花溪区"十二五"发展成效显著

1. 确立文化旅游创新区战略目标,发展优势进一步凸显

2014年,按照贵州省委、省政府的战略部署,贵阳市委、市政府的政策意见,花溪区确立打造文化旅游创新区的战略目标。这一战略目标的确立,为花溪区未来发展厘清了方向、指明了路径、找准了抓手,全区发展优势进一步凸显。"十二五"期间,花溪区坚守两条底线,大力推进生态环境优化,全区生态文明建设成效显著,2012年,花溪区获得由环保部授予的"国家级生态示范区"称号,成为贵阳市唯一一个国家级生态示范区。同时,花溪区还着力通过举办第九届贵州省旅游产业发展大会,推动青岩古镇创建国家5A级旅游景区,创新旅游综合执法体系等,推进全域旅游率先发展,2016年成功入选全国首批"国家全域旅游示范区"创建单位。此外,"十二五"期间,花溪

---

① 三大任务:建成创新型中心城市腹地、建成文化旅游创新区和实现更高水平的全面小康;九大体系:协同创新体系、现代产业体系、对外开放体系、多元文化体系、城市生态体系、全域旅游体系、新型城镇体系、民生保障体系、现代治理体系。

区还着力于打造良好的人文环境，通过打造孔学堂、十里河滩等一批文化地标，推动久安古茶树与茶文化系统成为"中国重要农业文化遗产"等，塑造了传统文化、历史文化、民族文化、现代文化交相辉映的多元文化新品牌。

2. 经济加速发展，综合实力进一步增强

"十二五"期间，花溪区行政区划经历了重大调整，2012年贵阳市撤销原小河区，在原小河区和花溪区的基础上成立了新花溪区，经开区在花溪区行政区域内独立运行，借助区划调整后花溪、经开的叠加优势，花溪区着力推进两区融合、优势互补、双轮驱动，经济规模实现历史性跨越。全区生产总值从"十一五"末的138.59亿元增至"十二五"末的494.97亿元，年均增长16.1%，是2010年的3.57倍，人均GDP达到77635元。其中规模以上工业增加值达到242.2亿元，年均增长20.1%，是2010年的5.84倍。固定资产投资总额达到464.61亿元，年均增长32.4%，是2010年的2.61倍。社会消费品零售总额达到208.64亿元，年均增长15.1%，是2010年的3.48倍。财政总收入达到62.23亿元，年均增长26.81%，是2010年的3.28倍。公共财政预算收入达到33.89亿元，年均增长27.4%，是2010年的3.36倍。旅游总收入达到141.99亿元，年均增长18.6%，是2010年的2.35倍。招商引资实际到位资金442亿元，年均增长46.8%，是2010年的5.63倍。综合实力进一步增强。

3. 全面小康社会验收达标，民生福祉进一步改善

"十二五"时期是花溪区全面建设小康社会的关键时期。五年来，花溪区以全区人民生活达到全面小康水平为发展的总目标，着力实施建设小康六项行动计划，2013年全面建成小康社会顺利达标验收，提前两年完成了目标任务，有效支撑了贵阳市全面小康社会的建成。"十二五"期间，花溪区民生支出占公共财政预算支出的比重达72.14%，实现33个贫困村"减贫摘帽"和4.7万人脱贫，改造1.31万户农村危房，解决13.78万人的饮水安全问题，投入32.3亿元新建、迁建和改扩建14所学校，办学条件进一步改善，实施城乡居民医疗保险大病统筹，基本实现城乡低保、社会救助、社会保险政策全覆盖。城镇、农村居民人均可支配收入分别达到26532元、12414元，年均增长11.6%、14.3%，民生福祉进一步改善。

4. 创新社会治理明珠模式，区域治理水平进一步提升

"十二五"期间，花溪区着力创新社会治理新模式，进一步提升了区域治理水平。明珠社区"一核多元、五力共治"社会治理模式获评全国社会治理创新最佳案例，得到了中央及省市领导的高度肯定。"阳光妈妈"志愿者协会荣获全国禁毒工作先进集体称号，受到习近平总书记、李克强总理的亲切接见。乡（镇）便民利民服务大厅实现全覆盖，"新型社区·温馨家园"建成率达95%。此外，通过开展"两严一降"专项行动，刑事发案数下降10.21%；完成信访维稳"一号工程"案件765件，积案数下降62.58%，群众安全感由"十一五"期末的83%提升到97.18%，群众满意度由74.56%提升到91.81%。

（二）花溪区"十二五"发展面临的问题

"十二五"时期，花溪区在经济社会发展上虽然成绩显著，但在产业转型、基础设施、体制机制、服务管理上仍然存在一定的问题和挑战。

1. 产业转型步伐缓慢，发展方式亟待转变

"十二五"末期，花溪区的产业发展逐步显现出产业转型步伐缓慢、经济增长乏力的状况，主要表现为：固定资产投资增幅回落，工业经济增速放缓，农业稳定增长基础不牢固，第三产业发展缓慢，融合度低，在住宿、零售、餐饮增长等方面发展乏力，观光旅游的阶段性特征十分明显。此外，花溪区文化产业的聚集度不高，文化产业增加值占GDP的比重仅为1.64%，缺乏核心企业和标志性项目的拉动，发展方式亟待转变。

2. 基础设施欠账较多，软硬环境亟待提升

基础设施是旅游发展的硬件条件，但在硬件提升完善上，目前花溪区仍存在"城市郊区"特征明显、功能分区不科学、尚未形成城市"综合中心"等问题。在交通方面，花溪区目前道路的东西向不畅通，内部"微循环"尚未打通，且由于之前的城市空间规划缺乏超前意识，停车位严重不足，交通拥堵现象严重。此外，花溪区城乡整体形象、品质还有待提升，城市管理水平、市民素质还需要提升，软硬环境亟待改善。

3. 政策体制创新不足，双创生态系统亟待完善

建设文化旅游创新区，关键在于创新。但目前，花溪区在资金投入、土地政策、项目审批等方面的政策配套、创新机制不足，花溪、经开两区的融合发展机制探索不够。此外，在创新要素的整合上也不充分，创新创业机制缺乏，大学城等科研创新平台的作用不能凸显，创新型企业、创新型人才不足，创新创业氛围有待提升，双创生态系统亟待构建完善。

4. 服务管理水平不高，城乡差距亟待缩小

"十二五"时期，虽然花溪区的小康社会验收达标，但由于花溪区经济总量小且人均水平不高，社会民生事业滞后，农村公共服务方面仍然欠账较多，民生规划布局不均衡。在教育方面，优质教育资源总量不足，供求关系紧张、上好学难现象突出。在医疗方面，优质医疗资源欠缺，看病难、看病贵问题亟待解决。在社会治理方面，"两严一降"、禁毒人民战争等专项行动任务繁重，与打造升级版安全城市仍有差距，城乡差距亟待缩小。

（三）关于花溪区"十三五"发展形势的研判

1. 花溪区正处于新的历史节点，要把发展力量聚集到文化旅游创新区建设上

"十二五"初期，花溪区将五年的经济社会发展目标定位为"建设生态文明示范区"，重点是打造"生态之城、旅游之城、知识之城、宜居之城"，推动全面小康社会提前建成。2012年，随着花溪区与原小河区合并设立新的花溪区，随着贵阳市城市功能区划的调整，花溪由南端最偏远的郊区，迅速成为贵阳市与贵安新区协同发展的交界区、核心区和桥头堡。加上环城高速、甲秀南路、贵惠大道等城市干道的建成通车，和一批重大交通基础设施建设的快速推进，包括十里河滩国家城市湿地公园、青岩古镇、孔学堂等一大批文化旅游项目的实施，花溪在发展条件、区位条件、交通条件、文化旅游资源条件上发生了翻天覆地的变化，花溪区迎来了关键选择期，只有抓住机遇、找准战略定位，才能实现历史性的大转变。

根据花溪在生态、文化、旅游上的特殊优势，2014年，贵州省委、省政府做出了加快推进花溪文化旅游创新区建设的决策部署，中共贵州省委书记陈敏尔同志提出要把花溪区打造成为全域文化旅游创新区，贵阳市委、市政府出台了《中共贵阳市委、贵阳市人民政府关于支持花溪建设旅游创新区的意见》。明确了花溪要以"大花园、大溪流"为主要特色，按照"园区高端化、市区园林化、农村特色化、景区生态化"的定位，建设文化旅游创新区。花溪只有紧抓全域文化旅游创新区的发展定位，发挥优势、顺势而谋，将大数据、大生态、大文化、大旅游变成大产业，才能将生态文明理念贯穿始终，最终实现经济社会的可持续发展。

2. 花溪区正进入新的战略节点，要把战略重点聚焦到贵阳创新型中心城市建设上

花溪区在经历了区划调整、经开与花溪融合发展后，发展优势进一步凸显，当下已进入新的战略节点。从历史潮流、发展趋势来看，新常态下，以大数据、云计算、工业互联网、智能制造等为代表的第三次工业革命方兴未艾，转变发展方式、实施创新驱动发展战略已成为不可逆的潮流，各地都在抢抓机遇谋求转型。贵阳国家级经济技术开发区所在的花溪区是带动地区经济发展和实施区域发展战略的重要载体，是贵州省委、省政府特别要求建成的千亿级产业园区，对此，花溪区必须给出响亮的回应。从贵州省、贵阳市发展大局来看，花溪经开区在工业经济特别是装备制造业领域的支撑和拉动作用日益显现，但目前与贵州省委、贵阳市委的期望和要求相比，仍有较大的差距，作为贵阳市打造创新型中心城市的腹地，花溪区还有更重的担子要担，还有更长的路要走。从资源禀赋、基础条件来看，花溪区资源丰富、交通及区位优势突出，在装备制造、航空航天等领域的地位和作用不可替代，花溪打造国家级全域文化旅游创新区，不仅要进行产业创新，更要从文化、旅游上突破创新，因此，花溪区要把战略重点聚焦到贵阳创新型中心城市建设上，要以大数据为突破进行全面创新，推动转型发展先行先试，才能不断增强综合实力，才能在文化、旅游、创新上不断"快跑"，在全省、全市的同步发展中力争"领跑"。

3. 花溪区正迈向新的发展征程，要把发展目标聚焦到基本实现现代化上

"十三五"时期是我国全面建成小康社会的决胜阶段，必须积极适应、把握、引领经济发展新常态，全面推进创新、协调、绿色、开放、共享五大发展，确保全面建成小康社会。在此背景下，《贵阳市国民经济和社会发展第十三个五年规划纲要》提出建成更高水平的全面小康社会的发展目标，并迈向基本实现现代化的新征程。花溪区作为贵阳市经济社会发展的生力军，在"十二五"期间全面建成小康社会顺利达标验收，随着近年来在发展基础上的优势不断凸显，花溪区不仅要依托建成国家级全域文化旅游创新区和千亿级开放创新平台，全面建成小康社会，更要推进更高水平全面小康社会建设，将发展目标聚焦到基本实现现代化上，以高标准、高目标严格要求自身，创新思维方式、战略路径、体制机制，改变生产方式，增强创新活力，提升发展质量，增强全民的自豪感和获得感。

二 基于贵阳市"十三五"规划
确立花溪区发展思路

"十三五"时期,贵阳市确立了"一个目标、三个建成"[①]的发展目标。花溪区以贵阳市的发展目标为引领,确立了打造创新型中心城市腹地的定位,并将通过"三个一"[②]的发展思路,为贵阳市的发展提供产业支撑,完善功能拓展。

(一)贵阳市"十三五"发展思路及功能分区

1. 一个目标、三个建成

党的十八届五中全会把创新放在五大发展理念之首,明确其处于国家发展全局的核心地位,让创新成为国家意志,贯穿一切工作的始终。对于欠发达的贵州来说,创新是其弯道取直、后发赶超的主动力和新路径,要守住发展和生态两条底线,只有在创新上做大文章,进一步解放思想、开阔思路,用创新的理念、思维、举措和方式谋划发展、推进工作。立足"十三五",对于欠发达、欠开发的西部省会贵阳来说,正处于全面深化改革开放、加快转变经济发展方式的关键时期,发展是解决问题的关键,而创新是今后的出路所在。因此,在"十三五"时期,贵阳市提出"打造创新型中心城市",力争增强创新核心地位、提升中心城市首位度、凸显区域辐射带动效应、完善全面创新体系、彰显内陆开放型经济新高地优势。[③]

此外,贵阳市还以"三个建成"来实现打造创新型中心城市。通过大数据技术的应用探索、政策法规的先行先试、大数据业态的集聚发展、民生服务的便捷普惠、信息基础设施的不断完善等,建成大数据综合创新试验区。通过优化空间开发格局、推进绿色生产生活方式、完善生态文明制度体系等,建成

[①] "一个目标",即打造创新型中心城市;"三个建成",即建成大数据综合创新试验区、建成全国生态文明示范城市、建成更高水平的全面小康社会。
[②] "三个一":一个定位为打造创新型中心城市腹地;一个重点为建成国家级全域文化旅游创新区;一个目标为建成更高水平全面小康社会。
[③] 《贵阳市国民经济和社会发展第十三个五年规划纲要》。

全国生态文明示范城市。通过实现经济快速发展、健全民主法制等，建成更高水平的全面小康社会。①

2. 四类分区

城市和农村是一个有机整体，对于社会整体发展而言不可偏废，因此，推进城乡发展一体化、优化城乡资源配置、推动城乡统筹协调发展是战略之举。《贵阳市国民经济和社会发展第十三个五年规划纲要》指出，为全面增强区（市、县）整体实力和竞争力，力争在全国百强县中实现零的突破，按照把特色产业做强、城乡建设做特、发展平台做实、民生工作做深、生态环境做美的发展理念，将县域经济作为贵阳加速发展的主战场，着力培育新的经济增长点，将贵阳市十个区（市、县）划分成四类，分区推进城乡一体化发展。云岩区、南明区着力提升综合创新能力、服务配套能力和现代大都市辐射力，打造创新型中心城市的核心区；观山湖区着力健全创新生态链，提高创新创业的服务供给能力，打造创新型中心城市的主要功能发展区；花溪区、乌当区、白云区着力加快创新型产业和其他城市功能的拓展，打造创新型中心城市的腹地；清镇市、修文县、息烽县、开阳县着力加强保护自然生态环境，从而引导创新要素向县域流动，加快城市功能和产业的规划发展，打造创新型中心的重要生态支撑。

（二）城市腹地的活力决定贵阳城市综合实力

1. 城市腹地出现于贵阳城市能级跃升的关键阶段

"十三五"时期，国家实施的"一带一路"、长江经济带等战略和贵州省实施的高铁经济带、黔中经济区等战略，为贵阳市扩大开放合作提供了良好契机。随着贵阳大数据发展的快速推进和国家一系列稳增长措施的实施，贵阳迎来承接产业转移、实现资源优化组合的历史机遇。此外，贵州省委、省政府把贵阳放在突出的位置，提出要进一步增强城市功能，提高省会的首位度，为其发展注入新的强大动力，贵阳市迎来了发展转型的重要历史阶段。同时，贵阳市目前对贵州省发展的贡献率仍不高、集聚效应和辐射带动作用尚不强，欠发达欠开发的基本市情仍没有变，因此，贵阳正处在城市能级跃升的关键阶段，

---

① 《贵阳市国民经济和社会发展第十三个五年规划纲要》。

为推进贵阳城市综合实力的不断提升，贵阳必须依托建设城市腹地来实现发展升级。

2. 城市腹地是贵阳城市发展的交接区、核心区和桥头堡

城市腹地既为中心城市提供产品和服务输出，又接受中心城市的综合辐射，二者之间有着显著的商品、技术、资金、信息或劳动力等方面的供求关系。贵阳打造创新型中心城市，需要城市腹地的支撑，城市腹地必须位于连接中心城区与周围拓展区的咽喉处，从空间上协同区域发展；城市腹地必须是中心城市发展的重点核心区域，各类要素和重点项目都聚集在这个地方，从发展重点上引领区域发展；城市腹地必须是中心城市对外交流、对外开放、对外联系的重点区域，是区域发展的桥头堡和瞭望者，在对外联系上发挥纽带和连接作用。可见，贵阳打造创新型中心城市的城市腹地必须是贵阳城市发展的交接区、核心区和桥头堡。

3. 城市腹地应发挥产业支撑和功能拓展两大作用

城市与腹地二者联系密切。腹地的发展，得到城市在经济、技术等方面的帮助和支援，而腹地也要对中心城市在产业支撑和功能拓展上发挥重要作用。贵阳市打造创新型中心城市，城市腹地需从产业上进行支撑，特别是要从大数据技术、大数据应用探索、政策法规先行先试、大数据业态等方面对建成大数据综合创新试验区提供支撑；在功能拓展上，要从空间开放格局更加优化、生态质量更加优良、文化和旅游功能更加凸显等方面为建成全国生态文明示范城市提供支撑。

（三）花溪区"三个一"的发展思路

1. 一个定位：花溪区要着力加快创新型产业发展和城市功能拓展，打造创新型中心城市腹地

近年来，花溪区经济社会快速发展，在空间上从以前的南部边远郊区逐步成为协同贵阳、贵安发展的交接区，也成为连接中心城区与南部拓展区的咽喉。在发展重点上，新花溪依托经开区的高端装备制造业、大数据产业、新医药大健康产业等要素集聚，在产业发展上成为贵阳市的重要核心支撑。在对外交流上，"高原明珠"花溪作为贵阳市的"会客厅"，发挥着重要的文化功能。花溪区将以建成千亿级开放创新平台和建成国家级全域文化旅游创新区为抓

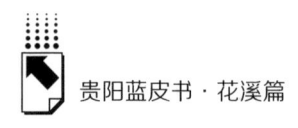

手,从加快创新型产业发展和城市功能拓展上着力,为贵阳市打造创新型中心城市发挥重要的腹地作用。

2. 一个重点：建成国家级全域文化旅游创新区

花溪区生态环境优美、旅游资源丰富、文化底蕴深厚,"十三五"时期将紧紧抓住建设花溪文化旅游创新区的历史性机遇,把文化作为旅游的灵魂,把旅游作为文化的载体,让二者深度融合。坚持"全域文化旅游创新区"定位和"一区四化"路径不动摇,突出"大花园、大溪流"特色,坚持文化为魂、生态为本、高端定位、融合发展,坚持以大数据为引领,以生态保护为底线,以综合交通为先导,以产业发展为支撑,以旅游服务为保障,在以文"化"区、生态文明、全域旅游、新型城镇、党的建设上创新示范,加快建成国家级全域文化旅游创新区,助推贵州省旅游业实现"井喷式"增长。①

3. 一个目标：建成更高水平全面小康社会

"十二五"时期,花溪区在贯彻落实中央及贵州省、贵阳市的一系列方针政策后,经济社会发展取得历史性突破,实现了全面建成小康社会的目标。但目前花溪区贫困人口仍有1118人,仍存在经济总量小且人均水平不高,社会民生事业发展滞后,城乡义务教育资源配置仍不够均衡,基本公共卫生服务水平有待提高,城乡发展差距较大等问题。"十三五"时期是花溪区继实现全面建成小康社会目标后,转入全面建成更高水平小康社会阶段,并为迈入基本建成现代化征程打基础最为关键的五年,面临着既要"赶"又要"转"的双重任务,在新常态发展的背景下,花溪区内外发展环境正在发生重大而深刻的变化。花溪区只有紧抓建成更高水平全面小康社会的目标,让机遇与挑战并存、有利条件和不利因素共生,开始建设文化旅游创新区新征程,迈出花溪、经开两区融合发展的新步伐,才能站在新的发展起点上,助推贵阳市建成更高水平的全面小康社会。

三 对花溪区"十三五"发展任务与重点的思考

"十三五"是花溪区迈入基本建成现代化征程最为关键的五年,其发展

---

① 《贵阳市国民经济和社会发展第十三个五年规划纲要》。

必须以实现建成创新型中心城市腹地、建成文化旅游创新区和实现更高水平的全面小康社会三大目标为任务，从九大体系推进发展建设。作为贵阳市打造创新型中心城市的腹地，花溪区承担了产业支撑和功能拓展的任务，从产业支撑来说，它的核心在于创新发展，需要构建协同创新体系，完善现代产业体系，建立对外开放体系；从功能拓展来说，应该围绕建设文化旅游创新示范区，在文化体系、生态体系和旅游体系上下功夫；要建成更高水平的全面小康社会和基本实现现代化，其核心是要解决好城乡一体化的问题，要通过推进新型城镇化、健全民生保障体系和现代治理体系，真正建成更高水平的小康社会。

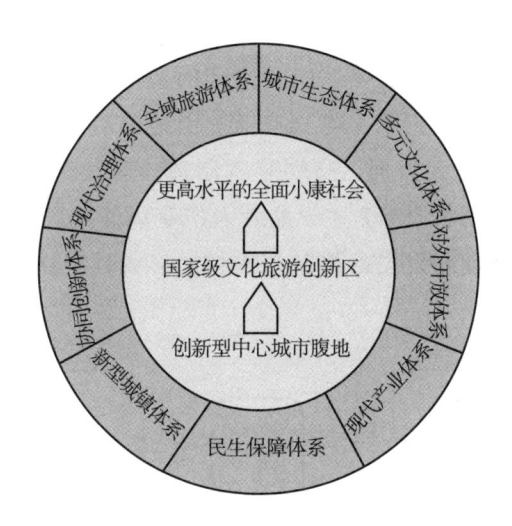

图1　九大体系助推三大目标实现

（一）创新发展，增强综合实力

1. 构建协同创新体系

协同创新是花溪区落实贵州省、贵阳市中长期科技发展规划纲要，深化科技体制改革，转变政府职能，提高自主创新能力，促进科技与经济结合的重要举措。"大众创业、万众创新"是花溪发展的动力之源。花溪区要把创新摆在发展全局的核心位置，牢固树立转型才能更好发展、后发也要高点起步的理念，要以"开放、人才、创新链、容错"四大要素为支撑，进一步优化创新创业环境，打造协同创新的平台，提高科技投入水平，加快科技成果转化，增强创新创业能力。加快迈出创新驱动发展的实质性步伐，形成以企业为主体、市场为导向、高校院所为依托、产业化为目标的政产学研协同创新体系，建成全省创新创业最活跃区域。

2. 完善现代产业体系

现代产业体系作为基本实现现代化的重要组成部分，是推进花溪区聚焦基本现代化进程的物质基础。建立现代产业体系，在经济新常态的发展环境下，需要全面构建比较稳固的现代农业基础、比较发达的制造业尤其是高级化的装备制造业，以及门类齐全、迅速发展的现代服务业。要使技术进步在发展中的贡献份额不断提高，产业竞争力不断增强。建立这样的现代产业体系，是花溪区完善现代产业体系所要达到的基本目标之一。"十三五"期间，花溪区需围绕大数据和大健康产业、山地旅游和山地农业、现代制造业和服务业，推动以大数据、高端装备制造、新医药大健康、文化旅游、现代服务、现代新型农业等为主导的六大产业集群发展（见图2），培育新兴产业业态，夯实创新发展的根基与内核，形成具有比较优势的现代产业体系。

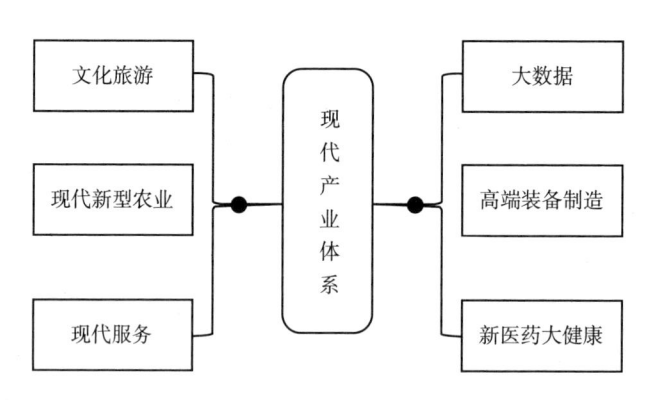

图2　六大产业集群

3. 建立对外开放体系

对外开放是繁荣发展的必由之路，是经济深度融合的趋势所在，是互利共赢的开放战略。花溪区作为贵阳市的南部枢纽，是连接贵安、双龙航空港、黔南的贵阳南部副中心，在区域发展中需凸显"副中心、节点、集散地"等重要作用。发展不可能是一家的"独唱",而是需要有周边加入的"合唱",花溪区要及时刷新开放带动的意识,主动接受贵安新区、贵州双龙航空港经济区及周边经济高势能板块的辐射,做大朋友圈,建立共同体,寻求最大公约数,借势融入"一带一路""长江经济带""泛珠三角区域合作"等国家发展战略,谋求更高水平的开放,实现利益的最大化。"十三五"期间,花溪要以改革促进开放,以开放倒逼改革。用好"1+7"①重点开放平台,主动融入区域发展大环境,开展与周边区域的高位对接,在更高水平、更宽领域参与区域分工协作。针对改革进入攻坚期和深水区,各种深层次矛盾相继显现的形势,要研究改革举措,思考创新路径,落实落细每一个步骤。要构建以"引资、引智、引技"为抓手的对外开放体系,做优平台、做宽领域、做强品牌,促进开放创新机制深度融合,区域合作协同发展,开放资源创新积聚,建成立足全省、服务西部、面向全国的内陆开放型经济先行示范区。提高走出去和请进来的精准度,在更高水平、更宽领域融入区域产业链分工。

(二)功能拓展,释放发展活力

1. 形成多元文化体系

文化建设为经济社会建设提供正确的方向、不竭的精神动力和强大的智力支持。花溪区有着"文状元赵以炯""诗人吴中蕃""独步京华艺术家姚茫父"等历史文化名人,有着孔学堂文化旅游区、贵州大学等现代文化高地,有着布依族、苗族文化名片,有着生态花溪的文化理念,可谓文化底蕴丰厚。2014年贵州省委省政府、贵阳市委市政府明确花溪创建文化旅游新区的定位,要求以"文化为魂"推动花溪发展创新。因此,"十三五"期间,花溪区要以建设"文化旅游创新区"为引领,增强先进文化对于构建和谐社会的凝聚力和创造力,彰显地方特色,努力在贵州文化版图中标记花溪坐标。要以文化为支撑,提升全区群众文明素质,使文化不仅体现在人的知识素养和道德修养上,更体

---

① "1+7"国家级开放创新平台:贵安新区、贵阳综合保税区、贵安综合保税区、遵义综合保税区、双龙航空港经保税物流中心、贵阳国家经济技术开发区、贵阳国家高新技术产业开发区、遵义国家经济技术开发区。

现为以多种方式将先进的文化转化成生产力，使之成为助推花溪全面协调可持续发展的新动力。更要以文化为魂，尊重文化多样性，构建历史文化、传统文化、民族文化和现代文化"四位一体"的多元文化体系，促进多元文化交相辉映、鲜活展示，推动对文化的深度体验、高度认同，在充分彰显文化魅力的同时，将其创新转化为跨越发展的经济优势，建成影响全省、面向国际的多元文化交流示范区。

2. 优化城市生态体系

和谐健康的城市生态体系，关系着区域的稳定发展，城市生态系统只有融入区域的自然环境，才能算得上真正的和谐健康。花溪区作为贵阳市的"会客厅"，拥有四季见花、溪水绕城的良好生态基础，是贵阳市的后花园和市民休闲放松的好去处。"十三五"期间，花溪区必须贯彻绿色发展理念，在生态保护红线以及环境承载能力范围内，最大限度利用花溪区现有的生态资源，以建设各类公园为主要支撑，形成具有"花、山、水、景"的画卷城市生态体系，奋力建成现代化山水田园新城，让绿色成为花溪区的主色调，使花溪成为贵阳市打造"全国生态文明示范城市"和"爽爽贵阳"城市名片的"点睛之作"。

3. 打造全域旅游体系

全域旅游是以旅游业带动和促进经济社会协调发展的一种新的区域协调发展理念和模式，是消除城乡二元结构，实现城乡一体化，推动产业建设和经济提升的重要方式。花溪区旅游资源丰富，区域内景区众多，"十三五"期间，必须依托打造文化旅游创新区的契机，构建起集"生态、生产、生活、休闲、旅游"于一体的升级版全域旅游体系，更大限度地拓展休闲度假空间，推进全域旅游"花瓣模式"形成。要通过"一核、一轴、四组团"优化完善空间布局。要打造"一客厅、一中心、四名片"，加强综合服务配套。要围绕"吃、住、行、游、购、娱"六要素，全力实施全域旅游基础工程。要突出标志性示范引领工程，合理引导标志性企业聚集，推进标志性项目落地，同时注重标志性景区的建设以及标志性品牌的打造，到"十三五"末，要建成国家旅游度假区、国家生态旅游示范区、中国国际特色旅游目的地。

（三）统筹城乡，提升治理能力

1. 推进新型城镇体系

新型城镇化是一项重要的民生工程，是经济发展的重要动力，也是现代化的必由之路。"十二五"时期，花溪区虽然综合实力得到了进一步提高，城乡一体化发展进一步推进，但仍存在城市建设缺乏总体思考定位，城市路网结构不合理，城市环境不协调，城市管理不到位等问题。因此，"十三五"时期，花溪区应坚持贯彻协调发展的理念，更加注重业态、形态、生态融合互动，将多元文化元素植入城市规划、建设、管理中，以"城乡各美其美、美美与共"为主线，加快推动县域经济发展。花溪区要以规划为引领，以城镇化为核心，构建新型城镇体系，建成现代化新型城镇，打造以人为本的优良人居环境。

2. 健全民生保障体系

民生是发展和谐社会的基础，关乎群众最关心、最直接、最现实的利益问题。"十二五"时期，花溪区全面建成小康社会顺利达标验收，民生福祉得到进一步改善，但仍然存在扶贫任务艰巨、教育质量不高、公共服务建设不完善等问题。"十三五"时期，要建成更高水平的全面小康社会，花溪区必须贯彻共享发展的理念，抓好精准扶贫，把民生难题破解作为检验一切工作成效的根本标准，以民之所望为施政所向，不断提升城乡居民小康水平。构建以大扶贫战略行动统领巩固提升脱贫成果、补齐公共文化服务体系短板、打好教学质量提升硬仗的"三大重点"民生保障体系，落实大扶贫战略，做到全面脱贫无水分、不再返贫有支撑、持续增收有方向。坚持公益性、均等性、便利性的基本原则，建设和完善更高标准的民生保障体系，为建设更高水平的全面小康社会保驾护航。

3. 创新现代治理体系

创新现代治理体系是助推城市稳定发展的重要手段，治理能力现代化是深化科技体制改革和走特色自主创新道路的重要内容。"十二五"时期，花溪区创新社会治理模式，区域治理水平进一步提升。"十三五"期间，花溪区要着力推进法治政府建设，营造良好的法治政务环境，强化各群体正当利益保护执法，为稳定、安全、和谐发展提供法治航道。并加快法治文化、法治思维、法治精神的培育养成，使法治成为花溪区核心竞争力的重要标志。花溪要以治理方式转变为引领，以大数据为手段推进治理能力"精细化"、以强基固本推进服务"精细化"、以多方参与推进协同治理"精细化"、以法治建设推进社会治理"精细化"的"四个精细化"的现代社会治理体系建设，全面提升社会治理现代化能力和水平，向平安花溪、法治花溪、和谐花溪不断迈进。

四 结语

大数据、大生态、大旅游是贵州省转型跨越的三个抓手，自2014年以来，花溪区明确了建设全域文化旅游创新区的发展定位，同时，贵阳市将花溪区定为打造贵阳创新型中心城市的城市腹地，至此，花溪区"十三五"发展的定位得到明确。在此基础上，花溪区应有战略定力，一心一意、聚精会神地把全域文化旅游创新区的定位抓住，要一张蓝图绘到底，才能形成发展之势，开出发展之花，结出发展之果。"十三五"是花溪区向新定位发展的关键时期，如何适应，在上文所述的基础上，我们认为还需做好"三篇文章"。首先，聚焦重点，在全域上做文章。建设全域旅游创新区不仅要从全景式打造、全社会参与、全产业发展、全方位服务、全区域管理上努力，还要将全域范围扩大到省、市，将平台延展到四周，将重心聚焦到乡镇，要聚焦规划引领，推进城乡一体化、产城一体化、城旅一体化、教城一体化和区域一体化，才能真正破解全域之意。其次，破解难点，在文化旅游的环境上做文章。要提升基础设施和公共服务设施配套的硬环境，更为重要的是要提升以人的素质和社会文明程度为核心的文化旅游软环境，要深挖文化内涵，主抓文化载体，激活文化创新，聚焦文化表达，要以文化为魂、文化引领，提起花溪人民的精气神，打一场真正让全花溪参与的人民战争。再次，突出亮点，在创新上做文章。要抓住经开区的产业优势，将文化旅游与产业发展互动融合，将旅游发展与"三农"问题融合，将旅游与大数据思维融合，依托建设标志性景区、打造标志性产业、打造标志性项目、引进标志性企业、培育标志性人才、塑造标志性品牌等载体，推进落地发展，才能完成"十三五"的发展目标，实现描绘出的美好蓝图。

参考文献

贵阳市人民政府：《贵阳市国民经济和社会发展第十三个五年规划纲要》，2016。
花溪区人民政府：《花溪区国民经济和社会发展第十三个五年规划纲要》，2016。
花溪区人民政府：《花溪区2016年度政府工作报告》，2016。
花溪区人民政府：《中国共产党贵阳市花溪区第十一次代表大会上的报告》，2016。
花溪区政研室：《花溪区工作情况汇报》，2016。
刘志刚：《现代产业体系的新内涵》，http：//opinion.caixin.com/2016－07－15/100966872.html，2016年7月15日。
陈亮、吴桂华、颜节、朱莉：《怎样理解"一个目标、三个建成"》，http：//comment.gywb.cn/html/2016－01－25/content_4542900.htm，2016年1月25日。

评 估 篇

Evaluation Report

B.2 花溪区"十二五"规划实施情况的分析报告

摘　要：《贵阳市国民经济和社会发展第十二个五年规划纲要》对贵阳市"十二五"期间国民经济和社会发展共计提出33项发展指标，分为经济发展、社会发展、人民生活和资源环境四大类。基于此，在经历两次行政区划调整的背景下，本文对花溪区"十二五"规划主要发展指标完成情况、主要任务实施情况、制约发展的主要问题做了定量、定性分析，以期能对花溪区"十二五"发展情况做出科学判断，对"十三五"发展起到支撑作用。

关键词：　花溪区　"十二五"　主要指标　实施情况

一　花溪区"十二五"期间两次行政区划调整与发展思路创新

区划调整，既是适应国家新型城镇化战略的需求，也是增强区域发展竞争优势的重大举措。"十二五"期间，花溪区行政区划进行了两次重大调整。经过两次区划调整，花溪区综合实力得到了大幅增强。同时，随着空间布局的优化和发展要素的聚集，花溪区在发展思路、定位和重点方面也进行了不同程度的调整和优化。

（一）引领花溪区发展定位调整：从"生态文明示范区"到"一区四化"

"十二五"期间，花溪区两次行政区划调整，推动了发展定位从"生态文明示范区"到"文化旅游创新区"的升级。花溪区"十二五"规划中，将未来五年发展目标定位为"建设生态文明示范区"，重点是打造"生态之城、旅游之城、知识之城、宜居之城"。这一发展定位很好地推动了花溪区经济社会的全面发展。在新花溪区设立后，2014年，贵州省委、省政府做出了加快推进花溪文化旅游创新区建设的决策部署，贵阳市委、市政府专门出台了支持花溪文化旅游创新区建设的意见。在此基础上，花溪区发展定位有了更进一步的明确和提升，即以"大花园、大溪流"为主要特色，按照"园区高端化、市区园林化、农村特色化、景区生态化"的定位，建设文化旅游创新区。

（二）推动花溪区发展理念调整：从打造"高原明珠"到打造"大花园、大溪流"

花溪区行政区划调整，推动了"大花溪"开放发展理念的形成。行政区划调整前的花溪区，经济总量小、产业结构单一、基础设施落后、城镇化水平低。区划调整后，随着区域空间范围的扩大，花溪区南部中心的区位优势逐步凸显，借力贵安新区、实现花溪经开"双轮驱动"的"大花溪"开放发展理念也随之形成。同时，随着花溪区连接贵安新区和贵阳中心的一大批交通基础设施相继建成通车，制约花溪区经济社会发展的交通瓶颈得以打破。在此基础上，花溪区着力推进文化旅游创新区发展，着力打造"大花园、大溪流"，综合实力实现了历史性跨越，地区生产总值、固定资产投资、工业增加值、社会消费品零售总额、旅游总收入等核心指标均列贵州全省前五位、贵阳全市前三位。

（三）带动花溪区发展重点调整：从现代服务业一枝独秀到文化旅游、现代服务业、大数据产业、现代都市农业四轮并进

行政区划调整后的花溪区，发展重点也实现了全面优化和调整。花溪区

"十二五"规划将发展方向主要聚焦于生态文明建设和城乡统筹两大主题,发展重点则主要瞄准生态工业、城镇化和以旅游为支撑的现代服务业。两次区划调整后,花溪区发展重点也做出了科学调整。《2014年花溪区人民政府工作报告》明确了发展重点,"借力贵安新区建设大数据基地,打造高科技、低成本、绿色节能数据中心等大项目,带动区域经济社会转型升级;借助中关村经开区科技园创新平台,在发展高新技术产业、大数据产业、现代制造业、现代服务业等方面狠下功夫,同时大力推进现代都市农业发展,真正实现经济加快发展和生态文明建设的有机统一、互动双赢,在创新驱动中推进产业转型"。

二 花溪区"十二五"规划主要指标完成情况的比较分析

贵阳市"十二五"规划纲要对贵阳市"十二五"期间国民经济和社会发展共计提出33项指标,共分为经济发展、社会发展、人民生活和资源环境四大类。按照贵阳市指标体系分析花溪区"十二五"规划实施情况,花溪区"十二五"终期评估仅缺少"主要污染物排放总量"一项指标。

(一)花溪区"十二五"规划32项主要指标完成情况

从表1可以看出,"十二五"期间,花溪区主要指标完成较好,32项统计指标均达到规划预期目标,达标率达100%,一些重点指标完成较好。花溪区"十二五"主要指标的顺利完成,说明了该区规划执行情况较为顺利。

表1 花溪区"十二五"经济社会发展规划主要指标完成情况

类别	指标	属性	"十二五"规划目标	"十二五"执行情况	与规划目标差距(个百分点)
经济发展	生产总值年均增长(%)	预期性	15.0	16.1	1.1
	人均生产总值年均增长(%)	预期性	13.5	14.8	1.3
	全社会固定资产投资年均增长(%)	预期性	30.0	32.4	2.4
	社会消费品零售总额年均增长(%)	预期性	18.0	18.1	0.1
	公共财政预算收入年均增长(%)	预期性	17.0	29.9	12.9
	城镇化率(%)	预期性	75.0	75.0	0.0

续表

类别	指标	属性	"十二五"规划目标	"十二五"执行情况	与规划目标差距（个百分点）
社会发展	总人口(万人)	预期性	55.0	67.0	12.0
	人口自然增长率(‰)	约束性	5.6以内	3.9	1.7
	人均受教育年限(年)	预期性	11.0	11.0	0.0
	高中阶段毛入学率(%)	预期性	85.0	91.2	6.2
	全社会R&D占GDP比重(%)	预期性	2以上	2.1	—
	城镇基本养老保险覆盖率(%)	约束性	85.0	93.0	8.0
	农村新型合作医疗参合率(%)	约束性	97.0	98.1	1.1
	甲、乙类急性传染病发病率(1/10万)	预期性	250.0	250.0	0.0
	孕产妇死亡率(1/10万)	约束性	29.0	20.0	9.0
	婴幼儿死亡率(‰)	约束性	7.5	4.0	3.5
	全市人均住房面积(平方米)	预期性	30.0	36.0	6.0
	全市人均拥有道路面积(平方米)	预期性	10以上	11.0	—
	亿元GDP生产安全事故死亡人数(人)	约束性	0.2	0.1	0.1
人民生活	城镇居民人均可支配收入年均增长(%)	预期性	12	12.2	0.2
	农民人均纯收入年均增长(%)	预期性	13%	14.3	1.3
	人口平均预期寿命(岁)	预期性	74.0	74.5	0.5
	居民消费价格指数	预期性	控制在全国平均水平以内	达到省市年度目标以内	—
	城镇登记失业率(%)	约束性	4.5以内	4.0	—
	农村饮水安全普及率(%)	预期性	96.0	99.5	3.5
资源环境	规模以上工业增加值用水量(吨/万元)	约束性	控制到国家和省要求以内	5.5	—
	单位GDP综合能耗(%)	约束性	控制到国家和省要求以内	0.7	—
	单位GDP二氧化碳排放量(吨标准煤/万元)	约束性	控制到国家和省要求以内	达到省市年度目标以内	—
	森林覆盖率(%)	预期性	45.0	45.61	0.61
	人均公共绿地面积(平方米)	预期性	12.3	15.4	3.1
	空气质量优良率(%)	约束性	85.0	89.3	4.3
	城市生活污水集中处理率(%)	约束性	95以上	95.0	—

注：文中"—"处表示资料数据缺失。
资料来源：《花溪区国民经济和社会发展第十三个五年规划纲要》。

（二）花溪区"十二五"时期主要发展指标比较分析

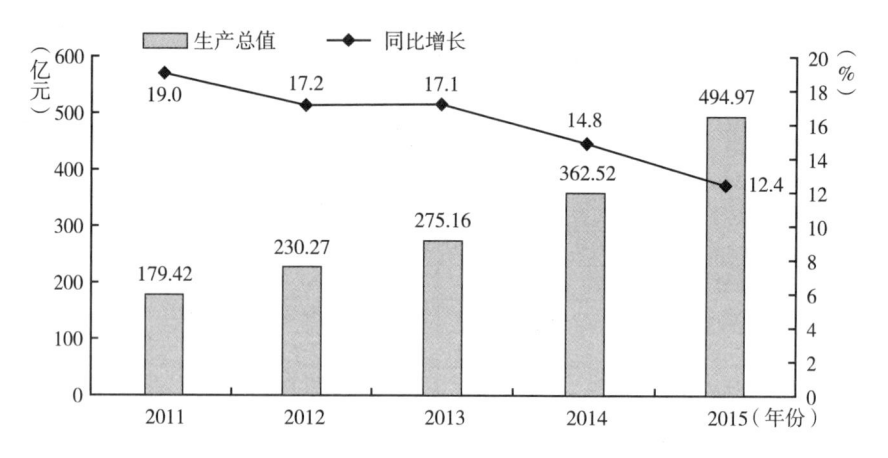

图1　2011～2015年花溪区地区生产总值及增速变化情况

注：①主要指标统计口径按行政统计，即2011～2012年数据为原花溪区和经开区之和，2013～2015年数据为新花溪区（原花溪区和经开区）数据。②生产总值按现价计算，其增长速度按可比价格计算；图2至图4、图11的算法同此。

资料来源：花溪区统计局《花溪区2010～2015年主要经济指标统计表》，2016年2月。图2至图15同此。

1. 从五大指标看经济发展水平

地区生产总值实现高速增长。"十二五"期间，花溪区地区生产总值增长较快，五年年均增速达16.1%，增速高于全国、贵州全省、贵阳全市平均水平。2015年末生产总值达494.97亿元，相比2010年的138.58亿元，五年增长了110.7%。由图1可以看出，"十二五"期间，花溪区2011年地区生产总值增长最快，同比增速达到19%；2012年完成230.27亿元，同比增速17.2%，突破200亿元大关；2014年完成362.52亿元，同比增长14.8%，突破300亿元大关；2015年达494.97亿元，接近500亿元，同比增长12.4%。

地区生产总值的较快增长，有效推动了花溪区综合实力的提升，特别是2014年全面建成小康社会目标的实现。分析其中原因：一是在"十二五"开局发展基数小、底数低的情况下，花溪区贯彻落实贵州省"加速发展、加快转型、推动跨越"的主战略和主基调，大力推进新型工业化、城镇化统筹发展，着力推进生态工业、现代服务业和现代都市农业快速发展。二是借助经开区叠加优势，花溪区着力推进两区融合、双轮驱动、优势互补，推动了综合实力的显著提升。

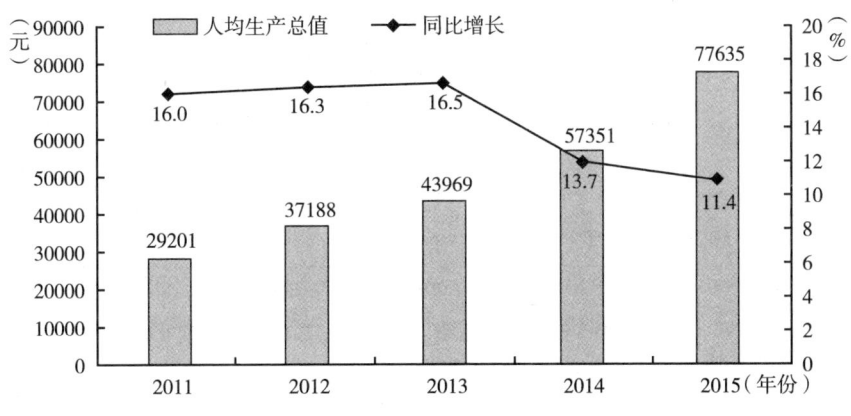

图2 2011~2015年花溪区人均生产总值及增速变化情况

人均生产总值年均增长达14.8%。人均生产总值是提高居民人均收入水平、生活水平的重要参照指标。花溪区2015年人均生产总值达到77635元，2015年较2010年增长99.1%，五年年均增长14.8%，比"十二五"规划目标提高了1.3个百分点，较好完成了规划目标。由图2可以看出，"十二五"期间，花溪区人均生产总值实现了逐年增长。从各年增速来看，2011~2013年年均增速高于16%（含16%），分别达到了16%、16.3%、16.5%；从2014年起逐渐回落，2015年同比增速仅为11.4%，是五年中增速最低的年份。

分析其中原因，2011~2013年花溪区人均生产总值实现了高于16%（含16%）的高速增长，主要得益于地区生产总值高速增长的带动。2014~2015年，随着我国经济步入新常态，全国经济增速整体放缓，处于西部地区的花溪区同样受到整体经济下行压力的持续影响。因此，随着地区生产总值增速的放缓，人均生产总值也出现了增速放缓的迹象。

规模以上工业增加值实现逐年上升。作为衡量经济发展水平的重要指标，花溪区"十二五"规划32项发展指标中没有包含规模以上工业增加值。2011~2015年花溪区规模以上工业增加值增长明显（见图3），2015年相较于2010年增长了150.3%，2011~2015年年均增速达20.1%。因统计指标调整的关系，2011~2014年规模以上工业增加值实现了逐年增长。2011~2013年增速保持在20%以上，其中

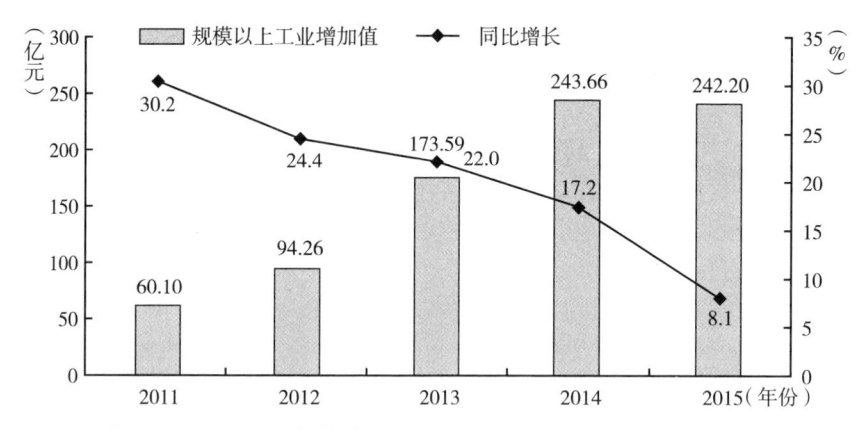

图3 2011~2015年花溪区规模以上工业增加值及增速变化情况

注：2015年统计口径为2000万元口径，其余年份为500万元口径。

2011年增速达到30.2%。2015年因统计指标口径变化，规模以上工业增加值为242.2亿元，同比增速为8.1%。

"十二五"期间，花溪区规模以上工业增加值的高速增长，增强了花溪区工业经济的发展实力，也提高了工业在三次产业中的比重，有效推动了综合经济实力的大幅提升。这主要得益于花溪区很好地贯彻落实了贵州省"工业强省"的主战略，大力推进地区工业化进程，特别是大力推进小孟工业园区和燕楼生态产业园的建设。小孟工业园区在各级的大力发展下，现已成为贵州省

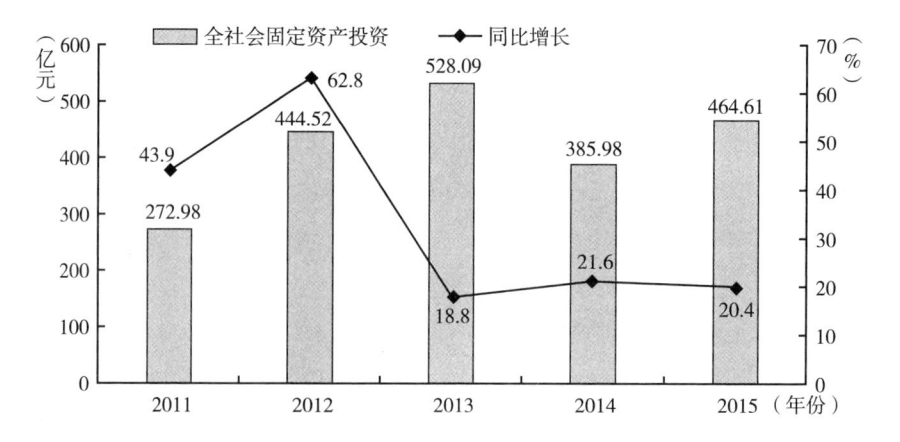

图4 2011~2015年花溪区全社会固定资产投资及增速变化情况

注：全社会固定资产投资2014、2015年为500万元口径，其余年份为全社会口径。

重点打造的千亿级园区之一,有效支撑了花溪区工业经济的发展。

全社会固定资产投资完成预期目标。花溪区"十二五"期间全社会固定资产投资规划预期目标为年均增长30%,2015年末,实际年均增长达到32.4%,比预期目标高2.4个百分点,较好完成了"十二五"预期目标。从图4可以看出,2011~2013年花溪区全社会固定资产投资增速分别为43.9%、62.8%和18.8%。因统计口径的变化,2014年完成385.98亿元,同比增长21.6%,2015年完成464.61亿元,同比增长20.4%。

"十二五"期间,得益于全社会固定资产投资的高速增长,花溪区经济社会发展实现了明显的投资拉动,全区交通基础设施、旅游配套设施、园区基础设施发展迅速。特别是交通基础设施的大力改善,有效打破了制约花溪区发展的交通瓶颈,随着区划调整和经济实力的大幅提升,有效推动花溪区贵阳南部中心格局的形成。

公共财政预算收入年均增长29.9%。花溪区"十二五"规划纲要提出公共财政预算收入年均增长17%的发展目标,2015年末,花溪区实现公共财政预算收入33.89亿元,年均增速达到29.9%,实际完成目标比规划目标提高了12.9个百分点。其中,2015年比2010年增长了269.8%。2011~2015年,花溪区公共财政预算收入总量实现了逐年增长(见图5),但是增速呈逐年下降趋势,2011年增长最快,同比达到47%,2015年增速放缓,同比仅达15%。

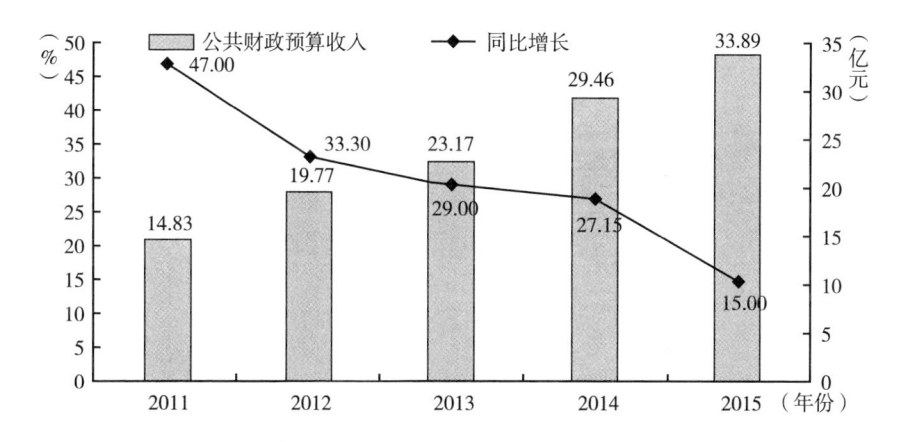

图5 2011~2015年花溪区公共财政预算收入及增速变化情况

扩大公共财政预算收入是保障和改善民生的重要条件。"十二五"期间，随着公共财政预算收入的逐年增长，花溪区民生社会事业发展迅速，全区以民生工作为本，全面推进社会就业、劳动保障、计生卫生、教育事业、公共文化工作，社会事业取得了明显进步。虽然公共财政预算收入总量实现了逐年增长，但是增速出现了逐年下降，主要是因为"十二五"期间，随着我国经济迈入新常态，各类经济指标增速逐步放缓，特别是经济下行压力的持续存在，各类工业企业和重点纳税行业增速放缓，制约了花溪区公共财政预算收入的高速增长，虽然增速呈逐年下降趋势，但是花溪区"十二五"期间公共财政预算收入年均增长达29.9%，仍然处于一个较快的增长状态。

2. 从三次产业结构变化看产业发展特点

"两降一升"凸显产业结构有待优化。三次产业结构，是国民经济产业结构中的第一重要关系，合理的三产结构，凸显着经济发展的竞争力和活力。2011～2015年，花溪区三次产业结构变化明显，总体趋势是第一产业、第三产业比重呈现下降趋势，第二产业比重呈现上升趋势（见图6）。"十二五"期间花溪区三次产业结构变化中，第二产业变化最为明显，第二产业占三次产业的比重从2011年的48.73%上升到2015年的59.6%，实现了近11个百分点的增长；第三产业比重从2011年的46.37%下降到2015年的36.84%，降幅达9.53个百分点；第一产业比重从2011年的4.9%下降到2015年的3.56%。

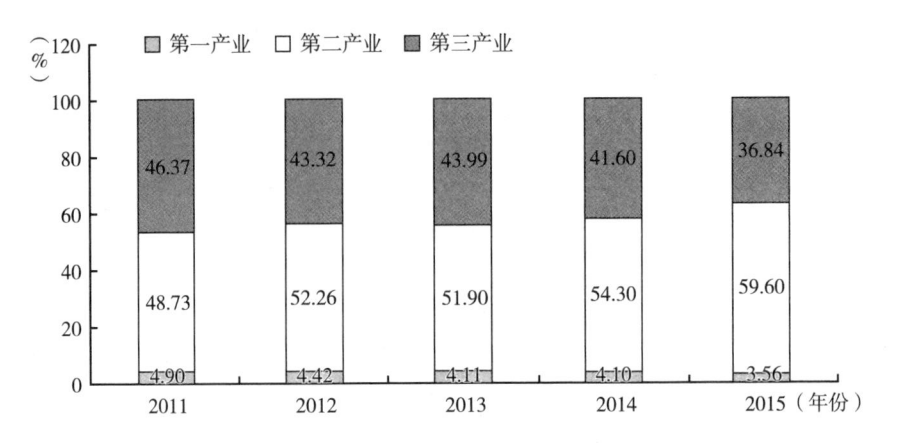

图6 2011～2015年花溪区三次产业变化情况

从花溪区三次产业结构看,由于区划调整,以工业为主导产业和支柱产业的经开区统计并入花溪区,进一步加大了花溪区第二产业的比重,第二产业占GDP的比重增大,并且呈逐年上升趋势,第三产业占GDP比重呈逐年下降趋势,表明第三产业发展速度慢于第二产业。对花溪区来说,打造文化旅游创新区的一大体现就是实现以旅游业为代表的现代服务业的大发展,但从"十二五"期间第三产业的比重情况来看,花溪区第三产业发展情况并不理想,三次产业结构不尽合理,有待优化,第三产业未来发展空间还很大。

3. 从四类指标看民生发展程度

城镇化率高速增长,已达较高水平。2015年,花溪区年末总人口达到67万人,比2011年36.3万人增长了30.7万人,同期城镇化率从2011年的49.9%上升到2015年的75%,75%的城镇化率表明花溪区城镇化已经达到较高水平(见图7)。2011~2015年,花溪区城镇化水平总体呈上升趋势,其中,2013年增幅最大,同比上升了16.5个百分点,2015年增幅也很明显,同比上升了7个百分点。

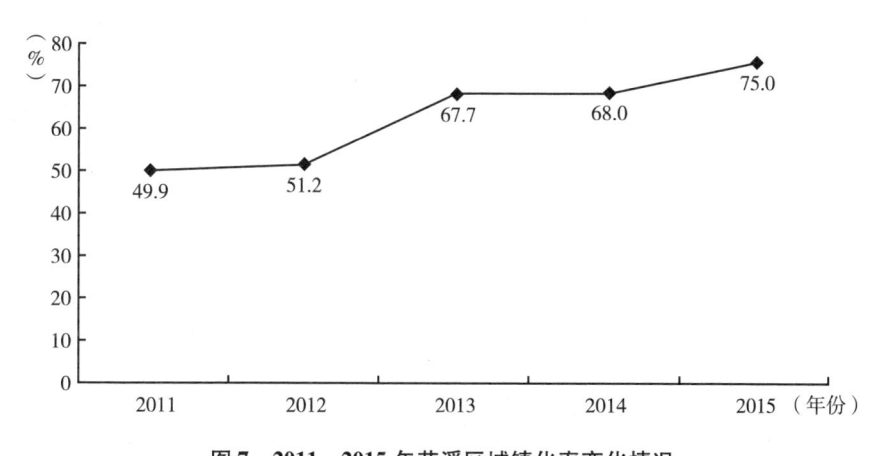

图7 2011~2015年花溪区城镇化率变化情况

"十二五"期间是花溪区城镇化水平质量和数量提高的关键时期。这一时期,花溪区以统筹城乡协调发展为总抓手,着力推进城镇化建设,围绕打造"宜居"城镇实施城建扩区,以点带面,逐步推进特色小城镇和村庄整治建设,促进城镇化和产业培育。同时,在加快工业化、城镇化进程中,把农业现代化建设和社会主义新农村建设放在更加突出的位置，从规划、用地、项目、资金、人才、就业等方面向农村倾斜，进一步实现了城乡融合发展，城乡一体化进程加快，城镇化率显著提高。

城镇居民人均可支配收入年均增长明显。花溪区城镇居民人均可支配收入"十二五"预期年均增长目标为12%，实际完成情况为12.2%，比预计目标提高了0.2个百分点，2015年城镇居民人均可支配收入达26532元。相比2011年的18253元，增长8279元（见图8）。2011～2015年同比增长速度出现了五年连降，从2011年的17.5%下降到2015年的8.9%。

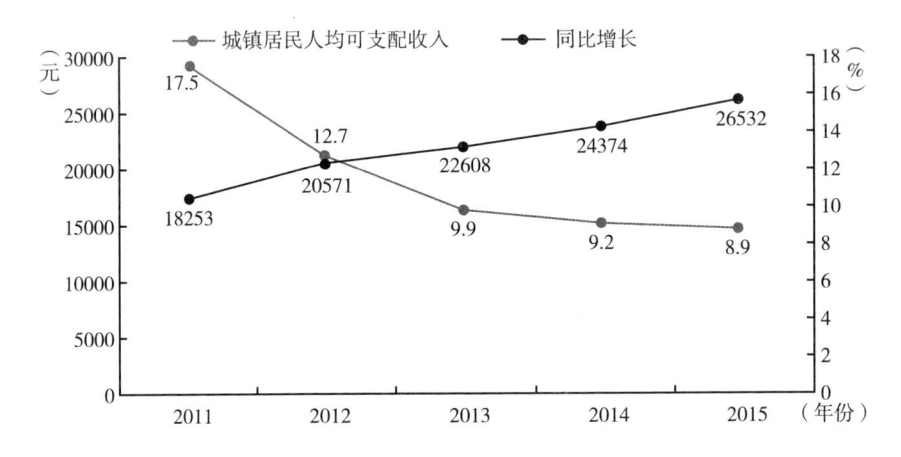

图8 2011～2015年花溪区城镇居民人均可支配收入及增速变化情况

注：城乡居民收入涉及城乡一体化改革，增速按照可比口径计算。

农村居民人均纯收入年均增速高于城镇。花溪区农村居民人均纯收入"十二五"预期年均增长目标为13%，实际增长14.3%，比预计目标提高了1.3个百分点，2015年农村居民人均纯收入达12414元。相比2011年的7763元，增长4651元（见图9）。2011～2015年同比增长速度也出现了五年连降，从2011年的23.6%下降到了2015年的9.6%。综合分析，从增速上看，花溪区"十二五"城镇居民人均可支配收入和农民人均纯收入均实现了逐年增长，增速同比均呈逐年下降趋势。但是农民人均纯收入年均增速高于城镇居民人均可支配收入2.1个百分点。从总量上看，城镇居民可支配收入是农民人均纯收入的两倍有余，城乡差距明显。

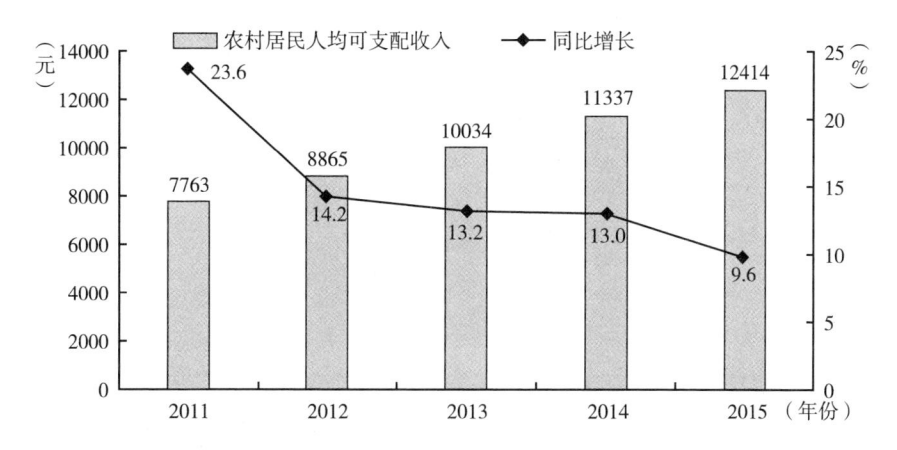

图9 2011~2015年花溪区农村居民人均纯收入及增速变化情况

注：城乡居民收入涉及城乡一体化改革，增速按照可比口径计算。

"十二五"期间，为全面实现小康目标，花溪区大力推进城乡统筹发展，随着一系列民生项目有序推进，基本实现了加快统筹城乡发展、改善社会民生的预期目标。一是全面实现小康目标。全力攻坚小康目标任务，加大城乡统筹力度，城乡二元结构明显优化改善，人民生活质量明显提高。二是城乡居民生活水平明显提高，城镇、农村居民人均可支配收入、纯收入持续增长，且均高于同期国内生产总值增速，农村居民和城镇居民分配差距有所缩小，居民消费价格指数控制在全国平均水平以内，但发展水平仍然不高。

城镇登记失业率连续五年控制在4%以内。花溪区"十二五"规划纲要提出城镇居民失业率控制在4.5%以内的发展目标，"十二五"期间，花溪区城镇登记失业率分别为3.05%、2.8%、3.2%、2.9%、4%，均控制在规划目标内（见图10）。但从综合分析来看，从2011年至2015年，花溪区城镇登记失业率有降有增，除了2012年、2014年同比实现下降外，2013年、2015年均有所上升，其中2015年相较于2014年提高了1.1个百分点。

"十二五"期间，我国经济增速放缓，下行压力持续，随着深化改革的逐步推进，就业压力进一步凸显，即便地处西部欠发达地区的花溪区，就业形势也受到了经济下行压力的影响，就业环境也随着全国整体环境的变化而变化。同时，面对大环境的影响，花溪区人社部门着力开展全区人力资源调查，了解劳动力资源状况，分析就业形势，拓宽就业渠道，落实就业政策。通过举办各

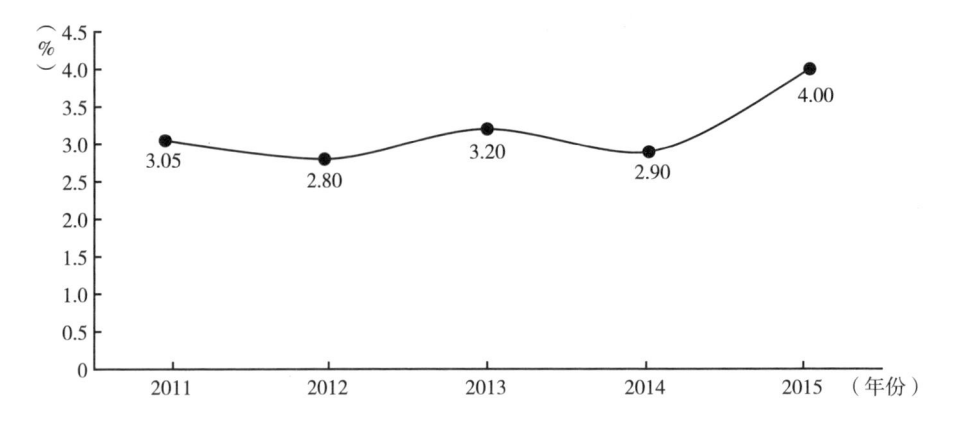

图 10　2011～2015 年花溪区城镇登记失业率变化情况

类招聘会、开展技能培训等，让更多城镇新增就业人员就业，城镇登记失业率保持在合理范围内。

社会消费品零售总额突破 200 亿元大关。花溪区"十二五"规划纲要提出社会消费品零售总额年均增长 18% 的发展目标，"十二五"期间花溪区社会消费品零售总额年均增速达到 18.1%，比预期目标高了 0.1 个百分点。2011～2015 年社会消费品零售总额总体呈增长趋势（见图 11）。其中，2011～2012 年增长平缓，2013～2015 年增长迅速，2014 年较 2013 年增长最多，达到了 84.69 亿元，2015 年总额突破 200 亿元大关，同比增长 11.2%，达到了 208.64 亿元。"十二五"期间，花溪区社会消费品零售总额实现了逐年增长，但是仍然没有完成预

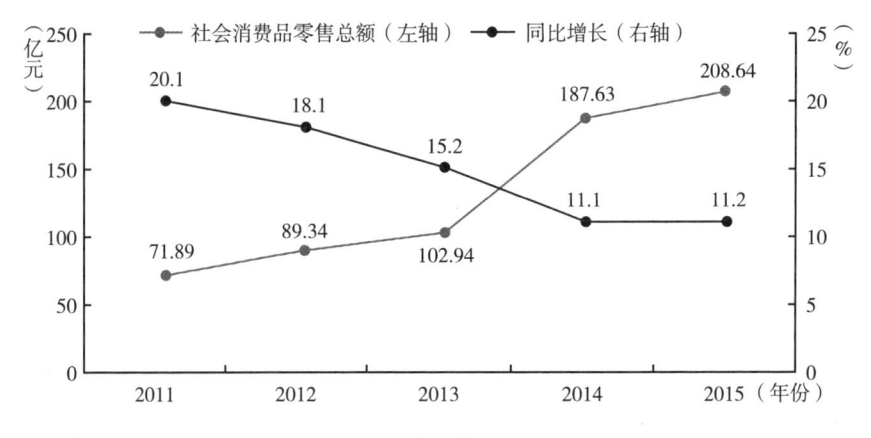

图 11　2011～2015 年花溪区社会消费品零售总额及增速变化情况

期目标，主要原因是"十二五"期间花溪区房地产市场低迷、商业配套不完善和电商蓬勃发展影响了线下商品经济发展。

4. 从四个百分比看生态文明建设

单位GDP综合能耗完成规划目标。"十二五"期间，花溪区单位GDP综合能耗目标是控制到国家和省要求以内，2011~2015年，花溪区单位GDP综合能耗分别为0.8、0.8、0.7、0.7、0.7吨标准煤/万元（见图12），均控制在国家和省要求范围内，完成了预期目标。

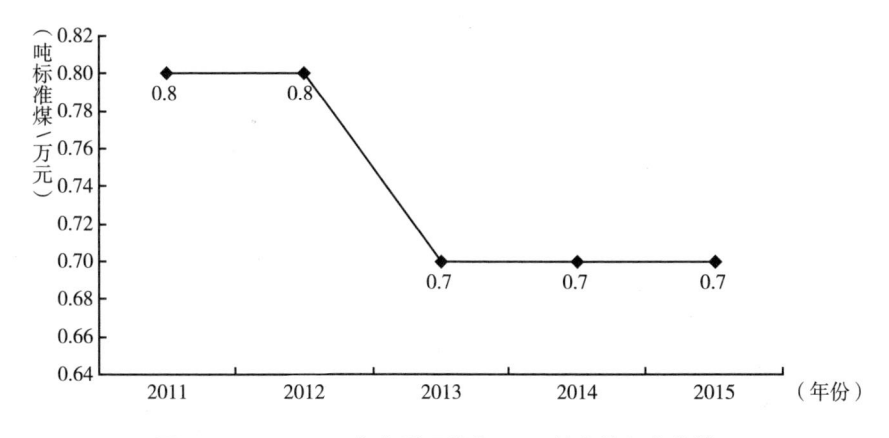

图12 2011~2015年花溪区单位GDP综合能耗变化情况

人均公共绿地面积提前三年完成规划目标。花溪区"十二五"人均公共绿地面积预计发展目标值为12.3平方米，从见图13可以看出，花溪区2012年人均公共绿地面积达到14平方米，提前三年完成了规划目标，2015年人均公共绿地面积达到15.53平方米，超出规划目标3.23平方米。

空气质量优良率实现规划目标。花溪区"十二五"空气质量优良率规划目标为85%，2015年空气质量优良率为85.6%，较好实现了规划目标（见图14）。但是综合分析2011~2015年数值，五年里总体有增有降，数值最高的年份为2011年和2013年，均达到了93%，2014~2015年最低值为85.6%，从最高到最低，下降7.4个百分点。

花溪区"十二五"森林覆盖率规划目标为45%，2015年森林覆盖率为45.61%，超过规划目标0.61个百分点。从图15可以看出，2011~2015年花溪区森林覆盖率实现了逐年增长。

031

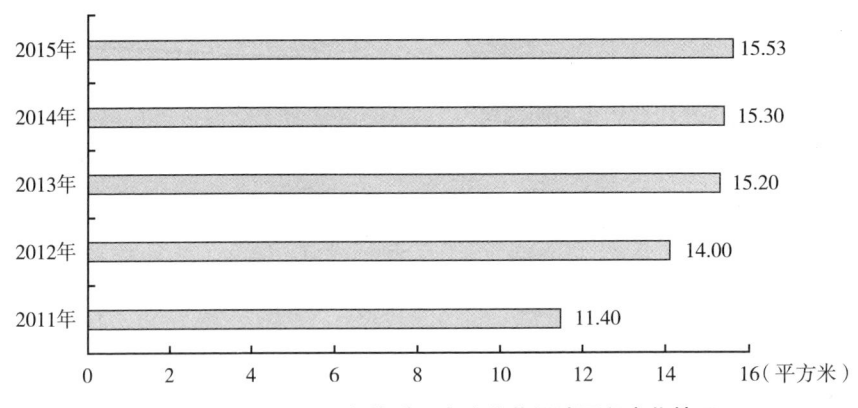

图13　2011~2015年花溪区人均公共绿地面积变化情况

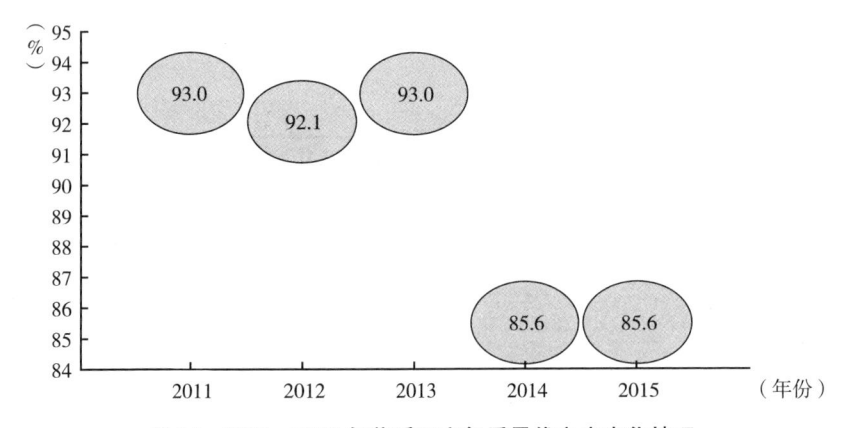

图14　2011~2015年花溪区空气质量优良率变化情况

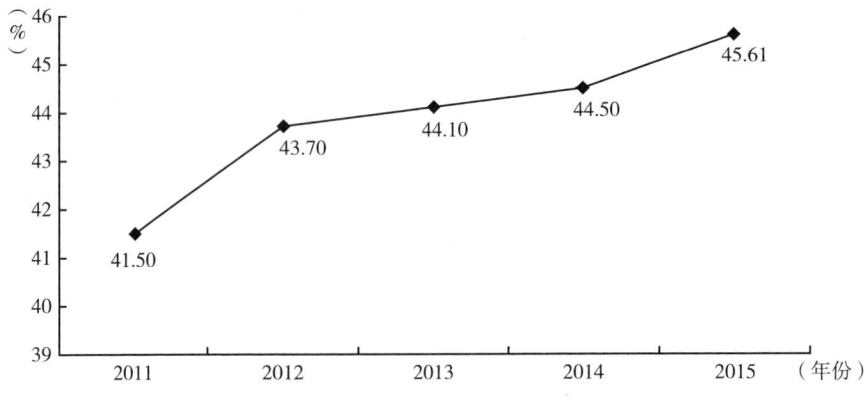

图15　2011~2015年花溪区森林覆盖率变化情况

从单位GDP综合能耗、空气质量优良率、森林覆盖率、人均公共绿地面积等四项生态指标可以看出，"十二五"期间花溪区生态指标完成情况较好，生态环境保护成效突出，生态文明建设效果明显。"十二五"期间，花溪区着力推进贵阳市首个国家生态示范区建设，通过完成花溪国家城市湿地公园二期、青岩古镇南门水景观、贵阳首座风电场等一批重大基础设施建设，改造提升国宾路、甲秀南路、花溪大道等52公里城市绿化景观，完成天然林保护、封山育林、石漠化治理67万余亩，实现了绿色社区、生态文明小城镇、生态文明工业园区创建达标率100%，森林覆盖率达45.61%，集中式饮用水源达标率100%，环境空气质量优良率保持在全市前列，成为全省生态环境最好的区域之一。

（三）2015年花溪区与贵阳市及其他区（市、县）主要指标比较分析

1. 地区生产总值排名第三，增速低于全市0.1个百分点

"十二五"期间，花溪区地区生产总值增长较快，总量也有了较大提高。横向对比总量，2015年全区地区生产总值完成494.97亿元，在贵阳市十个区（市、县）中排名第三，仅低于排名首位的云岩区的650.02亿元和排名第二的南明区的606.05亿元，比排名第四的清镇市的253.33亿元高了近242亿元（见图16）。横向对比增速，2015年花溪区地区生产总值同比增速为12.4%，在贵阳市十个区（市、县）中排名末位，比增速最高的乌当区低了3.6个百分点，比增速第二低的云岩区低了0.4个百分点。对比全市来看（见图17），花溪区2015年生产总值占全市的17%，占比较高，但增速低于贵阳全市0.1个百分点。

2. 人均地区生产总值排名第一，增速高于全市0.1个百分点

"十二五"期间，花溪区人均生产总值增速较快，总体呈现出增速高于全市、全省和全国的态势。对比贵阳市其他区（市、县），2015年全区人均生产总值为77635元，同比增长11.4%（见图18），在贵阳市十个区（市、县）中排名第一，比排名末位的开阳县的51085元高了26550元。同比增速在贵阳市十个区（市、县）中排名第九位，仅比增速最低的观山湖区高了3.2个百分点。对比全市来看（见图19），花溪区2015年人均生产总值比全市的63003

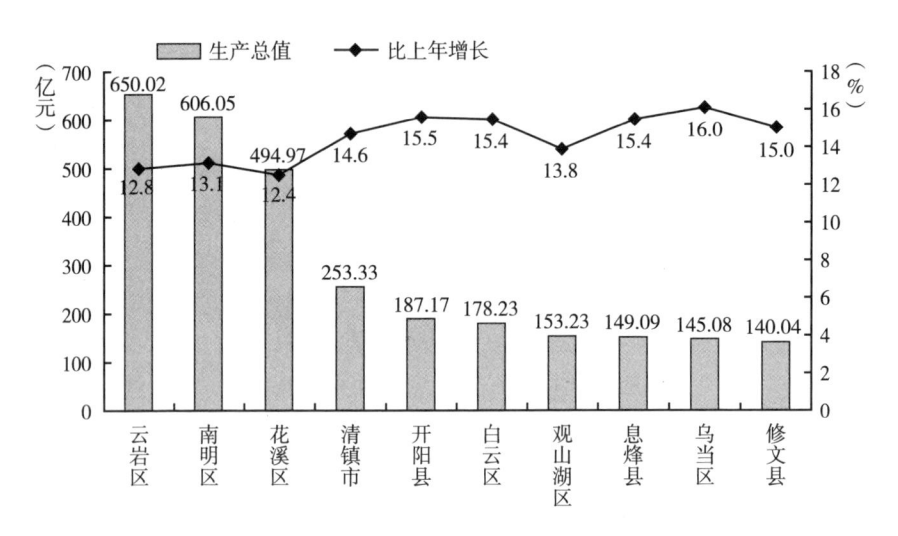

图 16　2015 年贵阳市各区（市、县）地区生产总值及其增速变化情况

注：生产总值绝对数按现价计算，增长速度按可比价格计算。图 17 至图 19、图 22、图 23 的算法同此。

资料来源：贵阳市统计局、国家统计局贵阳调查队《2016 年贵阳市统计年鉴》，中国统计出版社，2016。图 17 至图 28 同此。

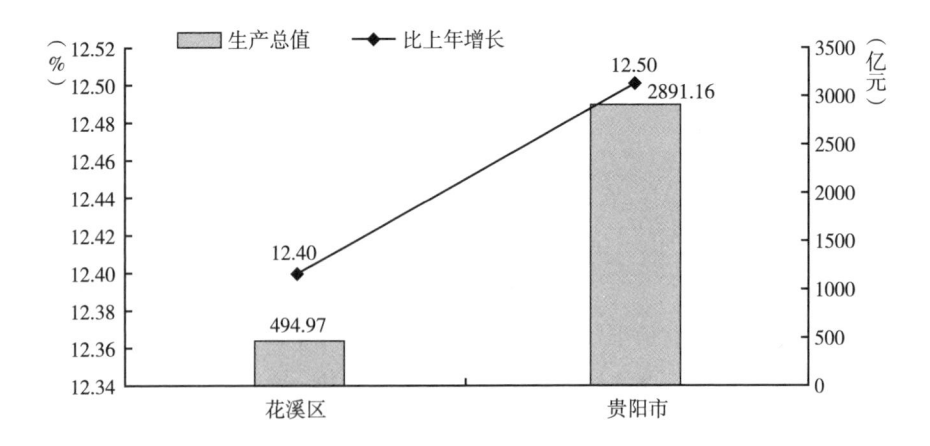

图 17　2015 年花溪区与贵阳市地区生产总值及其增速变化情况

元高了 14632 元。增速同样高于全市平均标准，比全市的 11.3% 高了 0.1 个百分点。

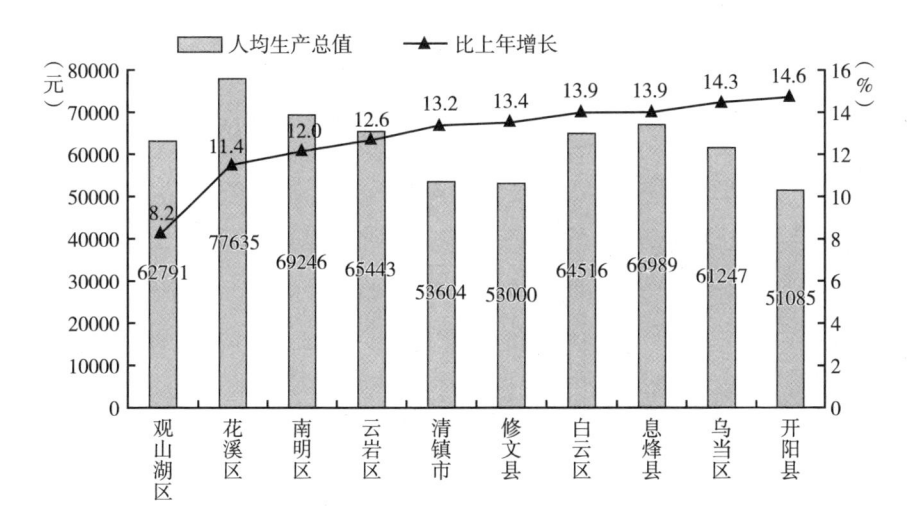

图18 2015年贵阳市各区（市、县）人均生产总值及增速变化情况

注：人均生产总值按常住半年及以上平均人口计算。

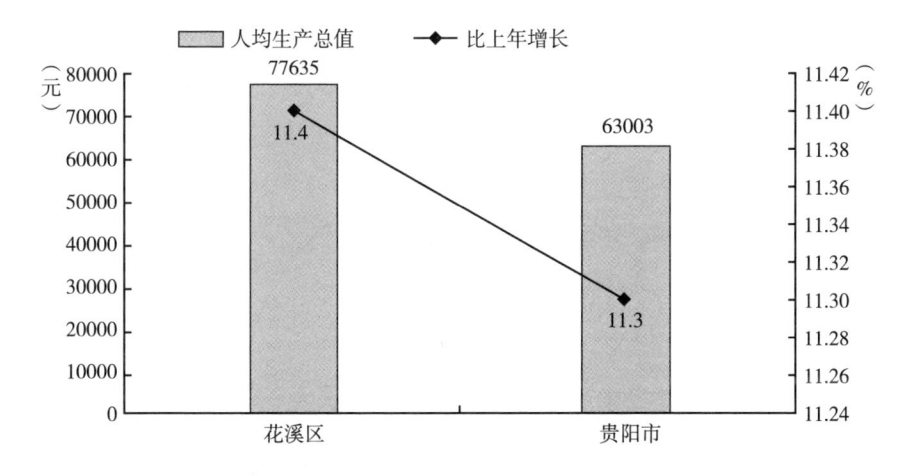

图19 2015年花溪区与贵阳市人均生产总值及其增速变化情况

3. 公共财政预算收入排名第四，增速高于全市2.2个百分点

"十二五"末，花溪区公共财政预算收入为33.89亿元，同比增长15%。对比贵阳市其他区（市、县）（见图20），花溪区公共财政预算收入排名第四位，多于排名末位的息烽县26.52亿元，比排名首位的观山湖区低了10.76亿元，差距较为明显。同比增速在贵阳市十个区（市、县）中排名第四位，比增速最高

的白云区、乌当区低了5.6个百分点，比增速最低的息烽县高了7.7个百分点。对比全市来看（见图21），花溪区2015年公共财政预算收入约占全市（374.15亿元）的10%，增速比全市平均水平（12.8%）高了2.2个百分点。

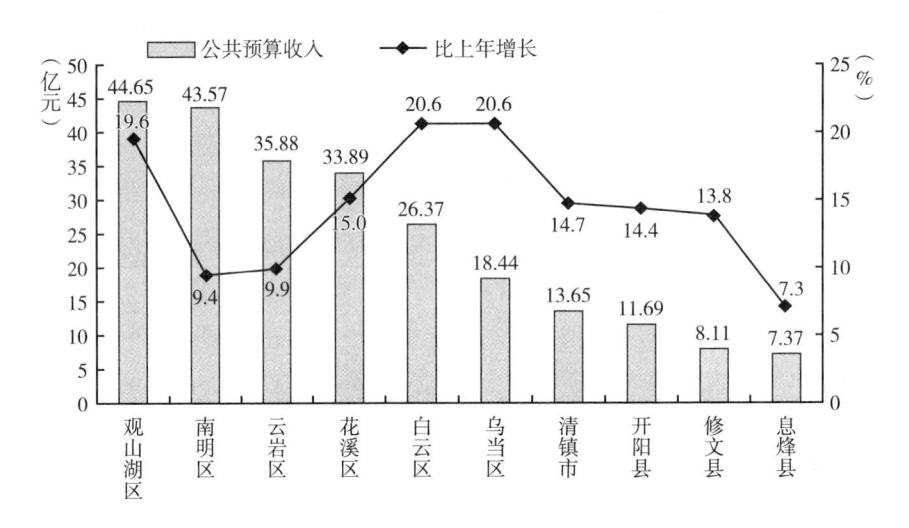

图20 2015年贵阳市各区（市、县）公共财政预算收入及其增速变化情况

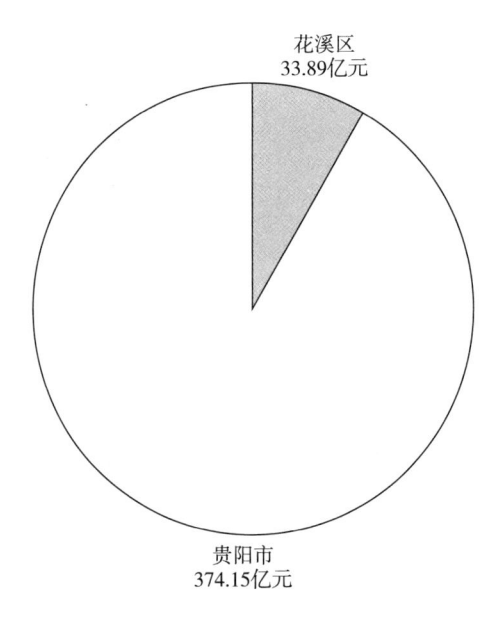

图21 2015年花溪区与贵阳市公共财政预算收入变化情况

4. 社会消费品零售总额排名第三，增速低于全市0.3个百分点

"十二五"末，花溪区社会消费品零售总额达到208.64亿元，同比增长11.2%。对比贵阳市其他区（市、县）（见图22），花溪区社会消费品零售总额排名第三位，与排名首位的南明区和排名第二位的云岩区相比，花溪区2015年社会消费品零售总额比南明区低了128.01亿元，比云岩区低了97.81亿元，与南明区、云岩区两个主城区的差距较为明显。在同比增速方面，花溪区2015年社会消费品零售总额增速在贵阳市十个区（市、县）中排名第八位，比增速最高的息烽县低了1.5个百分点，比增速最低的云岩区高了0.1个百分点。对比全市来看（见图23），花溪区2015年社会消费品零售总额占全市份额较高，约占全市的20%，增速相比全市的11.5%，低了0.3个百分点。

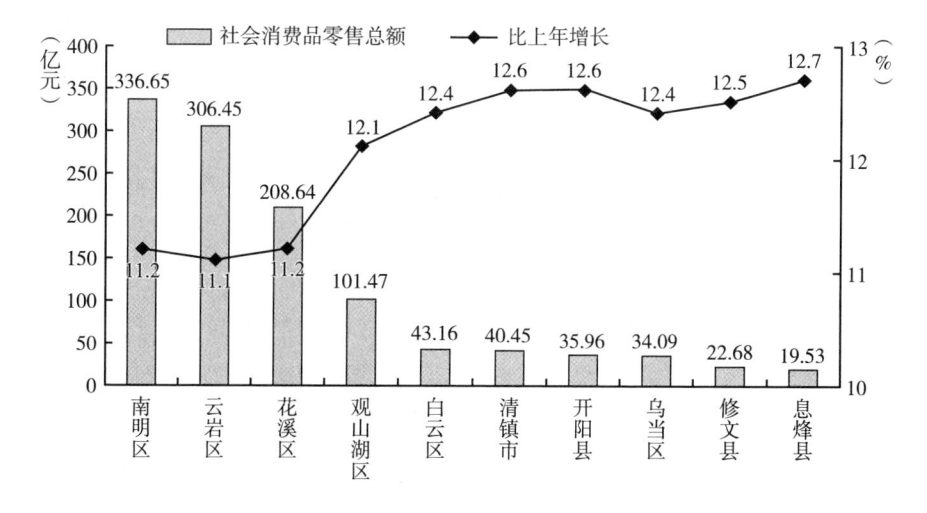

图22　2015年贵阳市各区（市、县）社会消费品零售总额及其增速变化情况

5. 外贸进出口总额排名末位，同比增速大幅下降

2015年花溪区外贸进出口总额完成390万美元，相较于2014年的478万美元，同比下降18.41%。对比贵阳市其区（市、县）（见图24），花溪区外贸进出口总额排名末位，远低于排名首位的云岩区。在同比增速方面，除观山湖区、白云区、开阳县同比实现增长外，花溪区与云岩区、南明区、乌当区、清镇市、修文县和息烽县2015年外贸进出口总额同比出现了大幅下降。对比全市（见图25），花溪区2015年外贸进出口总额占全市份额极低，增速相比

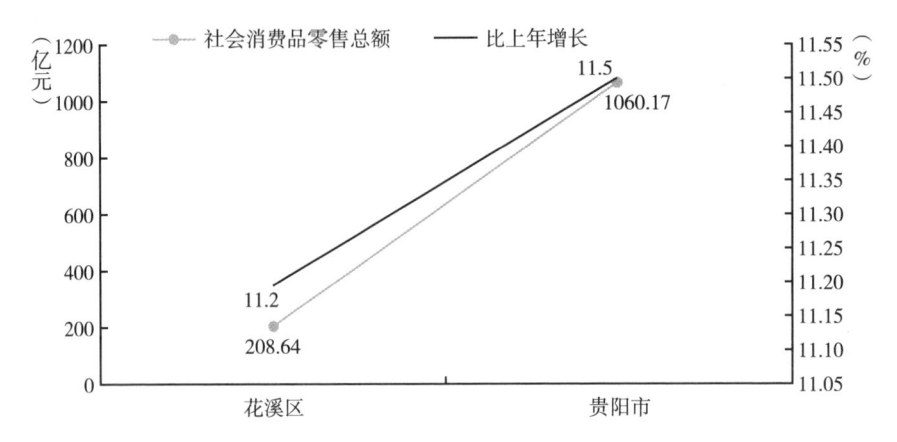

图 23　2015 年花溪区与贵阳市社会消费品零售总额及其增速变化情况

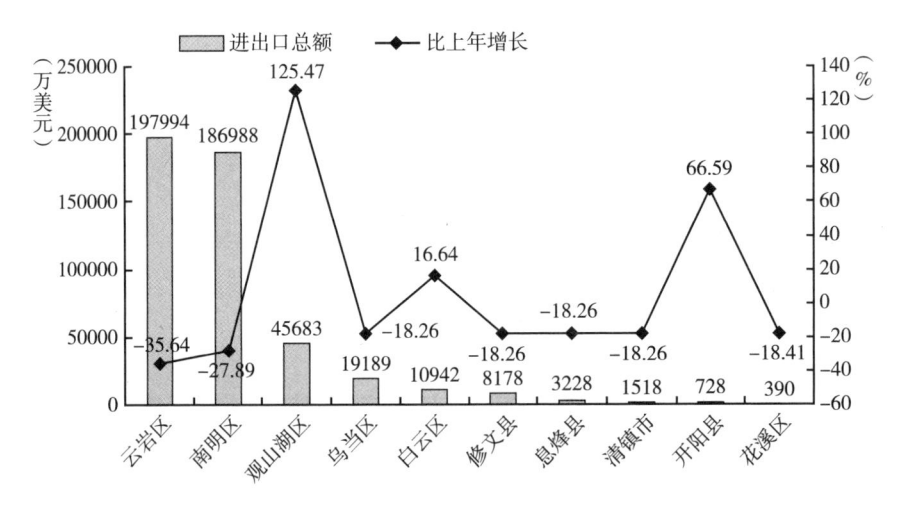

图 24　2015 年贵阳市各区（市、县）外贸进出口总额及其增速变化情况

注：2015 年进出口总额的增速是根据《2016 年贵阳统计年鉴》2014 年、2015 年数值计算得出。同比增速 =（2015 年进出口总额 - 2014 年进出口总额）÷2014 年进出口总额×100%

全市的 16.3%，低了 16.48 个百分点。

6. 城镇居民人均可支配收入排名第五，增速高于全市 2.3 个百分点

"十二五"期末，花溪区城镇居民人均可支配收入达到 26532 元，同比增长 8.9%。对比贵阳市其他区（市、县）（见图 26），花溪区城镇居民人均可支配收入排名第五位。花溪区 2015 年城镇居民人均可支配收入与云岩区相比，差距达 1585 元。在同比增速方面，花溪区 2015 年城镇居民人均可支配收入在贵阳市十个区

花溪区"十二五"规划实施情况的分析报告

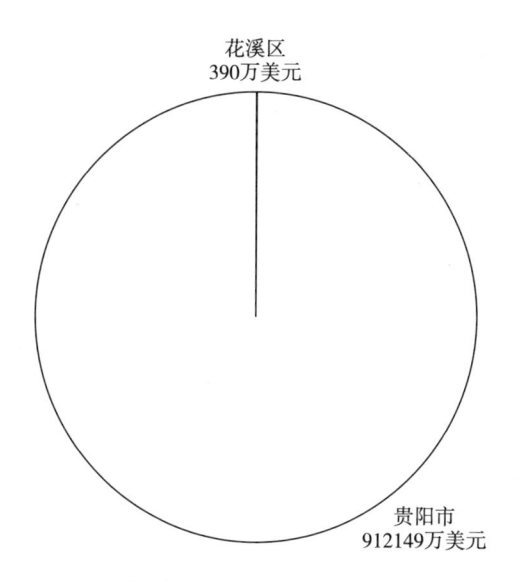

图25 2015年花溪区与贵阳市外贸进出口总额变化情况

（市、县）中排名第五位，比增速最高的息烽县低了3个百分点，比增速最低的乌当区高了0.8个百分点。对比全市来看，花溪区2015年城镇居民人均可支配收入相比贵阳全市平均值低了709元，增速相比全市的6.6%，高了2.3个百分点。

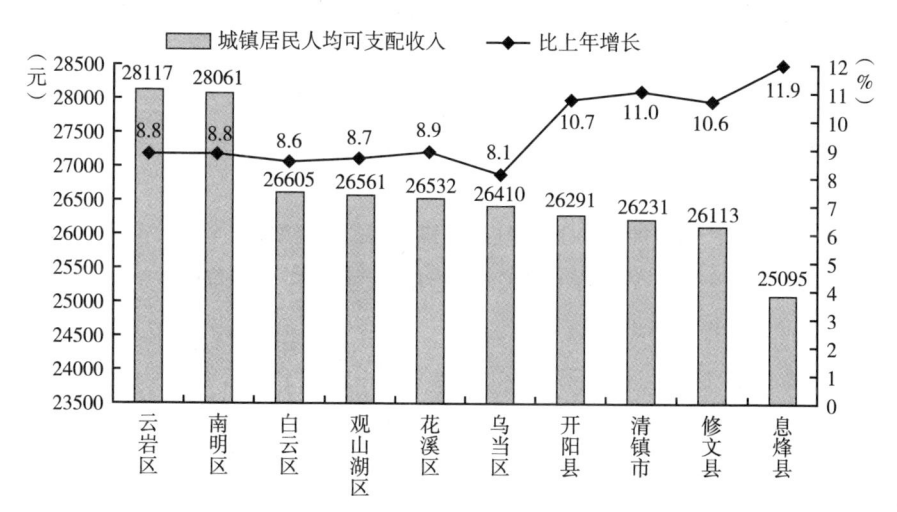

图26 2015年贵阳市各区（市、县）城镇居民人均可支配收入及增速变化情况

资料来源：贵阳市统计局、国家统计局贵阳调查队《2016年贵阳市统计年鉴》，中国统计出版社，2016。

7. 农村居民人均纯收入排名第六，增速高于全市1.1个百分点

"十二五"末，花溪区农村居民人均纯收入为12414元，同比增长9.5%。对比贵阳市其他区（市、县）（见图27），花溪区农村居民人均纯收入排名第六位，与排名首位的云岩区相比，花溪区2015年农村居民人均纯收入与云岩区的差距达1612元。在同比增速方面，花溪区2015年农村居民人均纯收入增速在贵阳市十个区（市、县）中排名第五位，比增速最高的修文县低了1.1个百分点。对比全市来看，花溪区2015年农村居民人均纯收入相比贵阳全市的11918元，高了496元，增速相比全市的8.5%，高了1个百分点。

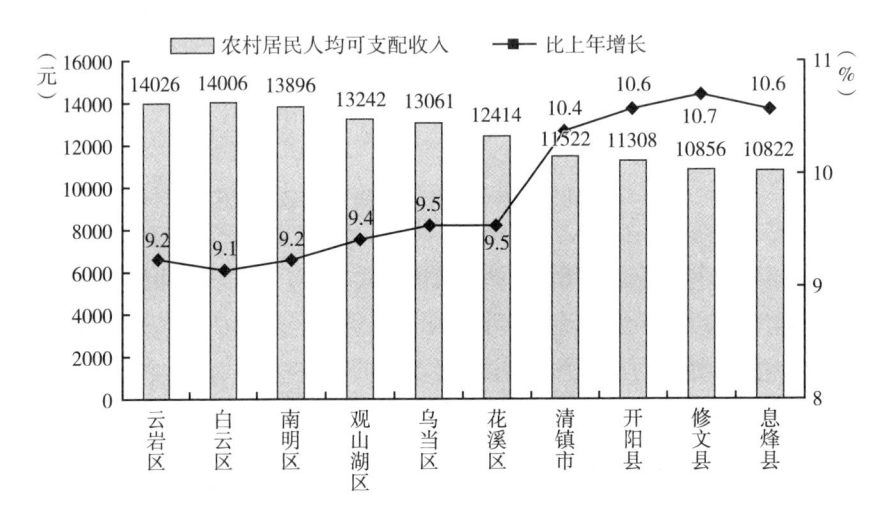

图27 2015年贵阳市各区（市、县）农村居民人均纯收入及增速变化情况

8. 单位GDP综合能耗为0.54吨标准煤/万元，降幅低于全市0.4个百分点

"十二五"末，花溪区单位GDP综合能耗为0.54吨标准煤/万元，同比降低4.7%。对比贵阳市其他区（市、县）（见图28），花溪区单位GDP综合能耗排名倒数第二位，与排名第一位的清镇市相比，花溪区2014年单位GDP综合能耗低了4.95吨标准煤/万元，比排名末位的云岩区高了0.24吨标准煤/万元。在同比增速方面，花溪区2014年单位GDP综合能耗在贵阳市十个区（市、县）中下降幅度排名第四，比下降幅度最大的白云区高了6.9个百分点，比下降幅度最小的云岩区、南明区、观山湖区低了0.2个百分点。对比全市来看，花溪区2014年单位GDP综合能耗相比贵阳全市的1.22吨标准煤/万

元，低了0.68吨标准煤/万元，下降幅度相比全市的5.1%，提高了0.4个百分点。

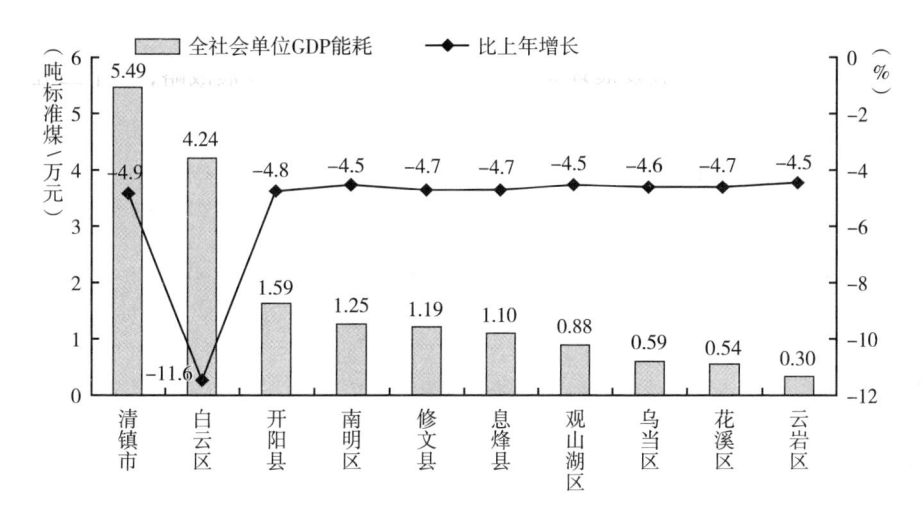

图28　2014年贵阳市各区（市、县）全社会单位GDP能耗及其增速变化情况

三　花溪区"十二五"规划主要项目推进情况分析

（一）围绕大数据、大旅游，引进了一批产业项目，产业发展逐步升级

"十二五"期间，花溪区以大数据为代表的信息技术产业、高端装备制造业、生物医药大健康产业、文化旅游产业发展迅速，全区坚持项目撬动和投资拉动，在基础设施、工业园区、大学城、文化旅游等重大工程重点项目建设的带动下，三大片区整体发力，全区五年共引进贵州省外合同投资总额1238.71亿元，累计实际到位资金452.22亿元。全区引进重大项目（3000万元以上的项目）70个。建成青岩古镇景区、花溪国家城市湿地公园（孔学堂）、天河潭旅游文化综合体、贵州花溪大学城、贵大新校区等一批文化旅游项目，切实提升了花溪文化旅游整体设施水平；建成贵阳国际汽车贸易城、云顶风电场、小孟工业园、燕楼产业园、泰邦生物科技园、石板农产品物流园等项目，极大提升了产业发展水平。

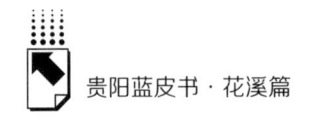

（二）围绕大交通、大扶贫，新建了一批基建项目，城乡一体化逐步加快

立足大花溪的开放发展理念，围绕大交通、大扶贫发展战略，"十二五"期间，花溪区着力通过项目建设带动城乡一体化发展，通过全力组织项目实施，积极争取上级资金支持，列入"国发2号文""财政政策综合示范项目""生态文明示范工程"等项目库中的部分项目已获得国家及省市的资金共计33643.64万元。充分调动政府和市场两个主体的积极性，加快推动重大工程重点项目建设，已建成碧桂园（一期）、保利溪湖、花溪公园大门地下通道、贵安路、百马路、金马路、清杨路、田园南路、青岩主干路网等一批重大基础设施和房地产开发建设项目，有效改善了老百姓的交通出行条件和城市生活环境，进一步推动了城乡一体化进程。

（三）围绕大民生、大服务，实施了一批民生项目，社会事业全面进步

"十二五"期间，花溪区围绕大民生、大服务，全面推进社会事业发展。在全区"十二五"公共财政预算支出中，教育、就业、医药卫生、社会保险、公共安全等九项重点民生支出达到110.98亿元，占公共财政预算支出的78.57%。教育事业全面推进，"十二五"期间，新增52所幼儿园，其中市级示范幼儿园3所，县级示范幼儿园4所，实现了每个乡镇和每个社区都有一所公办中心幼儿园的目标。医疗卫生服务水平提升，引进优质资源，打造贵州省首家基于数字病理的远程服务平台，建成北京301医院病理远程平台贵阳分中心和慈铭健康体检管理集团股份有限公司花溪体检分中心。公共文化覆盖面不断扩大，全区共建设农家书屋138个，建成153个村级文化信息资源共享平台和31个数字农家书屋，实现村级农家书屋全覆盖。

四 花溪区"十二五"规划主要任务完成情况分析

"十二五"期间，花溪区以"建设生态文明示范区、全面建成小康社会"

为目标，以转变经济发展方式为主线，顺利完成了"十二五"规划确定的经济社会目标任务，为"十三五"时期的发展奠定了坚实的基础。

（一）加快发展生态工业，推进产业优化升级

以机械、化工、建材为代表的传统产业是花溪区发展生态工业的重要基础。"十二五"期间，花溪区按照发展循环经济的要求，大力发展高新技术、生物制药、装备制造、绿色食品、旅游商品制造等重点产业。同时，依托小孟工业园和燕楼产业园等园区，精心打造园区经济板块，促进工业化与城镇化的协调融合。在此条件下，奇瑞轻型客车、货车帮、北京数海科技、宝芝林药酒企业等一批重大项目发展迅速，以大数据为代表的电子信息、新型建材、新医药大健康等产业发展初具规模和效益。全区形成了一批知名品牌、龙头企业和企业集群，有效推动了产业结构的优化调整。

（二）强化园区辐射带动，推动农业现代化发展

围绕农村特色化和农业产业化发展，花溪区以转变农业发展方式为主线，以农业园区基地建设为统领，夯实农业发展基础。"十二五"期间，花溪区以久安现代高效农业园、青岩特色农业产业园等重点现代农业产业园区为载体，强化园区带动辐射，完善农业农村基础设施和农业产业化体系，扎实推进农业产业化、规模化、现代化。全区农业产业化经营水平得到显著提升。2015年底，全区共培育各类农业产业化龙头企业32个，专业合作组织和协会100个，优势农产品实现区域发展。借助现代农业的快速发展，全区形成了以园为极、连极成轴、由轴带面的特色产业发展格局，都市农业、加工农业、出口农业、生态农业、效益农业发展成为农民持续增收的新亮点。

（三）着力发展现代服务业，推进旅游之城建设

"十二五"期间，花溪区以旅游业发展为引领，着力加快发展现代服务业，推动建设旅游之城。坚持以旅游业发展为龙头，全面加快旅游业开发与建设。进一步完善景区的基础设施、丰富旅游业态、优化旅游功能，大力推进青岩古镇景区、大河潭旅游文化综合体、花溪湿地公园（孔学堂）建设，极大地推动了花溪打造旅游"升级版"。加快发展以历史文化为主导、以商贸物流为配套、以生

态宜居为重点的服务业。推进文化产业发展，初步形成以劲嘉包装装潢企业为龙头，以祥和印刷企业等配套项目为主体的产业布局。同时，重点提高城市新区的居住品质，对城市的生态居住、商业地产、旅游地产进行组团式、一体化、有秩序的综合开发，重点发展金融保险、信息服务和中介服务业。

（四）巩固提升生态优势，建设生态文明之城

生态气候优势是支撑花溪区全面发展的最大基础。"十二五"期间，花溪区牢牢坚守两条底线，立足发展低碳经济、营造低碳生活、建设生态型宜居城市，牢固确立生态重于政策、生态投入是回报率最高的生产性投入的理念。努力营造一流的硬件、体制、法制、政策、政务、人文、人居社会生态环境。通过大力实施"治水"、"治气"、"控污"和"增绿"等工程，纵深推进生态文明建设。通过生态文明四大工程的实施，2015年末全区已建成青岩污水处理厂、石板污水处理厂，有效提升了全区域污水处理的能力，全区地表水达标率、集中式饮用水达标率为100%，城市片区新建建筑气化率为100%，环境空气质量指数（AQI）优良率达85.6%，花溪成为贵阳成功创建全国文明城市、国家卫生城市、国家环境保护模范城市的重要区域。

（五）推动城乡协调发展，建成全面小康社会

"十二五"期间，花溪区通过大力实施村容村貌、整脏治乱、节能减排、生态建设等四项整治活动，提升城乡环境，推动城乡协调发展。同时，以民生工作为本，全面推进社会就业、劳动保障、卫生计生、教育事业、公共文化工作，社会民生不断改善。2015年末实现4.7万人脱贫，解决13.78万人的饮水安全问题，实现了99.95%的村通电、通油（水泥）路，98.92%的居民户通电话、通广播电视，100%的村民组通公路、通自来水（自流水）。同时，全区民生支出占公共财政预算支出的比重达72.14%，城乡居民人均可支配收入（纯收入）年均分别增长12.2%和14.3%，城镇职工最低工资标准年均增长近15%，公共财政预算支出中九项重点民生支出累计达到110.98亿元，占公共财政预算支出的78.57%。全区群众获得感显著提升，顺利通过了全面小康指标的验收。

五 花溪区"十二五"期间存在的问题分析

虽然花溪区"十二五"规划各项指标均顺利完成，但是随着花溪区区划调整，受宏观经济形势影响，部分产业和企业经营困难，经济社会发展稳中有忧，面临着一些需要高度关注的问题。

（一）产业结构不优，经济结构不尽合理

在产业转型方面，工业总量少，企业规模小，产值提升慢，对重点企业过度依赖，中小企业发展缓慢的问题依然存在。旅游文化产业培育不足，新兴产业发展动力不强，产业转型升级步伐亟待加快。农业基础仍然薄弱，农产品基地建设分散，没有形成规模效益，龙头企业对农业结构调整的带动力不强，优势农产品不能形成优势产业，产业化进程缓慢。此外，三产中新兴行业所占比重偏小，不利于结构优化。旅游设施建设水平低，配套设施不完善，综合性服务体系不健全，制约了花溪旅游业的更快发展。

（二）城市规划滞后，空间布局有待优化

在城市规划方面，花溪区区划调整后，空间布局不科学，城市概念规划空缺，总规划急需修编。在城市管理方面，重城市建设、轻城市管理，基础设施不完善、路网结构不合理、管理体系不健全，一些地方"脏、乱、差、堵"现象仍较严重。在城乡统筹方面，仍然存在"重城市、轻农村"的情况，城乡基础设施建设投入不均衡，城乡二元结构矛盾还未得到根本化解。在政府自身建设方面，还存在许多薄弱环节，统筹力、执行力、落实力有待进一步提高。

（三）人才资源匮乏，队伍建设亟待加强

花溪区高校、科研院所在贵州省内具有一定优势，但是高层次人才和留学人才仍然较为紧缺，虹吸效应弱，难以建成一支战略型、创新型企业家队伍和综合素质高、实践能力强的技能型人才队伍。在新一轮以大数据、高端装备制造业、大健康为代表的新兴产业革命中，信息产业基础较弱，科技创新有待发

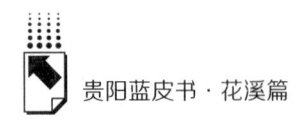

展。同时，区内外人才智力交流，党政人才、企业经营管理人才、专业技术人才之间的合理流动仍有欠缺，产学研用环境尚未有效形成。

（四）民生问题突出，民生保障任务较重

随着社会的迅速发展，改革发展中的一些社会民生问题依然存在。维稳风险防控难度加大，不稳定事件时有发生，就业压力继续加大，城乡区域发展差距和居民收入分配差距依然较大，部分群众生活比较困难。义务教育阶段择校现象、随迁子女和农村留守儿童教育等问题仍然存在。优质医疗资源仍严重短缺，公共卫生、基层和农村医疗卫生基础仍然薄弱，社会保障体系还不完善，城乡社会保障发展还不平衡。

参考文献

贵阳市人民政府：《贵阳市国民经济和社会发展第十三个五年规划纲要》，贵阳市人民政府，2016年1月。

花溪区人民政府：《花溪区国民经济和社会发展第十三个五年规划纲要》，花溪区人民政府，2016年2月。

花溪区统计局：《2011～2015年花溪区国民经济和社会发展统计公报》，花溪区统计局，2016年。

花溪区人民政府：《花溪区国民经济和社会发展第十二个五年规划纲要》，http：//www.gygov.gov.cn/art/2011/4/29/art_ 18331_ 405838.html，2011年4月。

理 论 篇
Theory Reports

B.3
全域旅游战略背景下的公园城市建设

摘　要： 2016年全国旅游工作会议提出要推动"全域旅游"发展。作为旅游发展的全新思路和模式，"全域旅游"将推动产业互动、产城融合，实现新常态下城乡一体化的协调发展。在这一背景下，"全域旅游战略背景下的公园城市建设"选题，在深入研究城市转型升级的基础上，通过分析"全域旅游"的内涵特征，梳理"全域旅游"与公园城市建设的关系，结合五大发展理念，提出了产城景一体化是公园城市建设推动全域旅游发展的基本模式。

关键词： 城市转型　全域旅游　公园城市

当前，城市建设处于新旧动力转换的关键时期，需要转换传统的资源观、产业观、运营观，形成开放、创新的发展结构。"全域旅游"是旅游业发展的全新战略定位，"公园城市"建设是新型城镇化的路径探索，倡导用公园的理

念来规划城乡、建设城乡、管理城乡，全面完善和优化城市功能。要推动公园城市与"全域旅游"的融合，关键在产、根本是城、重点在景，归根到底就是实施产城景一体化建设，实现全面推动、全新发展。

一 城市转型与旅游城市再定位

（一）城市转型升级需要转换"新三观"

1. 转换资源观

"十三五"时期，创新、协调、绿色发展是理念，更是发展要求。在新的经济发展战略要求下，城市建设发展需要转换资源观，调挡升级。转换资源观，就是树立生态环境美、经济质量优、产业结构新、发展方式绿的理念。转变发展思路，就是从单一的产业结构向多元化转变、从粗放型向密集型转变、从独立向联盟转变、从资源型向创新型转变等，从而促使城市向集聚、集约等目标迈进。

2. 转换产业观

产业升级是经济发展的内在趋势，更是提升城市竞争力的不竭动力，城市的更新发展，需要转换产业观。转换产业观，就要坚持创新的主线、系统的方法，创新即用技术创新、管理创新推进产品创新、模式创新，让传统产业转型升级、新兴产业发展壮大。系统的方法，就是以智能化、绿色化、服务化、高端化整合产业创新、管理体系、保障措施等，以产业带动全城发展。

3. 转换运营观

城市的转换运营，即从城市管理抓起，提升城市治理能力和治理水平。加快城市管理转型升级，就是树立"精"的理念，坚持建设精致、管理精细、服务精准的导向，提高城市规划、建设和管理水平。管理的精细化，着力点是法治化，法治化建设要尊重城市发展的规律，以问题为导向，创新管理体制改革。服务的精准化，就是坚持人民群众在治理中的主体地位，凝聚群众力量，形成建设合力。

(二)全域旅游是旅游发展的再定位

1. 适应消费需求升级

随着城乡一体化建设进程的加快,高品质、崇文化、尚绿色等逐渐成为消费理念的主导。传统的旅游业的发展,是以景点式、单线发展等为主要特征,随着旅游者数量的增多、出游方式的多元化等,传统的发展模式成为制约业态发展的瓶颈。为发挥旅游在调结构、惠民生、促转型中的作用,必须走一条全新的发展道路。"全域旅游"正是基于这一背景,针对当前旅游业消费市场的规模、方式等,倡导全景化打造、全产业联动、全域化治理,不仅能满足增长的旅游消费需求,实现城区即景区、处处皆美景,还能以宜游城市的打造推动旅游业与城乡一体化建设的深度融合,是现代城市发展的必然选择。

2. 推动供给方式转变

"全域旅游"倡导的是精细高效的建设模式。在这一建设模式的指导下,"全域旅游"在全面整合城市资源的基础上,力推产业融合、产城互动,借力旅游业的发展推动城市供给方式的转变,完善城市功能,实现城市让生活更美好。资源配置的全域化,就是注重各类资源和公共服务的优化再配置,避免传统建设模式,增加有效供给,引导旅游需求,充分发挥旅游的带动作用。同时,全域发挥"旅游+"功能,形成新的竞争力和生产力。借助旅游发展的平台,实施产业融合,发挥旅游的催化、集成、拉动、融合能力,促进新产能的形成;在区域发展上,通过"旅游+新型城镇化"、"旅游+工业化"、"旅游+农业现代化"、"旅游+生态化"等,延伸旅游产业链条的全域化发展。

3. 引领发展机制创新

"旅游乐土+幸福家园"是"全域旅游"目的地的建设标杆。"全域旅游"建设背景下的城市,不仅是宜游之地,更是宜业宜商宜学宜居之城。这就要求创新建设机制、管理机制等,让城市实现"全域旅游"的目标。在建设中,树立共建共享的方式,一方面按照"旅游惠民,主客共享"的理念,加强全域公共服务、旅游服务体系建设,提升公共服务水平,构建游客与市民共享的高品质生活环境;另一方面,加大资源整合力度,创新共建共享机制。在管理中，构建综合协调管理体制，一方面围绕产业发展和执法两个"综合"需求，实施区域化综合化管理；另一方面加大改革力度，整合管理部门资源、职能，形成旅游发展合力。

（三）从六个维度推动全域旅游兴城

1. 绿色发展

绿色发展主要立足于旅游的低碳经济属性。低碳经济，曾被称为"第五代全球产业浪潮"，几乎涵盖了所有的领域，低碳经济在可持续发展理念的指导下，以理念创新、制度创新、产品创新助推双赢发展的实现。旅游业是一种绿色、低碳经济，在为社会提供宜居舒适环境的同时保护生态环境。作为高尚、文明、安全、低碳的一种标志，旅游将助力城市可持续发展，是城市绿色化的典型范本和重要推力。

2. 品牌影响

体验经济是一种新的经济形式，发展体验经济不仅是追求高附加值的产业形态，也是提升城市知名度和品牌力的重要途径。在体验经济时代，旅游者对体验的需求日益高涨，传统的大众化旅游产品已不能满足其需求，个性化、情感化、美化、体验化等是当下体验旅游的特色，这就要求城市建设要更加多元化、优化，进一步满足宜游的要求，这一建设要求和背景必将助推城市品牌的打造、知名度的提升。

3. 消费结构

旅游是流量经济，是"旅+游"的产业组合。旅游业的发展，外来游客增长，必将带动旅游目的地的消费，在形成新兴外来市场的同时，巨大的消费聚集驱动区域内调整消费结构、繁荣当地经济。同时旅游流量经济的属性，还可以加强各地域间的文化交流、经济互动，增强发展的活力、创新力，以消费群体撬动消费结构转变，又以消费结构激发城市发展的内驱力。

4. 产业联动

全域旅游不同于传统经济的"条块化特征"，利于在空间上形成相关要素和产业的高度集聚，从而形成新的产业生态系统，它是一种新型的融合经济，行为交叉性和产业融合性是其最重要的特征。在建设过程中，充分发挥"旅游+"的综合带动功能,不仅可形成特色旅游产品集群,还可将产业链条全域化,形成相关产业全域联动大格局。

5. 发展品质

旅游业是典型的现代服务业,对城市的服务功能有很高的要求和依赖性。发展全域旅游倒逼城市提升硬件、优化软件,提升硬件主要是从基础设施、配套建设等方面着手,而软件的优化则注重城市治理、公共服务等方面,通过城市硬环境和软环境的优化,城市的发展品质必将得到提升。

6. 文化复兴

文化是旅游的灵魂,旅游是典型的文化经济。全域旅游有助于挖掘当地文化资源,丰富城市发展内涵,是促进城市文化复兴的重要支撑。在旅游业发展过程中,通过深挖城市核心资源价值,可促进市场优化配置、资源有效整合,创新文化发展产品、业态;通过营造地域环境氛围,可强化文化示范区的吸引力;通过宣传地域文化,可彰显城市特色文化。

二 公园城市建设与全域旅游战略具有一致性

(一)公园城市是城市发展的一种全新模式

1. 全域优化的城市景观

公园城市,就是建"公园化"的城市,按照区域全景化的建设和服务标准,在规划制定、建设实施、管理维护上一盘棋,实现城市环境的优化。在规划制定上,以提升城市品质为目标,根据整体优化、布局合理、服务便捷的方针,推进多规合一,真正发挥公园的综合优势,使公园与城市的个性打造、品牌彰显、文明建设等有机融合;在建设实施中,按照城在景中、景在城中、城景相依的标准,形成点、线、面的空间发展结构,推进城市的整体风貌建设;在管理维护中,严格遵守发展理念的要求,实现城市生态保护、文化传承、社会建设等多方发展。

2. 产城融合的空间布局

在公园城市建设背景下,"公园+"将充分发挥其载体作用,实施全方位、多层次的升级融合,成为城市"裂变"效应的战术利器,从而促进"产业跨界"的真正落地，实现资源整合实施。这种"公园+"主要表现在：通过"公园+新型工业化"，实现园区景区化，创新工业商品、企业文化建设、销售方式等；通过"公园+农业现代化"，创新农业发展形态；通过推进"公园+生态化"，完善生态保护体系，促进绿色产业全域辐射带动等。全域发挥"公园+"功能，提升公园城市的拉动力、融合能力等，提升相关产业发展水平与综合价值，形成多方融合发展的优质产能。

3. 共建共享的发展机制

公园城市建设，要从机制、公共服务、体制建设等方面着手，实现共建共享。在机制建设上，就是加大部门、行业的融入力度，建立健全政府主导、市场运作、企业参与的机制，形成发展合力。从公共服务方面看，强调内外兼修的服务原则，对外以满足游客需求为底线，为外来游客提供优质的服务，对内则根据本地居民的休闲需求，打造宜居家园和宜居宜游之城；在公共服务体系的构建中，要在公共交通、城市绿地、慢行系统等方面强化建设。同时结合大数据、"互联网+"等新型信息化手段，以"智慧旅游"为手段提升城市的公共服务水平，实现公共服务的全域覆盖。在管理体制方面，创新社区治理体系，提升区域治理能力。

（二）全域旅游将形成一种全新发展架构

1. 全域景区的架构

全域景区化架构就是要遵循景、城、村、人和交通线路等融为一体的方针，以对自然文化景观符号的挖掘为手段，对全域进行景观符号装点，美化城市环境、提升城市功能。景，就是以"景"为核心，以景建城、绕村、绘线，实现处处是景区。城，就是以完善公共服务体系为重点，以技术为支撑，打造精准化、精细化的服务，构建点、线、面三位一体的旅游空间架构。目前，全域景区化的实现主要依托两种模式，即"精品景区+精品线路"模式和全域无景区化模式。"精品景区+精品线路"模式的景区打造主要以生态型、文化型、综合体等为主，这个模式适用于观光型的区域旅游。全域无景区化模式，强调的是对区域生活的体验，探索的是旅游兴业、兴城的可持续发展之道，它对区域内的环境打造、设施建设、服务体系有着更高的要求。

2. 全域度假的架构

在众多的旅游消费中，度假旅游由于满足了消费者休闲体验的需求而逐渐发展壮大。大众休闲度假时代已来临，全域度假旅游是以度假产业为引领、观光和其他旅游为支撑，即以高端引领中低端产业升级的发展模式，它是全域旅游发展的一个重要方向和支撑。发展全域度假，需要构建客观的评价标准体系，对区域的资源、市场、资本等进行客观评估，在评估的基础上，进一步优化资源配置、提升产业发展模式，全力打造全民度假休闲区。与此同时，针对度假旅游滞留时间较长、重游率高、服务质量要求高、休闲性强、生态意识强等特点，构建旅游业"六要素"及其相关延伸产业和配套产业的度假产业体系，是发展全域度假必须苦练的"内功"，也是保障全域旅游发展质量和可持续的重点。

3. 全域发展的架构

全域旅游的战略目标应与新型城镇化与美丽乡村建设相结合。这种架构的建设在于以代表性区域为突破口和切入点，按照城乡协调发展的原则，以组团式、融合性发展等为体系，在城乡建设、体系建设、管理建设等方面实现同步规划、同步推进，使新型城镇化结构彰显优美、活力、特色的特点，形成集现代新城、活力新区、特色新街、优美新居于一体的新型城镇化结构，加快城乡一体化发展。

4. 全域旅游的架构

随着旅游业的发展，"旅游+"以多方位、多层次的特点，正演变成独特的市场力量和市场机制、供需平台。作为实现全域旅游的最根本措施，"旅游+"也是推动经济转型升级的新引擎。全域"旅游+"实质就是全域"+旅游"，因此它是"N+旅游"的开发模式，"+"，可以是工业、农业、服务业等大产业，也可以是具体产业、关联性产业。这个"N"可以分阶段、分时期来"+"，第一阶段注重环保、基础设施建设，可以从新型城镇化、美丽乡村来入手；第二阶段是全域旅游"+"，侧重点是一、二、三产之间的融合互动；第三阶段则是"+"的特色化之路。

（三）公园城市与全域旅游在空间、要素、产业方面具有一致性

1. 空间维度一致

空间维度是地理的基本特征。全域旅游的发展和公园城市建设，都主

张以循序化推动、立体化利用、线性化示范为手段,实现从资源独大向资源整合转变。循序化推动,就是彰显循序化、统一化、差异化的划分理念,既统一管理空间格局,又差异化对待具体的发展实践,以点带线、以线带面规划全域旅游空间格局。立体化利用,就是打破空间的平面化布局,立体化利用山、水、田林等资源打造多元产品,通过公共服务及综合交通搭建立体化框架,实现全域立体化空间格局。线性化示范,就是在全域旅游格局的划分上充分考虑示范线的带动作用,注重相关线路、设施的配套完善。

2. 要素组合一致

运营要素一致。全域旅游在传统要素上,主张以"文、深、慢、漫、精、境"为升级目标,公园城市的建设,以文脉延续、兼容并蓄、因地制宜、以人为本、凝练精神等为规划建设理念,二者均追求科学化建设、管理。发展要素一致,发展要素是土地、人才、管理、资金等资源的综合体,全域旅游体系下,资源不再局限于传统的"点",而是从单体资源放大到复合型资源,让社会资源旅游化,利用方式综合化,同时综合性、全面性也是公园城市建设格局的特征,资源全面整合是发展中的必备条件。社会要素一致,社会要素包括城乡、内外等两个二元结构,公园城市和全域旅游发展就是要深化城乡一体化发展,对外树形象、造品牌,对内优建设、强功能。环境要素一致,公园城市建设和全域旅游发展,就是要改善生态环境、提升人文环境,优化发展硬环境和软环境建设,创造好的发展环境。

3. 产业模式一致

产业联动、融合发展是公园城市和全域旅游发展的产业模式。全域旅游下的产业法则,就是充分发挥好"全域旅游+"这个资源创新的利器,更好地整合三次产业资源,促使一产调结构、二产出产品,三产搞服务,使产品更加多元化。公园城市的产业发展模式以"公园+"为推动,使产业发展更加绿色化,以绿色化引领一二三产业发展,大力发展高新技术产业、文化创意产业、绿色环保产业,限制耗能高、污染大的产业,真正实现产业结构的优化升级、产业间的融合协调发展。

三 以公园城市建设推进全域旅游的基本模式：产城景一体化

（一）全景打造的发展思路

1. "多规合一"的规划引领

"多规合一"是城市建设的前提和保障，也是公园城市建设的基石。要将城乡建设规划、土地利用规划、环境保护规划等有机融合，实现"多规合一"，通过统筹规划，实现"一张蓝图、一个平台、一表审批、一套机制"，优化空间架构。"多规合一"就是要以全域思维为指导，创新规划模式，理顺规划关系、推进规划落地、优化资源配置。首先，规划是为人服务的，要以人口为基础，使之成为"多规合一"的基础依托。其次，要以产业为核心，"兴城首先要兴业"要始终贯穿产城融合的理念。最后，要以空间为引导，做实规划的物质载体。

2. "城景相融"的设施建设

"城景相融"，就是实施城市建设的全景化打造。结合旅游发展要素，加快新型城市建设，实现景即城、城即景。坚持绿色、协调的发展理念，推进城乡建设绿色化，将多元文化元素植入城市规划、建设、管理中，以"城乡各美其美、美美与共"为主线，统筹推进区域协同、城乡一体。以构建不同规模、类型、层次的公园城市体系为主线，实现自然生态景观和现代城市紧密融合，打造园在城中、城在园中。坚持"产城景"一体化，让景点成为城镇的花园，城镇成为景点的客厅。在布局建设中注重引入传统山水园林要素，科学配置各种生态要素，营造功能齐全、低碳循环、绿色宜居的高品质生活环境。

3. "功能齐全"的配套建设

按照布局合理、功能完备、安全高效的设施体系建设原则，完善交通路网建设，促进区域交通一体化发展和区域间融合，加快信息设施建设，构建城乡全面覆盖的通信网络。加强停车场、交通安全、慢行系统、公园绿地、防洪防涝等设施建设。完善教育配套、公共文体、养老服务等生活配套设施，提升公共服务能力，打造宜居、宜游的城市环境。

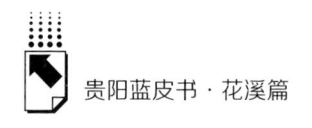

（二）全产互动的发展模式

1. 生态为底线的产业体系

绿色发展，生态先行。公园城市建设，就是要以生态为底线，绿色发展为原则，构筑生态为底线的绿色产业体系，强化城市建设发展的牵引力、执行力、发展力。构建绿色产业体系，就要充分挖掘绿色化战略的发展理念和内涵，注重产业结构的调整、优化升级，结合实际，把握绿色发展重点，积极推进传统产业的绿化升级和新兴产业的绿色兴起，构建绿色、高产、优质、高效的产业体系，促进经济绿色转型。

2. 文化为引领的产业品质

旅游发展，文化为魂。充分发挥文化在养生旅游、休闲度假、情感旅游、体验旅游等方面的引领作用，以文化推动旅游发展。依托丰富的人文资源，通过文化创意，打造特色节庆，举办特色主题活动，提高旅游业的生命力、吸引力和感召力。以文化扩大旅游消费，通过增加旅游产品包含的文化要素，提升旅游产业品质，提高经济效益。坚持文化旅游产业与事业二维发展方向，既做强文化旅游产业，又做好文化旅游事业，使文化旅游特征更鲜明、内涵更丰富，惠及更多人民群众。

3. 融合为特质的产业布局

公园城市下的产业布局，就是要以绿色为背景，旅游为载体，充分发挥"旅游+"的融合功能，优化"生态、生产、生活、休闲、旅游"五态全面融合的休闲度假空间，实现全域旅游发展模式下以产促城、以城促产，深化产城融合。要从规划、建设、产业、基础上进行融合。注重规划一张蓝图绘到底，优化产城融合的功能；强化建设，统筹规划好疏老建新，为产城融合增强动力；着手产业，提升产城融合的层次；注重基础，提高产城融合的承载力。

（三）全域管理的发展机制

1. 完备的生态保护体系

倡导生态建设行动，在生态环境建设中"守底线、奔高标"；实行生态环境损害赔偿制度。落实生态环境损害责任终身追究制，注重城市林地花海的建设、自然生态的改善，建成生态之城，营造良好生态环境；注重环境保护工作，实施"蓝天、碧水、绿地、清洁、田园"五项保护计划，高标准守住"山青、天蓝、水清、地洁"四条生态底线；做好环境执法监测，建立以改善环境质量为导向，监管统一、执法严明、多方参与的城乡环境治理统一体系。

2. 多元的文化发展体系

以文化为支撑，使文化不仅体现在人的知识素养和道德修养上，更体现在将先进的文化以多种方式转化成生产力，转化成助推全面协调可持续发展的新动力。打造历史文化品牌，构筑"古"文化高地，挖掘历史名人文化内涵；打造现代文化阵地，构筑"新"文化高地；推进文化创新发展，构筑"活"文化高地，推动民族文化内容和形式的创新，开发利用好区内丰富的民族文化资源，支持民族传统工艺创新发展；打造生态文化名片，构筑"和"文化高地，坚持生态理念和实践创新的共赢。

3. 共享的保障机制体系

提升城镇管理水平，树立城市精品化管理理念，用大数据手段建立网格化、信息化、数字化城市管理机制；均衡、优化城乡发展，建立以城带乡、城乡一体的新型城乡关系，尽显"城市之宜，田园之美"；推进法治建设，营造良好的法治政务环境，为稳定、安全、和谐发展提供法治护航；强力推进在资源、人才、资金、政策等要素方面的交流，实现城乡互联互通、利益分享。

参考文献

石培华：《如何认识与理解全域旅游》，《中国旅游报》2016年2月3日。

李金早：《开明开放开拓迎接中国"旅游+"新时代》，《中国旅游报》2015年8月21日。

胡跃、龙窦群：《全域旅游需全新的发展理念》，《中国旅游报》2015年10月26日。

杨光荣：《全域旅游是提升旅游城市竞争力的有效载体》，《中央党政干部论坛》2016年第5期。

陈耀、王健生：《幸福琼海的八个音符——全域旅游的琼海模式》，《聚焦金城旅游》2016年第4期。

《如何用全域旅游复兴一座城市》，http://www.360doc.com/content/16/0503/19/

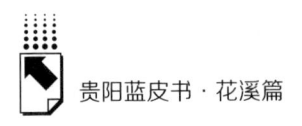

11548039_555988146.shtml，2016年5月3日。

《全域旅游空间构建：以平湖"多彩生活体验"空间构建为例》，http://www.360doc.com/content/16/0412/18/2387161_550066343.shtml，2016年4月12日。

《全域旅游：全景化、全覆盖的科学系统旅游》，http://www.lwcj.com/topic/qyly/。

张希：《2016年我国将转向"全域旅游"发展七大转变待实现》，http://travel.people.com.cn/n1/2016/0129/c41570-28096172.html，2016年1月29日。

李金早：《全域旅游大有可为》，http://travel.news.cn/2016-02/09/c_128710701.htm，2016年2月6日。

魏小安：《全域旅游面面观——如何促进全域旅游发展》，http://www.360doc.com/content/16/0419/16/2387161_552049763.shtml，2016年4月19日。

《如何打造"全域旅游"？官员、从业者、专家各支招》，http://www.cnta.gov.cn/ztwz/zghy/rdjj/201602/t20160201_759609.shtml，2016年2月1日。

姚昆遗：《全域旅游以观念改变引领产业发展》，http://www.ce.cn/culture/gd/201602/29/t20160229_9167314.shtml，2016年2月29日。

石培华：《全域旅游是新阶段旅游发展总体战略》，http://gz.workercn.cn/23372/201602/05/160205155356743.shtml，2016年2月5日。

李金早：《全域旅游的价值和途径》，http://politics.people.com.cn/n1/2016/0304/c1001-28169809.html，2016年3月4日。

石培华：《改革创新统筹推进创建工作》，http://www.360doc.com/content/16/0217/10/10580899_535204794.shtml，2016年2月17日。

B.4 现代山水田园城市建设探析

——关于花溪区"百园之区"建设规划的研究与思考

摘　要： 改革开放以来，我国的城市建设发展取得了显著的成就，然而制约城市科学发展的问题和矛盾依然突出。本文立足于加强和改进城市建设工作，结合贵阳市"千园之城"的建设背景，从田园城市的建设理念出发，重点分析了贵阳市花溪区公园城市建设的基础、目标、思路等，为打造山水田园城市提供了可复制、可借鉴的地方经验。

关键词： 千园之城　田园城市　花溪建设

城市是现代文明的标志。在新的经济发展和社会需求背景下，需要认识、尊重、顺应城市发展规律、创新城建理念、完善城市功能。为顺应时代之需，贵阳率先提出了公园城市工程，并以打造"千园之城"为目标，充分发挥区（市、县）的优势建设"百园之区"。贵阳市花溪区，基于良好的生态、文化、旅游资源，充分借鉴田园城市的建设理念，以打造山水田园城市为目标引领公园城市建设，更好地彰显城在景中、景在城中的城市环境，着力打造和谐宜居的现代化城市。

一　建设背景：贵阳确立建设"千园之城"的目标任务

2016年1月，贵阳提出要在2020年建成名副其实的生产发展、生活富裕、生态良好的"千园之城"。贵阳"千园之城"的打造源自生态，更根植于民

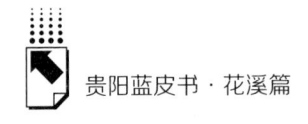

生,"千园之城"已经成为贵阳打造发展升级版的重要载体、保障民生的重大工程、城乡统筹的重要实践。

(一)"千园之城"是打造发展升级版的一个重要载体

作为一个西部欠发达城市,贵阳的发展既要遵循绿色化的发展要求,又要创新发展理念,弯道取直、后发赶超,实现生态和经济发展的双赢。近年来,大数据的发展促使贵阳步入创新型城市的行列。在新一轮的发展机遇和挑战面前,贵阳提出"千园之城"的打造,不仅是用公园的理念来建城市、提升城市宜居环境,更是在城市功能上下大功夫,构建更为科学合理的设施体系、更加完备的功能体系,以"公园"优化城市,促进城市全方位转型升级。通过城市升级,借助城市平台实现产业、民生、治理等的转型升级,使"千园之城"真正成为开放、创新、生态、法治、人文、和合贵阳升级的载体。

(二)"千园之城"是探索新型城镇化的一种创新实践

"十三五"时期,新型城镇化建设以五大发展理念为引领,坚持以人为本的核心,以基本公共服务均等化为支撑,注重文化传承、生态文明,坚持点面结合、纵横联动、补齐短板的方针,倡导统筹推进、协同推进、重点突破的方式,切实提高城镇化质量。贵阳"千园之城"建设,就是坚持协调发展理念,走以人为本、生态文明、布局优化的山地新型城镇化道路,通过优化城镇建设、强化美丽乡村建设、统筹城乡一体化发展,提高城镇化水平,把贵阳建设成为和谐宜居、富有活力、特色鲜明的现代化城市。由此可见,"千园之城"是探索新型城镇化的一种创新实践。

(三)"千园之城"是提升百姓获得感的一项民生工程

全面小康,不仅要靠指标、数据、设施来支撑,更要依靠民众的"获得感"来筑牢。"获得感"是"十三五"时期重要的民生发展指标,它有别于"幸福感",是一种实实在在的"得到"。贵阳"千园之城"建设,表面上是建城市,实质则是保民生,核心就是提升民众获得感。如果把公园城市拆为"公园+城市"来看待,公园是建设的外貌,城市则是真正的内容,这个城市不仅外在环境的优美,更注重内在机理功能的提升,是不折不扣的民生工程。

"千园之城"的打造,就是结合共享发展的理念,不断扩大民生优质资源的供给,坚持民生优先,实施凝心聚力、社会治理工程,增加民众的幸福"获得感"。

二 建设探讨:花溪打造山水田园城市的可行性分析

(一)理论基础:"田园城市"的发展应用

田园城市,是19世纪英国社会活动学家霍华德提出的城市规划设想。针对当时工业化发展给英国城市建设带来的种种问题,霍华德主张充分发挥城市的活力和体现乡村的自然特征,统筹城乡发展。"田园城市理论"不仅是一种城市设计理论,更是一种顺应自然的生活理念,是以自然之美、城乡一体、社会和谐为目标的社会改革方案,被誉为"现代城市规划的开端"。长期以来,世界各国均对"田园城市理论"加以发展应用,其内涵和特征也随着城市化、工业化的发展不断深化。综合来看,布局组团化、环境田园化、产业高端化、交通网络化、生活人本化等是现代田园城市的特征。通过组团化的布局,实现城市空间的高度集约、立体化应用;通过环境打造,形成景城相间的整体风貌;通过产业升级,构建高效、高产、优质、绿色的高端产业体系;通过立体化交通建设,打造新型低碳、覆盖全域、功能完善的交通体系;通过人本文化建设,传承历史文化、保护乡土景观。

(二)实践基础:花溪城市建设的现实条件

1. 生态环境优美

花溪区地处长江、珠江分水岭,生物具有多样性,水资源丰富,具有高原季风湿润气候的特点,2012年成功创建国家级生态示范区。近年来,花溪紧抓"国家生态示范区"的响亮品牌,充分发挥生态的比较优势和竞争力,将生态优势转化为经济优势,由此花溪成为贵州省、贵阳市生态文明的"窗口",也成为经济发展与生态改善双赢的探索之地。

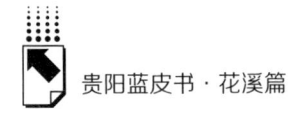

2. 文化底蕴厚重

花溪历史文化悠久、人文资源丰富、文化底蕴厚重。特别是"互联网+"、"大数据"的发展，为其文化产业快速发展提供重要支撑，众多利好政策给产业发展释放新活力。同时，花溪坚持以人为本，以多元文化作为城市发展的灵魂，引导城市合理规划、打造创意文化产业、提升城市文化形象。

3. 旅游资源丰富

花溪山水秀美，是贵州省著名的风景名胜区，有景物景观81个，浓缩了贵州山水之精华，尽得贵州风情之神韵。随着旅游政策红利加快释放、旅游消费爆发式增长及供给侧结构性改革持续深入，花溪立足于丰富的旅游资源，使旅游业成为其战略性的支柱产业，构建"产业围绕旅游转、产品围绕旅游造、结构围绕旅游调、功能围绕旅游配、民生围绕旅游兴"的全域旅游发展格局。

4. 区位交通便捷

随着贵阳市与贵安新区协同发展布局，花溪区成为两个重要区域的高度交接区、核心区和桥头堡，区位条件优越，发展空间广阔。随着贵州省"十字形"高速铁路网、"五纵七横"区域对外路网等加快形成，贵阳全国综合铁路枢纽地位优势凸显，人流、物流、资金流、信息流将不断集聚。花溪将成为链接贵安、双龙航空港、黔南的贵阳南部副中心，形成贵阳南部交通枢纽。

（三）保障基础：花溪城市建设的推进措施

1. 政策保障

2012年，"国发2号文"提出要把贵州打造成为旅游文化发展创新区；2014年，贵阳市出台《关于支持花溪建设文化旅游创新区的意见》，着力推进花溪文化旅游创新区建设；2016年，花溪区获批"全域旅游先行示范区"。基于此，花溪区建设文化旅游创新区是国家、省、市共同谋划的发展战略，是把大数据、大生态、大文化、大旅游变成大产业的重要载体。

2. 规划保障

按照创建文化旅游创新区、建设"百园之区"的要求，以创建国家全域旅游先行示范区为抓手，以创建国家级全域文化旅游创新区为目标，花溪区突出"大花园、大溪流"的特色,设计了《花溪文化旅游创新区空间发展战略规划研究》;按照《贵阳市公园建设和管理指南》(试行本)制定了公园城市建设规划;按照"全域发展、轴带辐射、绿化间隔、单元组团"的总思路,形成了"一区、两轴、三片、四组团、多节点"的空间战略布局,从顶层设计上筑牢城市建设的规划保障。

3. 服务保障

统筹城乡建设的发展,关键在内容、内涵上,核心就是搭建一体化的公共服务体系,从功能的完善、提升上找到新的突破口。花溪区把共建共享作为城乡统筹发展的原则和目标,打造便利优质的综合服务体系,为城市建设添活力、增内涵。采取"大数据+",突破"扶贫、教育、卫生、社会治理"短板,通过紧盯"高标准扶贫"发力,让低收入群体共享旅游发展成果;通过全力打破教育供给不足瓶颈,让群众共享优质教育资源;通过全力打破优质卫生资源瓶颈,让群众共享便捷高效服务;通过推进精细化社会治理,让群众共享平安和谐的社会环境。

4. 机制保障

推行花溪、经开两区深度融合体制,深化规划、基础设施、产业、城市管理、公共服务等一体化。理顺文化旅游创新区管理体制机制,突出统筹管理、综合管理,探索建立集旅游开发、经营、管理于一体的开发模式和机制。建立社会共建共享机制,搭建区、乡(镇)、村三级土地流转平台,建立农村宅基地使用权、土地承包权、林权、水权"四权"抵押贷款或折合入股参与项目开发机制,让更多群众成为市场主体和受益者。

三 建设路径:对花溪区规划建设"百园之区"基本思路的思考

"十三五"是花溪加快发展的关键时期。花溪按照五大发展理念的要求,坚持"文化旅游创新区"定位和"一区四化"的发展路径,突出创新、生态、文化等特色,以建设"百园之区"为抓手,致力于打造"生态优势凸显、文化事业繁荣、旅游产业发达、城乡环境优美、经济实力较强、人民生活殷实"的旅游目的地、旅游集散地及"贵州会客厅"。

（一）规划目标：打造现代山水田园新城

1. 建设生态城市示范区

筑牢生态安全大屏障。发挥南部生态屏障的功能，推进花溪河、青岩河流域综合治理及沿岸天然林保护等重大生态项目，精心保护好贵阳市"三大水缸"和环城林带"大氧吧"。构建以风景名胜区、饮用水源地、生态涵养区为主体，廊道、水系、山体为纽带，公园、花园、田园为点缀，山头、河流、水库等融为一体的生态安全大屏障，保护好天蓝、山青、水净、地洁的生态基底。

智慧环保大平台。依托"生态环境大数据平台"，建立一体化的环境数据应用体系，落实重点区域监控探头全覆盖、核心数据采集更新全天候、数据自动分析运用全流程，强化四大污染源的实时监控和预警处置。

巩固生态示范区成果。集中力量打造西部首个国家级生态工业示范园区，推进花溪城市生活垃圾综合处置工程等生态示范项目。敢于啃下景区、园区、水源地等周边违章搭建的"硬骨头"，实施"四镇五乡百村"农村环境综合整治"三步走"，推进城乡垃圾分类试点、污水处理厂等项目，创建一批生态文明乡镇和村寨。

构建全民参与大格局。在参与主体上做"加法"，打好宣传教育、信息公开、增设岗位、购买服务等"组合拳"。在生活消费上做"减法"，推广节能智能家居产品，发展绿色交通，倡导低碳环保生活和消费方式。在生态文化上做"乘法"，传播生态理念，引导市民深入践行"天人合一、知行合一"的人文精神。在空地荒地上做"除法"，开展植树造林、园艺盆景栽培等绿化美化活动，为公园、廊道、小区、院坝、阳台等"穿衣点黛"。

2. 构建全域旅游示范区

突出保护传承，打造立体鲜活的多元文化体系。立足多元文化特色，增强文化自觉与文化自信。擦亮五张文化名片，围绕儒学、阳明学、非遗文化等传统文化打造传统文化名片；保护古镇历史建筑、民俗风情、民间艺术，打造古镇历史文化名片；挖掘和集聚时尚文化、创新文化等，打造时尚文化名片；建设苗族、布依族等少数民族文化精华的集中展示区，打造民族文化名片；整合利用高校、"三线"工业文化遗存等资源，打造创意文化名片。补齐公共文化服务短板，推动核心价值观教育大众化、制度化、本土化，建成全国文化先进县。加强文化遗产保护和传承，组建文化遗产保护协会，科学编制历史文化遗产、非物质文化遗产及"三线"工业文化遗产等保护利用规划，促进文化遗产的保护与活化利用。传播形象、打响品牌，完善《区域形象传播战略规划》，全面开展视觉识别、听觉识别和精神识别体系设计。

突出标杆引领，打造五态融合的全域旅游体系。优化"生态、生产、生活、休闲、旅游"五态全面融合的休闲度假空间，形成全域旅游发展模式。优化完善空间布局。构建"一核、一轴、四组团"全域旅游布局；打造"一客厅、一中心、四名片"，建成贵州会客厅、西南自驾游综合服务中心，打造国家城市生态湿地公园带、青岩国际特色旅游小城镇、天河潭国际旅游度假目的地、高坡国际山地运动基地；围绕旅游"六要素"，全力实施全域旅游"十大基础工程"，建强综合服务配套。

突出文化旅游融合发展。以文化推动旅游发展，以旅游促进文化繁荣，构建文化与旅游两者间灵魂与载体的融合关系，为旅游产品注入优秀的地域文化内涵，使游客在花溪的旅游过程中能感受到浓郁文化气息、拥有愉悦的体验。依托丰富的人文资源，通过文化创意与民俗结合，打造特色节庆，举办特色主题活动，增强旅游业的生命力、吸引力和感召力。打造具有花溪特色和影响力的文化旅游精品、旅游文化活动品牌，以文化扩大旅游消费，提升旅游产业品质，打造富有花溪特色、个性化、层次化的文化创意区域性品牌符号。

3. 打造新型城镇化示范区

做好城乡共美规划。花溪坚持以人为本、道法自然，避免"摊大饼"，着力"蒸小笼"，按照花溪"北优、南进、西合、东接"空间发展战略导向，充分利用山脉、河流、通风走廊等自然分割，更加注重南部和北部的空间布局、功能分区、合理疏导，更加注重城市、建筑、道路、生态、文化等风貌一体化，启动五大导则和相关技术导则编制工作，打造独特的山水田园风貌。坚持规划引领，突出"多规融合"，形成功能定位准确、功能分区清晰、用地划块明确、功能配套完善等一套比较完备的规划体系，实现一本规划、一张蓝图。

做靓城镇特色风貌。花溪按照"现代化、园林化、生态化、数字化"的目标，把不适宜服务功能的产业业态向外转移疏解，完善老城区区域的高端住宅、商务办公园区、创意产业园和文化街区、商业及康体等功能。增加新城区的高端社区、商务、办公、研发及其他公共服务优质资源。对老城区的重点路段、重点区域、公共环境、重点场所、建筑立面进行改造，并进行路面整治、绿化提升和景观打造，加大城镇棚户区、城中村及城乡接合部的改造力度，把园区、乡镇打造成风景区，营造干净整洁、文明有序的市容环境。标注花溪鲜明的个性、凸显涵养特色、传承记忆的城市总体风貌。

做特乡村美丽景色。按照"农房改造景观化、基础设施城市化、配套设施现代化、景观打造生态化、土地开发集约化"的思路，夯实农村基础设施，优化农村生态环境，全面改善农村生产生活条件。围绕"历史、文化、古镇、湿地、生态、山水、田园"主题，规划建设特色乡村项目，充分融入民族、民俗、历史、生态、时尚、创新文化，打造环绕景区、农旅一体、文旅融合、田园山水、湿地生态等独具特色、主题鲜明的美丽乡村示范带。建设设施完善、产业兴旺、生态良好、环境优美、魅力独特的宜居宜业宜游示范村。

（二）规划理念：以空间优化塑造城市风貌

1. 老旧公园改造注重综合化——以花溪公园为例

花溪公园风景秀丽、文化厚重，同时具有"自然+生态+人文公园"的美称，是贵阳休闲度假旅游胜地和贵州省著名的风景区。为充分展示花溪的新形象，优化公园配套、提升城市功能，2015年花溪公园实施了提升改造工程。按照"全域发展、轴带辐射、绿化间隔、单元组团"的思路，以及"城区园林化、农村特色化、景区生态化"要求，花溪公园的改造提升以创建国家级"旅游度假区"为目标，依托林地、山体、河流、湿地等生态景观要素和特色资源，将花溪公园与十里河滩湿地公园进行统筹规划，打通花溪公园、湿地公园及周边区域，扩大公园面积，提升公园品质。同时，坚持尊重历史的原则，把自然景观和人文景观结合起来，按照"多拆少建、只拆不建"的原则，推动公园景观提升，留存田园风光和乡村野趣特征，让美景留心、乡愁永驻。并呈放射状向外延伸，实现空间、产业、服务等方面的和谐发展，重塑整个花溪公园周边城市交通、城市功能体系，实现城市空间布局及发展模式转型。

2. 新建公园彰显景区化——以花溪湖公园为例

花溪湖公园位于贵筑社区洛平村，占地1323.39亩，是花溪的新建公园。在建设过程中，充分彰显山、水、花、景的特征，实现公园的景区化。以山水为核，把"水"的灵动与城市规划建设、景观提升、生态保护、特色自然景观等结合起来，让"水"成为城市的生命之源、流动的风景线。以花木为媒，强化"花"的品色布局研究，按照"一路一特色、全年常绿、四季有花"思路，使四季皆有景、景色各不同。同时，注重"花"与"城"形成协调统一、和谐美观的色调，让游客和市民乐在花香中、醉在花韵里。

3. 景区公园体现高端化——以天河潭公园为例

天河潭公园有着"贵州山水浓缩盆景"的美称，是喀斯特地貌山水的一绝，是国内著名的旅游胜地。在天河潭的改造中，着重结合吃、住、行、游、购、娱、商、养、学、闲、情、奇、新等旅游要素，在景区的硬件设施和软件管理上完善提升，项目涉及环境绿化整治、路网配套改造、智慧旅游系统建设等。同时，结合文化旅游创新区的创建和"百园之区"的打造，把景区这个"点"和花溪城市这个"盘"统筹起来，让其协调交融、相互映衬，在景中更加凸显城市的生态、历史、文化等内涵品位，高品质打造景区，以高端化引领其社会效益和经济效益的提高，使高品质的城市风格成为花溪鲜明的注脚。

（三）规划重点：格局、体系、建设、管理

1. 全域化规划

以全域化原则作为建设规划的方针。在规划中，突出自然、生态、人文、休闲、康体等功能，依托环城林带及风景名胜区基础，以美丽乡村建设和农村环境综合整治为载体，形成以景区公园为龙头、森林和山地为骨架、城市和社区公园为补充、乡镇公园为特色，村落公园均衡分布，城乡绿廊有机串联的公园体系，建成全域为园、全城为景的公园城市。

2. 功能体系化

探索科学的建设标准体系。参照国内外田园城市、花园城市、公园城市评价指标，结合实际拟定指标体系，制定各类公园建设标准，确保游、乐、娱等设施配套到位。以微改造为核心，优化城市中心区功能，同步谋划城市综合中心，增加新城区高端住宅、商务服务等功能，构建功能完备、结构合理、景色优美、舒适健康的城市绿色空间。

3. 特色化建设

树立公园城市理念，按照"城区园林化、农村特色化、景区生态化"要

求,描绘好"花、山、水、景"画卷,凸显建设特色,全面提升城市人居环境和城市品质。山水为核,让"水"成为城市流动的风景线;花木为媒,使四季皆有景、景色各不同;文化为魂,彰显城市魅力;乡愁为根,推进美丽乡村建设。

4. 标准化管理

高标准管理。制定网格化、区域联动等制度,建立严格的控违拆违责任制和违建监控机制,稳步推进农村综合环境整治市场化。对环境卫生、市政设施等实行标准化管理、条款化考核,细化服务行业管理标准,实施新老楼群院落改造提升,优化市民、游客体验。实施数字化城市管理系统建设,完善监控系统、信息管理平台及无线网络等建设,提升管理服务效能。

参考文献

〔英〕埃比尼泽·霍华德:《明日的田园城市》,金经元译,商务印书馆,2010。

贵阳市人民政府:《贵阳市国民经济和社会发展第十三个五年规划纲要》,2016。

花溪区人民政府:《花溪区国民经济和社会发展第十三个五年规划纲要》,2016年。

贵阳市生态文明建设委员会:《贵阳市绿地系统规划》,http://www.ghb.gov.cn/doc/201618/287627686.html,2016年1月18日。

中共中央、国务院:《中共中央国务院关于进一步加强城市规划建设管理工作的若干意见》,http://news.xinhuanet.com/politics/2016-02/21/c_1118109546.htm,2016年2月21日。

《国务院关于深入推进新型城镇化建设的若干意见》,http://www.gov.cn/zhengce/content/2016-02/06/content_5039947.htm,2016年2月6日。

《太仓建设现代田园城市的思考》,http://www.tcroca.com.cn/art/2012/3/5/art_3330_147741.html,2012年3月5日。

调研篇

Investigation Reports

B.5
花溪区社区调研报告

摘　要：近年来，随着经济社会的快速发展，传统的基层管理体制和运行机制亟待改革与创新。在此背景下，"十二五"期间，贵阳市积极开展城市基层管理体制改革工作，通过撤销街道办事处，设立社区服务中心，推动了"市-区-街道-社区"四级管理体制向"市-区-社区"三级管理体制的转变，探索出了新型社区建设的"贵阳经验"。为进一步了解基层管理体制改革的后续发展情况，贵阳市委政研室、北京国际城市发展研究院和贵阳创新驱动发展战略研究院联合组成课题组，通过"实地调研+座谈+访谈"的方式，对花溪区的相关社区进行了深入调研。本文按照理论研究与实证调研相结合的方法，总结当前花溪区基层治理创新的相关做法与典型经验，客观剖析街居制转变为社区制之后面临的新问题，并有针对性地提出相关建议，以期为花溪区完善基层治理体制与运行机制提供决策参考。

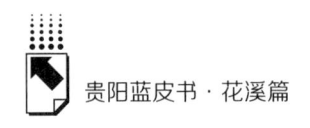

关键词： 花溪区　社区　基层治理　体制改革　经济社会调查

《中共中央关于全面深化改革若干重大问题的决定》指出，要创新社会治理方式，《中共中央关于制定国民经济和社会发展第十三个五年规划的建议》进一步指出要"完善党委领导、政府主导、社会协同、公众参与、法治保障的社会治理体制，推进社会治理精细化，构建全民共建共享的社会治理格局"。适应新形势、解决新问题，就要从夯实治理基础、创新依法治理的模式，深化对治理规律的认识，从源头上推进社会治理体系和治理能力现代化。

一　调研背景

（一）调查目的与意义

"十二五"时期，贵阳市社会建设与群众工作取得显著成效，开创了崭新局面，但随着转型升级步伐的加快，各类问题引发的社会矛盾相对集中，给经济社会持续健康发展埋下了隐患，需要加强社会治理，从源头上、基础上、根本上解决好这些问题。《贵阳市城市创新发展报告 No.2·花溪篇》编写组通过对花溪 18 个社区进行专题调研，分析总结出花溪区"十二五"时期基层社会治理的成效、问题等，并针对问题提出可行性的解决方法，对花溪区、贵阳市、贵州省乃至全国"十三五"时期社会治理的进一步建设探索都有很重要的意义。

（二）调查时间与过程

为给贵阳市"十三五"规划编制提供可参考的建议，《贵阳市城市发展创新报告 No.2·花溪篇》课题组于 2015 年下半年开展了贵阳市 10 个区（市、县）社区调研工作。2015 年 10 月，收集汇总各社区"十三五"规划，并针对规划进行逐步细化，请社区填制完善《社区工作调查表》。2015 年 11 月，本书课题组在对有关资料梳理分析的基础上，制订调研方案，于 11 月 22～27 日采取"座谈 + 访谈"的形式，对花溪区群工委领导、社区领导班子、社区居民代表等进行了访问，对社区的建设情况、发展思路、重点工作等进行了深入调查。

（三）调查方法与对象

1. 调查方法

此次调研历时5天，主要采用"调查+座谈+访谈"的方式。通过收集社区制定的"十三五"规划和填制的《社区工作调查表》，掌握社区建设、问题难点等方面情况；通过与社区代表、社区组织代表、居民代表座谈，了解"十二五"时期花溪区社区整体的环境建设、存在问题以及发展思路等；通过与18位社区领导面对面交流对话，进一步了解相关社区情况、发展的重点、难点等，并对前期收集的资料、调查表进行信息核对，达到收集信息准确、反映问题真实、给出建议可行的效果。通过倾听基层声音，更好地访民情，实现共享共治，真正传播基层和谐治理的好声音。

2. 调查对象

此次调研遵循社区全覆盖的方针，集中对花溪区18个社区和花溪区群工委的主要领导进行了重点调研（见表1）。

表1 花溪区社区访谈对象情况及编码

编码	性别	所在单位
HXS1	男	航空社区
HXS2	男	贵筑社区
HXS3	男	航天社区
HXS4	女	明珠社区
HXS5	男	花孟社区
HXS6	男	黄河社区
HXS7	男	金欣社区
HXS8	女	金竹社区
HXS9	女	平桥社区
HXS10	男	黔江社区
HXS11	男	清浦社区
HXS12	男	清溪社区
HXS13	男	瑞华社区

续表

编码	性别	所在单位
HXS14	男	溪北社区
HXS15	男	小孟社区
HXS16	男	兴隆社区
HXS17	男	阳光社区
HXS18	男	三江社区
HXS19	男	花溪区群工委

注：文中访谈者姓名均以表中编码标示。

二 花溪区社区基本情况

（一）花溪街道改社区的历史沿革

为加强基层管理、更好地精简管理层级，2010年贵阳开始撤销街道办事处建立新型社区，实现领导体制的扁平化。截至2012年4月，贵阳市完成了49个街道办事处的改制工作，建立了94个新型社区，创新了管理模式（见图1）。新型社区通过构建"一委一会一中心"的组织架构（见图2），采取"一社多居"的形式，开展"一站式"服务，进一步增强社区服务、管理、凝聚、维稳的功能，真正把管理服务触角延伸到社会的末梢。

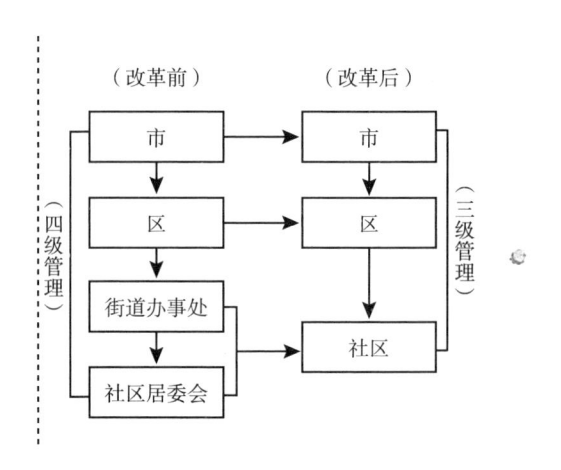

图1 精简管理层级示意

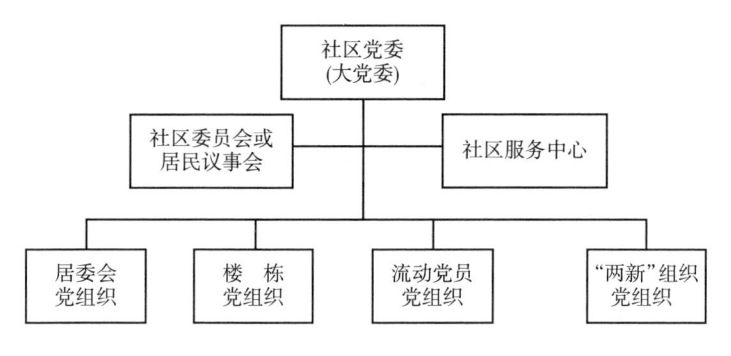

图2 "一委一会一中心"治理结构

花溪区是贵阳市街道改社区的最先试点区，2010年贵阳市最先在经开区（原小河区）开展街改社区工作，在试点工作取得成效的基础上，再在全市逐步全面推开。在贵阳市的统一指导下，花溪区有条不紊地进行改建，于2012年全部完成街道办事处改社区工作，建立了18个新型社区服务中心。

（二）花溪社区建设基本情况

花溪区辖18个社区服务中心（见表2），受历史因素和改革机制的影响，分别是10个城市社区和8个农村社区。

表2 花溪区18个社区基本情况

序号	社区	性质	总面积（平方公里）	总人口（人）	总户数（户）	成立时间	辖区范围	重要资源
1	航空	城市（3居）	1.27	10424	4198	2011年5月	经开区南部 东：三江社区 西：三江社区 南：三江社区 北：小孟社区	科教资源：小学2所
2	贵筑	农村（3村3居）	31.58	21309	4678	2012年4月	位于花溪区中心区域，东临阳光社区，东南与清溪社区接壤，西至党武乡，北抵溪北、明珠社区	1.科教资源：幼儿园9所、小学6所、中学1所 2.文体设施：公共文体活动场所8个，总面积2000m²，其中文化广场2个 3.卫生资源：专科医院1个，养老机构1个，社区卫生服务站1个

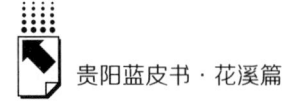

续表

序号	社区	性质	总面积（平方公里）	总人口（人）	总户数（户）	成立时间	辖区范围	重要资源
3	航天（3居）	城市	1.8	22980	8102	2011年5月	位于花溪区漓江路中段	1. 科教资源：幼儿园5所、小学1所 2. 文体设施：公共文体活动场所1个，总面积400m²，其中文化广场1个；文化团体7个 3. 卫生资源：专科医院2个，社区卫生服务站2个
4	明珠（2居）	城市	5.1	104400	9447	2012年4月	地处花溪区中心城区，花溪"北大门"，毗邻花溪国家级湿地公园	1. 科教资源：幼儿园2所、小学1所、高等院校4所 2. 文体设施：图书市场1个、书店2个 3. 卫生资源：综合医院1个，妇幼保健院1个，社区卫生服务站1个
5	花孟（3村）	农村	20	6341	2222	2012年10月	东接孟关乡沙坡村 西接阳光社区棉花关 南接清溪社区桐木岭村 北接小孟社区陈亮村	1. 科教资源：幼儿园2所、小学2所 2. 文体设施：公共文体活动场所2个，总面积300m²，其中文化广场1个 3. 卫生资源：社区卫生服务站1个
6	黄河（4村）	农村	9.2	41000	13000	2011年4月	东：贵惠大道（邻接三江社区服务中心） 西：干平路（邻接兴隆社区服务中心） 南：青龙路（邻接平桥社区服务中心） 北：珠江路（邻接黔江社区服务中心）	1. 科教资源：幼儿园4所、小学5所 2. 文体设施：公共文体活动场所5个，总面积1000m²，其中文化广场5个 3. 卫生资源：社区卫生服务站1个

续表

序号	社区	性质	总面积（平方公里）	总人口（人）	总户数（户）	成立时间	辖区范围	重要资源
7	金欣	城市（2居）	5.89	11770	4121	2011年5月	东至西南环线 西至石板镇 南至花溪 北至甲秀南路	1. 科教资源：幼儿园2所、小学1所、科研院所1个、中专中技校1所 2. 文体设施：公共文体活动场所2个，总面积800m²，其中文化广场1个、体育馆1个 3. 卫生资源：综合医院1个，妇幼保健院1个，社区卫生服务站1个
8	金竹	农村（3村）	17.6	17990	5140	2011年5月	东抵小车河湿地公园、南明区后巢乡四方河村、花溪区金欣社区 西邻花溪区石板镇羊龙村、摆勺村、久安乡雪厂村、久安村、吴山村3个村 南接花溪区金欣社区、石板镇合朋村 北与观山湖区大凹村、云岩区蔡关村接壤	科教资源：幼儿园1所、小学1所、中学2所、职校1所 2. 文体设施：公共文体活动场所2个，总面积800m²，其中文化广场1个 3. 卫生资源：社区卫生服务站1个
9	平桥	城市（3居）	1.9	15793	5952	2011年4月	东：北门居委会、航天社区 西：三江社区 南：三江社区、溪北社区 北：三江社区、南明区中曹司社区	1. 科教资源：幼儿园2所、小学1所、科研院所1个、中专中技学校1所 2. 文体设施：公共文体活动场所2个，总面积200m² 3. 卫生资源：社区卫生服务站2个

续表

序号	社区	性质	总面积（平方公里）	总人口（人）	总户数（户）	成立时间	辖区范围	重要资源
10	黔江	城市（4居）	4.06	50240	15708	2010年3月	东：南明区后巢乡 西：南明区沙冲社区 南：南明区沙南社区 北：花溪区瑞华社区、兴隆社区	1. 科教资源：幼儿园8所、小学1所、职校1所 2. 文体设施：公共文体活动场所2个，总面积800m²，其中文化广场1个 3. 卫生资源：社区卫生服务站1个
11	青浦	城市（3居）	1.28	33321	12540	2010年3月	东：珠江路（瑞华社区） 西：黄河路（兴隆社区） 南：西南环线（平桥社区） 北：长江路（黔江社区）	1. 科教资源：幼儿园3所、小学1所 2. 文体设施：公共文体活动场所1个，总面积1000m²，其中文化广场1个 3. 卫生资源：三级医院1个，专科医院1个，社区卫生服务站2个
12	清溪	农村（4村）	35.39	8824	2303	2012年4月	地处花溪区城市中心东片区	1. 科教资源：科研院所1个、幼儿园3所、小学4所、中学3所、中专中技学校3所、特殊学校1所 2. 文体设施：公共文体活动场所5个，总面积5300m²，其中文化广场4个 3. 卫生资源：三级医院1个，社区卫生服务站2个
13	瑞华	城市（3居）	2.68	27000	5244	2010年3月	东：珠江路黔江社区 西：南山高地青浦社区 南：清水江路青浦社区 北：黄河路兴隆社区	科教资源：幼儿园5所、小学2所、中学2所 2. 文体设施：公共文体活动场所3个，总面积1750m² 3. 卫生资源：社区卫生服务站1个

续表

序号	社区	性质	总面积（平方公里）	总人口（人）	总户数（户）	成立时间	辖区范围	重要资源
14	溪北	农村（6居）	22	38718	7100	/	东至小孟社区 西至石板镇 南至贵筑社区 北至平桥社区	1. 科教资源：幼儿园5所、小学6所 2. 文体设施：1个，总面积500m²，其中文化广场1个 3. 卫生资源：社区卫生服务站1个
15	小孟	农村（7村）	29.68	19050	4507	/	东临孟关乡五星村 西邻花溪湿地公园和孔学堂 南接花孟社区扬中村 北邻三江社区周家村	1. 科教资源：幼儿园7所、小学21所、特殊学校1所 2. 卫生资源：社区卫生服务站1个
16	兴隆	城市（4居）	1.96	40075	18925	2010年3月	东至黄河路 西至香江路 南至西南环路 北至黄河北路	科教资源：幼儿园5所
17	阳光	城市（8居）	11.46	95000	24771	2012年4月	东：大将山脊 西：田园北路 南：花溪行政中心 北：花溪大桥	1. 科教资源：幼儿园14所、小学3所、中学4所、高等院校1所 2. 文体设施：公共文体活动场所2个，总面积2800m²，其中文化广场2个 3. 卫生资源：三级医院3个，专科医院191个，社区卫生服务站2个
18	三江	农村（6村）	12.7	62127	37192	2011年5月	东接航空社区枫阳居委会 西接溪北社区上水村 南接小孟社区红艳村 北接航天社区漓江居委会	1. 科教资源：科研院所1所、小学6所、中学1所、幼儿园12所 2. 文体设施：体育场1个 3. 卫生资源：养老机构3个，社区卫生服务站5个

注：本文数据与案例篇各文表1数据截止日期不同，存在数据不一致情况。

资料来源：2015年调研期间由花溪区各社区提供。

三 从三个"新"看花溪新型社区建设成效

贵阳市社区体制改革以来,在服务观念、服务工作上均取得了良好的成绩,更好地体现出管理的扁平化、社区治理的创新化,这些创新主要体现在管理模式、服务模式和发展模式上。

(一)新型的管理模式

1. 大党委的新机制

社区建设以党建工作为核心,整合村(居)委会、非公有制经济组织和社会组织等党组织组建"大党委",通过公推直选选出党组织负责人兼职党委成员,打破传统模式,使社区各个组织由"松散型"变成"紧密型",进一步发挥党组织的核心堡垒作用,夯实基层的"网底"。如,在访谈中,HXS7提出,社区通过大党委,建设基层党组织,让辖区党组织深入各个地方,不留死角、形成合力;HXS10表示,党建工作是新型社区的一大亮点,通过对辖区流动党员进行属地与居住地"双重管理",以及党员与辖区困难群众"结对子",实现了一对一帮扶。

2. 共建共治的模式

推动社会治理能力现代化,创新工作体制机制,就是要不断增强善治、自治、法治、德治、共治能力。花溪区在社区建设中,以社区服务中心为引领,鼓励市场力量和社会资本参与,推进建立政府向社会购买服务制度,形成了政府搭台、社会唱戏的多元服务格局。如,HXS4说:"居民议事会,就是要把我们的群众发动起来,让群众代表参与居民议事会,让他们有话语权、参与权"。HXS3认为,辖区内一居委会设施较为全面,主要是通过与辖区企业采取资源共享、共抓精神文明建设的方式等实施共驻共建、群防群治,共同规范管理了辖区的环境。

(二)新型的服务模式

1. 抓重点人群

社会治安是创新社会治理的切入点,更是经济社会和谐发展的保障。创建良好的社会治安环境，就得从基层抓起，从重点群体着手，切实形成"党委领导、政府负责、社会协同、公众参与、法治保障"的综治工作良好格局。花溪社区在建设中，始终将重点对象、特殊群体作为治安环境创建的突破口，开创"阳光妈妈"禁毒模式，创新禁毒治理；加强对流动人员、特殊群体的管控，营造良好的治安和发展环境。HXS4 指出，所在社区禁毒工作主要采取"一人一策一方案"的方针，采取"家庭＋社会"的综合治理方式，在硬软件上加大投入力度，帮助吸毒人员有效戒毒。同时，通过"一办、两会、三中心"的方式做实做足社区戒毒工作，"一办"即禁毒办，"两会"即家庭委员会和阳光妈妈委员会，"三中心"即戒毒康复中心和指导中心、就业中心。

2. 抓社会力量

党的十八大提出，要发挥群众参与社会管理的作用。全面推进社会化的社区服务，将有利于挖掘社会资源、和谐社区管理、推动社区善治。花溪区以培育组建社会组织、"爱心银行"等方式，加大公众参与治理的力度，科学合理分配社区资源，更好地实现社会协同参与的共管共治。如，HXS4 说，该社区是通过成立"小微"组织联合会、社会组织孵化基地等模式，充分发挥社会组织的有效作用；在志愿者培育壮大方面，采取志愿者积分制度，成立"爱心银行"、进行积分兑换，进一步增强居民做公益的积极性。

（三）新型的发展模式

1. 互联网＋社区

互联网、大数据带来了全新的发展和运营模式，花溪区紧跟时代的潮流和风向，利用好"互联网＋"、"大数据＋"等新模式，搭建 15 分钟便民服务圈，创新社区微信平台，发展社区电子商务、养老、居家服务等，推进服务效率提高、更好地实现便民利民。在社区建设座谈会中，HXS4 提出，"城市的电商已经不存在问题，怎样把农村的一些商品引入城市的体验店，我认为首先要对社区的电商商铺进行摸底，然后将周边的农家特产引入电商，并与厂家共同研究配送问题，从而实现农村和城市资源共享、信息共享"。

HXS13 认为，"社区要以'互联网＋社区'为核心拓展服务，依托原有的网格化管理，挖掘资源，扩展公共服务、居家养老、社区医疗等公益性和商业性的服务,实现基层政务服务、商务服务、公共服务三务合一的 O2O 模式,从而形成真正 15 分钟的'互联网+'服务圈。一方面帮助辖区内的小微商家,如小便利店、家政店进行互联网的转化,另一方面通过手机 App、微信等平台与居民实现有效的联结,利用信息化的手段让服务更精准"。

2. 生态+社区

要使社区更绿色、更宜居,主要路径是通过绿色社区与美丽乡村的建设,促进城市和农村社区设施更健全、配套功能更完善、环境更宜人。如,HXS5 指出,要围绕"绿、亮、净、美、畅、安"六类服务工程,加强基础设施建设。"绿"是指生态保护、森林防护,"亮"是指路灯要亮起来,"净"是指环境要卫生干净,"美"是指美丽乡村建设,"畅"是指道路要畅通,"安"是指平安工程。

四 从三个方面分析社区建设中存在的问题

贵阳市的基层体制改革在取得相应成绩的同时,存在的问题、矛盾依然突出,在人、事、物方面仍需要改革者创新措施,加以强有力的推动。

(一)从人的发展角度看

1. 人口管理难

花溪地处贵阳市郊区,基于特殊的原因,城中村、农村社区多,人口规模大、流动人口多。随着城市建设规模的扩展,失地农民逐渐增加,加上城乡二元结构下依然沿用传统的管理模式,人员多、人员杂、管理难成了当地环境建设、治安管控等的难题。如,HXS6 就在访谈中提出:"所辖 4 个村都是典型的城中村,属于 20 世纪小河房地产兴起的时候开发得较早的中心村,土地基本上开发殆尽,全部是失地农民,是一个典型的夹杂拆划地和城市社区的区域范围,它又在小河经济发展的中心区域。这个社区常住人口 1 万多人,流动人口接近 4 万,流动人口呈倒挂形式。流动人口多会带来社会治安、计划生育、管理和服务困难等问题"。

2. 队伍建设难

基层的改制和转型,队伍建设是保障,针对事多事杂的基层,新型社区建设急需一支积极性高、综合能力强、敢于负责的队伍来推进。但是受职业发展、职业待遇等的影响，人员队伍建设不稳定、流动性强成了制约队伍建设的主要因素，社区工作者的整体素质、工作能力、工作方法等与社区建设发展极不相符。具体表现在人少事多，人员的匹配已不能满足社区工作的需要，如，HXS7指出，该社区共有18个编制人员，但大部分工作由临时工来承接，由于工资待遇低，临时工流动性较大，很难保障工作的正常运转。HXS13指出，目前该社区共24个网格员，每月工资为1200元，由于薪资待遇水平较低，且发展空间有限，网格员变更频繁，这些都不利于工作的连续性开展。

管理观念陈旧，改制不改"治"现象突出，专业人员、综合人员缺失。HXS5说："干部的基本素质是提升服务质量的重要因素，基层干部队伍素质比较低，无法适应新形势。社区共24个编制人员，其中7人从部队转业，为初中文化水平。另外，农村干部都通过基层选举而来，选出来的干部素质并不高。"

职业上升空间有限，待遇差，人难留、事难办，如，在访谈中HXS3说："文明办、应急办、维稳部、组织部、指挥部等都在社区抽调人，因此社区编制从20人减到15人。"

（二）从事的解决角度看

1. 矛盾化解难

社区工作是"上面千条线，下面一根针"，随着社会结构的快速分化，新群体和阶层逐渐出现并扩大，各种新老矛盾交叉重叠，社区层面很难满足各类群体的各种利益诉求。花溪区因区划调整和各种利好政策的引导，城市建设如火如荼，而城镇化进程的加快给社区事务带来了更大的压力，扶贫、失地农民、拆迁安置、管理服务等汇聚为新的矛盾综合体。如，HXS5指出，因征地拆迁引发的矛盾纠纷较多，存在村与村之间、组与组之间、家庭成员之间的财产分配问题和房屋确权问题，且调节难度较大。HXS14认为，出于征地拆迁、旧城改造、流动人口多等多方面的原因，社区的社会矛盾还在凸显。

2. 管理实施难

新型社区成立以来，新模式和新的管理体制的作用并未真正发挥，相反还沿用着旧的管理体制。主要表现：首先，同为同级机构，花溪区委、区政府所属有关部门仍存在对社区各项事务插手指导的现象；其次，"费不随事转"、"权不随责走"现象大量存在；最后，换"牌子"不换"班子"，大党委流于形式，工作走过场、应付等现象仍旧存在。如，在访谈中HXS8强调，基层体制改革后，社区仍然承担着过多的行政职能，不能发挥社区应有的社会服务职能。同时，社区服务中心的工作方式保守滞后，造成管理的超负荷运转，降低了治理效能。

（三）从物的建设角度看

1. 设施建设滞后性

受历史因素、现实因素的影响，花溪区社区建设中基础设施薄弱，特别是农村社区，路网失修、排污不畅、公共服务设施缺失等问题凸显，而老社区办公场所、院落建设、生活设施、信息建设等相当滞后。如，HXS10认为，辖区基础设施薄弱，发展压力大。辖区内破产企业和没有物管的小区较多，导致多个小区无人管理和维护，居民楼院破旧，基础设施条件差；辖区背街小巷多，道路狭窄，农贸市场管理不规范，导致整体形象不佳。HXS15说："我们社区7个村中，只有3个建设有办公楼房，其余4个村是板房办公。"

2. 配套服务不完善

随着群众需求的日益增长，各类需求种类、数量、质量等方面的要求越来越高，社区在养老、医疗、教育优质资源配套等方面的供给渠道相对单一、质量水平不高，已越来越难适应和满足社区民众的生活和精神需求。如，HXS4针对养老的问题指出，土地的紧缺、空间的缺失、平台的缺位是制约该社区养老建设的梗阻，老龄化是当前的困惑之一；优质教育资源紧缺，该辖区内没有公办的幼儿教育、学前教育、高中教育；存在老旧小区的改建问题和中央、省市单位整合难的问题。

五 从三个方面着手加强和创新社区建设

创新社会治理要善于用新理念引导、新机制推行、新方式促进，针对贵阳市新型社区的建设要求和花溪区社区建设中存在的问题，需要结合当下发展要求与属地实际，基于贵阳市发展大数据、打造公园城市的背景，助推社区设施完善、发展大数据、创新治理模式，从机制体制着手构建科学合理的治理体系。

（一）大数据为引领开启治理新模式

大数据的发展将助推全新治理链的形成。要将大数据作为提升社会治理能力的重要手段，打造大数据社会治理云平台，调动社会力量参与社会治理，形成共享共用的资源配置，提高社会治理的精准性和有效性，创新社会治理模式。

基于花溪区的社区治理，要借助大数据从网、线、平台上着手，"网"就是全方位、广覆盖的网格化服务；"线"就是拓展与市民的沟通交流渠道，一线到位，服务更加精准、更加高效；"平台"，就是"社会和云"工程网格体系建设，通过该平台的建设与应用，建设集成集合的数据中心、平台系统，更好地为不同区域、不同领域、不同对象提供"前端应用"，提升社会综合治理能力。

如，HXS4指出："社区下一步怎么走？大数据参与社会治理，这个新的生产工具的出现就会决定生产关系的改变和上层建筑的改变。贵阳市大数据战略的提出，决定基层社会治理体制、机制、方式、能力、水平要向大数据转变。目前社区已成立社会大数据工作室、社会和云工作室，但仍需要进一步推进，要思考如何运用大数据推动政府体制改革。"

（二）公园城市为支撑夯实治理基础

2015年，贵阳市提出要打造"千园之城"，将公园城市建设上升为发展战略之一。"千园之城"就是以建公园的要求建城市，不断优化城市环境、提升城市功能、夯实社区治理基础、完善治理载体，就是要借公园城市建设这个契机，不断完善辖区内的设施建设、功能配套，使社区环境更加宜居。

夯实基础建设，就要针对城市社区和农村社区的特点，建设"千园之城"，从老旧小区改造、美丽村寨打造着手。针对老旧居民小区改造提升，以改善老旧居民小区群众生活环境为目标，围绕环境整治、管理基础等重点工作来推动设施改造,解决老旧居民小区治安、环境、维修、秩序等方面的突出问题。针对村寨的打造,要结合公园城市建设和花溪文化旅游创新区创建的机遇,打造"平安型、文明型、生态型、发展型、活力型"村寨,完善村级治理体系,强化农村基层组织服务群众、凝聚民心、组织开展民主自治的能力。

(三)体制机制为关键完善治理体系

创新体制机制是社区建设的关键,改革成败的关键也在于体制机制是否科学、合理、有效。针对当前花溪区社区建设中存在的问题,要从体制机制上切入,改变传统的治理模式和理念,完善政策体系和支撑。首先,完善政策体系,就是要加大政策资源供给,为社区建设筑牢政策支撑;其次,坚持党委领导、多元共建、民生优先、服务为先的原则,创新引领,融合发展,构建共建共享的社会治理格局;最后,要坚持依法治理、制度保障的方针,运用法治思维和法治方式推动社会建设,重视制度建设在社会建设中的重要作用,不断完善社会建设领域的法治、制度基础,让基层治理有法可依、有章可循。

体制机制的实施主体是人,关键是队伍建设,因此在社区建设中,要以人才为支撑,强化人才体系保障。要按照职业化、专业化、综合化的要求,在事业上、待遇上提供上升空间和保障,拓宽公开选拔、竞争上岗等途径,发现和起用一批优秀人才投身基层社会治理。

在推进社区建设中,HXS1指出:"十三五"时期,社区人才队伍应该跨出一大步,社区的人员结构应该是多元化的,而不是单纯的管理人员,使社区平台逐渐成为人才聚集地。

参考文献

贵阳市委群工委:《贵阳市"十三五"时期社会建设规划》,2016年5月3日。
谢志强:《创新社会治理:治什么谁来治怎么治》,《光明日报》2016年7月13日。
中共中央:《中共中央关于全面深化改革若干重大问题的决定》,http://

www. gkstk. com/article/60780866. html，2013 年 11 月 15 日。

中共中央：《中共中央关于制定国民经济和社会发展第十三个五年规划的建议》，http：//news. cnr. cn/native/gd/20151103/t20151103_ 520379989. shtml，2015 年 11 月 3 日。

阮占江：《破解基层社会治理诸多难题》，http：//legal. people. com. cn/n/2015/1028/c188502 - 27747058. html，2015 年 10 月 28 日。

余仁辉：《关于创新基层社会治理的思考》，http：//hn. rednet. cn/c/2014/07/09/3399167. htm，2014 年 7 月 9 日。

B.6
花溪区居委会调研报告

摘　要： 近年来，随着我国经济与社会改革发展的不断深入，城市管理体制正在发生深刻的变化。作为全国社会管理创新综合试点城市，2010年贵阳市全面推进基层管理体制改革，通过撤销街道办事处，设立社区服务中心，变"市－区－街道－社区"四级管理为"市－区－社区"三级管理，实现了管理体制扁平化。构建"一委一会一中心"组织架构，增强了社区服务、管理、凝聚、维稳功能；实行"一社多居"，强化了党组织的领导核心地位；推行"居政分离"，促使居民自治回归，逐步探索出一条新型社区建设的"贵阳经验"。为进一步了解基层管理体制改革在居委会这一层面的情况，贵阳市委政研室、北京国际城市发展研究院和贵阳创新驱动发展战略研究院联合组成课题组，对花溪区的相关居委会进行了深入调研。本文通过实地调研，对居委会自治取得的成效和存在问题进行梳理与分析，并提出相关建议，以期为花溪区乃至贵阳市进一步完善城市基层治理体制改革提供决策参考。

关键词： 花溪区　居委会　自治　基层管理　体制改革

一　调研背景

（一）调查目的与意义

居民委员会作为我国城市基层群众性自治组织，近年来随着经济与社会改革发展的不断深入，在基层社会治理中发挥着越来越重要的作用。为进一步了解基层管理体制改革在居委会这一层面的情况，贵阳市委政研室、北京国际城市发展研究院和贵阳创新驱动发展战略研究院联合组成课题组，对花溪区的相关居委会进行了深入调研。本次调研主要从居委会"十二五"发展现状、工作亮点、发展问题以及"十三五"发展思路等方面着手，了解基层工作人员真实的感受与想法，为政府的科学决策提供服务，从而提高新型社区公共服务、公共管理、公共安全水平，确保新型社区职能清晰、权责一致、运转协调、保障有力、法治高效，为全面建设小康社会打下坚实基础。

（二）调查时间与过程

本次调研过程分为两个阶段。

第一阶段：做足功课、精心准备。为了强化对花溪区居委会实际发展情况的预判和认识，课题组前期通过开展"十三五"规划预调研活动，强化课题组成员对花溪区整体发展情况的把握。同时，通过实地调研，进一步强化了对居委会经济社会发展实际的认识。此外，基于预调研的总体认识，课题组还着重通过调研方法培训、访谈对象分析、居委会特点研究、专访提纲制订，做好调研访谈的准备工作。

第二阶段：实地调研，分类研讨。2015年11月23~24日，课题组与花溪区委办、政府办、政研室、发改局、规划局、生态局、住建局、统计局等部门相关领导召开座谈会，研讨花溪区"十三五"规划总体发展思路、"十二五"规划实施评价情况、"公园城市"建设规划思路及实施情况。11月24~27日，课题组对花溪区群工委、社区、乡镇、居委会、行政村等主要领导进行访谈，研讨花溪区社会治理、新型社区建设发展、乡镇经济发展、农村社会建设经验以及"十三五"发展思路。

（三）调查方法与对象

1. 调查方法：深层访谈法、文献研究法、问卷调查法

深层访谈法：从花溪区18个社区服务中心中随机抽出12个居委会，

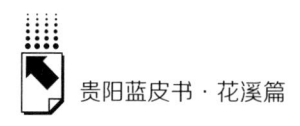

课题组分别对社区居委会主任或书记进行深度访谈，全面了解居委会发展情况。

文献研究法：通过搜集、整理、分析当前国内有关社区居委会发展情况的研究，特别是对社区居委会发展问题的分析与思考，帮助课题组深入了解居委会发展的现状与趋势。

问卷调查法：将设计好的《花溪区社区居委会情况调查问卷表》发放到居委会，由居委会相关人员负责填写。课题组通过对调查问卷的分析，可以从中梳理出居委会发展的普遍性与特殊性。

2. 访谈对象：花溪区居委会书记（主任）

表1 花溪区居委会调研调查对象基本情况

编码	性别	所在居委会
HXJ1	女	平桥社区五山居委会
HXJ2	男	航空社区枫阳居委会
HXJ3	男	青浦社区青水江居委会
HXJ4	女	兴隆社区锦江居委会
HXJ5	男	清溪社区幸福小区居委会
HXJ6	女	明珠社区溪北居委会
HXJ7	女	阳光社区清溪居委会
HXJ8	男	金欣社区金溪居委会
HXJ9	男	贵筑社区云上居委会
HXJ10	男	航天社区漓江居委会
HXJ11	男	黔江社区黄河居委会
HXJ12	男	瑞华社区大兴居委会

注：文中访谈者姓名均以表中编码表示。

二 花溪区居委会整体概况与12个重点调研居委会基本情况

（一）花溪区居委会整体概况

表2 花溪区居委会整体概况

编号	居委会	总人口（人）	总面积（平方公里）	地理位置
1	云上居委会	2045	2	东:把火村 西:行政中心 南:桐木岭村 北:南沙路
2	大寨居委会	1552	4.84	东:班芙小镇 西:马洞村 南:尖山路口 北:花溪河
3	洛平居委会	4360	5.1	东:云上居委会 西:大寨居委会 南:尖山村 北:大寨居委会
4	枫阳居委会	4064	0.5	东、西、北面均与毛寨村为邻,南端与松花江小区接壤
5	红林居委会	4500	0.27	位于小河松花江路
6	松花江居委会	2162	0.5	东:毛寨村 西:毛寨村 南:王武村 北:毛寨村
7	航天园居委会	8586	0.2	位于小河航天园
8	漓江居委会	8710	0.6	东:平桥加油站 西:漓江小学 南:威龙石材城 北:国税楼

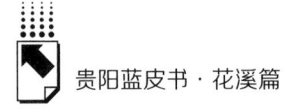

续表

编号	居委会	总人口（人）	总面积（平方公里）	地理位置
9	滨河居委会	5684	0.25	/
10	金农居委会	4663	4.5	东:甲秀南路 西:竹林村竹林路 南:上竹林村 北:金竹社区竹林村
11	金溪居委会	3494	3.25	东:金竹社区 西:朝晖厂 南:面对水库 北:农科院
12	溪北居委会	7100	2	东:花溪河 西:玉溪山庄 南:牛角岛 北:民族学院
13	朝阳居委会	4700	0.5	东:贵大北区 西:花溪医院 南:人武学院 北:湿地公园
14	中曹居委会	9206	1.2	东:西南环线 西:旺明路 南:花溪大道大水沟 北:花溪大道与西南环线交叉口
15	五山居委会	3229	1.4	位于花溪大道中曹巷
16	北门居委会	7313	2.0	位于小河青龙路
17	黄河居委会	15971	1.3	东:长江路菜场 西:云凯熙园 南:实验一小 北:黔江机械厂
18	长江居委会	16482	1.2	东:华烽厂 西:贵航技校 南:华烽宿舍 北:乐街小区

续表

编号	居委会	总人口（人）	总面积（平方公里）	地理位置
19	云凯居委会	7139	0.25	东:北京华联 西:望城坡 南:四方河 北:消防队
20	珠江居委会	10281	1.31	东北以洛解村为界,西以珠江路为界,南以长江路为界
21	清水江居委会	15294	1.2	东至永红机械厂,西至黄河路交通银行,南至皇嘉酒店,北至麦兆巷
22	浦江居委会	6969	0.37	东临盘江居委会,西靠淮河居委会,南接清水江居委会,北邻黄河居委会
23	盘江居委会	8795	0.39	地处小河盘江南路中段
24	幸福小区居委会	2325	7.6	清溪社区幸福小区
25	机械厂居委会	2066	3.1	清溪社区机械厂
26	大兴居委会	13996	1.77	东:檀香山公园 西:中心世家酒店 南:大兴星城广场 北:大兴派出所
27	瑞和居委会	8478	0.8	东临万科房地产公司,西靠贵阳市第二十五中,南接大坡村,北抵罗街小区
28	华阳居委会	3861	0.11	东至珠显,西靠南山高地,南临华阳电工厂,北抵浦江广场
29	吉麟居委会	9829	1.8	东至麒龙住宅小区,西至石板井村,南至花溪水库,北至花路贵大新校区围墙
30	董家堰居委会	4463	3.5	东至小孟社区,西至养牛居委会,南至明珠朝阳居委会,北至上水
31	养牛居委会	2822	4	东至花溪湿地公园,西至贵州大学、石板井村,南至贵州大学,北至中铁城、贵州民族大学
32	石板井居委会	2511	5.38	东至吉麟村,西至石板镇花鱼井村,南至花溪水库,北至养牛村

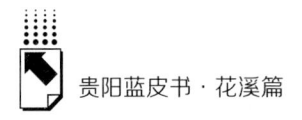

续表

编号	居委会	总人口（人）	总面积（平方公里）	地理位置
33	上水居委会	4580	3	东至小河周家村,西至金竹社区,南至董家堰居委会,北至小河龙王村
34	竹林居委会	1881	5.3	东至花溪河、湿地公园、上水村,西至贵阳绕城高速,南至民族大学、中铁城、养牛村,北至电线厂、锅炉厂、送变电公司
35	兴隆居委会	14321	0.6	东至南明河,西至美林谷,南至西南环线,北至山水黔城
36	锦江居委会	9202	0.6	东至三〇〇医院,西至香港城小区,南至贵阳银行,北至淮河居委会
37	香江居委会	15000	0.8	东至44医院,西至山水黔城,南至香江花园,北至北明彩居
38	淮河居委会	12498	0.509	东至清水江路,西至淮河路,南至香江路,北至黄河路
39	清华居委会	4845	1.1	东至棉花关,西至花溪公园,北靠棉花关居委会,南靠清溪居委会
40	清溪居委会	7081	1.3	东至徐家冲居委会,西至清华居委会,北至花溪居委会,南至贵筑居委会
41	棉花关居委会	1831	0.8	紧邻花溪居委会与清华居委会
42	仙人洞居委会	16421	1.5	东与红阳厂接壤,西临徐家冲居委会,北至花溪居委会,南抵贵大南校区
43	贵筑居委会	18560	1.6	位于花溪公园东面,东与望哨坡居委会接壤
44	徐家冲居委会	8411	1	东至仙人峒居委会,西至清溪居委会,南至贵筑居委会,北至花溪居委会
45	望哨坡居委会	10243	1.6	位于贵大南校区北面
46	花溪居委会	7422	2.5	位于花溪公园东面
47	石板镇第一居委会	1300	6	石板镇街上

续表

编号	居委会	总人口（人）	总面积（平方公里）	地理位置
48	石板镇第二居委会	400	4	石板镇矿灯厂
49	石板镇第三居委会	3000	/	石板镇蔡冲矿灯厂
50	黔陶乡街道居委会	/	/	黔陶乡街上
51	孟关乡九八四四居委会	/	/	九八四四居委会
52	孟关乡轻机厂居委会	/	/	孟关乡轻机厂
53	青岩镇东街居委会	/	/	青岩镇东街
54	青岩镇明清街居委会	/	/	青岩镇明清街

资料来源：花溪区政研室。

注：文中"/"处表示资料数据缺失。

（二）12个重点调研居委会的基本情况

表3 12个重点调研居委会的基本情况

居委会	基本情况
航空社区枫阳居委会	位于小河南端，社区东、西、北面均与毛寨村为邻，南端与松花江社区接壤，面积0.5平方公里，总人口4064人，现居委会有专职2人、兼职3人。辖区有贵州枫阳液压公司及生活区、贵阳枫阳实业公司、贵阳恒欣塑压厂、枫阳劳动服务公司，用工单位共计20多家
青浦社区清水江居委会	成立于2001年，由原来的第十三、十四、十五、十六、十七共五个居委会整合而成。面积1.2平方公里，总人口15294人，居委会有工作人员7人。辖区主要是永红生活小区、西工生活小区、三〇〇医院家属区
兴隆社区锦江居委会	面积0.6平方公里，共3917户9202人，辖8个小区，全为商住小区，有1545户出租户。目前，居委会有7名工作人员
清溪社区幸福小区居委会	2014年3月成立，面积有7.6平方公里，总人口2325人，属于公租房小区。目前居委会有6名工作人员

续表

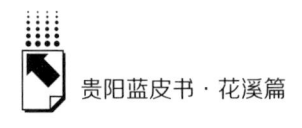

居委会	基本情况
明珠社区溪北居委会	地处花溪区老城区,面积2平方公里,总人口7100人。目前居委会有7名工作人员
阳光社区清溪居委会	面积1.3平方公里,总户数是2591户,总人口是7081人,辖区流动人口有2291人。目前,居委会有14名工作人员,93名党员
金欣社区金溪居委会	面积3.25平方公里,总人口3494人,辖区有朝晖厂、电线厂、分机厂、大主厂,居委会为管理企业退休工人而建。目前,居委会有7名工作人员,56名党员
贵筑社区云上居委会	位于花溪区南侧,面积2平方公里,总人口2045人。辖区内企业有际华三五七厂、联洪材料厂、中意食品厂、伊海工具发展有限公司等大、中、小型企业。目前,居委会有35名工作人员
黔江社区黄河居委会	2001年成立,面积1.3平方公里,总人口15971人,流动人口2000多人。黄河居委会北与南明区后巢乡接壤,东面为长江居民委员会,南与云凯居民委员会相邻,西抵南明河。目前居委会有5名工作人员
平桥社区五山居委会	位于花溪大道,属于贵阳矿山机械厂和詹阳动力公司的一个老旧经营企业,与三江的明乐村、金山村和平桥社区服务中心的中小街接壤。面积1.4平方公里,总人口3229人,流动人口有925人。目前,居委会有5名工作人员
瑞华社区大兴居委会	成立于2007年12月,面积约1.77平方公里,总人口13996人。居委会有两个商住小区,一个是大星兴城,一个是中兴世家。目前,居委会有10名工作人员
航天社区漓江居委会	成立于2001年6月,地处黄河南路与漓江路交会处。面积0.6平方公里,总人口8710人。由10个花园小区[漓江花园、鑫荣花园、楠竹花园(一期、二期、三期)、汇景苑、金碧湾、教师公寓、国税楼宿舍、供销社、粮管所、大华加油站宿舍]和企事业单位(玻璃厂、盐业大厦、市南供电局、国税局、信用社、卫生局、花溪区小学)组成

资料来源:2015年调研期间由花溪区政研室提供。

三 从三个维度看花溪区居委会重要性提升

2010年,花溪区启动城市基层管理体制改革试点工作,探索加强城市基层社会建设和管理的有效办法,大力推进城市基层区域化党建。近年来,随着政府的不断重视与社会需求的日益增加,强化居委会自治功能、扩大基层民主成为花溪区推动城市基层管理体制改革的重要目标之一。

（一）紧抓党建，夯实基础

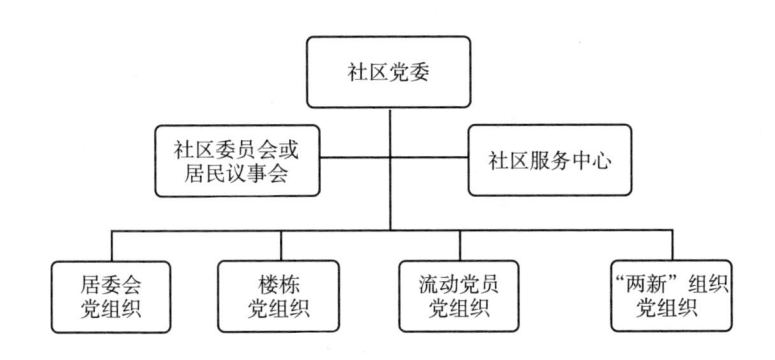

图1　花溪区社区居委会治理结构

1."党员全部沉下去"

"十二五"时期，为强化居委会自治功能的发挥，花溪区居委会不断加强党员队伍建设，进一步提升党员的先锋模范作用。居委会按照网格形式进行划分，成立党小组，党员需要掌握辖区孤寡老人、流动人口等各类信息，定时向居委会进行汇报。比如，一居委会主任在访谈时谈到，他们将居委会分成7个网格，辖区56个党员按照党小组的形式全部沉下去，发挥党员的带头作用，帮助居委会管理服务。同时，花溪区居委会还首创党员志愿者上街，宣传、站斑马线等义务劳动，进一步加强基层党组织的战斗堡垒作用。

2.加强流动党员管理

为进一步加强流动党员与党组织的沟通与联系，提升流动党员的管理与服务，花溪区居委会建立起全流程管理制度，确保对党员流动前、中、后的管理与服务不断档，采取汇报、登记等措施，确保党支部对于流动党员的思想状况以及流动目的地有充分的了解，以便加强联系管理。比如，一居委会书记在访谈时讲到，他们居委会对省外的党员利用QQ与电话联系，每个季度都要求他们进行思想汇报，通过QQ等途径将汇报材料传给党支部；同时，党支部也会将近期活动以及党的方针政策通过电话或QQ传给在外流动党员，切实加强对流动党员的管理。

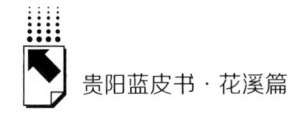

3. 促进年轻党员发展

近年来，花溪区居委会针对基层党组织党员平均年龄普遍偏大的问题，通过搭建平台、拓宽渠道等手段大力吸引年轻党员，着力推进居委会党组织与党员队伍发展。一方面，居委会不断提升年轻党员的比例，大力发展辖区企事业与非公组织以及居民群众党员数量，确保居委会党员队伍结构的合理与优化，进一步发挥党员队伍在居委会建设中的带头作用。另一方面，针对部分年轻党员自觉性与思想观念坚定性不足等问题，居委会不断创新管理理念，增强基层党组织管理与培训，进一步整合资源，发挥现代信息手段的作用，调动年轻党员参与居委会公共事务的积极性，从而更好地发挥居委会的自治功能。

（二）提升管理水平，化解矛盾

1. 加强网格化管理，推进管理服务精细化

"十二五"期间，花溪区居委会不断创新基层治理模式，通过实行网格化管理，将管理对象、管理过程和管理评价数字化，保证居委会管理服务的敏捷、精确和高效。居委会实行网格化管理，对重点人员进行动态监测，对重点区域与设施进行实时监控，对隐患矛盾及时化解，有效提高了居委会的管理水平和应急能力。同时，网格化管理促进了居委会管理服务的精细化，使退休党员、志愿者等多角色网格成员参与到网格内的医疗卫生、文化娱乐、社会福利等公共设施的建设中来，最大限度地满足居民群众的多样化需求。比如，一居委会书记说，在网格划分后，居委会两委班子主要成员、劳动协管员、计划生育专干等进入网格，同时，社区民警也作为网格员为辖区居民群众提供服务。

2. 拓展渠道，提升居民参与公共事务的积极性

近年来，花溪区居委会为提升居民群众参与公共事务的积极性，根据居民的特长与能力成立了若干专业委员会，不断拓展居民参政议政的渠道，进一步优化了居委会治理结构。比如一居委会书记在访谈时表示，为了让居民群众与社会组织更多地参与到居委会的治理当中，居委会成立业主委员会，"我们成立业主委员会，并以社区居委会为头，协助业主委员会共同对小区院落的卫生、环境整治、综合治理、社会治安等方面进行共同管理"。随着居民群众参

与居委会公共事务积极性的提升，群众逐渐改变了以往"事不关己、高高挂起"的态度，更加主动地表达自己的意愿和诉求，对辖区环境卫生、治安管理等公共问题也有了更多的责任感。

（三）加强服务，便利于民

1. 创新服务理念，打造"一站式"服务模式

"十二五"期间，花溪区居委会不断创新服务理念，强化服务职能，畅通服务渠道，推行组团式服务方式，提供一站式快捷服务。一方面，不断扩大服务内容，将过去单一的社会福利、低保救济、安置优抚发展成为养老、文化娱乐以及保障就业等综合性服务，随着居委会服务内容的不断丰富，居委会服务效能也得到较大提升。另一方面，为进一步增加服务主体，扩大居委会服务的广度，花溪区居委会在辖区大力培育"两新"组织，壮大居委会志愿者队伍，科学设置居委会管理、建设、服务等岗位，不断引导辖区居民群众志愿担任治安巡逻员、网格管理员等，实现"社工引领义工服务、义工协助社工服务"的服务模式。

2. 完善机制建设，整合资源提升服务

"十二五"期间，花溪区居委会把辖区内"人、地、物、情、事、组织"全部纳入网格进行管理，将网格基本信息、职责任务、网格长、网格管理员、网格警员及服务监督电话等内容在网格区域内的小区、院落、楼栋、单元挂牌进行公示，推动社区服务管理工作由粗放向精细、静态到动态、分散到集中的转变。同时，畅通问题反映渠道，让居委会掌握大量真实、迫切的民生问题，切实解决了一批诸如下水道堵塞、卫生脏乱差等以往没人管、没钱管、没办法管的问题。此外，居委会还不断推进民主管理机制建设，广泛开展"亮身份、亮承诺、亮标准"活动，通过党务公开栏、民生特派监督公示栏、党务公开网、便民服务卡等形式公开服务承诺事项，建立完善首问负责制、一次性告知制、限时办理制等，方便群众办事及监督。

四 花溪区社区居委会发展中存在四大问题

课题组调查发现，虽然近年来贵阳市、花溪区推进居委会建设的政策不断出台与实施，但是居委会建设与发展仍然面临着职能定位不明、建设经费缺少、工作负担过重、人员结构亟待优化等问题。

（一）居委会职能定位不清晰

作为社会治理的一个重要环节，居委会的职能在1990年开始实施的《城市居民委员会组织法》中已经有了明确规定，如宣传法律法规、调解居民纠纷、协助维护辖区治安等。但课题组在调研中发现，花溪区居委会在社区建设中出现了职能定位不明的情况，实际行使的职能与法定职能出现错位，过多地承接了基层政府下派的行政性事项，居委会职能运行机制迫切需要创新改革。比如，HXJ2在访谈时说，"现在居委会成为基层政府工作的一角，很多事情要依靠居委会去做，包括人口管理、综合治理、群防群治等"。

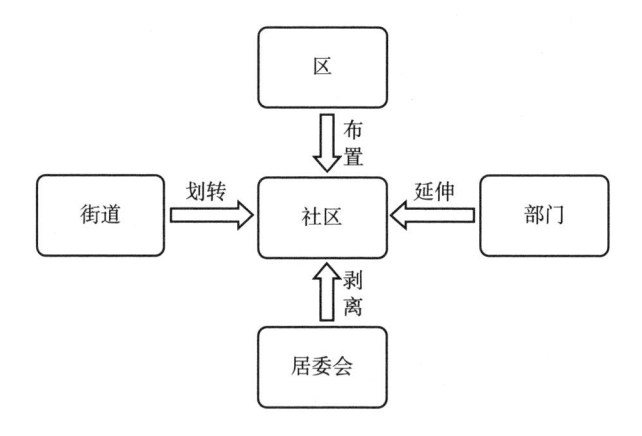

图2　花溪区社区服务中心事权调整示意

（二）居委会建设缺少经费

关于居委会经费来源，《城市居民委员会组织法》已经做了明确规定：居委会工作经费与来源以及居委会工作人员的生活补贴费用由不设区的市、市辖区的人民政府或者上级人民政府规定并拨付。课题组通过对花溪区居委会主要干部的访谈，发现经费问题是居委会反映最多的问题之一。居委会经费分为两个方面，一是居委会工作人员薪酬，二是居委会办公经费。比如，HXJ3在访谈时表示，"现在我们正职工资是每月1300元，这样的待遇，很难吸引略微优秀人才进来，居委会的发展，待遇是一个很大的问题"。另外，由于居委会缺少办公经费，往往出现办公环境拥挤的情况。HXJ7在访谈时说，"我们有14位工作人员，都在70平方米办公房里面，两人拼一个办公桌，地方太狭窄了。辖区内有93个党员，如果开一次党员大会，基本坐不下"。

表4 花溪区12个居委会经费来源与使用情况

单位：万元

居委会\经费项目	正常经费	专项经费	预算外收入	自筹经费	经费使用
平桥社区五山居委会	2.4	0	0	0	办公经费与保洁费
航空社区枫阳居委会	2.4	0	0	0	办公经费
青浦社区青水江居委会	0.5	0	0	0	办公经费
兴隆社区锦江居委会	12	0	0	0	办公经费、保洁费及其他
清溪社区幸福小区居委会	1.8	0.9	0	0	办公经费及其他
明珠社区溪北居委会	8	2.4	5.6	0	办公经费、保洁费及其他
阳光社区清溪居委会	0.2	0	0	0	办公经费与保洁费
金欣社区金溪居委会	2.4	0	0	0	办公经费
贵筑社区云上居委会	10	2	10	100	办公经费及其他
航天社区漓江居委会	15.132	5.54	0	0	办公经费与保洁费
黔江社区黄河居委会	5.4028	20.431568	0	0	办公经费
瑞华社区大兴居委会	9.2420	5.8344	0	0	办公经费与保洁费

资料来源：2015年调研期间由各居委会提供。

（三）居委会负担过重，人员超负荷运行

居委会作为城市基层管理体制改革的重要载体之一，在推动城市治理中发挥着至关重要的作用。但从课题组对花溪区居委会调研情况来看，由于居委会管理服务范围不断扩大，管理服务对象不断增多，居委会除了法律规定的职能外，还承担了大量的额外工作。比如，在社会治安方面，承担着摸底排查辖区不稳定因素、维护辖区稳定的工作；在环境卫生方面，承担着整修街巷路面、维护管理街巷路灯、维修管理损毁的居民楼公用设施等工作。HXJ1在访谈时说，"现在居委会工作层面上，事情很多、很繁杂。比如盖章的问题，开婚姻证明等职能以外的工作"。

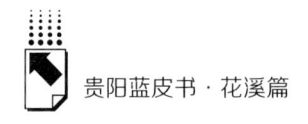

（四）居委会人员结构不合理

近年来，随着经济社会的快速发展，居委会越来越受到政府的重视，但是居委会工作人员结构不合理的问题也越发突出。在对花溪区居委会调研过程中发现，居委会工作人员结构不合理主要表现在两个方面：一方面，工作人员年龄结构不合理，以中老年人为主；另一方面，工作人员学历普遍偏低，加上长期以来缺少培训与再学习的机会，居委会工作人员综合素质偏低。在谈到居委会人才问题时，HXJ10表示，"我觉得居委会需要再多点优惠政策，才能留住更多的人才，为居委会工作人员提供发展空间"。

五 花溪区居委会发展问题的原因分析

随着基层管理体制改革的不断深化，居委会在加强基层社会治理方面将扮演重要的角色，居委会自治功能发挥的程度将直接影响社会治理的整体效果。因此，对居委会发展问题的原因进行分析，并提出有针对性的建议，无疑对推进居委会建设、发挥其自治功能有着重要意义。

（一）居委会"行政化"致使角色定位不明

调研发现，花溪区居委会不但承担着社区党建、精神文明建设、综治、社区文化、社会救助、再就业、信访维稳、安全生产等工作，还承担了大量的行政性事务，虽然这些行政性事务与居民群众生活息息相关，但这在某种程度上影响了居委会自治功能的发挥，违背了基层群众自治组织这一性质。随着社区建设的不断推进，居委会的作用越加凸显，一旦居委会承担过多的行政性事务，在这过程中又不实行"费随事转"，必然会增加居委会的工作负担，阻碍其自治功能的发挥。

（二）财政体制不合理导致居委会缺少经费

法律规定，居民委员会的工作经费由不设区的市、市辖区的人民政府或者上级人民政府规定并拨付。此外，还明确规定居民委员会的办公用房，由当地人民政府统筹解决。由此可知，作为基层自治组织的居委会是不能通过其他手段进行"创收"的，同时，居委会各项办公经费与工作人员薪酬也有了明确的拨款比例和范围，显然在这种供需无法平衡的情况下，居委会各种事务的开展将受到很大的制约。通过对花溪区社区居委会的调研发现，居委会财政体制上的不合理，不仅阻碍了社区居委会人才的引进，也使得居委会办公环境无法得到改善。

（三）服务范围扩大增加居委会工作人员负担

按照1989年颁布的《城市居委会组织法》的规定，居委会的服务规模一般在100~700户范围内，居民委员会由主任、副主任和委员共五至九人组成。但这是根据当时的情况设定的。伴随经济社会的快速发展，大量的人口进入城市，社区的规模迅速扩大，这就导致社区居委会的管理服务范围加大，在同样数量工作人员的条件下，无疑会给居委会的工作人员增加管理难度。比如花溪区瑞华社区大兴居委会工作人员仅10人（其中4人为兼职），管理服务两个商住小区和5000户13996人，加上大量流动人口的涌入，加大了居委会工作人员的负担。

六 花溪区居委会发展对策建议

发挥基层民主，促进基层群众自治，是我国当前基层社会治理的主要着眼点。本文有针对性地提出改进社区居委会建设工作的对策建议，推动花溪区居委会健康持续发展，为"十三五"发展打下坚实基础。

（一）明确社区居委会发展方向

随着2010年《关于加强和改进城市社区居民委员会建设工作的意见》的出台，居委会在城市治理中的地位越来越得到肯定。因此，为推动居委会的长期建设与发展，意见明确提出到2020年将居委会建设成能独立发挥自治功能的组织这一目标任务，这也为花溪区居委会在"十三五"期间的建设与发展指明了方向。

当然，加强和改进居委会建设工作是一项长期而艰巨的任务。一方面，要在法律的层面上切实保障社区居委会作为自治性群众组织在选举、决策、管理

上的自主权,强化居委会的自我管理能力与自我发展意识。另一方面,必须从制度上明确社区居委会的职责范围,制定与完善相关制度,确保居委会权责统一,切实做到为社区居委会减负,从而提升其服务管理能力。

(二)完善财政体制,解决居委会经费问题

1. 政府加大对居委会的经费投入

随着社会经济和城乡一体化的发展,社区居委会在社会治理中将扮演越来越重要的角色。因此,政府需要对《城市居民委员会组织法》进行完善,解决社区居委会在经费上需求与供给不平衡的问题,提高居委会工作人员的工资水平,制定相应的福利津贴发放标准,保障工作人员的生活质量。针对多数居委会反映的办公条件简陋的问题,政府部门也需要制定相关政策,加大对社区居委会办公环境改善的预算额度。

2. 对行政性事务实行"费随事转"制度

花溪区居委会一书记访谈时谈到,居委会在举办社区委托的活动时,可采取"费随事转"方式,按照"权随责走、费随事转、事费配套"的原则,有关部门及时将经费划拨给社区居委会。就当前花溪区居委会发展现状来说,居委会承接基层政府下沉行政性事项的现象必然存在。因此,花溪区居委会在承接下派的行政性事务或社区委托举办的活动时,可以采取"费随事转"的方式,达到"权随责走,费随事转"的目的。虽然这在一定程度上会增加居委会工作负担,影响到居委会自治功能的发挥,但这也是在当前社会发展条件下,解决居委会经费问题的重要渠道之一。

(三)加强社会组织的扶持

通过对花溪区社区居委会的调研发现,当前社区居委会工作繁重的一大原因就是社会组织不够发达,在居委会管理服务中,社会组织还不能扮演起分担居委会职能的角色。为了推进社区居委会的建设,切实减轻居委会的负担,必须加强对社会组织的培育与扶持,为其提供必要的办公用地与活动场所。只有社会组织日益完善,社区居委会才能够很好地实现自治功能。此外,政府在社区社会组织引导与扶持方面也扮演着重要的角色,政府可以通过购买服务的方式,积极引导相关社会组织参与到社区的建设中,帮助社区居委

会开展相关服务活动，如扶贫救济、助老助残等活动，从而提升社区居委会管理服务水平。

参考文献

贵阳市委、市政府：《贵阳市城市基层管理体制改革试点工作指导意见》，http://www.gzsmzt.gov.cn/content-20-3792-1.html，2011年6月8日。

第七届全国人民代表大会常务委员会第十一次会议通过：《中华人民共和国城市居民委员会组织法》，http://www.npc.gov.cn/wxzl/gongbao/1989-12/26/content_1481131.htm，1989年。

中共中央办公厅、国务院办公厅：《关于加强和改进城市社区居民委员会建设工作的意见》，http://www.mca.gov.cn/article/zwgk/fvfg/jczqhsqjs/201011/20101100113635.shtml，2010年11月9日。

B.7
花溪区乡镇调研报告

摘　要： 2016年4月25日，习近平总书记在安徽凤阳县小岗村召开的农村改革座谈会上强调，中国要强农业必须强，中国要美农村必须美，中国要富农民必须富。贵州作为农业大省，始终把解决好"三农"问题摆在全省经济社会发展"重中之重"的位置，连续13年以一号文件形式聚焦"三农"。贵阳市作为贵州省经济社会发展的"火车头"和"发动机"，紧紧围绕"农业强、农村美、农民富"的奋斗目标，大力推动现代高效农业示范园区和美丽乡村建设，积极探索都市现代农业体系，着力促进农业发展、农村和谐和农民增收，为率先在省内建成全面小康社会、打造贵阳发展升级版提供了有力支撑。为深入了解当前贵阳市农村发展情况，贵阳市委政研室、北京国际城市发展研究院和贵阳创新驱动发展战略研究院联合组成课题组，通过"实地调研+座谈+访谈"的方式，对花溪区的乡镇进行了深入调研。本文按照理论研究与实证调研相结合的方法，总结当前花溪区乡镇发展的主要做法，梳理乡镇存在的发展瓶颈，并有针对性地提出建议，以期为花溪区下一步发展提供决策参考。

关键词： 花溪区　乡镇　"三农"问题　经济社会调查

一　调研背景

城市和乡村是我国社会两个重要的组成部分，如何更好地实现城乡关系转型、促进城乡协调发展，是我国在发展中十分关注的问题。当前，我国总体上已进入以工促农、以城带乡的发展阶段，但城乡关系仍存在一系列突出问题。因此，对乡镇进行实地调查研究，看清发展实际、找准发展问题、合理把脉发展方向，是花溪区乡镇"十三五"发展的重大课题。

（一）调查目的与意义

"十二五"时期，贵阳市将生态文明建设理念贯穿于经济社会发展始终，以建设全国首个生态文明示范城市为目标，以创新驱动发展战略作为守住两条底线、打造发展升级版的重要支撑，探索出了一条生态改善和发展双赢的可持续发展之路。密切联系基层发展实际，把握基层改革发展动向，深入挖掘贵阳市各区（市、县）乡镇经济社会发展的新经验、新举措和新成果，更好地编制贵阳市"十三五"发展规划，进一步推进"六大工程"实施，为市委、市政府领导，以及各区（市、县）党政领导提供切合实际的决策建议。根据贵阳市委、市政府的安排部署，由贵阳市委政研室、北京国际城市发展研究院和贵阳创新驱动发展战略研究院联合组成课题组，分阶段、分组赴贵阳市十区（市、县），开展"十三五"规划思路大调研活动。

（二）调查时间与过程

本次调研时间为2015年8月24日至11月30日，调研前后共分为预调研和集中调研两个阶段。

第一阶段：做足功课、精心准备。为了强化对乡镇实际发展情况的预判和认识，课题组前期通过开展"十三五"规划预调研活动，同时，通过走乡窜寨的实地调研，强化了对乡镇和农村经济社会发展实际的认识。此外，课题组还强调调研方法培训、访谈对象分析、乡镇特点研究、专访提纲制定，以此做好调研访谈的准备工作。

第二阶段：深入基层、倾听民意。这一阶段立足倾听民声、收集民意、研究民生。课题组对花溪区9个乡镇访谈对象进行逐一独家专访，访谈主要通过一对一的形式来进行，访谈内容主要涉及乡镇"十二五"经济社会发展成就、发展问题和瓶颈分析，乡镇"十三五"经济社会发展思路研讨等。

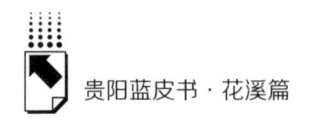

（三）调查方法与对象

在本次调研活动中，调研组主要运用了文献研究法和深度访谈法。文献研究法的重点是，在对乡镇特点做定性分析后，通过查阅和整理相关文献，从国内乡镇发展中分析同类乡镇的先进发展经验，进行模式和思路借鉴。深度访谈法重点强调对访谈对象的选择，对访谈问题的设定，对访谈方式的创新。

表1 花溪区乡镇调研调查对象基本情况

编码	性别	所在乡镇	职务
HXX1	男	青岩镇	镇长
HXX2	男	石板镇	镇长
HXX3	男	燕楼镇	党委书记
HXX4	男	麦坪镇	党委书记
HXX5	男	孟关乡	副乡长、武装部部长
HXX6	男	黔陶乡	党委书记
HXX7	男	马铃乡	党委书记
HXX8	女	久安乡	党委书记
HXX9	女	高坡乡	党委书记

注：文中访谈者姓名处均采用表中编码标示。

二 花溪区九个乡镇整体概况

表2 花溪区乡镇基本概况

乡镇	所辖村居	人口数量	辖区面积	地理位置
青岩镇	辖17个行政村2个居委会	33748人	92.3平方公里	位于贵阳市南郊，距贵阳市中心29公里。东接花溪区黔陶乡，南与惠水县接壤，西与花溪燕楼、马铃乡相连，北邻花溪区贵筑办事处
石板镇	辖13个行政村3个居委会	约2.8万人	51.6平方公里	位于花溪区西部，距贵阳25公里，距花溪8公里，属贵安新区规划控制区花溪西部片区中心

续表

乡镇	所辖村居	人口数量	辖区面积	地理位置
燕楼镇	辖8个行政村	1.4万人	57平方公里	位于花溪区西南部,距花溪城中心14公里,距贵阳市中心27公里,东与青岩镇相邻,南与马铃乡接壤,西接贵安新区,北与大学城相连
麦坪镇	辖13个行政村	约2万人	49.3平方公里	麦坪镇位于花溪区西北面,南接贵安新区湖潮乡,西连清镇市中心,北交观山湖区。处于贵安新区规划区
孟关乡	辖8个行政村2个居委会	53000余人	68.2平方公里	位于贵阳市东南郊,是贵州省"黔中经济区"向南辐射的"前沿阵地"。东接龙里县,南与黔陶乡、青岩镇为邻,西与小孟社区、花孟社区为邻,北与云关乡、小碧乡为邻
黔陶乡	辖7个行政村1个居委会	10500人	74.48平方公里	位于花溪区东南部,距贵阳市29公里,距区政府所在地19公里。东与龙里县为邻,南与高坡乡和惠水县接壤,西与青岩镇相连,北与孟关乡毗邻
马铃乡	辖3个行政村	8952人	81.08平方公里	距离花溪区政府27公里,东接惠水县,南抵长顺县,西与贵安新区接壤,北与燕楼乡交接
久安乡	辖7个行政村	14227人	48.66平方公里	位于贵阳老城区西南面、花溪区的西北部、阿哈湖畔上游,邻金筑社区,南靠石板镇和贵安新区,西接麦坪镇,北连观山湖区及云岩区
高坡乡	辖19个行政村	23591人	120平方公里	距贵阳市中心51公里,距花溪区政府31公里,地处花溪与龙里、惠水三县(区)交界处

注:本文数据与案例篇各文的表1数据截止时间不同,存在不一致情况。
资料来源:2015年调研期间由花溪区各乡镇提供,下同。

三 花溪区乡镇"十二五"经济社会发展的变化

课题组在访谈基础上分析认为,"十二五"期间,花溪区乡镇经济社会发展成效突出,特色鲜明、特点显著,在发展理念、产业结构调整、基础设施建设、社会发展等方面凸显出"四大转变"。

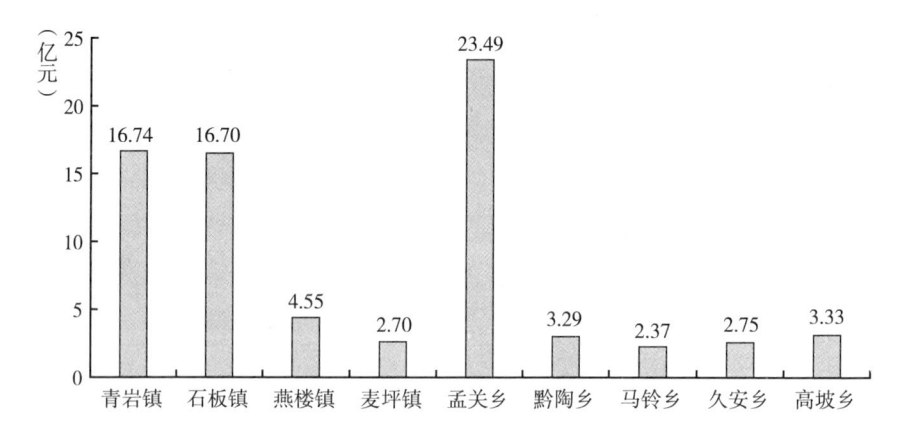

图1 "十二五"末花溪区九乡镇生产总值完成情况

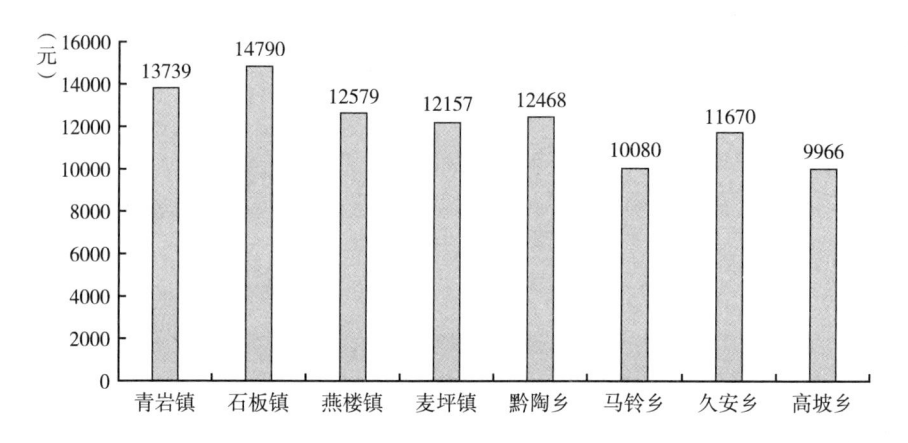

图2 "十二五"末花溪区九乡镇农民人均生产总值完成情况

注：因孟关乡数据缺失，暂未纳入图2进行比较。

（一）发展理念实现由"粗放式"向"生态化"转变

生态是贵阳市、花溪区发展的最大优势，同样也是支撑花溪区各乡镇发展的最大优势。"十二五"期间，花溪区各乡镇均不同程度地强化了绿色生态的发展理念。HXX6在接受访谈时表示，"黔陶乡发展的核心是生态，生态是支撑发展的生命线和基础，'十二五'以来，我们下了很多力气推进生态文明建设，生态保护与开发并重的发展理念成为全乡共识"。HXX9的观点也凸显了绿色发展理念已在乡镇中得到全面认同。HXX9说,"我们在发展思路的制定中,深知生态保护的重要性。最为核心的部分就是通过制定政策,来保护梯田一分都不能少,来留住原始农耕文化的最美风光,留住支撑高坡可持续发展的最大基础"。

强化绿色发展理念在成为发展共识的同时,"十二五"期间,花溪区各乡镇还因地制宜,充分发挥生态优势,着力在生态和发展中探索出一条双赢之路。花溪区乡镇煤矿资源丰富,从20世纪开始,各乡镇不同程度开设有各类煤矿,"十二五"以来实现产业发展结构从粗放低端向集约高端的转型。HXX8向课题组介绍,"久安乡过去是一个传统产煤大乡,煤矿储存量多达9000万吨。90年代初期,煤矿业发展最旺盛的时候,全乡有大大小小400家煤矿。自2010年以来,我们就按照政策全部实施关停。我们现在正依托茶叶种植,提升古茶文化,发展茶产业,推动发展转型"。

(二)产业转型实现由"农煤为主"向"多元发展"转变

由于乡镇基础设施滞后、产业基础薄弱、业态单一,产业结构调整一直是乡镇地区发展的最大难点。"十二五"期间,花溪区各乡镇在坚守绿色和生态发展理念的前提下,着力推动产业结构从传统农业、粗放煤炭产业向以生态新兴工业和现代旅游服务业为主体的多元方向转变。HXX3所在的乡镇就在发展转型中做出了有益探索。HXX3说,"我镇陆续关停产煤企业后,为了寻找新的经济增长点,开始筹建燕楼工业园区,通过近几年的努力,燕楼工业园逐步成为花溪新型工业的聚集地,我镇产业结构逐步从地下'工业'转型成地面产业"。

除了推动传统"农煤经济"向生态工业和以旅游业为主的现代服务业转型外,花溪区各乡镇还依托地处城市近郊的区位交通优势,着重推进观光农业、休闲农业和农业产业化发展,推动传统农业转型升级。HXX4所在的乡镇就依托特色种植和养殖,加快了农业产业化的步伐。HXX4表示,"煤炭产业逐步退出后,我们就想怎样调整产业结构,从地下转为地上,从黑色转为绿色,于是我们开始试验引进布朗李和秋葵来发展特色种植,现在我们的布朗李已有近万亩的规模,秋葵2016年也将达到上千亩规模,这些特色种植的规模化,支撑了产业结构的调整"。

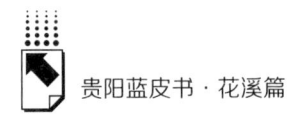

（三）交通建设实现由"发展劣势"向"发展优势"转变

"十二五"前，花溪区在六个主城区的区位优势并不明显，随着国家级新区贵安新区的设立，花溪区连接贵阳、贵安新区的区位优势逐步凸显，区域南部乡镇制约经济社会发展的最大瓶颈得以打破，并且逐渐凸显出交通发展优势。HXX4所在的麦坪镇在交通基础设施的转变中最为典型。据HXX4介绍，"因为麦坪地处贵安新区规划范围内，贵安新区设立对我们交通建设的带动比较大，从以前主要依靠108县道，到现在新建了金马大道、百马大道等一批城市一级主干道，有效推进麦坪融入贵阳城区、清镇、观山湖、贵安新区及花溪区，交通条件发生了翻天覆地的变化"。

石板镇也是得益于大交通建设而实现了在花溪区的快速崛起。HXX2说，"得益于贵安新区大力推进交通基础设施建设，石板镇辖区路网布局基本形成了'五横五纵'的道路体系，'五横五纵'路网布局的形成为石板镇东西方向和南北方向打通了交通大动脉，彻底解决了交通瓶颈问题，交通优势逐步凸显"。依托大交通优势，石板镇近年来大力推进非公经济迅速发展，建成了农产品物流市场、二手车交易市场、石材加工批发市场、五金机电市场等多个专业市场板块。

（四）民生改善实现由"扶贫开发"向"全面小康"转变

由于区域发展不均衡，"十二五"期间，花溪区推进脱贫攻坚的主要任务在乡镇，并大力推进政策扶贫、产业扶贫和精准帮扶扶贫。2015年，顺利实现了2个贫困乡和33个贫困村整村"减贫摘帽"，减少贫困人口4.7万人。2013年全区全面建成小康社会实现达标验收。HXX8介绍，"我所任职的久安乡'十二五'脱贫攻坚力度很大，全乡按照'一户一策'要求，强化产业扶贫和帮扶扶贫，对贫困户进行了精准帮扶，使全乡278户贫困户成功脱贫"。

HXX9所任职的乡镇是花溪区脱贫攻坚任务最重的乡镇，在"十二五"大扶贫战略行动的纵深推进下，该乡成为花溪区各乡镇脱贫攻坚完成效果最好的区域。HXX9说，"'十二五'期间，高坡乡通过产业项目帮扶、资金物资帮扶、就业创业带动等方式，带动贫困人口增收，不断改善贫困人口生活环境和生产条件,通过对全乡13个贫困村3178户贫困农户进行核实登记,实施'7+2同心扶贫工程',2012年,全乡实现贫困乡'减贫摘帽',2015年,全乡所有贫困村贫困户已完全脱贫出列"。

四 花溪区乡镇"十二五"经济社会发展中存在的问题

"十二五"期间,花溪区九个乡镇在以大交通为主体的基础设施建设驱动下,产业转型、扶贫开发、农村生活改善发生了翻天覆地的变化。系统梳理访谈对象观点,九个乡镇经济社会发展仍然存在"政策红线限制、考核指标制约,基础设施阻碍,人才支撑能力较弱"等一系列较为突出的问题。

(一)考核指标不科学,制约了乡镇的个性化发展

科学合理的考核指标,不但能激发基层干事创业的激情,更能激发发展的活力,反之则会耗费基层精力,束缚住基层发展的动力。HXX6在访谈中就指出,"当前对基层的考核指标存在许多不科学之处,面面俱到、样样俱全的考核方式,所有工作都落到了乡镇肩上,经济发展、治安、维稳、扶贫都是大难题,让乡镇发展疲于应付,束缚住了发展的手脚,阻碍了很多个性发展的需求"。HXX9主持乡镇工作这两年时间内,也深刻感受到了考核指标不科学对于乡镇精准发展的阻碍,HXX9表示,"在现行体制下,任何一个乡镇都只能围绕各级的指挥棒来发展。这使维稳等棘手难题占据了我很多的工作精力,让我疲于应付"。

(二)政策红线成困境,制约了乡镇的转型升级

政策红线限制是制约花溪区乡镇经济社会发展的另一大难题。青岩镇受古镇文物保护的影响,久安、石板受水源保护的影响,燕楼、麦坪受贵安新区规划红线限制。同时,九个乡镇几乎都面临缺乏用地指标的难题,这些难题有的来自区域用地指标的占补平衡,有的受到贵安新区规划范围的政策限制。HXX8在访谈中说,"因久安乡地处贵阳市'三大水缸'之一——阿哈湖上游,全乡均属于一、二级饮用水源保护区,建设用地尤为紧张,连基本的农村污水

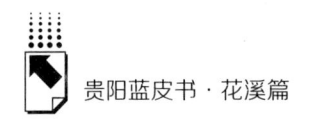

治理处理设施也没有建设用地，用地指标的缺乏，严重制约了全乡产业发展"。

HXX4也提到了用地指标缺乏的难题。他说，"因为麦坪以前在花溪属于比较边缘的乡镇，所以用地指标都被平衡到了中心区域，但是现在我们想推进新城镇建设，没有指标招商引资项目落不了地，现在还加上贵安新区的规划限制，导致我们想发展的愿望陷入无地可用的现状"。HXX6在访谈中表现出了对用地指标的渴望。他说，"用地指标是制约我们发展的最大短板，只要区委区政府给我们解决1000到2000亩建设用地，我相信黔陶乡的发展两年内绝对能实现翻天覆地的变化"。

（三）基础设施落后，制约了乡镇的基础升级

花溪区"十二五"期间大力推进大交通建设，但是由于乡镇间的区位地理不同，各乡镇之间的基础设施建设很不平衡。青岩、孟关、燕楼、麦坪等乡镇近年来得益于花溪区大交通建设，对外交通建设已处于较高水平，但是偏居东南部的黔陶、高坡和马铃三个乡镇的对外交通建设还很落后，成为制约三个乡镇"十三五"发展的最大瓶颈。

HXX7在访谈时着重强调了该乡基础设施的薄弱，他说，"由于投入少、建设标准低，当前乡内的基础设施建设水平，只局限于解决群众生产生活及交通出行问题，对于发展乡村旅游、休闲度假等产业的水、电、路、讯等（而言）还有很大的差距。"HXX9也称，"高坡乡现有唯一一条通往贵阳方向的进乡路，路窄坡陡弯大，一直是制约高坡经济发展的瓶颈，加上乡内村组机耕道、水利沟渠等生产设施不足，制约了农业生产发展"。

（四）人才建设缺支撑，制约了乡镇的创新发展

人才是推动乡镇经济社会跨越发展的核心动力，人才支撑能力不强在乡镇层面尤为突出。HXX9说，"出于路途远、路况差、用水不便等原因，乡干部工作时间长了，容易产生懈怠思想，不少年轻骨干工作满规定年限后，都努力外调或考调，工作能力突出的因工作需要被区重点工程指挥部长期抽调，乡内人手不足，影响部分工作完成速度和质量，乡村发展缺乏人才支撑，发展缺乏持续性和创新力"。

HXX8 也表示,"由于久安乡路途较远,条件比较艰苦,难以引进人才,也难以留住人才。特别是近两年来,为支持全区发展大局,部分工作能力突出的同志被区有关部门长期抽调或借调,加之乡空编较多,人手不足,中年骨干存在断档,一定程度上影响了工作开展"。在经济社会发展水平较高的石板镇,人才的支撑不强也是制约发展的一大难题。HXX2 介绍,"根据发展大数据、大旅游、大生态的要求以及建设服务型政府的需要,我镇缺乏相关专业的人才。在社会共建、共治、共享工作中,普遍表现出干部综合素质和能力不高,社会治理的思路不宽,办法不多的现象"。

五 对花溪区"十三五"乡镇经济社会发展的对策建议

(一)聚焦重点:紧盯全域旅游,抢抓发展机遇

"十三五"期间,花溪区将发展目标聚焦到国家级全域文化旅游创新区的建设上。全域定位在花溪区文化旅游创新区建设上的重要支撑是九个乡镇,只有九个乡镇全域文化旅游实现了创新发展,才能支撑全区的文化旅游创新发展。因此,"十三五"各乡镇经济社会发展首先要聚焦发展重点,发展思路要聚焦到文化旅游创新区建设这个重点上来,牢牢抓住机遇,在乡镇文化旅游发展中做出探索和创新,支撑乡镇未来发展。

HXX1 所任职的青岩镇就围绕全域文化旅游创新区发展,确立了"十三五"打造国际特色旅游小城镇的发展思路。HXX1 说,"青岩镇'十三五'将紧抓贵阳市打造世界旅游名城和花溪创建全域文化旅游创新区契机,深入推进'旅游+',将大旅游业与文化、城镇、农业、大数据等相关产业深度融合,将青岩打造成为全域文化旅游创新区核心区和中国国际特色旅游小城镇"。HXX6 则介绍,"黔陶乡从生态环境、水资源、民族文化这几方面来说,优于其他乡镇。黔陶乡将立足全域发展,以特色小城镇建设为契机,依托生态历史人文、特色布依民俗文化,着力在文化旅游发展中探索新模式,推动乡镇打造成为集生态、度假、休闲(于一体)的特色乡镇"。

（二）破解难点：提升环境建设水平，夯实发展基础

基础设施和人文环境的建设，是提升区域发展水平的必要条件。花溪区各乡镇的生态环境是发展的最大优势，但是环境建设，特别是发展文化旅游的配套设施普遍还很滞后，因此要立足于破解难点的思维，着力改善文化旅游发展的基础设施和配套设施建设，夯实发展基础，发挥文化旅游发展的优势。

HXX8说，"'十三五'久安乡确立的方向，就是推动建设三个特色园区，有机融合生态建设样板园、茶旅一体示范园、文化体验产业园三大园区，破解旅游发展的环境建设难题。同时，精心打造八大景点，推动以古茶文化、茫父文化为依托的高端度假休闲养生旅游发展"。HXX7说，"'十三五'我们将立足发展环境大提升，主要推动四个方面的工作，一是完善交通路网建设，二是加强水利设施建设，三是加快信息基础设施建设，四是加快'四在农家'示范点建设"。

（三）找准痛点：立足政策限制，实现变通发展

总体规划的限制、土地指标的限制、环保红线的限制，是当前制约花溪区乡镇经济社会发展的最大痛点。客观可言，为实现可持续发展、生态绿色发展，对一些重要水源保护区、森林涵养区实施发展限制，能更好地为区域大发展提供支撑。对一些发展缓慢、用地需求不大的乡镇实施建设用地指标的占用，能给中心区域做出补充平衡，对有总体规划范围的新区实施建设指标限制，能更科学、高效地布局区域发展功能和产业。

因此，花溪区乡镇面对各类政策的限制时，应当灵活变通，在牢牢守住生态保护底线的前提下，寻求更具创新性和更具匹配性的发展思路。HXX8在政策限制下就对发展思路的灵活创新实现了科学的探索。HXX8说，"久安乡本就交通滞后，发展落后，全乡1万多人实现小康的重任与生态保护任务成为摆在发展面前的最大难题。经过反复思考，我们确立了变劣势为优势，以茶为核心、以文化为魂，突出打造茫父故里、古茶之乡、生态久安三张名片，推动茶文旅一体化，打造高端养生度假休闲的生态文明最美体验地，很好地在发展困境中找寻到了生机"。

（四）突出亮点：做靓特色特点，推动发展创新

文化旅游创新区建设的根本在创新，创新的主体在乡镇。乡镇在文化旅游创新发展的总体定位下实现创新的路径很多，但集中体现到载体和抓手层面，只有实现了在景区、项目、企业、品牌上的标志性建设，才能支撑乡镇文化旅游创新区的发展，以及支撑全区的发展。

HXX1在接受访谈时重点介绍了该镇"十二五"时期的创新发展，立足"十三五"发展，HXX1说，"青岩镇仍将立足大项目建设，着力推动青岩古镇5A级景区的创建，最终建成青岩大景区，辐射带动黔陶、高坡、马铃、燕楼等花溪南部片区发展，使青岩发展成为花溪全域旅游的中心，将青岩打造成国内一流、世界知名的旅游目的地"。

HXX3在访谈中也说到推动创新发展的重要性，该乡镇未来发展将主要是依托大数据，推动燕楼产业园转型升级。HXX3说，"'十三五'期间，我们为打造好燕楼产业园，将做好三个方面的工作。一是加快推进现有项目建设，提升园区发展成效；二是完善园区基础设施，夯实园区发展基础；三是借力贵安新区，重新梳理发展规划和产业布局，以实现产业布局与贵安新区发展实现互补融合；四是围绕招大企业、引大项目，加强招商引资工作"。

参考文献

贵阳市人民政府：《贵阳市国民经济和社会发展第十三个五年规划纲要》，2016。
花溪区人民政府：《花溪区国民经济和社会发展第十三个五年规划纲要》，花溪区人民政府，2016年2月。
钟阳：《在全区大扶贫战略行动暨农业农村工作推进大会上的讲话》，中共花溪区区委，2016。

B.8
花溪区行政村调研报告

摘　要： 十八大以来，习近平总书记多次就"三农"问题做出重要指示，中国要强农业必须强，中国要美农村必须美，中国要富农民必须富。贵州省面临贫困人口最多、贫困面积最大、贫困程度最深的严峻挑战，连续13年以一号文件形式聚焦"三农"，始终坚持把解决好"三农"问题作为全省各级党组织工作的重中之重不动摇，坚持强农惠农富农政策不减弱，全面深化农村改革不懈怠，推进农村全面小康建设不松劲，不断巩固和发展农业农村好形势，努力实现农业强、农村美、农民富。在此背景下，为深入了解当前贵阳市农村发展情况，贵阳市委政研室、北京国际城市发展研究院和贵阳创新驱动发展战略研究院联合组成课题组，对花溪区的相关行政村进行了深入调研。本文通过实地调研，对目前花溪区行政村发展的现实情况以及存在的问题进行梳理与分析，并提出相关建议，以期为花溪区乃至贵阳市下一步更好地解决"三农"问题提供决策参考。

关键词： 花溪区　行政村　"三农"问题　经济社会

一　调研背景

（一）调查目的与意义

行政村是我国行政区划体系中最基层的区域单位，既是农村的基层管理单位,又是农村群众自治组织的区域依托。在新型城镇化与城乡一体化不断推进的大背景下,行政村发展关系着整个经济社会发展,为更好地促进《贵阳市国民经济和社会发展第十三个五年规划》的编制,2015年11月下旬,由贵州大学贵阳创新驱动发展战略研究院联合北京国际城市发展研究院组成课题组,对贵阳市10个区(市、县)的行政村实施随机抽样,进行调研访谈,力求从客观、全面的视角探究行政村发展过程中存在的问题和亟须解决的难题,从而为贵阳市委、市政府提供更加准确和完善的依据,推动"十三五"期间各项计划和政策措施的精确实施。

(二)调查时间与过程

花溪区行政村发展情况的调研分为预调研和集中调研两个阶段。2015年8月,课题组成员赴花溪区进行预调研,调研开展方式有座谈会与实地走访等,调研方法主要是访谈法与文献研究法。通过预调研和前期资料收集,课题组成员基本掌握花溪区的发展概况。8~11月,课题组成员集中精力对花溪区相关资料进行研究,并多次召开研讨会,制定《花溪区"十三五"规划思路集中调研工作方案》,拟定农村基层干部等的访谈提纲。此外,多次举办关于调查研究方法等的培训会,提升调研人员的基本能力与素质。

集中调研的时间段是2015年11月22~28日共七天,通过访谈法等调查花溪区乡镇社区的发展情况,并分别就各村的基本情况、发展特点、存在困难等方面对部分基层干部进行深入访谈,从而"以小见大",研究"痛点",洞悉整个花溪区农业、农村的发展现状,为进一步推进"十三五"期间花溪区城乡统筹发展、建设全域文化旅游创新区背景下的农业、农村发展,以及建成更高水平的全面小康社会提供参考思路。

(三)调查方法与对象

本次调研活动,调查方法主要运用了文献研究法和深度访谈法。文献研究法重点是在对行政村特点做定性分析后,通过查阅和整理相关文献,从国际国内行政村发展中分析同类行政村先进发展经验,进行模式和思路借鉴。深度访谈法重点强调访谈对象的选择，访谈问题的设定，访谈方式的创新。其中，访谈对象的选择和访谈问题的设定最为关键，选择的访谈对象主要是具有一定决策权的村级一把手以及熟悉各乡镇行政村经济社会发展情况的领导和群众。

表1 花溪区行政村调研调查对象基本情况

编码	性别	所在村庄	职务
HXC1	男	青岩镇龙井村	村主任
HXC2	男	马铃乡凯坝村	支部书记
HXC3	男	燕楼镇燕楼村	村主任
HXC4	男	黔陶乡黔陶村	村主任
HXC5	男	麦坪镇杉一村	党支部书记
HXC6	男	孟关乡五星村	村主任
HXC7	男	石板镇芦荻村	党支部书记
HXC8	男	高坡乡高坡村	村支书
HXC9	男	久安乡巩固村	村主任

注：文中访谈者姓名处均采用表中编码标示。

二 花溪区农村整体概况与九个重点调研村的基本情况

（一）花溪区农村整体概况

花溪区位于贵阳市南部，距贵阳市中心城区17公里，东邻黔南州龙里县，西接贵安新区，南连黔南州惠水县、长顺县，北与南明区、观山湖区接壤。全区地貌以山地和丘陵为主，占94%，国土面积816.8平方公里。花溪区辖4镇5乡18个社区服务中心，共122个行政村，其中包括95个行政村，27个社区辖村。

表2 花溪区行政村基本概况

编号	乡镇（社区）	行政村	总人口（人）	总面积（平方公里）	地理位置
1	高坡乡	摆龙村	1407	8	位于高坡乡东南面,距乡政府所在地约3公里
2	高坡乡	大洪村	1892	9.6	位于高坡乡西北面,距乡政府所在地2公里
3	高坡乡	高坡村	1653	13	高坡乡政府所在地
4	高坡乡	五寨村	2946	16	位于高坡乡南面,距乡政府所在地8公里
5	高坡乡	高寨村	654	5.5	位于高坡乡南面,距乡政府所在地10公里
6	高坡乡	街上村	1622	12	位于高坡乡东部,距乡政府所在地2公里,北面与龙里县接壤,西面与高坡村接壤,西南面与新安村接壤
7	高坡乡	新安村	924	5	位于高坡乡西北面,距乡政府所在地1公里
8	高坡乡	掌己村	614	/	距高坡乡政府所在地10公里,属高坡乡南部边远村
9	高坡乡	甲定村	1746	10.19	位于高坡乡东南面,距乡政府所在地11公里
10	高坡乡	克里村	868	1.5	位于花溪区高坡乡南面,距离高坡苗族乡人民政府13公里,与龙云、硐口两村相邻
11	高坡乡	批林村	1168	5.27	位于高坡乡西南面,距高坡乡政府13公里
12	高坡乡	扰绕村	378	2.2	位于高坡乡西北部,距乡政府3公里
13	高坡乡	杉坪村	1644	9	位于高坡乡南面,距乡政府9公里
14	高坡乡	石门村	914	2.26	位于高坡乡西北面,距高坡乡政府所在地3公里
15	高坡乡	水塘村	564	6	位于高坡乡西南面,距乡政府所在地6公里
16	高坡乡	云顶村	1363	963	地处花溪区东南面,距高坡乡政府所在地5公里
17	高坡乡	硐口村	1433	9	位于高坡乡西南部,距乡政府所在地16公里
18	高坡乡	平寨村	1982	9.2	位于高坡乡东南部,距乡政府所在地3.5公里
19	高坡乡	龙云村	1430	7	位于高坡苗族乡东南部,距乡政府所在地19公里,东与龙里县摆省乡新合村接壤,南与惠水县甲烈乡新坝村毗邻,处于三县、区(花溪区、龙里县、惠水县)交界

续表

编号	乡镇（社区）	行政村	总人口（人）	总面积（平方公里）	地理位置
20	久安乡	小山村	1292	4.47	久安乡政府所在地
21	久安乡	雪厂村	2326	7.1	位于久安乡东南部，阿哈湖水库上游，所辖区域均为一、二类水源保护区规划范围，距乡政府所在地3公里，距花溪区19.5公里
22	久安乡	打通村	2084	/	处久安南面，属阿哈湖二类水源保护区，二环林带
23	久安乡	拐耳村	1462	6.8	位于久安乡西南部，北纬26°30′，东经106°34′，距花溪17公里，距久安乡政府5公里
24	久安乡	巩固村	1912	/	位于省会贵阳市郊，距贵阳市中心区约17公里，距花溪中心区约26公里
25	久安乡	久安村	2475	8.38	位于贵阳老城区的西南面，花溪区的西北部，阿哈湖上游，距贵阳市政府驻地14公里，距花溪区26公里
26	久安乡	吴山村	3358	11.7	坐落于贵阳市花溪区久安乡北端，东与巩固村相邻，西与久安村相邻，北接云岩区、观山湖区，距贵阳市中心区约11公里，距花溪区中心区约28公里
27	马铃乡	马铃村	3954	48	位于花溪区西南角，由原马铃村、革约村、牛皮箐村合并而成，距区政府所在地约25.5公里
28	马铃乡	谷中村	2314	/	于马铃乡的中部，距离乡政府所在地5公里，距花溪城区32公里，谷中村由原谷增村、中寨村合并而成
29	马铃乡	凯坝村	2861	/	位于花溪区马铃布依族苗族乡西南角，距马铃乡政府13公里，距花溪27公里
30	孟关乡	孟关村	1637	/	地处东经106°43′54″，北纬26°25′54″，北距贵阳18公里，南距黔陶10公里，西距花溪镇10公里
31	孟关乡	上板村	920	7	位于花溪区孟关乡以南1.5公里，距花溪10公里，距贵阳市20公里
32	孟关乡	沙坡村	1986	8.4	坐落于孟关乡政府南面，距乡政府有3公里

续表

编号	乡镇（社区）	行政村	总人口（人）	总面积（平方公里）	地理位置
33	孟关乡	红星村	2042	8	位于贵阳市南郊花溪东部，距贵阳市中心18公里、孟关乡政府0.5公里
34	孟关乡	五星村	1380	/	地处东经106°43′12″，北纬26°25′7″
35	孟关乡	改毛村	2318	/	位于东经106°43′48″，北纬26°26′43″
36	孟关乡	谷立村	2075	/	地处孟关乡东北面
37	孟关乡	石龙村	3285	29.8	位于孟关乡东面，距离贵阳市中心25公里
38	黔陶乡	赵司村	1114	4	位于黔陶乡西部，东与黔陶乡马场村接壤，南与黔陶乡骑龙村和青岩思潜村相连，西与青岩镇摆早村毗邻，北与黔陶乡黔陶村和关口村交界，距乡政府2.6公里
39	黔陶乡	马场村	1736	6.23	位于乡驻地东南面，其北与关口村相连接，南临半坡村，西接赵司村和骑龙村，东与高坡乡接壤
40	黔陶乡	骑龙村	2206	17	位于乡驻地南面，东邻半坡村，南靠青岩镇思潜村，西接赵司村，北连马场村。距市中心38公里，距区政府26公里，距乡政府5公里
41	黔陶乡	关口村	1585	14	位于乡政府东，东与马场村接壤，南与赵司村毗邻，西与黔陶村相邻，北与谷洒村毗邻，距乡政府1.5公里
42	黔陶乡	谷洒村	982	17.24	位于黔陶乡东部，东经106°47′~150′，北纬26°20′~23′，东与龙里县接壤，南与龙里县草原乡相连，西与关口村毗邻，北与龙里县水场乡交界。距市区45公里，距县城25公里，距乡政府9公里
43	黔陶乡	黔陶村	1275	12	为乡政府所在地，东与关口村接壤，南与赵司村毗邻，西与青岩镇摆托村相邻，北与孟关乡和龙里县水场乡毗邻，距区政府20公里
44	黔陶乡	半坡村	787	5.62	位于乡驻地南面，东与高坡乡接壤，南与惠水县大坝乡毗邻，西接骑龙村，北连马场村，距乡政府5.8公里

续表

编号	乡镇（社区）	行政村	总人口（人）	总面积（平方公里）	地理位置
45	麦坪镇	戈寨村	1786	5.03	处于麦坪镇东北3.5公里,东与久安乡拐耳村、打通村相邻,南与本镇新寨、康寨、麦坪村相交,西与本镇施庄、新庄交接,北与本镇大坡村和观山湖区敖凡冲矿交界
46	麦坪镇	刘庄村	1370	3.5	位于花溪区麦坪镇政府西北角东经106°30′35″,北纬26°28′33″,东与施庄村相邻,南接汪庄村,西与杉一村、杉二村接壤,北毗新庄及落底村
47	麦坪镇	大坡村	5830	7.7	位于麦坪镇西北部,距镇政府8公里,东面与久安乡接壤,南面与戈寨村、兴诚村接壤,西面与彭官村接壤,北面与贵阳市观山湖金华镇接壤
48	麦坪镇	麦坪村	22000	/	位于花溪麦坪镇,距花溪区政府17公里,东面与新寨村接壤,南面与场坝村接壤,西面与汪庄村接壤,北面与戈寨村接壤
49	麦坪镇	彭官村	2258	/	地处花溪西北部,与清镇市接壤,距花溪城区25公里,距乡政府8公里,距清镇市区8公里,距贵阳市中心26公里
50	麦坪镇	汪庄村	976	3.5	位于麦坪镇人民政府以西1公里
51	麦坪镇	兴诚村	1917	10	位于麦坪镇西北面,距镇政府约6公里,东面与戈寨村接壤,南面与刘庄村相邻、和施庄村交界,西面与杉木村接壤,与体育训练基地、贵州草种基地相邻,北面与大坡村、彭官村相邻
52	麦坪镇	杉二村	1071	/	位于麦坪镇西部,距镇政府3.5公里
53	麦坪镇	杉一村	824	4.6	位于花溪西北部,距花溪区行政中心约23公里,距麦坪镇人民政府约3公里,与贵安新区湖潮乡下坝村和兰花坡相邻
54	麦坪镇	施庄村	822	/	位于麦坪镇政府西北面,距镇政府3公里
55	麦坪镇	新寨村	1116	/	位于麦坪镇东部,距花溪区县城约有20公里,东面距天河潭风景区6公里,南面紧邻贵安新区9公里,西面距清镇市红枫湖风景区20公里,北面与戈寨村万亩布朗李经果林基地相邻

续表

编号	乡镇（社区）	行政村	总人口（人）	总面积（平方公里）	地理位置
56	麦坪镇	场坝村	1419	4	位于花溪区的西部,距区人民政府所在地18公里;距麦坪乡人民政府所在地0.3公里
57	麦坪镇	康寨村	1825	6.8	位于麦坪镇东大门,位于花溪区与贵安新区的交界处
58	青岩镇	摆托村	1035	6	位于青岩古镇东北面,离镇中心3.5公里,与扬眉村、歪脚村、山王庙村交界
59	青岩镇	摆早村	1793	/	位于青岩镇东南面,行政区划面积为6.65平方公里,北抵山王庙村,南抵新哨村,东临黔陶乡,西至南街村
60	青岩镇	北街村	2648	4.1	青岩镇北大门,西面与大坝、龙井、西街相邻,东与歪脚、摆早相邻,南与南街相邻
61	青岩镇	达夯村	2540	9.5	坐落于青岩镇西部,分别与谷通村、新楼村、新关村、西街村、南街村、新哨村相邻,与马铃乡、燕楼乡接壤
62	青岩镇	大坝村	846	2.4	位于青岩镇西北面,距花溪市区约6公里
63	青岩镇	二关村	852	92.28	位于青岩镇西北部,东临大坝村,南抵燕楼工业园,西至党武乡,北抵花溪区
64	青岩镇	谷通村	2173	/	位于青岩镇西部,距离镇中心5公里
65	青岩镇	龙井村	1330	2.4	位于青岩镇西面,距青岩古镇1.5公里
66	青岩镇	南街村	1966	2	位于青岩镇南面,距青岩古镇镇中心0.5公里
67	青岩镇	山王庙	669	2.6	村位于青岩镇东部,青岩镇至高坡乡二级公路东西横贯全村,东临黔陶乡,北抵摆托村,西至歪脚村,南至摆早村
68	青岩镇	思潜村	3076	10.07	位于青岩镇南部,距离青岩镇7.5公里
69	青岩镇	歪脚村	2238	/	位于青岩古镇东部1.5公里,与扬眉、摆托、山王庙交界
70	青岩镇	西街村	1142	2.88	地处青岩镇西部。距花溪市区12公里,东与明清街接壤,东南与南街村毗邻,南与新关村相邻,西南接北街村
71	青岩镇	新关村	1059	3.8	位于青岩古镇西部,距古镇1.5公里,东与西街村相邻,南与达夯村相接,西与燕楼乡怀舟村交界,北与龙井村接壤

续表

编号	乡镇（社区）	行政村	总人口（人）	总面积（平方公里）	地理位置
72	青岩镇	新楼村	1386	/	距青岩古镇7.5公里,东傍惠水长田经济开发区,南接马岭乡革约,西抵燕楼乡思惹,北靠达夯、谷通村
73	青岩镇	新哨村	2000	/	地处青岩镇南部,距镇中心约3公里
74	青岩镇	扬眉村	2610	22.5	地处青岩镇东面,村委会驻杨眉村大寨新寨,距花溪区市区12公里
75	石板镇	石板一村	2436	/	位于石板镇中心位置
76	石板镇	石板二村	28000	51.6	位于花溪区西部,距贵阳25公里,距花溪8公里,属贵安新区规划控制区,是花溪西部片区的中心
77	石板镇	摆勺村	1850	/	位于石板镇北面10公里处,辖四个自然村寨组
78	石板镇	茨凹村	1390	4.3	位于石板镇南面,距镇政府4公里,距花溪区18公里,距省会贵阳30公里
79	石板镇	合朋村	5217	4.6	位于花溪区石板镇东北部
80	石板镇	花街村	1002	5879	
81	石板镇	盖冗村	1741		位于石板镇政府东南部,距石板镇政府6.5公里
82	石板镇	隆昌村	1930	1.14	位于石板镇南,东与石板一村相邻,南至花街村,西至茨凹村,北邻麦坪乡康寨村
83	石板镇	芦荻村	1486	5	位于贵州省贵阳市花溪区石板镇镇政府驻地西南面4公里处,东经106°32′~106°34′,北纬26°25′~26°27′,东抵隆昌村,南抵盖冗村,西抵湖潮乡大坡村,北抵茨凹村
84	石板镇	云凹村	1348	4	地处花石线,久安路口地段
85	石板镇	镇山村	750	3.8	位于花溪区石板镇中心,坐落于花溪水库中游,三面环水
86	石板镇	羊龙村	1492	0.73	位于石板镇政府北面,距镇政府8公里,东至合朋村,南连云凹合朋二村,西接久安乡打通村,北靠摆勺村

续表

编号	乡镇（社区）	行政村	总人口（人）	总面积（平方公里）	地理位置
87	石板镇	花鱼井村	856	2.8	位于石板镇镇政府东面3公里处,东抵合朋村,南抵溪北社区石板井村,西抵云凹村,北抵合朋村
88	燕楼镇	燕楼村	3116	7.1	位于燕楼镇人民政府所在地
89	燕楼镇	谷蒙村	1082	7.4	位于燕楼镇东北面,距镇政府所在地3公里,是燕楼产业园区所在地,东与青岩镇交界,北与党武乡接壤
90	燕楼镇	思惹村	986	6.85	位于燕楼镇南面,蔬菜保供基地(农旅项目)所在地,南邻马铃乡,东接青岩镇达夯村、新楼村,西面、北面同坝楼村、槐舟村为邻
91	燕楼镇	坝楼村	1572	14.6	位于燕楼镇西南面
92	燕楼镇	旧盘村	1264	5.9	位于燕楼镇西部,东邻燕楼村,南接坝楼村,西毗同心村,北连党武掌克村
93	燕楼镇	摆古村	2146	9.05	位于燕楼镇西部,距镇政府所在地14公里,东与坝楼村接壤,南部与马岭乡相邻,西接贵安新区,北邻同心村
94	燕楼镇	槐舟村	1743	5.75	位于燕楼镇南部,距镇政府所在地1公里,西接坝楼村,南接思惹村,东与青岩镇接壤
95	燕楼镇	同心村	1895	8.18	位于燕楼镇西部,距镇政府所在地8公里,东、南部与旧盘村、坝楼村相邻,西接摆古村,北毗贵安新区,与马场镇林卡镇隔河相望
96	花孟社区	把伙村	1700	7.5	地处北纬26°24′,东经106°41′,东抵陈亮,南抵杨中,西抵营上,北抵麦乃
97	花孟社区	麦乃村	1034	2.5	东抵陈亮村,西抵大将山,南抵把伙村,北抵王宽村
98	花孟社区	杨中村		10	东抵付官村,西抵把伙村,南抵扬眉村,北抵陈亮村
99	黄河社区	大坡村	14275	2.5	东抵洛解村,西抵香江花园,南抵中院村,北抵四方河
100	黄河社区	洛解村	9158	5	位于花溪区小河北端,与南明区后巢乡接壤,东抵贵惠大道,西抵乐街小区,南抵万科大都会,北抵格兰云天酒店

续表

编号	乡镇(社区)	行政村	总人口(人)	总面积(平方公里)	地理位置
101	黄河社区	中院村	6640	0.8	东抵华阳厂,西抵矿山厂,南抵电机厂,北抵山水黔城
102	黄河社区	珠显村	1278	2.2	位于花溪区中心地带,东与南明区二戈寨相接,南连毛寨村,西靠中院村,北接洛解村
103	金竹社区	金山村	3128	5.96	东至金山路,西至陈海深渔塘,南至金久路,北至田如松住房
104	金竹社区	滥泥村	4014	5.96	东至农科院,西至摆勺、羊龙,南至竹林村、上水村,北至金山村、阿哈湖
105	金竹社区	竹林村	1850	5.3	东至后曹乡四方和村,西至久安乡吴山村,南至省农科院,北至菜关村和市园林苗圃所
106	三江社区	场坝村	1037	2.5	东抵小河区,西抵南明区农科院,南抵三江社区龙王村,北抵南明区烟叶复烤厂
107	三江社区	大寨村	2754	0.5	东至西南环线,西至矿山机械厂,南至场坝村,北至经开区政府
108	三江社区	尖山村	2600	2.5	东至小河区,西至南明区农科院,南至三江社区龙王村,北至南明区烟叶复烤厂
109	三江社区	龙王村	1991	1.2	东抵腾龙湾,西抵省农科院,南至上水村,北至尖山村
110	三江社区	毛寨村	1985	1.3	东至南明区二戈村,西至大寨村,南至王武村、周家村,北至珠显村
111	三江社区	周家寨	3300	4	东与王武村接,西靠上水村,南与红艳村比邻,北接西南环线
112	小孟社区	丰报云村	1577	1.3	东至贵惠大道,西至陈亮、翁岩,南抵付官村,北至王武村、王宽村
113	小孟社区	陈亮村	2873	9.3	东抵付官村,西抵麦乃村,南抵杨中村,北抵翁岩村
114	小孟社区	付官村	2187	3	东至孟关乡五星村,西至陈亮村,南抵到061,北到丰报云村
115	小孟社区	红艳村	942	/	东至王武村,西到塘边寨村,南抵王宽村,北到王武村
116	小孟社区	王宽村	3285	/	东至丰报云村,西邻塘边寨,南到翁岩村,北到红艳村

续表

编号	乡镇（社区）	行政村	总人口（人）	总面积（平方公里）	地理位置
117	小孟社区	王武村	2867	0.5	东抵南明区，西抵周家村，抵丰报云村，北临王武监狱
118	小孟社区	翁岩村	1828		东至丰报云村，西到麦乃村，南到陈亮村，北至王宽村
119	清溪社区	桐木岭村	2983	15.69	东至杨中村陇头各得其所饭店，西至大学城斗篷山，南至青岩大坝村，北至云上村云上小区
120	贵筑社区	尖山村	1647	2.16	东抵大寨村，西抵党武大坝井，南抵马洞村，北抵洛平村
121	贵筑社区	马洞村	1187	4.79	东至大寨居委会，西至天鹅村委会，南至尖山村委会，北至花溪水库
122	贵筑社区	天鹅村	2291	7.49	位于花溪西部，距贵筑社区8公里，东抵马洞村，南抵党武乡摆门村，西抵党武乡龙山村，北抵石板镇

注：花溪区共122个行政村，包括行政村95个，社区辖村27个，其中社区辖村不参与本次调研。

资料来源：由花溪区政研室提供。

（二）九个重点调研村的基本情况

1. 青岩镇龙井村

龙井村位于青岩镇西面，距青岩古镇1.5公里，总面积2.4平方公里，101省道横穿全村，交通便利。该村大力发展村集体经济，提高农民人均纯收入，第一产业主要以蔬菜种植、水稻种植为经济收入来源，二、三产业主要是泥水工厂、米酒家庭小作坊和开办"农家乐"，全村农民人均年收入达10680元。"十三五"期间，龙井村将致力于打造新型特色文化旅游创新村。

2. 马铃乡凯坝村

凯坝村位于花溪区马铃布依族苗族乡西南角，与贵安新区、长顺县、燕楼乡交界。凯坝村是农业村，近年来，依托种植优质辣椒，在农业产业结构调整中走出了一条"以商带农、以农带商"的路子，并成为党武辣椒的主产地，在花溪乃至贵阳、惠水等周边市场占有一定份额。"十三五"时期，凯坝乡将充分发挥花安高速的交通优势，拟在凯伦打造 3 平方公里的"凯伦农产品集散加工区"，并依托平山的生态优势，承接贵安新区湖潮养殖业，拟在平山打造"畜禽养殖基地"，发展特色养殖，增加村民收入。

3. 燕楼镇燕楼村

燕楼村位于燕楼镇人民政府所在地，属中心村，辖 21 个村民组，795 户，3116 人，行政区域总面积 7.1 平方公里，其中耕地面积 445.05 公顷。燕楼村党支部共有党员 65 名，其中预备党员 2 名。"十三五"期间，燕楼村将凭借优越的区位优势，以建设特色小城镇为主，重点建设商业配套基地，发展现代工贸服务业。

4. 黔陶乡黔陶村

黔陶村为乡政府所在地，辖黔陶打铁寨、跑马厂、河西寨、小摆茶、老榜河、坝子上 6 个自然村寨 8 个村民组，村委会驻黔陶街。黔陶村地势东高西低，生态良好，老榜河穿村而过，自然环境优美。2015 年，辖区内青甲、冷黔高速公路过境，并已基本完成通电、通水、通车工程。近年来，农民主要收入来源为种植香葱、水稻、蔬菜，传统养殖，外出务工以及发展乡村旅游等，黔陶村农民人均纯收入 11360 元。

5. 麦坪镇杉一村

麦坪镇杉一村位于花溪西北部，与贵安新区湖潮乡下坝村和兰花坡相邻。2015 年村集体收入活动经费 60 余万元，村民人均纯收入达 14072 元。贵安新区金马大道从杉一村境内穿过，在建项目贵安小镇下坝安置点、杉木新村安置点在杉一村境内，待建项目贵安新区北部路网也涉及杉一村境内，为其带来了前所未有的发展机遇。"十三五"时期，杉一村将建设成为以生态农业旅游为主体，服务产业为主导，以现代科技创新、生态绿色、和谐、景城一体为特色的创意研发服务基地。

6. 孟关乡五星村

五星村位于贵阳市南郊花溪东部，全村辖 7 个村民小组，共 520 户 1380 人。五星村是孟关乡唯一的蔬菜专业村，所种蔬菜 90% 以上输向贵阳市区，常年有运菜专车送菜进城。"五星胭脂萝卜"是贵阳颇有名气的特产，年产千余吨，直接经济收入达 60 万元。五星村地理位置优越，交通便利，冷黔线、南环线穿境而过，主干道硬化达 95% 以上。区域内贵州省、贵阳市重点项目——汽贸城的开工建设，未来将为五星村提供大好的发展平台和机遇。

7. 石板镇芦荻村

芦荻村位于贵州省贵阳市花溪区石板镇镇政府驻地西南面4公里处，全村辖5个村民小组3个自然村寨，居住着汉、苗2个民族402户1486人，党员数37人，土地面积5平方公里（7500亩），耕地面积980亩，其中田430亩，地550亩，2012年人均年收入4565元，粮食作物以水稻、玉米、小麦为主，经济作物以油菜、干辣椒、折耳根为主，主要经济来源是旅游开发与服务。

8. 高坡乡高坡村

高坡村是高坡乡政府所在地，平均海拔1420米。村辖10个村民小组5个自然寨，全村共609户1653人，外出务工人员272人。全村党员25人、低收入人群16户35人。全村土地面积13平方公里（19500亩），耕地面积1096亩，其中田881亩、地215亩。林地2722.3亩。高坡村自然生态环境良好，森林覆盖率达45%，农民主要收入来源为外出务工和种植、养殖业。

9. 久安乡巩固村

巩固村位于省会贵阳市郊，全村总人口1912人，共有8个村民小组7个自然村寨。巩固村农业产业结构单一，种植业以水稻、玉米、油菜、蔬菜等农作物为主，村经济来源主要为种植、养殖业及外出务工。"十三五"时期，巩固村将依托巩固大坪水库的生态优势，打造集休闲、养老、养生、疗养、养心于一体的"健康养生走廊"。

三 花溪区农村经济社会发展三大转变

"十二五"是贵阳市大力发展现代生态农业、全面推进小康建设的关键时期，为促进贵阳市农业和农村经济社会更好更快发展，花溪区贯彻落实各种强农惠农政策，农村改革取得阶段性突破，新农村建设工作扎实推进，农村经济社会全面发展，保持了农业稳定发展、农民持续增收、农村社会和谐的良好局面。

（一）农业发展方式从传统粗放到生态高效转型

"十二五"时期，随着农业科技的不断发展和思想意识的逐步更新，花溪区农业发展逐渐从传统粗放的方式向生态高效转变。访谈中，HXC9 表示：
"'十二五'初期，我们村的农业发展十分单一，主要以种植水稻、玉米、油菜、蔬菜等传统的农业为主，但是到了中期，我们引进了贵茶公司，发展生态古茶业，村民的人均年收入逐年提高。"立足当地的资源优势，花溪区以现代高效农业示范园区建设为抓手，逐步进行农业产业结构调整，推进久安茶产业园、黔陶蔬菜现代高效园、马铃生态农业产业园、青岩特色农业产业园等建设，不断完善农业农村基础设施和农业产业化体系，农业发展方式由粗放向高效转变，从传统农业向现代农业转型转变。在 2015 年底，花溪区实现全区农业增加值 17.62 亿元，同比增长 6.4%，农业发展呈现良好的态势。

（二）农民的生活条件从艰苦到改善

"十二五"初期，花溪区仍然未能"减贫摘帽"，农村的基础设施和农民的生产生活条件依旧落后。为改善花溪区农村的生产生活条件，在贵州省委省政府、贵阳市委市政府的指导帮助下，花溪区累计投入各项资金近 50 亿元，通过大力实施"四在农家·美丽乡村"基础设施建设六项行动计划等，基本实现了"乡乡通油路、村村通客车"，农户基本饮用安全水，城乡用电同网同价，农村危房基本消除，完成 19 个扶贫开发重点村基础设施建设等任务，农村基础设施得到极大的改善，城乡统筹发展已呈现新面貌。访谈中，HXC2 就表示："近几年来，凯坝村得到了国家和政府的支持帮扶，经济发展逐渐好转，老百姓也在生产生活上得到扶持，温饱问题解决了，生产生活也有了很大改变。"

（三）扶贫方式从普遍到精准

好的工作机制带动一方快速发展。长久以来，农村的扶贫工作方式都较为单一，特别是在基层的农村，发展意识保守，工作机制落后。"十二五"期间，花溪区转变基层扶贫工作方式，通过区领导联系帮扶低收入困难村、"第一书记"驻村、部门结对帮扶、党员干部遍访帮扶等方式，扶贫工作实现大突破；通过推行服务群众、服务"三农"的村干事工作机制，建立乡镇便民利民服务中心，开设为民服务全程代理工作，打通服务群众"最后一公里"；通过选派 14 名机关干部在村级软弱涣散党组织担任第一书记，选派 198 名同步小康驻村干部组建39个驻村工作组，实现了38个规模以上企业与村结对，协调帮扶项目261个、整合帮扶资金4800万元、惠及群众4500人。访谈中，HXC9表示，该村的扶贫工作都建立了档案，并实行领导片访，对该村19户拟定了帮扶协议，签订了19个帮扶计划。"十二五"期间，花溪区基本实现村村有文化室、农家书屋、卫生室和文化广场，农村合作医疗保险和养老保险等基本实现全覆盖，广大农民群众获得感进一步增强。2015年，花溪区农村居民人均可支配收入达12414元，比2014年增长9.6%。

四 花溪区农村经济社会发展中存在的问题

"十二五"时期，虽然花溪区在各类强农惠农政策的帮助下，在生产方式、生活条件和扶贫帮扶等方面得到了显著的提升，但农村的经济发展和生产生活仍然存在基础设施薄弱、专业人才缺少、发展建设受限、社会事业发展不足等问题。

（一）基础设施薄弱，制约生产生活方式的提升

"十二五"时期，花溪区虽然通过建设小康社会系列行动逐步提升了村级发展基础条件，随着环城高速、甲秀南路、贵惠大道等城市干道的建成通车，花溪区的交通大环境也得到改善，但村级交通的通达性仍然较差。访谈中，HXC5表示："目前，到麦坪镇是一条县级公路，麦坪镇到杉一村就一条3米宽的进村公路，很多企业因为交通受限，而无法落户。"水利工程不配套也是制约发展的瓶颈之一。HXC3认为："燕楼村由于全村耕地地壳较薄、保水性较差，加之蔬菜种植面积增加，规模逐步扩大，灌溉水用量不断增加，但目前的水利设施无法跟上需求。"而HXC8更表示："高坡村现在连基本的饮用水都还不能满足。"此外，在访谈中，我们还发现，随着城镇化和城乡一体化步伐的加快，农村的发展迈入一个新的阶段，花溪区一些发展基础良好的村落，逐渐出现了停车难等"城市病"，基础设施条件亟待提升。

（二）人才队伍缺失，制约发展内驱动力的提升

目前，基层面临的无法引进专业人才和留住干部是所有村级单位最为头痛

的事。该问题不仅导致村支两委干部总处于"青黄不接"的状态,影响发展的持续性,也使得农业专业技术在农村无法得到应用,影响农业发展提质。HXC1表示:"龙井村是花溪较大的布依寨子,我们想依靠地理优势,借助布依文化,大力发展特色旅游。但是村干部不专业,文化水平相对较低,我们缺乏专业的人才来支撑发展。"同时,HXC4说:"我们村支两委的干部付出的心血不少,但在待遇上还不如出去给别人打小工的,所以村里留不住人才,请人来当村主任都没人愿意来。"可见,人才队伍的缺失,制约着村级发展内驱动力的提升。

(三)政策红线限制,制约建设发展空间的扩展

"无规矩,不成方圆",任何发展都需要规划引领。花溪区生态良好,贵阳市民的大水缸阿哈湖水库也坐落于此,因此很多村落受到生态红线限制,想发展却得不到发展。访谈中,HXC9表示:"巩固村所在的久安乡是水源保护区,由于政策的制约,该村交通条件落后,发展空间较为封闭,不能发展工业,也不能发展任何有污染的服务业,因此农民生产收入提高缓慢。"此外,用地指标不足,也制约着很多村落的发展。HXC1表示:"我们想引进一个公司到村里面,希望通过修一条路方便该公司通行,但是由于用地指标的问题,无法修建,想发展得不到发展的处境让人感到很无奈。"此外,在访谈中我们还发现,许多村级发展仍没有发展规划支撑,村级发展的科学性不高。

(四)社会事业发展不足,制约农民生活质量的提升

科教文卫事业是影响人民生活的重要方面,也是衡量一个区域发展水平高低的重要方面,随着全面小康社会建设步伐的加快,花溪区在科教文卫事业上取得了长足进步,人民生活质量得到提高,但仍存在看病难等保障"盲区"。访谈中,HXC2表示:"凯坝村的医疗条件一直得不到保障,医疗卫生条件严重不足,由于村里条件落后,没人愿意到村里来给学生看病,买个药都得到区里。"此外,在访谈中,我们还发现花溪区仍存在学前教育师资不足等问题。社会事业发展不足,制约着农民生活质量的提升。

五 花溪区农村经济社会发展对策建议

"十三五"是农村经济社会发展的快速提升期,花溪区应按照贵阳市委、市政府提出的落实五大发展理念,结合当前自身发展存在的问题,强调以提升农业基础设施为重点,以市场为导向,以现代农业园区建设为平台,从理念创新、路径创新、体制机制创新等方面着手,加快发展都市现代农业,促进农业农村各项工作实现转型升级,助推更高水平全面小康社会的建设。

(一)创新"三农"发展理念,形成发展合力

正确科学的思想理念是有效指导工作和发展方向的关键因素。随着经济社会的不断发展,花溪区农业农村已发生深刻的变化,"三农"工作面临着新形势和新要求。花溪区的行政村建设,要把握机遇、乘势而上,要用创新的理念来谋划、指导农业的发展,因势利导推动传统农业向现代农业转变,才能实现发展升级。花溪区要进一步强化"三农"工作,统筹城乡协调发展,努力把基础、平台、产业、资源等优势转化为发展优势,跳出"三农"抓"三农",创新"三农"发展理念,在思路上、方法上、体制机制上形成合力,系统谋划、整体改革、稳步推进,以农业转型、农民增收、农村发展为目标,做到以城带乡、以工促农、城乡融合发展。

(二)围绕区域定位,推进农旅融合发展

"十三五"期间,花溪区以打造全域文化旅游创新区为战略目标,农村经济社会的快速发展是支撑该目标实现的重要抓手,因此,花溪区农业农村发展需要将发展定位融入花溪区发展大格局,要围绕全域旅游先行示范区的创建,以青岩古镇、天河潭、花溪国家湿地公园为依托,加快发展青黔高一线乡村旅游,天河潭周边休闲农业与乡村旅游示范点建设要走农旅融合的发展道路。在拓宽发展路径的同时,花溪区农业要加强对台农业合作,立足花溪与台湾两地农业发展的资源互补优势,抓住大扶贫战略机遇,以市场为导向,以招商引智为抓手,以项目为载体,以引入台湾农业优良品种、先进技术、管理经验、市

场渠道为切入点，进一步扩展对台农业合作领域，推动花溪区现代农业快速发展。

（三）借力"大数据+"思维，推进农业现代化发展

随着科技的不断进步与发展，传统的农业生产和销售方式已不再适应当下人们的物质文化需要，农副产品的营销手段需要不断更新。大数据战略是近年来贵阳市委市政府的工作重心，花溪区的农业农村发展也应抓住大数据机遇，以现代农业发展需求为导向，以大数据技术应用为重点，加快推进"大数据+农业"的发展。花溪区行政村要借助大数据思维，推进农村电商发展，积极开展农业物联网、农产品电子商务和农业信息综合服务，依托构建政府、龙头企业、专业合作社、种养大户等多方参与，市场化运作的"大数据+农业"发展格局，实现传统农业向现代农业的跨越式发展。

（四）依托"美丽乡村"建设，提升农村品质

基础设施是影响农民生活水平的重要因素。花溪区"十三五"以打造全域文化旅游创新区为目标，确定了乡镇发展是重点、村级发展是基础的思路。因此，只有将村级的基础设施和村风村貌建设好，才有可能实现该目标。花溪区行政村发展要抓住机遇，坚守生态文明理念，以农村环境综合整治为契机，统筹抓好"一事一议"工作，依托"小康寨、小康电、小康水、小康房、小康路、小康讯"六项工程，完善村级基础设施，抓牢天河四寨及青岩—黔陶—高坡—线"四在农家·美丽乡村"示范点和乡村精品示范点建设，改造农村生活环境，提升农民生活品质。在此基础上，更要重视提升农民的文化素质，重视转变农民的思想意识，培育文明乡风，注重文化传承，打造农村精神家园，提升农村发展品质。

（五）落实惠农政策，建强人才队伍

农村建设发展，政策是引领，人才是支撑。面对当下农村客观生存环境落后、留不住专业人才的窘境，花溪区要重视对农村人才队伍的建设，不仅要认真贯彻落实好各种强农惠农政策，使政策措施得到农民的理解、认同和支持，让农民了解和掌握自身的合法权益，从而享受更多惠农政策红利。同时，对上

更要积极争取对农村,特别是对农业专业人才的政策支持,并推动各级部门高度重视"三农"工作,对农村工作给予更多的关注和支持,并成立相应的领导小组,统筹美丽乡村和农村综合整治工作。此外,花溪区要加强人才队伍的建设,配强干部,优化职能,不断提升服务农民的能力,为干部队伍提供相应的物质保障,要让干部留下来,真正发挥"领头雁"的作用,这样才能真正深化内驱动力,助推全面建成更高水平的小康社会。

参考文献

贵阳市人民政府:《贵阳市国民经济和社会发展第十三个五年规划纲要》,2016年。

钟阳:《在全区大扶贫战略行动暨农业农村工作推进大会上的讲话》,中共花溪区区委,2016年。

案例篇

Case Studies

B.9
以大数据思维、大数据技术提升治理模式 打造老旧社区治理示范点

——花溪区明珠社区"十三五"发展思路研究

摘　要：　"十二五"时期，花溪区明珠社区社会治理发展硕果累累，社区党建工作、社会治理、居住环境、群众文化生活等方面的工作均取得了显著成效。"十三五"时期，明珠社区提出"创造经验、作出表率"的工作目标，以大数据思维及技术提升社区治理能力，进一步优化社区治理模式，力争打造全国有影响力、省内一流、全市前列、群众满意的老旧社区治理示范点和样本点，形成可复制的明珠模式，为同类型的社区治理提供经验借鉴，促使社会治理工作进一步发展。

关键词：　明珠社区　大数据思维　大数据技术　创新模式

以大数据思维、大数据技术提升治理模式 打造老旧社区治理示范点

"十二五"时期，为进一步优化基层管理方式，贵阳市实行了基层管理体制改革，从改革初期至今全市上下都在积极探索社区基层治理的有效模式。明珠社区作为老旧社区治理的典型代表，先行先试探索出一套有效的治理体系。

表1 明珠社区基本情况一览

社区概况	辖区面积	5.1平方公里	辖区人口					
	辖区范围	东至小孟社区 西至石板镇 南至贵筑社区 北至平桥社区	户籍人口		18507人	流动人口		约6879人
			18岁以下	3772人	失学儿童	0	留守儿童	3人
科技和教育资源	科研院所		幼儿园		小学		初中高中	
			公办	民办	公办	民办	公办	民办
	—		0	2所	1所	0	0	0
社会资源	辖区内单位				辖区内社会组织			
	行政单位	事业单位	企业（国有）		孵化型（枢纽型）社会组织	专业型社会组织		自发型（草根型）社会组织
	5个	2个	2个		1个	1个		2个
体育文化休闲餐饮住宿设施	体育场（馆）	影剧院	广场	公园	图书市场、书店	50㎡以上饭店、餐馆	旅店、招待所	写字楼
	—	0	2个	0	3个	12个	13个	0
医疗卫生资源	综合医院	专科医院（诊所）	妇幼保健院	急救中心	疾控中心	社区卫生服务站	辖区药店	养老机构
								公办 民办
	2个	1个	1个	1个	0	2个	7个	—
困难群体与特殊人群	失业人员数	退休人数	60岁以上老人	残疾人	低保人员	刑释解教人员	吸毒人员	
	79人	150人	421人	97人	180人	11人	80人	

资料来源：2016年12月由明珠社区提供。

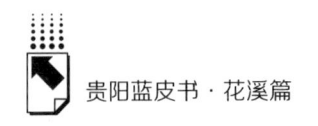

一 "一核多元"社区治理探索下的明珠模式

"一核多元"混合型社区治理体系是指以上级党委和政府为指导，以社区综合党组织为领导核心，社区各类组织参与共治的一种管理模式。"一核多元"社区治理体制构建了扁平化的领导体系，激发了社区多元自治的活力，创新了社区服务社会化运作机制，实现了政府主导和社会自治的双向互动，是推动基层体制改革的有效方法。

（一）两大举措凝聚党委核心

1. 构建一个体系："4+1"组织体系

明珠社区通过在全市率先成立功能性党组织——"社会建设党委"，构建党建"4+1"组织体系。"4"即社区"大党委"、居委会（行业）"大支部"、党小组、党员骨干，"1"为党员志愿服务队。形成以社区党委为核心，党政社群等全社会共同参与的格局，从而筑牢基层党建，有效整合了资源，凝聚了人心，推动了社区治理。

2. 形成一种工作模式："三问三凝"工作法

构建党建"三问三凝"工程，即问需凝心、问计凝智、问效凝力。首先党组织随时掌握民情民需的实时动态，真正实现服务下沉，达到凝聚人心的效果。其次当社区出现矛盾和问题时，会搭建一个平台，形成集体决议、基层共治的局面，及时找出解决问题的有效途径，达到凝聚智慧的效果。最后问效凝力，例如，当社区内需要规划或者改造时，领导班子会根据实际情况做好相应的方案，然后将做好的成果公布，让群众参与评价，同时广泛收集群众的意见，双方博弈，最后形成统一的意见实施。明珠社区通过"三问三凝"工程建设学习型、聚力型、堡垒型、廉洁型"四型"党组织，充分发挥社区党组织的核心作用，凝聚民心，形成了党建引领、群众共治的和谐局面。

（二）多元共治激发基层自治活力

1. 组建"1+1+1+N"网格服务队

明珠社区作为全市十个网格化管理示范点之一，先行先试在社区内组建了

"1+1+1+N"网格服务团队，即"一格一员一警多元共治"。通过一个网格、一名工作人员、一名警员合作的方式对社区网格进行管理和运作。同时制定了"一合三定双平台"的管理模式，"一合"即网格服务队伍形成合力，以居分片进行管理；"三定"即对网格服务队伍进行定岗位职责、定考核机制、定人员衔接，落实工作责任制，并强化过程监控，实现网格服务高效化和精准化；"双平台"即建好信息化平台和公众"大参与"平台，强化辖区对各类基础数据的实时掌握和系统分析，有效提高服务管理水平，实现社区网格管理的动态化和资源共享化。通过"1+1+1+N"网格服务队，推动社区服务触角的延伸和覆盖，实现社区管理服务全面化、精准化。

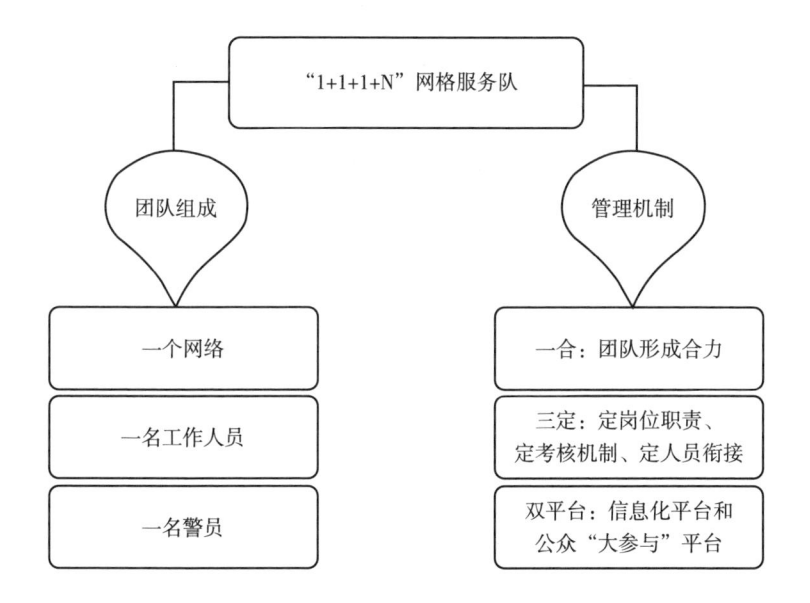

图1 "1+1+1+N"网格服务队工作体系

2. "居民议事会+六小组织"强化居民自治

居民议事会即以社区党建组织为核心，居民参与管理的基层民间组织，"六小组织"即小微社会组织联合会、工商企业联合会、志愿服务联合会、驻地单位共治会、院落楼栋物管自管会、商务楼宇园区社会服务社6个类型的社区社会组织。明珠社区以居民议事会和"六小组织"为载体，结合现代新媒体宣传功效，通过QQ、微信、易信、手机App及"爱心银行"等平台，对居民自治制度及精神进行大力宣传，倡导辖区群众互帮互助、爱心反馈。通过开展"五好文明家庭"、"生态文明家庭"、"最美社区人"等示范评选活动，以身边人、身边事彰显正能量，引导居民主动参与社区管理与建设，实现需求由群众表达、问题由群众讨论、事务由群众治理的良性机制，形成人人参与、群策群力、共建共享的居民自治格局，最大限度地激发社区内公众参与自治、共治的活力。

3. 成立一个中心引导社会参与

明珠社区成立了社区社会工作发展中心，通过社区扶持、民间兴办、专业管理、互惠双赢、公众受益的方式，帮扶社会组织发展壮大，努力实现社会组织在市场立足后反哺社区。现已培育组建了小微社会组织33个，枢纽型群团组织10个，专业社工机构1个，并制定了《明珠社区社工队伍人才发展规划》进行专业管理。依托本地高校资源，与高校进行联动合作，通过高校专家教师授课、专业机构学习实践、学习参观先进经验等方式对社工进行培养和培训，为社区治理提供更好的支持和帮助。

（三）两大服务创建温馨社区

1. 搭建"一厅两园三快车"为民服务载体，增强社区服务精细化

为提升社区服务管理的扁平化和精细化水平，明珠社区搭建了"一厅两园三快车"的便民利民服务载体。"一厅"即便民利民服务大厅，办结及代办职能部门下沉事项30余项，实行中午12：00～13：00延时服务和周末预约服务，人性化的服务体系保障了居民服务需求。"两园"即开办社区"爱心午托园"和"健康保障园"，爱心午托园解决了社区内双职工家庭或其他情况下无人照看小孩的难题，健康保障园强化了对社区老年人的服务。"三快车"即网络通信快车、居民议事会快车和网格员快车，切实保证信息的时效性和流畅性。"一厅两园三快车"的建立，为社区居民提供了便利的服务。

2. "一办两会三中心"模式零距离帮扶弱势群体

明珠社区内主要弱势群体是吸毒人员，这个群体在社会管理中需要关爱和正确的引导。明珠社区针对这个特殊群体构建了"一办两会三中心"的模式。"一办"即综治办，"两会"指家委会和"阳光妈妈"，"三中心"是帮扶中心、就业中心和康复中心，这一套完整的帮扶体系不仅让吸毒人员从生理上脱毒，更保障了其从心理上进行脱毒。坚持以人为本的原则，社区在对特殊人群进行治理时，不仅要做到心中有数还要做到有的放矢，家委会和"阳光妈妈"从心理上对弱势群体进行关爱和引导，对其家人进行保障，待其从心理上脱毒之后，通过社区帮扶中心、就业中心和康复中心帮助其从生理上脱毒，学习技能，重返社会。通过这一关爱模式，明珠社区辖区内的吸毒人员数量控制在零增长，吸毒人员中也有近一半重返社会，禁毒帮扶工作取得重大成效。

二 明珠模式再升级面临的机遇和挑战

明珠社区基层管理模式探索成效显著，在下一步的发展中，明珠社区致力于形成可复制的明珠经验进行推广，随着社会改革的不断推进和深化，社会整体形势不断发生变化，明珠社区发展机遇与挑战并存。

（一）三大机遇促升级

1. 贵阳市社区管理政策支持

继 2012 年 5 月公布了《贵阳市社区管理暂行办法》之后，贵阳市针对前期基层体制改革管理中出现的问题，于 2015 年 7 月颁布了《关于进一步加强和改进社区工作的十条意见》（以下简称《意见》），《意见》从社区组织、社区管理、社区治理、社区激励保障等方面做了更加合理的布局和安排，给予了社区管理更有利的支持和更完善的保障，为社区治理模式的升级提供了契机。

2. 花溪区国家级全域文化旅游创新区建设发展机遇

根据贵阳市规划，花溪区在"十三五"时期将与经开区进一步融合发展，奋力打造国家级全域文化旅游创新区。同时，贵阳市委、市政府研究并出台了一系列政策，在资金投入、土地政策、项目审批、编制政策、其他等五大领域给予支持，推进花溪区域整治、景观提升、生态环境保护、基础设施建设、立面整治、文化旅游提升、城市管理提升"七大工程"，为明珠社区的再升级提供良好的机遇和保障，以进一步实现社区的总体优化。

3. 辖区高校集聚优势

明珠社区辖区内驻有贵州大学和贵州民族大学两所重点高校，其中贵州大学是教育部与贵州省人民政府合作共建的国家"211"工程重点大学，为贵州省属综合性重点大学，截至2016年8月，学校设有39个学院，137个本科专业，涵盖哲学、经济学、理学、工学、农学、管理学等多个学科领域。贵州民族大学隶属贵州省人民政府，是贵州省重点建设高校，设有21个学院，74个普通本科专业。两所高校都是贵州省内重点建设高校，科研资源丰富、科研技术先进、高素质人才聚集，依托辖区内高校资源，明珠社区同时具备了人才和技术支撑，为社区治理升级提供了无限可能。

（二）三大挑战需应对

1. 群众日益增加的服务需求挑战

随着我国小康水平的不断提升，人民的经济实力越来越强，综合素质不断提升，日益增长的服务需求和不完善的基础设施建设、基层治理体系之间的矛盾日益凸显，如不及时建立与人们服务需求相配套的服务体系，基层社会治理将遇到很大的阻碍。

2. 社会矛盾日趋多元化和复杂化

经济的快速发展带动科学技术的快速发展，21世纪已经是一个信息化、共享化、智能化的时代，越来越先进的技术在给生活带来便利的同时也带来了很多矛盾隐患。信息的快速交换迸发出不同的思想潮流，越来越多的社会矛盾朝着多元化和复杂化的方向发展，还没有来得及转变的工作思路和模式已经很难去化解现有的矛盾，为社会的稳定埋下了很大的隐患。

3. 社区人口老龄化现象严重

当前，我国正处于人口老龄化加速时期，明珠社区人口老龄化的问题随着时间的推移逐渐显露，同时由于我国家庭结构的变化，传统的家庭养老模式已经无法满足现有的需求。因此，社区慢慢演变为社会养老功能的主要依托和载体，但目前社区服务体系的建设正在探索和逐步完善之中，与养老服务相符的配套机制和体系建设还不完善，社区人口老龄化是亟待应对的社会难题。

三 对明珠社区管理模式再升级的思路研究

随着大数据时代的到来，大数据思维也逐渐渗透到生活中的各个角落，作为推动社会进步的新型生产方式，大数据在生活中的应用随处可见，在下一步发展中，明珠社区将以大数据为发展主线继续创新社区治理方式，为建设温馨、和谐的社区而努力。

（一）布局两大战略

1. 大数据工程

贵阳市2015年出台的《关于进一步加强和改进社区工作的十条意见》提出，"社区治理应该强化信息平台应用，健全完善市、区（市、县）、社区网格化指挥调度三级平台，进一步完善社区网格化信息管理系统，加强信息收集、分析、处理和运用"。该意见将大数据作为创新社区治理的手段融入基层社会治理当中，在明珠社区"十三五"规划中，将大数据作为主要的战略进行了布局，具体体现在社区"社会和云"平台建设和"社区电商"便民服务圈的打造上，在基层管理中融入大数据思维及大数据技术，形成现代化、智能化、便利化的现代社区治理模式，实现服务管理的精准化、精细化和高效化。

2. 精准扶贫工程

贵州省委十一届六次全会明确指出，扶贫攻坚为"十三五"时期重大战略行动，"十二五"是贵州省经济加速发展、综合实力提升最快的五年，同时也是扶贫攻坚取得重大成果的五年，五年内，贫困发生率从33.4%下降到14.3%。"十三五"是贵州扶贫攻坚、同步小康的决胜时期，当前贫困落后仍是制约贵州发展的主要矛盾。贫困人口不仅存在于落后的偏远地区，城市社区也有相应的贫困人口，例如社区中弱势群体就属于贫困人口，如何对其进行精准扶贫、授之以鱼并授之以渔是社区管理中的难题。明珠社区在"十三五"规划中将重点以"大数据+互联网"构建的"社会和云"平台实现贫困人口的全面兜底，并建立一系列完整的机制对其进行精准扶贫，推动社区全面发展，打造和谐温馨社区。

（二）攻坚五大任务

1. 加强基层党组织建设，充分发挥党委核心凝聚作用

在社区基层管理中，有效解决社会管理中突出问题的重要前提是要及时解决群众最关心最直接的利益问题，而党在基层管理中处于核心领导地位，为维

护社区长期稳定的环境，社区党组织建设显得尤为重要。因此，明珠社区要充分发挥基层党组织的政治核心作用，创新社区管理体制机制，突出党委核心凝聚作用，引导社会组织参与社区共治，形成良好互动的社区管理机制。

2. 坚持以服务为导向，实现"网格化"向"网络化"转变

社区网格化的管理理念要从"以管理为导向"转变为"以服务为导向"。当前城市社区网格化普遍存在将管理置于服务之上的倾向，网格化被看作一种综治维稳的手段，行政效率成为主要的追求目标，而服务群众的作用被淡化。社区服务中心是以服务为导向存在的政府机构，社区网格化管理应侧重服务功能，将服务理念以一种内化的方式渗透到社区网格化治理模式之中。在管理中应进一步整合网格、社区"1+1"、计生、民政、统计、城管、综治等各个"条"数据平台，加强各子板块的衔接与交互，推动网格化向网络化转变，逐步实现政府数据资源共享、实时掌控民情等功能。

3. 发展"社区电商"，构建便民生活圈

随着基层体制的改革，社区数量不断增加，社区电商的发展规模也在不断扩大，通过社区搭建的平台以及营造的扶持环境，由社区工商联牵头，专业公司承接，引导辖区及周边企业、工商户及品牌商家加入社区电商平台，构建便民生活圈，提高社区公共服务水平，营造"大众创业、万众创新"的良好氛围，带领辖区群众同步小康、共享和谐。

4. 有序推进社区环境改造提升工程

自2013年以来，花溪区通过社区公益事业项目，改善了小区的环境，提升了居住质量，为花溪创建全域文化旅游创新区构筑了良好的社会氛围。明珠社区应结合花溪区"三年千院"的行动计划，有计划、有步骤地实施亮灯、修路、增绿、下水管网疏通、文化活动场所修建等民生工程，不断夯实社区基础设施，优化社区人居环境，并在此过程中带动院落楼栋自治组织的成立和作用发挥。

5. 筹建社会组织孵化基地，引导社会组织参与社会治理

"十三五"时期，明珠社区将重点筹建社区社会组织孵化基地，依托辖区内丰富的高校资源，协商共建具有社工背景的专业人才和具有务实经验的社区人员合作平台，每年计划吸纳孵化辖区内具有典型性、示范性、可承担政府购买服务的福利性、公益性社会组织入驻，并使其参与到市、区（市、县）支持项目中来，进一步完善购买服务实施细则，引导社会组织参与社区社会治理工作，弥补社区资源不足的问题。

参考文献

明珠社区：《"十三五"时期明珠社区发展规划基本思路》，2016。

崔文泉：《社区党建推进城市基层社会管理创新研究》，中共中央党校硕士学位论文，2012。

董强：《社会组织参与社区治理研究——以南京市某社区为个案》，南京农业大学硕士学位论文，2012。

孙仲：《人口老龄化背景下我国城市社区居家养老模式研究》，北京交通大学硕士学位论文，2011。

《贵阳日报》：《花溪再过三年将大变样："一区四化"大改造》，贵阳网，http：//www.gywb.cn/content/2014－10/31/content_ 1808885.htm，2014年12月31日。

B.10
深化"12371"工作法 变方法创新为机制建设 推进基层治理自治化进程

——花溪区阳光社区"十三五"发展思路研究

摘　要：　阳光社区位于花溪区城市中心，是一个人口、商业集聚的综合型城市社区。"十二五"期间，阳光社区创新提出"12371"工作法，系统性地涵盖了阳光社区服务工作的方方面面，在"12371"工作法的落实下，阳光社区服务工作取得了良好的成绩，为"十三五"期间的社区服务工作打下了扎实的基础。同时，阳光社区也面临着人口老龄化、社区基础硬件设施老化等问题。"十三五"期间，阳光社区将从"12371"工作法出发，变方法创新为机制建设，探索社区服务机制建设创新，着力推进基层治理自治化进程。

关键词：　阳光社区　服务创新　机制建设　基层自治

阳光社区地处花溪区城市中心，于2012年4月28日挂牌成立，社区服务中心内设"一厅四部"，即：便民利民服务大厅、党政工作部、社会事务部、群众工作部、城市管理部。社区辖9个居委会，划分为120个网格，并汇聚了花溪区行政办公中心、贵州大学（南校区）、湿地公园、红阳厂、清华中学、花溪一中等900余家单位，是一个人口众多、商业聚集的综合型城市社区。

深化"12371"工作法　变方法创新为机制建设　推进基层治理自治化进程

表1　阳光社区基本情况一览

社区概况	辖区面积	11.46平方公里	辖区人口					
	辖区范围	辖清溪、清华、花溪、仙人洞、棉花关、贵筑、望哨坡、徐家冲9个居委会	户籍人口	47767人	流动人口		15402人	
			18岁以下	9944人	失学儿童	0	留守儿童	4人
科技和教育资源	科研院所		幼儿园		小学		初中高中	
			公办	民办	公办	民办	公办	民办
	1个		4所	7所	5所	1所	4所	2所
社会资源	辖区内单位				辖区内社会组织			
	行政单位	事业单位		企业（国有）	孵化型（枢纽型）社会组织	专业型社会组织		自发型（草根型）社会组织
	66个	10个		1个	0个	1个		1个
体育文化休闲餐饮住宿设施	体育场（馆）	影剧院	广场	公园	图书市场、书店	50㎡以上饭店、餐馆	旅店、招待所	写字楼
	0	1个	1个	1个	1个	225个	65个	0
医疗卫生资源	综合医院	专科医院（诊所）	妇幼保健院	急救中心	疾控中心	社区卫生服务站	辖区药店	养老机构
								公办　民办
	3个	15个	0	2个	1个	2个	25个	0个　0个
困难群体与特殊人群	失业人员数	退休人数	60岁以上老人	残疾人	低保人员	刑释解教人员	吸毒人员	
	177人	1870人	9379人	389人	964人	130人	284人	

资料来源：2016年12月由阳光社区提供。

一　推进基层自治是实现阳光社区升级发展的新起点

阳光社区自成立以来，一直以"服务群众、凝聚人心、优化管理、维护稳定"为基本职能定位，扎实推进社区服务工作，在"十二五"期间，阳光社区取得了喜人的成果，被贵州省委、省政府评为"全省文明单位"，被中共贵阳市委评为市级"五好基层党组织"。

（一）从"四个中心"看阳光社区基层自治优势

阳光社区地处花溪城市中心，城市基础设施和配套设施相对完善，城市运行机制较为成熟。阳光社区是花溪区区委、区政府所在地，汇聚了花溪区行政办公中心和900余家单位，是花溪区区域行政中心，这为阳光社区提供了规范化的城市行政办公环境。同时，阳光社区的居民很多是政府机关、企事业单位的工作人员，辖区居民素质普遍较高，治理难度较小。阳光社区还是花溪区区域商业中心，辖区内有个体工商户2800余家，其中红阳厂、合力超市等大型企业也在区内，这为社区开展社企共筑共建，提高多方参与和共同治理水平，形成社会力量参与度高的良好局面，提供了显著的地缘优势条件。阳光社区是区域文化教育中心，区域内教育资源丰富，有幼儿园、小学、中学、大学，教育机构设施完备的教育环境，也为阳光社区提供了高素质的人才支撑，提高了社区建设和治理的人才智慧支持。

（二）"12371"工作法为推进基层自治奠定基础

"12371"工作法[①]是阳光社区在"十二五"期间创新性提出的社区服务工作方法。通过"12371"工作法，阳光社区在社区党建、动员社会组织参与基层自治，以及完善优化社区服务等方面取得了良好的成果，为阳光社区在"十三五"期间推进基层治理自治化打下了坚实的基础。

---

① "12371"工作法："1"是指阳光社区以社区大党委为核心的区域化党建1+1模式，"2"是指阳光社区为辖区居民提供的"双全服务"，"3"是指阳光社区创新社会动员参与模式的"三社合力"动员手法，"7"是指阳光社区众多志愿者组织合力构筑的"七彩行动"，最后一个"1"是指阳光社区纵深推进"温馨家园"建设的"一院一策"行动方案。

深化"12371"工作法　变方法创新为机制建设　推进基层治理自治化进程

1. 以社区大党委为核心，构建区域化党建1+1模式

表2　阳光社区党建"1+1"模式概览

模式	"1+1"共建,资源整合	"1+1"服务,优势整合	"1+1"携手,力量整合
方式	社区为1个共建单位"量身定做"1套服务内容	社区按照辖区单位的专业优势,使1类专业人员服务1批需求群众	社区根据直管党员、流动党员等不同类别党员参与社区服务时间不同的特点,为1类党员定制1种服务制度
特点	建立起资源共享、优势互补、相互促进、相互提高的社区共建格局	有针对性地实现服务效益最大化	由党员携手其他社会组织,实现党员力量和社会组织力量的整合
具体做法	贵州大学利用自己拥有丰富的教育设施和场地的特点为阳光小记者团提供免费培训教室等	辖区黔鹰律师事务所利用自己拥有专业法律人才的优势在社区每周开展一次"律师座谈会客室"等。	社区流动党员阳光驿站与社区流管站和流管协会携手参与社区服务等
优势	党建"1+1"模式充分发挥了社区大党委的作用。以社区大党委为核心,把党委工作和社区工作精细化分类,再有针对性地进行结合,形成了为党委工作和社区居民服务"私人订制"的特色整合局面	—	—

阳光社区党委下辖9个党支部，现有24个院落党小组，17个特色党小组，在"大党委"共建中，与驻区单位党组织形成资源、优势、力量的整合，构建形成了区域化党建的三个"1+1"模式，在大党委整合辖区优势资源的工作上优势十分明显。

2. 以"双全服务"为宗旨，构建"15分钟便民服务圈"

阳光社区以为社区居民提供"全方位、全天候"的"双全式"服务为目标，分别通过六个工作内容服务社区居民。突破社区地域范围和社区服务时间的限制，尽力为社区所有居民提供完善、质量均等的服务，形成服务社区居民的"15分钟便民服务圈"。

149

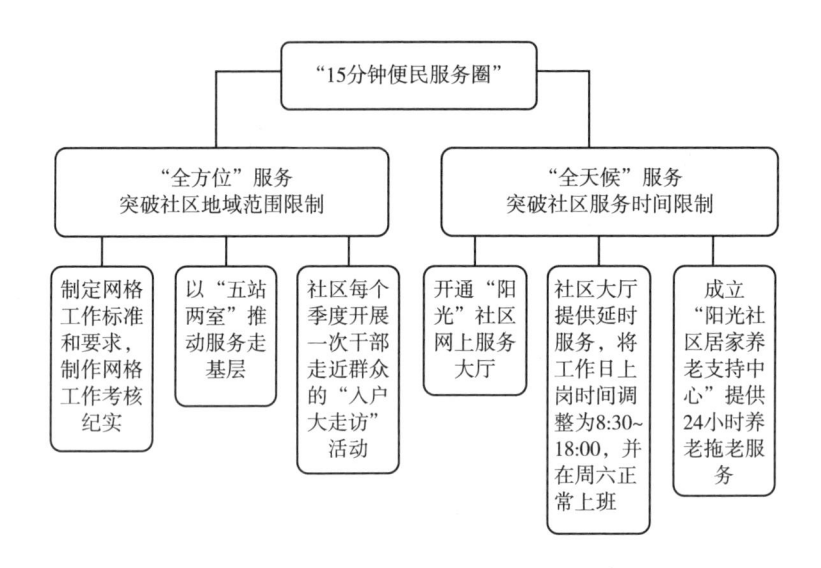

```
                        "15分钟便民服务圈"
          ┌──────────────────┴──────────────────┐
    "全方位"服务                              "全天候"服务
  突破社区地域范围限制                       突破社区服务时间限制
  ┌──────┬──────┬──────┐              ┌──────┬──────┬──────┐
制定网格  以"五站  社区每个              开通"阳  社区大厅  成立
工作标准  两室"推  季度开展              光"社区  提供延时  "阳光社
和要求，  动服务走  一次干部              网上服务  服务，将  区居家养
制作网格  基层     走近群众              大厅     工作日上  老支持中
工作考核          的"入户                        岗时间调  心"提供
纪实              大走访"                        整为8:30~  24小时养
                  活动                           18:00，并  老拖老服
                                                在周六正  务
                                                常上班
```

图1 阳光社区"双全服务"模式示意

3. 以"三社合力"方法，创新社会参与模式

"三社合力"是阳光社区提出的社工、社区和社会共同协作，创新社会参与模式的社区工作方法。2013年6月由阳光社区、贵州民族大学社会学博士毛刚强等专家共同发起，成立了花溪区首家专业化的社工机构——贵阳市花溪区七彩阳光社会工作服务社。服务社以"能力建设"和"陪伴成长"为主要工作手法，培育社区组织、增进社区互助、支持社区治理、推动社区公益，2013年以来对兰馨桂馥等成型小区，按照"社工介入、专业指导、业主参与、物业协助、一区一治"的模式开展服务工作，不断推进社区志愿服务活动的科学化、制度化、常态化，从而动员社会成员以多种模式参与社区服务和治理。

4. 以"七彩行动"为载体，提升基层社会治理能力

"七彩行动"是阳光社区提出的用颜色作为区分七类志愿活动的一种服务模式，每一种颜色代表一种类别的社会治理服务。阳光社区有志愿者5340人，志愿者组织8个。依托"七彩行动"，阳光社区将辖区内丰富的志愿者队伍与社区党委、居民群众紧密联系起来，对社区提供治安巡逻、文化体育等公共服务，提升了基层社会治理能力，切实提高了社区与群众、群众与群众之间的融合度。

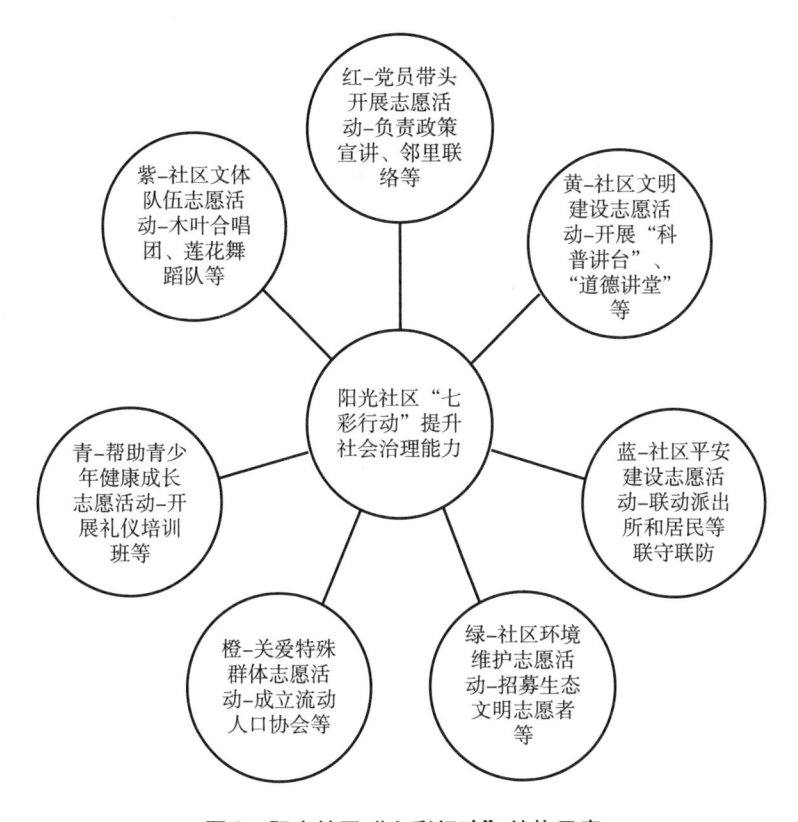

图2 阳光社区"七彩行动"结构示意

5. 以"一院一策"方式，推进"温馨家园"建设

"一院一策"是阳光社区针对每一个院落的实际情况，着眼服务，推进院落实现自治管理的一种方式。2013年以来，社区抓住"新型社区·温馨家园"公益事业实施项目，制定"4321"项目（即四项制度、三方参与、两个监督、一院一策）的工作模式，创新社会治理机制，采用购买服务项目的方式，委托七彩阳光服务社，按照"一院一策、群众参与、长效治理"的原则，对松散老旧小区实行小区治理，从而改变小区面貌，实现小区自治。

二 阳光社区推进基层治理自治化面临的问题与挑战

虽然阳光社区在"十二五"期间在基层自治方面取得了一定成效，但出

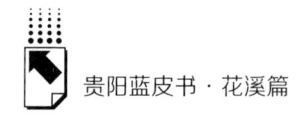

于老年人口比重较大，社工人才缺乏，基础设施落后和内部机制不完善等原因，阳光社区在推行基层治理自治化上还面临着挑战。

（一）人口老龄化现象突出

阳光社区总人口为9.5万人，社区60岁以上的老人有9379人，按照老龄人口与总人口的比例计算，老年人占总人口的比例近10%，这表明阳光社区进入人口老龄化阶段，面临着社区人口老龄化带来的诸多问题，这不仅给社区的医疗保障和养老服务增加了经济负担、管理负担，一定程度上也增加了社区服务的难度，影响了社区自治组织开展活动的活力。

（二）服务人才严重不足

虽然阳光社区现在有贵阳市花溪区七彩阳光社会工作服务社，但是服务社的社工均为毛刚强老师等人的学生，人员流动性比较大，不利于社区的深度服务。同时，在阳光社区内部工作人员中缺少规范的专业社会人才。再者，仅仅依靠七彩阳光社会工作服务社的力量，对整个阳光社区的服务工作来说，人员还不够充足，不利于社区基层自治工作的长远发展。

（三）老城区基础设施落后

由于阳光社区位于花溪区的中心区域，而花溪城区是一个有良好历史沿革的老城区，这使阳光社区面临了很多老城区基础设施老化、落后的问题。首先是道路拥堵。由于一些道路损坏、年久失修，再加上很多占道经营的现象，阳光社区道路拥堵现象十分明显。其次，老旧院落存在多种安全隐患。阳光社区的老旧院落有100多个，这些老旧院落面临着安防设施损坏、环境差、公用设施陈旧、物业管理不规范等问题，同时存在较大的安全隐患，这一定程度上影响了花溪全区的城市面貌。此外，公共文体设施也十分匮乏，居民基本的休闲娱乐需求得不到满足。

（四）工作职责亟待理顺

阳光社区居委会两委工作人员和网格员的工作关系没有明确区分，社区服务工作开展效率受到影响。阳光社区将居委会两委成员全部纳入网格管理平台，在两委委员进入网格以后，网格员与两委成员的工作出现了职能区分不清的现象，比如居委会既要负责社区中心工作和区级下派的相关工作，还要负责网格工作，容易使居委会和网格员出现手忙脚乱、"眉毛胡子一把抓"的情况，这在一定程度上降低了社区服务工作的质量。另外，按照目前的薪酬标准，居委会两委成员的报酬低于网格工作人员，因此，居委会两委工作人员与网格员的工作任务和职责亟须理顺。

三 关于阳光社区推进基层治理自治化进程的探讨

为保障社区居民民主权利，为社区居民提供更好的服务，"十三五"期间，阳光社区将找准一个支撑，构建五个机制，从三个方面推进基层自治。

（一）找准一个支撑：变方法创新为机制建设

从方法创新到机制建设的转变，是阳光社区寻求建设长效机制、推动工作效能再上新台阶的根本方法。阳光社区在"十二五"期间积极创新工作方法，完善社区各项服务，取得了不错的工作成绩，为推进基层治理自治化打下了良好的基础。"十三五"期间，阳光社区应将方法创新作为机制建设的一个支撑，推进工作效能提升，全力以赴推进基层治理自治。机制建设不是多个工作方法的简单总结归纳，而是要运用结构解构的思维，发现各个部分之间的联系，寻求各部分功能之间的联动发展，以达到质的提升。此外，还要明确落实各层级之间的工作细节规则，建立评估考核体系和工作运行机制，推动工作效能提升。

（二）构建五个机制：推进社区服务机制创新

1. 构建社工人才激励机制

阳光社区在"十二五"期间面临的一个问题是社会工作人才严重不足，针对这个问题，阳光社区可通过培育自己社区内部的社工组织，以解决社工人才不足的问题。可以建立健全社区专业社会工作人才的激励机制，从社区内部开发社会工作岗位，进行人才招聘，或者在已有的七彩阳光社会工作服务社等社会组织中培养自己的骨干义工，以解决社区专业社工人才缺乏的问题。

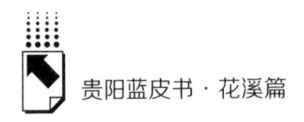

2. 构建社工能力建设机制

阳光社区在鼓励和引导社会组织参与社区服务的同时，要构建社会组织自身能力建设机制，注重社会组织自身力量的培育。同时健全社会组织社区服务的政策法规，完善社工服务的优惠政策和法律监督体系，为社会组织社区服务创造良好的法律制度环境，以促进社会组织服务能力的提高，以更高水平为居民提供优质长效的社区服务。

3. 构建多元主体公共服务供给机制

公共服务供给机制不足也是阳光社区目前面临的问题之一。"十三五"期间，阳光社区内部可基于部分有偿化服务形成多元筹资渠道，以增加社区公共服务的资金。在完善社区购买服务实施细则的同时，可构建多元主体的公共服务供给机制，引进市场和第三方社会组织为社区提供服务，拓宽社区服务供给渠道，形成竞争局面，促进多元主体的社区服务水平提升。

4. 构建社会公共服务供给的绩效评估机制

阳光社区各项社会事业稳步推进，在积极发展社会组织的同时，应在社区中建立以对居民负责为导向的社会公共服务绩效评估机制，由社区社会组织和居民联合制订考核标准，比如对志愿者服务实施"时间储蓄"、"积分管理"、"星级评定"等工作模式来提高评估中的社会力量参与度，促进居民对社会力量参与社区服务和社会治理的认可，提高社会力量参与社区治理的积极性，从而把社会组织和居民纳入社区管理和社区服务的监督体系中，确保社区治理服务的顺利开展。

5. 构建公众需求表达与沟通的协商机制

阳光社区需建立公众需求表达与沟通的协商机制。居民与各种利益相关者之间面对面协商，既能协商确定公共需求的数量和质量标准，又能有效避免居民需求未能得到满足或夸大需求的问题。阳光社区可以以居民的需求为导向，有针对性地发展社会组织，提供精准化社区服务，避免服务资源浪费，避免挫伤社会组织服务的积极性，同时还可通过访谈了解、整改落实、反馈回馈等手段，使居民的意见得到有效表达，形成一种民主协商的居民自治氛围。

阳光社区可以从以上五个基本机制的构建入手，将推进基层治理自治化的思路从注重工作方法的创新转变到注重工作机制的构建和创新上来，从而在工作机制构建方面切实推进基层治理自治化。

（三）明确三个方向：推进基层治理自治化

阳光社区推进基层治理自治化应结合自身发展实际，明确以下三个方向，让基层社会治理在自治过程中提高自控能力和管理能力，在民主的实践中提升居民的民主素质和民主意识。

1. 丰富社会组织，建立社会多元协同体系

在社区治理中，阳光社区要推进行政机制、市场机制、社会机制的协同运作，在社区内通过行政机制积极培育社会组织参与社区公共事务的文化氛围，发挥行政机制的引导作用。积极扶持、培育、发展民间组织、志愿者组织等社会组织，建立多类型社会组织共同发展的社会多元协同体系，为社区提供不同服务，促进社区发展。社会组织自身要通过自我成长与发展来积极承担起社会管理和公共服务职能，从而实现基层自治。

2. 增强社区互动，扩大社区居民参与

阳光社区可在鼓励社会组织和居民参与社会服务和文体活动的基础上，增强居民对社区的关心意识，增强居民参与公共事务的主动性。阳光社区需对网上服务大厅系统进行优化升级，丰富网上服务大厅的功能和服务内容，开通社区信箱反馈功能，畅通居民意见表达渠道，扩大多年龄层的居民参与，通过线上线下多种途径和多种平台丰富居民参与途径，与居民建立起长期有效的良性互动。

3. 扩大基层民主，推进基层自治化

阳光社区要保障公众权益，扩大基层民主，实现真正意义上的社区自治，一方面，要理顺社区、居委会、网格员和居民的关系，明确社区培育和扶持社会组织的最终目的，使社区不断实现自我组织、自我管理、自我服务，做到让社会组织在民主环境内健康蓬勃发展。居委会和网格员应进一步提高知识水平，提升业务能力，形成居委会委员与社区网格管理员身份合理融合、工作有效衔接、待遇基本持平的社区工作局面。另一方面，阳光社区可结合社区自身基础进行机制创新，进一步健全完善组织体系，扩大基层民主，完善基层自治机制。

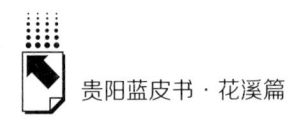

参考文献

顾荣刚：《贵阳市新型社区治理的问题、原因及对策》，《中共贵州省委党校学报》2015年第2期。

闫雪菲：《城市社区公共服务机制创新研究——以宜昌市"一本三化"为样本》，华中师范大学硕士毕业论文，2014。

《贵阳花溪区简介》，http：//www.114huoche.com/zhengfu_GuiYang/HuaXiQu/，2016年9月。

B.11
以"促进发展、保障民生、强化治理"为主线推动农村社区转型升级

——花溪区贵筑社区"十三五"发展思路研究

摘　要： 基层社区体制改革是贵阳市发展的一项重大战略，经过"十二五"时期的初期改革探索，基层社区改革取得了一定成效，但也面临一些逐渐凸显的问题。本文总结和梳理贵筑社区"十二五"时期发展经验和问题后提出，面对社区建设的基础性、长期性、复杂性，在"十三五"时期贵筑社区将以"促进发展、保障民生、强化治理"为主线推动社区转型升级，全面提升社区综合服务功能，努力将社区打造成为创新社会管理的平台、居民幸福生活的依托、社会和谐稳定的基础。

关键词： 贵筑社区　农村社区　体制改革　转型升级

在我国经济发展进入"新常态"，在全面深化改革、推进国家治理体系与治理方式现代化的大环境之下，基层管理新体制的探索显得尤为重要，贵阳市基层体制改革便应运而生，贵筑社区便是贵阳市基层体制改革的落脚点之一。

表1　贵筑社区基本情况一览

社区概况	辖区面积	31.58平方公里	辖区人口				
	辖区范围	辖尖山、天鹅、马洞三个村和云上、大寨、洛平三个居委会	户籍人口	19009人	流动人口		6053人
			18岁以下	6392人	失学儿童	0人	留守儿童	13人

续表

科技和教育资源	科研院所	幼儿园		小学		初中高中	
		公办	民办	公办	民办	公办	民办
	0	7所	2所	6所	0	1所	0

社会资源	辖区内单位			辖区内社会组织		
	行政单位	事业单位	企业（国有）	孵化型（枢纽型）社会组织	专业型社会组织	自发型（草根型）社会组织
	—	—	2个	—	—	—

体育文化休闲餐饮住宿设施	体育场（馆）	影剧院	广场	公园	图书市场、书店	50㎡以上饭店、餐馆	旅店、招待所	写字楼
	1个	—	2个	0	—	22个	6个	—

医疗卫生资源	综合医院	专科医院（诊所）	妇幼保健院	急救中心	疾控中心	社区卫生服务站	辖区药店	养老机构	
								公办	民办
	—	1个	—	—	—	1个	6个	1个	—

困难群体与特殊人群	失业人员数	退休人数	60岁以上老人	残疾人	低保人员	刑释解教人员	吸毒人员
	113人	225人	3526人	295人	254人	30人	94人

资料来源：2016年12月由贵筑社区提供。

一　贵筑社区是一个发展中的农村社区

自2010年起，贵阳市进行基层体制改革，对地域区划进行了调整，贵筑社区由原辖3个居委会和7个建制村改为现辖3个居委会和3个建制村，辖区总面积31.58平方公里，其中建制村辖区面积达22.78平方公里。花溪区"十二五"期间大力招商引资，房地产企业陆续入驻，促进了贵筑社区区域内经济发展，产业集聚格局初步形成，贵筑社区经济实力不断增强。

（一）贵筑社区是社会建设发展到一定程度的结果

随着我国城市化进程的持续推进，贵阳市在"十二五"时期对社区体

以"促进发展、保障民生、强化治理"为主线推动农村社区转型升级

制改革进行了初期探索,并按照三年打基础、三年抓提升的工作部署,采取"减转分合"①、"三化并举"②和"三创一强一提升"③等措施,对社区管理机制进行了改革,淡化了社区的行政职能,推动了公共管理服务重心下沉,进一步强化了社区的服务职能,旨在探索更加有效的管理方式。在此背景下,贵筑社区于2012年正式成立,展开了基层体制改革的初期探索。

（二）贵筑社区是农村城市化发展到一定阶段的产物

城镇化是缩小城乡发展差距,实现城市和农村人民的共同富裕、共同发展和共同进步的有效措施。贵筑社区由之前的街道办事处演变而来,其中云上、大寨、洛平三个居委会在2009年进行了村改居。因此,从历史沿革来看,贵筑社区是一个农村社区。但随着城市化进程的推进,新型社区的成立,贵筑社区农村城市化取得了一定的成效：在生态环境脆弱的大寨、尖山区域开始大力发展休闲度假、旅游业和服务业等；在集体经济薄弱的天鹅、马洞村开始因地制宜大规模发展种养业,实施"百头肉牛"、"千头肉猪"、"万只肉鸡"建设,"50亩无公害蔬菜示范点"和"100亩优质水稻"建设,集体经济得到不断发展,综合实力得到不断增强。

二 "十三五"时期贵筑社区要向城市社区转型

随着贵阳市整体基层体制改革进程的推进,基层管理机制中的问题得到不断解决,社会管理中的保障和支持力度不断增大,社区进入转型升级的关键时期,贵筑社区经过"十二五"时期的发展,已经初步具备"十三五"时期向城市社区转型的条件和基础。

---

① "减转分合","减"即精简管理层级；"转"即转变工作职能,新型社区强化了服务职能；"分"即实行居委会去行政化,回归自治功能；"合"即整合社区资源,形成共治合力。
② "三化并举"：贵阳市基层体制改革措施,即社区职责规范化、服务精细化、管理制度化。
③ "三创一强 提升"：创文明社区、绿色社区、平安社区,建强社区党组织,提升社区群众满意度。

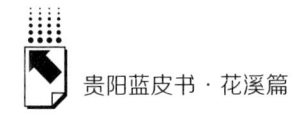

(一)贵筑社区向城市社区转型的环境形成

自贵阳市"十二五"提出社区体制改革以来,全市不断地探索与之适应的体制机制,在推进基层体制改革过程中也出台了很多政策予以引导和支持。同时,花溪区在全力创建国家级全域文化旅游创新区,为贵筑社区的转型升级提供了很好的机遇条件。在"十二五"时期,贵筑社区的招商引资工作取得了明显成效,下一步即将进入全面发展的新阶段,经济发展将会步入新台阶。但同时,贵筑社区的转型升级仍面临一些问题和挑战。首先,由于基层体制改革实施时间不长,相应的体制机制还尚未健全,缺少法律和制度支撑,社区提供的证明和公章缺乏法律效力从而不被认可,阻碍了基层工作的顺利开展。其次,出于历史原因,村改居地区占整个辖区的一半,而村改居政策的实施缺乏相应的过渡以及健全的政策保障,在实际操作过程中容易引起居民矛盾,增加社区维稳压力。因此,贵筑社区在下一步发展中要勇于突破难题才能更好更快地发展。

(二)贵筑社区向城市社区转型的条件具备

贵筑社区向城市社区转型的条件表现为以下几方面。首先,贵筑社区位于花溪区区政府周围,是花溪区的中心区域,地理区位优越,产业集聚格局已初步形成。其次,位于贵筑社区中心区位的尖山村和大寨、云上、洛平三个居委会的征地基本结束,保利、恒方、铭星等大型房地产开发公司也相继进驻。最后,贵筑社区基层管理工作正逐步理顺,体制机制不断健全,基础设施建设持续完善。这些都为贵筑社区向城市社区转型升级提供了有利的条件。

(三)贵筑社区向城市社区转型的基础扎实

1. "阳光党建"工程强化社区大党委

贵筑社区通过实施"阳光党建"工程,成立小区、村寨、流动党员、非公有制经济组织和社会组织等党组织,在社区组建"大党委",通过公推直选,选出6名辖区内有一定影响力的辖区单位、非公企业、村(居)委会等党组织负责人作为兼职党委成员,打破了传统模式,密切联系辖区内各种组织的党员,使社区各个组织由"松散型"变成了"紧密型",形成"纵向建、横向联"、资源共享、齐抓共管、共驻共建的工作格局,为社区更好地发展奠定了基础。

2. "居民议事会"推动居民自治

社区居民自治作为居民直接参与公共事务管理的一种新型民主形式,逐渐成为推进社区建设的主要方式。贵筑社区通过将村组干部、"两代表一委员"、企业代表、教师代表、民主党派、妇女干部、少数民族干部等各种层级的24人纳入组建居民议事会,最大限度地使居民议事会成员能代表广泛辖区群众的呼声,逐步形成"一委一会一中心"的工作格局,推动社区居民自治体系逐步完善。

3. 非公有制企业党建逐步推进

随着社会主义市场经济体制的进一步确立、非公有制经济发展的进一步加快,党员的流动规模越来越大,非公有制企业的党建工作显得日趋重要。贵筑社区在非公有企业中推广"充分发挥党员模范作用,建立量化考核机制,激发党员竞争力,关爱党员,服务员工"的工作理念。"十二五"末,辖区内贵州中意食品有限公司党支部在党建工作中取得了很好的示范效果,2014年产值4300万元、税收71.6万元,较2013年双双增长。同时贵筑社区党委还不断总结非公有制企业经验,在辖区内溪山酒店等12家非公企业大力推广,以基层组织建设年为契机,推动辖区非公企业党建工作在数量和质量上实现大突破。

4. 团队工作触角深入基层

根据新型社区服务管理工作的相关规定,社区党委创新性地提出了团队工作模式,即由社区服务中心四个工作部门抽调工作人员,来自不同工作部门的成员组成7个团队,分别负责6个村(居)及非公企业的相关工作事务,同时明确一名班子成员担任各村(居)联系领导,明确一名中层干部任团队工作组组长,部门抽调的工作人员除要熟悉本部门工作业务并出色完成本部门的工作任务外,还要熟悉所在团队负责的村(居)所有工作业务并掌握其基本工作情况,团结协作开展工作,各村(居)按照此模式,社区共产党员支部委员会和社区居民委员会干部分别联系组、组干部、小组长、党员包户开展服务,并结合网格管理,配合网格管理员强化基础信息采集、民意收集、帮贫扶困,将工作服务触角延伸到千家万户。

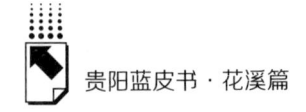

5. 网格管理维护社区稳定

贵筑社区建立了65个管理网格，明确了65名网格管理员，并将社区干部职工、村（居）两委成员、村（居）民代表、行政计生小组长、党员、治安积极分子等共计346人纳入信息员队伍，通过开展"进千家、入万户"调查摸底、访问民情、收集民意工作，全面掌握辖区信访维稳情况。对排查出的矛盾纠纷和信访案件，落实领导包案责任制，即普通矛盾纠纷由所在村（居）支部书记包案进行化解，对不能解决的纠纷和矛盾上报社区，由联系领导包案。对领导难以化解的矛盾由社区书记、主任和涉及村居联系领导共同包案，按照"六定"（即定责任单位、定责任领导、定责任人、定督办单位、定办理要求、定办结时限）的要求落实领导干部"一岗双责"及包保责任，切实把重点人员稳控住，及时了解矛盾纠纷、掌握信访案件化解情况，力争形成小事不出村居、大事不出社区、难事不出区、矛盾不上交的和谐局面。

三 对贵筑社区从农村社区向城市社区转型的几点思考

"十三五"时期，贵筑社区将以促进发展、保障民生、强化治理为主线，以区域与产业统筹规划、协调发展为抓手，持续推进农村城市化进程，促进贵筑社区向城市社区转型，在此过程中，重点是要逐步形成健全的城市社区组织体系。

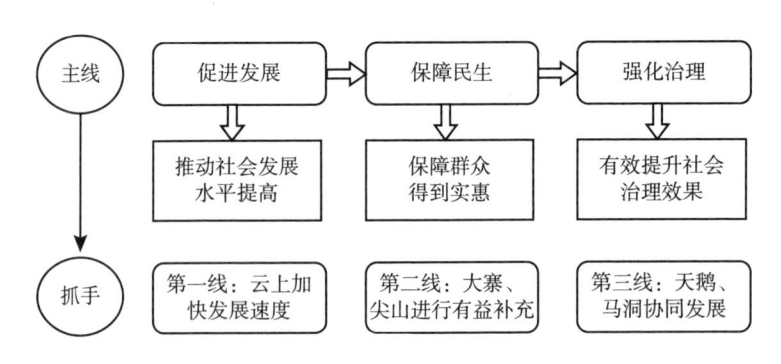

图1 贵筑社区"十三五"发展思路

（一）主线：促进发展、保障民生、强化治理

1. 推动社会发展水平提高

社区作为城市组成的最小单元，其发展水平直接影响到城市发展，做好社区建设是社会文明进步的主要表现，是推动社会发展水平提高的重要途径。"十三五"时期，贵筑社区在推进农村社区向城市社区转型的过程中，加强精神文明建设，改善城市面貌，提高社会发展水平。

2. 保障群众得到实惠

城市社区的发展推动了社会保障制度与社会化服务体系的健全和完善，从衣、食、住、行、娱等多个方面为居民提供了保障，其成熟的社区组织体系规范了社区的管理，优化了居民的生活条件和环境，切实地保障了群众的利益，为居民营造了一个和谐、宜居的社区环境。

3. 有效提升社会治理效果

城市社区是现代社会治理最直观的展示窗口，也是提升社会治理效果的有力支撑，社会治理成果直接体现在社区治理的成效上，完善和成熟的社区治理体系能为基层人民生活提供有力保障，社会治理效果也随之显现，因此，推进贵筑社区向城市社区转型能有效提升社会治理效果。

（二）抓手：以"三线"差异布局发展

1. 第一线：云上加快发展速度

云上位于210国道两旁，由于交通便利，它是贵筑社区发展的第一线。目前，云上村辖区规模以上企业有9家，包括三五三七厂、中意食品厂、矿灯厂、联洪厂等，规模以下企业有10家，包括花溪山宝塑料厂、花溪明伟饲养屠宰场、贵州省蓄电池厂等。加快第一线发展速度，首先要紧紧抓住花溪区城市新区建设机遇，大力推进云上、洛平、尖山等区域内城市经济的发展，加大服务行业的发展力度，加快农村发展步伐。其次要加快各类市场建设，在云上村鼓励农民采取入股的方式将资金投入牛马市场和汽车维修美容中心建设，在洛平村，采取招商引资和集资融资的方式，加快建材专业市场和早菜批发市场建设，加快城乡发展步伐。最后要加大云上、洛平、尖山农房点和农民新村建设规划力度，引导、教育村民依法用地、有序发展，有效解决违法违章建筑和

因居住分散基础设施投入加大的突出矛盾。

2. 第二线：大寨、尖山进行有益补充

大寨、尖山由于位于花溪区文化旅游创新核心整治范围，是贵筑社区发展的第二线。大寨村境内水资源丰富，有500亩生态园，同时还有国家级宾馆、检察官培训中心、法官培训中心和邮电培训中心等，是发展旅游、商贸和服务行业的最佳选择。尖山村位于磊花路两旁，辖区内有思丫工业小区，磷山黄磷厂、铁合金厂、贵州北极熊、振中玻璃有限公司、花溪矿泉水有限公司等企业。在第二线的发展上，首先要按照"文化大区、生态大区、旅游大区"的战略发展定位，充分挖掘当地民间文化，发挥地戏等民族民间文化的作用，大力发展"大寨—水库—李村"一线的民族旅游开发工作，促进旅游经济的发展。其次要抓住贵州铭星房地产公司"铭桂花园"的开发和羊昌坝"农民新城"建设住宅小区的有利契机，大力发展物业管理、开发农贸市场等服务行业。再次要在保护生态"真山真水"的前提下，配合平桥、螃蟹井特色旅游景区，在花溪区奶牛场路口和外环线周边建设连片特色农家乐和旅游景点，建设好村级的星级宾馆，提升休闲旅游品位，展现地方特色和民族风情。最后要发挥思丫工业小区和城市新区的辐射带动作用，加大招商引资力度，在尖山村大力发展休闲、度假等服务业和建材、化工、机械制造业等产业。

3. 第三线：天鹅、马洞协同发展

天鹅村和马洞村位于花溪的西部，平均耕地面积在80公顷左右，村民主要以种植业为主，村集体经济较为薄弱，是贵筑社区的社区工作重点和难点。基于现有的环境条件，贵筑社区在"十三五"时期发展规划中将天鹅村和马洞村定位为建设社会主义新农村的主要阵地，是推动贵筑社区发展的第三线。马洞村种植的小南瓜在贵阳市已小有名气，水库两旁也初步发展了1000余亩"双带致富"林。在带动第三线协调发展的工作中，按照"生产发展，生活富裕，乡风文明，村容整洁，管理民主"的要求，结合花溪区打造全域文化旅游创新区的目标，在天鹅村和马洞村大力发展种植业和养殖业，进行"百头肉牛"、"千头肉猪"、"万只肉鸡"、"50亩无公害蔬菜示范点"及"100亩优质水稻"等项目建设。同时，因村制宜，在天鹅村实施"种草养禽"工程，在马洞村进行"百亩精果园"建设，对天鹅村和马洞村石材市场进行开发和扩大，加大天鹅村和马洞围寨民族文化和旅游业的开发力度，壮大农村集体经济，增加农民收入。

（三）重点：健全完善城市社区组织体系

1. 逐步完成新型社区的构建

贵筑社区基层体制改革尚处在探索阶段，社区体制改革中出现的问题也在社区管理中逐渐暴露出来，农村社区出于一定的历史原因，村集体经济较为薄弱，社区基础设施建设尚未完善，普遍存在环境卫生差、流动人口多且来源广泛、失地农民多等问题，导致居民民生获得感不强。相较于成熟的城市社区，农村社区在基层体制改革中遇到的困难要多一些。因此，贵筑社区在向城市社区转型的过程中要逐步解决这些困难和问题，才能最终实现向城市社区的良好转型。

2. 更加强化社区党组织建设

贵阳市新型社区以党建为核心，引导社区居民与社会组织和公共事务管理，推进"多元共治"格局形成，因此社区党组织的建设对增强党的核心凝聚力有着不可忽视的作用。首先，应正确处理社区党组织与社区服务中心、居委会以及其他各类组织的关系，强化党的领导功能；其次，要正确处理社区党组织与辖区内企业、社会组织之间的关系，加快推进区域化党建格局形成。

3. 进一步完善社区自治组织

完善社区自治组织，激发社区居民自治活力是对基层社会治理的有效补充，填补了政府单一主体治理的盲区，也推进了社区治理更加贴近民生、民情、民意，提高社区公共服务供给水平。因此，在社区治理方面，首先，可通过引导居民参与社区丰富多样的志愿活动以及文体活动，促进居民之间的交流沟通，形成社区管理合力。其次，在完善社区自治组织方面，可为其提供必要的辅助支持，但仍需明确各自的职能与责任，最大限度保持社会组织的独立性，激发其自治性，共同促进"多元共治"格局形成。

4. 积极发展服务型社会组织

服务型社会组织参与社区治理在辅助政府精简机构的同时又提高了工作效率，因此在社区的发展中应从以下几个方面强化对社会组织的培育。首先，政府应创造良好的社会组织发展环境，如提供场地、资金扶持、宣传协调等。其

次，明确政府与社会组织职责功能，划清边界，强化政府对社会组织的指导与监管作用。最后，最大限度发挥社区组织作用，引导社会组织提升专业化水平，提升社区公共服务质量。

参考文献

贵筑社区：《"十三五"时期贵筑社区发展规划基本思路》，2016。

汪诗颖：《城市社区管理体制改革研究——以贵阳市为例》，贵州财经大学硕士学位论文，2015。

周敦奎：《株洲市天元区"村改居"问题研究》，中南大学硕士学位论文，2014。

闫菲丽：《新时期城市社区居民自治问题研究》，首都师范大学硕士学位论文，2013。

崔文泉：《社区党建推进城市基层社会管理创新研究》，中共中央党校硕士学位论文，2012。

李景海：《产业圈层布局与区域差异化发展》，《财贸研究》2010年2月。

《贵阳日报》：《贵阳城市基层改革　建设新型社区营造温馨家园》，http：//www.ddcpc.cn/2013/jr_ 0427/26838.html，2013年4月27日。

B.12
解难题　保稳定　推进新型农村社区建设
——花溪区清溪社区"十三五"发展思路研究

摘　要： 新型农村社区建设是推进城乡一体化发展的重要工程。"十二五"期间，花溪区清溪社区根据城乡接合部农村社区的特点与花溪区文化旅游创新区核心区的优势，不断提升管理服务水平，经济社会得到快速发展。但是，由于清溪社区是典型的农村社区，在转型发展的过程中，出现了诸多不利于社区持续发展的问题。"十三五"期间，清溪社区将进一步推进"新型社区·温馨家园"建设，提升管理服务水平，消除发展中存在的不稳定因素，为社区经济发展营造良好的公共环境。

关键词： 清溪社区　农村社区　稳定　转型发展

从2006年开始，新型农村社区建设从无到有、从试点到扩面，在各地如火如荼地推进。新型农村社区建设是我国统筹城乡发展与推动新型城镇化背景下新农村建设的新形态，对于改善农村生活居住条件、提升农村公共服务水平、推进城乡一体化发展具有重要的意义。花溪区清溪社区作为贵阳市城市基层管理体制改革试点，撤销街道办事处，设立社区服务中心，逐步探索出一条新型农村社区建设的"清溪经验"。

表1 清溪社区基本情况一览

社区概况	辖区面积	35.39平方公里	辖区人口			
	辖区范围	桐森岭村	户籍人口	6243人	流动人口	2850人
			18岁以下	2280人	失学儿童	0	留守儿童	0

科技和教育资源	科研院所	幼儿园		小学		初中高中	
		公办	民办	公办	民办	公办	民办
	1个	0	2所	2所	1所	3所	0

社会资源	辖区内单位			辖区内社会组织		
	行政单位	事业单位	企业（国有）	孵化型（枢纽型）社会组织	专业型社会组织	自发型（草根型）社会组织
	2个	5个	3个	0	0	0

体育文化休闲餐饮住宿设施	体育场（馆）	影剧院	广场	公园	图书市场、书店	50㎡以上饭店、餐馆	旅店、招待所	写字楼
	0	0	2个	0	0	20个	1个	0

医疗卫生资源	综合医院	专科医院（诊所）	妇幼保健院	急救中心	疾控中心	社区卫生服务站	辖区药店	养老机构	
								公办	民办
	1个	0	0	0	0个	1个	3个	—	2个

困难群体与特殊人群	失业人员数	退休人数	60岁以上老人	残疾人	低保人员	刑释解教人员	吸毒人员
	18人	13人	1593人	50人	43人	7人	44人

资料来源：2016年12月由清溪社区提供，下同。

一 夯实基层、创新管理、解决难题，助力新型农村社区建设

清溪社区地处花溪区城市中心的东片区，是花溪区打造文化旅游创新区的主战场。"十二五"期间，清溪社区积极推进文化旅游创新区项目的落实，不断提高管理服务水平，为经济社会发展营造了良好的公共环境。

（一）夯实基层促稳定

1. 区域统筹建组织

"十二五"时期，清溪社区根据社区建设的需要，不再以建制村为基础建立党组织，而是根据社区党员分布特点，积极在社区居住区、企业建立党组织，统筹组建区域化党组织。原花溪机械厂政策性破产后，326名党员转入清溪社区党委，为了提升对机械厂职工居住区的管理服务水平，社区在经过多次调研后，决定成立机械厂居委会，创建服务型党支部，不断强化服务发展、服务群众、服务党员的服务功能。此外，为了加强对辖区安置房小区的管理，清溪社区决定在该区域设立党支部，统筹整合社会资源，加强对特殊人群的管理与服务。

2. 固本强基抓作风

抓基层、打基础，加强基层党组织建设是农村社区稳定发展的首要前提。"十二五"期间，清溪社区对桐木岭党支部工作每周进行督促指导，确保整顿措施落到实处，并按照"五有"与"十个一"的要求，以提高村干部尤其是村支书素质、强化村两委班子建设、严格实行"四议两公开"、建立健全各项规章制度、解决宣传工作不到位等突出问题为重点，提升了桐木岭村党支部建设水平。同时，为了加强党员作风建设，社区党委、各基层党组织层层签订了"党风廉政目标责任书"。到"十二五"末，清溪社区有60多名党员签订了"廉政建设承诺书"与"不修建违法建筑承诺书"。

（二）创新管理助稳定

1. 初信初访化解率达100%

清溪社区通过开展"组组户户有干部，为民服务天天行""大走访"活动，以群众工作统揽信访工作，把群众来信来访当作送上门的群众工作来做，用群众工作的方法解民困、化民怨、聚民心，践行为人民服务的宗旨，使大多数矛盾纠纷化解在基层，有效破解了一系列信访难题，实现了信访历史积案"百分之百有说法、百分之百有结论"和初信初访化解率达100%。同时，围绕维护辖区社会稳定这条主线，继续开展矛盾纠纷排查调处活动，在群体性事件急剧增多的情况下，近年来未发生一起因责任不落实而引发集体上访的群体

性事件和非正常上访事件。

2. 流动人口实现"租有登记、停有核销"

加强对流动人口的管理是确保农村社区稳定发展的重要手段之一。为加强对辖区流动人口的管控，清溪社区一方面建立和完善出租房屋和流动人口综合信息平台，整合基层服务管理力量，按照流动人口"来有登记、走有注销"、"租有登记、停有核销"的要求，切实做到"以房管人"。另一方面加强企业、单位用工监管，实行用工实名登记备案制度，建立用工台账，社区社保、派出所、群工部联合，不定期地对辖区内企业及单位实行检查制度，切实加强辖区内流动人口的管理。

（三）解决难题保稳定

1. 利用集体经济改善基础设施

相关配套设施远远滞后于主体工程建设是新型农村社区发展面临的重大问题。近年来，如何在统一规划与统一要求下，建立起与社会化服务相配套的基础设施，保障居民群众的生活质量成了清溪社区有待解决的一大难题。清溪社区通过建立机制，有针对性地利用集体经济对社区路灯、道路等设施进行改善，建立起功能相对齐全、环境优美的新型社区，这也是确保社区在转型中能够稳定发展的首要条件。

2. 吸纳就业和维护社会稳定

土地是农民生活的最基本保障，但是随着城市化进程的不断加快，城市建设对土地的需求也不断加大，作为城市边缘的农村社区必然会面临大量的土地被征收，随之而来的便是大量农民失去土地。清溪社区就是典型，桐木岭村大部分土地被征收。为了促进农民就业，社区除了做好就业性岗位开发之外，还为社区居民提供最低生活保障。同时，为了促进辖区居民返乡创业，清溪社区提供3600元创业补贴金，不断地引导和帮助更多的下岗失业人员在社区服务领域实现再就业，极大地促进了社区稳定。

3. "一站式"服务为民解忧

长期以来，不断提升管理服务水平是清溪社区建设的重要内容。"十二五"时期，清溪社区通过开展"一站式"服务，加大购买政府服务的力度，在社区配置了劳动保障、计划生育、卫生保洁、社会治安等协管员；同时，为加强对辖区特殊人群的服务，清溪社区建立阳光超市、慈善超市、扶贫超市等扶贫帮困载体，开展社会公益性活动，精准帮扶真正需要的人群。此外，清溪社区还将信息技术广泛应用到社区管理服务当中，通过建立社区信息网络平台，为广大社区居民提供优质快捷的服务。

表2　清溪社区2015年度民生服务十事

1	群防群治顺利推进,刑事发案率下降
2	机械厂临时党委成立
3	机械厂成立居委会
4	公租房成立居委会
5	太阳能灯在桐木岭村的推广使用
6	桐木岭村六组道路硬化
7	合医代办成功推广
8	民生服务十上门
9	机械厂菜场规范
10	机械厂脏乱差整治

二　清溪建设新农村社区存在的问题

新型农村社区建设是根据城乡统筹发展的理念，在农村营造一种新的社会形态。虽然清溪社区在"十二五"时期管理服务水平得到较大提升，但在本质上清溪社区仍属于新型农村社区，在社区建设发展中还存在诸多问题。稳定持续发展是清溪社区"十三五"发展的重中之重。

（一）社区管理服务滞后

新型农村社区建设是一个复杂的综合性工程，涉及范围极广。随着农村形态的改变，社区形态加速形成，使村民在观念与生活方式上适应新的变化成为社区治理的关键，这也意味着在新农村社区的治理上有着比农村治理更高的要求。但是在现实中，农村社区管理与服务要明显滞后于社区硬件建设。在对花溪区清溪社区调研过程中，发现社区在管理服务上，仍然有许多亟待加强的地方，比如公共基础设施与公共服务领域的覆盖面较小的问题。

（二）失地农民社会保障问题

失地农民的保障问题是新型农村社区建设过程中的一个很重要的问题，一些失地农民因为缺少生活技能，常常面临着"种地无地、上班无岗"的困难局面，这种尴尬的处境也就为农村社区建设增加了不稳定的因素。调研发现，清溪社区桐木岭村作为花溪区文化旅游创新区项目集中地之一，已完成土地征收1500余亩，失地农民达到1000多人。虽然这些农民在征地拆迁中获得大笔赔偿，但由于没有科学的理财方式和其他生活来源，有的农民很快就将赔偿款花完。因此，对于清溪社区来说，失地农民的社会保障问题是"十三五"需要重点解决的问题之一。

（三）社区发展缺少资金支持

基础设施和公共设施资金的投入多少影响着农村社区建设的速度。长期以来，农村经济发展水平低，农民收入不高，再加上农村地区没有产业支撑，导致农村地区在学校、道路、医疗等公共设施方面明显投入不足。从对清溪社区调研的情况来看，清溪社区基础设施和公共设施建设明显受到了资金的制约，在很大程度上，社区工作的开展取决于上级有关组织单位拨款的多少，而政府支持的经费投放往往具有针对性。

（四）社区发展缺少产业支撑

十七大报告明确提出：把城乡社区建设成管理有序、服务完善、文明祥和的社会生活共同体，首次将农村社区建设放在与城市建设同等地位。农村社区居民就业困难一大原因是传统农村在转变为社区后，新型农村社区缺乏产业支撑，无法通过产业化的方式解决农村就业问题。调研组在对清溪社区调研过程中，也发现该社区居民在失去土地后，以外出打工为主，社区缺少产业来支撑区域发展。

三 清溪社区立足四大着力点保障新型农村社区稳定发展

新型农村社区建设实践，适应了我国经济社区发展进入新阶段的实际，对统筹城乡一体化发展发挥了积极作用。但是新型农村社区建设目前仍然处于探索阶段，为稳妥推进农村社区建设，本文认为应重点做好以下几方面的工作。

（一）把握基本原则，保护农民利益

新型农村社区是推动城乡一体化发展的实践探索，是打破原有农村形态、建立新的发展形态的尝试。在这一探索实践中，农民的利益保障才是最为重要的。在新型农村社区建设过程中，必然会涉及土地这一生存和发展的基本保障，自然使农民极为关心自身在社区建设过程中的得失。因此，新型农村社区建设必须坚持以人为本的原则，充分保护农民的利益，让农民在新型农村社区建设当中享受到真正的发展成果。相反，如果在社区建设当中，农民利益受到损害而得不到维护，势必给社区建设带来不稳定的因素。

（二）扩大资金投入，提升公共服务

新型农村社区建设是长期且复杂的工程，它是由农村向社区转型发展的一个过程。出于历史发展的原因，农村基础设施与公共服务设施落后等成为新型农村社区建设的制约性因素，因此在农村社区建设的过程中需要将大量的资金投入基础设施与公共服务当中。政府需要建立起科学完善的财政保障机制，确保新型农村社区建设工作能够顺利开展。此外，还要加强新型农村社区医疗、卫生、教育、社会保障等资金的投入，通过提高社区公共服务水平，实现新型农村社区公共服务供给的系统化与规范化，从而保障居民群众的生活权益。

（三）加快产业发展，带动就近就业

新型农村社区居民就业困难原因主要在于区域内缺少产业支撑。政府需要加大扶持力度，引导社区根据实际情况，发展特色产业，以实现以产业促发展带动就业的目的。但是由于贵阳市基层管理体制改革中，社区功能以服务为

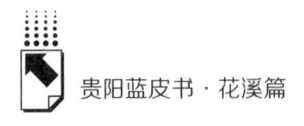

主，发展产业受到很大的限制，因此，考虑到新型农村社区发展的特殊性，当地政府除了在财政资金上给予社区扶持外，还需要出台相关政策来支持新型农村社区产业发展。产业和就业是新型农村社区建设的前提，对于社区持续稳定的发展有着重要的作用，要重视其发展成长。

（四）加强管理创新，促进社区和谐

新型农村社区由农村发展而来，但两者在管理模式上完全不同。新型农村社区建设不仅让农村形态发生了变化，也让基层社会管理的模式发生了变化。新型农村社区居民往往来自多个行政村，比如清溪社区服务中心成立之初，管辖麦乃、杨中、把伙、桐木岭四个行政村，这就要求社区管理者打破原有村落的界限，从整个社区层面上进行管理。此外，由于生活方式与思维方式的转变，社区居民对精神与物质都有了新的追求，社区管理者需要创新管理模式，用群众工作的方法解民困、化民怨、聚民心，不断提高社区服务与管理水平，促进新型农村社区和谐发展。

参考文献

张海涛：《贵阳市新型农村社区建设的思考》，《铜仁学院学报》2015年第1期。

张君：《城乡一体化背景下的新型农村社区建设研究》，河南农业大学硕士学位论文，2013。

李博：《我国新型农村社区建设问题研究——以河南省为例》，河南大学硕士学位论文，2013。

B.13
以大项目建设为平台 推动区域城市化进程 创新城郊农村社区发展模式

——花溪区溪北社区"十三五"发展思路研究

摘　要：　"十二五"期间，溪北社区是花溪区建设文化旅游创新区的核心区和主战场。溪北社区在公共服务、重大项目、社区治理创新方面，探索出了"三全工作法"、"三定四包"、"1+1党建"等一系列行之有效的服务管理创新方法和机制，有效推动了社区的城市化进程。"十三五"时期，溪北社区将以文化旅游创新区项目建设为平台，创新城郊农村社区发展模式，着力在项目建设中提升社区软硬发展环境，着重在社区环境、公共服务、社区治理、基层党建、社区文化等方面创新探索，开创新局面、探索新机制、增强新举措，打造生态优美、功能完备、和谐幸福的城市新型社区。

关键词：　"三全"服务　文化旅游创新　项目建设　溪北社区

溪北社区地处花溪区北部，由少数民族乡镇和街道办事处改制发展而来，是一个典型的城郊农村社区。"十二五"期间，花溪区开始创建文化旅游创新区，溪北社区成为文化旅游创新区建设的核心区和主战场。这一时期，溪北社区立足服务好辖区居民，确保项目顺利实施，创新工作方法和机制，有效推动了农村社区向新型城市社区迈进。

表 1 溪北社区基本情况一览

社区概况	辖区面积	22 平方公里	辖区人口					
	辖区范围	东至小孟社区 西至石板镇 南至贵筑社区 北至平桥社区	户籍人口		18561人	流动人口		约23650人
			18岁以下	9473人	失学儿童	0	留守儿童	4人
科技和教育资源	科研院所		幼儿园		小 学		初中高中	
			公办	民办	公办	民办	公办	民办
	—		—	5所	2所	5所	1所	0
社会资源	辖区内单位				辖区内社会组织			
	行政单位	事业单位	企业(国有)		孵化型（枢纽型）社会组织	专业型社会组织	自发型（草根型）社会组织	
	—	8个	9个		—	—	4个	
体育文化休闲餐饮住宿设施	体育场（馆）	影剧院	广场	公园	图书市场、书店	50㎡以上饭店、餐馆	旅店、招待所	写字楼
	2个	0	1个	1个	0	70个	27个	0
医疗卫生资源	综合医院	专科医院（诊所）	妇幼保健院	急救中心	疾控中心	社区卫生服务站	辖区药店	养老机构
								公办 民办
	0	0	0	0	0	1个	6个	0 3个
困难群体与特殊人群	失业人员数	退休人员数	60岁以上老人	残疾人	低保人员	刑释解教人员	吸毒人员	
	5人	8人	3632人	167人	150人	21人	101人	

资料来源：2016年12月由溪北社区提供。

一 溪北社区：从城郊大农村向建设主战场迈进

（一）溪北社区经历了由城郊农村到新型社区的变迁

溪北社区地处贵阳市二环城市带南段，坐落于花溪大道、甲秀南路两条主干道北段，是花溪区的北大门。社区辖吉麟、董家堰、养牛、石板井、上水、竹林等6个行政村居委会。溪北社区前身属于花溪布依族苗族乡。2005年10月，为了加大城市管理体制改革力度，解决城市发展空间矛盾，整合发展资源，花溪区撤销区域中心地带的花溪镇和花溪布依族苗族乡，同时在两个乡镇地域范围内挂牌成立贵筑、清溪、溪北3个街道办事处。2012年4月，花溪区撤销贵筑、溪北两个街道办事处，整合清溪社区服务中心，建立了明珠、阳光、贵筑、清溪和溪北5个新型社区党委和社区服务中心。溪北社区正是此轮改革后新成立的新型社区，按照"一社区一特色"的发展思路，它被定位为文化旅游社区。

（二）文化旅游创新区建设加快溪北社区城市化进程

由于溪北社区地处花溪城乡接合部，社区由少数民族乡镇发展而来，下辖的居委会也由原村委会向居委会过渡，因此，社区还遗留着很深的农村印迹，服务对象多元是其一大特点。辖区内服务对象多元，不但有城市居民、村民，还有大量少数民族人口、流动人口。2015年末，溪北社区总人口39520人，其中流动人口23650人。2014年，花溪区提出创建文化旅游创新区的战略目标，随着贵州大学扩建一、二期，湿地公园三期建设，花溪广场等一批文化旅游项目落户，溪北社区实现了从城郊农村社区向文化旅游创新区主战场、核心区的转变。社区建设发展迅速，环境面貌日新月异，下辖的6个行政村居委会，很多村由于项目建设需要，纷纷被征地拆迁或整村整寨搬迁，身份也由失地农民转变成城市居民。

二 溪北社区推进城市化进程的实践与探索

"十二五"期间，随着一系列文化旅游项目在社区落地和实施，溪北社区立足提升社区服务水平，确保大项目顺利实施，不断创新管理模式。社区紧紧围绕居民需求和发展建设需要，着力探索出了"三全工作法"、"三定四包"、"1+1党建"等一系列服务管理创新方法和创新机制，有效推动了社区建设和发展。

（一）三全服务，着力提升社区服务水平

全方位服务，满足群众需求。溪北社区通过主动、互动和带动式服务，以"网格"为依托，网格社工为责任人，实行一格多责，建立了"横到边，纵到底"的网格管理体系。在此体系下，社区按照网格"地不漏房、房不漏户、户不漏人、人不漏项"的要求，深入了解网格内的人、地、物、事、组织信息，进行"格内"限时处理和中心及时受理。形成了"社区有网、网中有格、格中定人、人负其责"的良好局面。

全天候接待，群众不需等待。溪北社区通过"便民利民服务卡"，通过在卡片上印网格社工电话，及时通过社工上门服务解决群众需求。在此基础上，社区还推行《社区服务中心值班制度》、《网格挂牌联系制》等制度，要求社区工作人员按照值班安排，不分节假日，不分白天黑夜，每天一名领导带班，随时接待群众，提供所需服务，确保"全天候"等待服务。

全年 365 天办理，群众有求必应。溪北社区以"派单制"和"全程代理制"等管理制度，推动办理事项落实，让群众事项得到及时办理。"派单制"是将需要办理的事项，下发到社区相关部门和责任人，规定办理时限，限时办结，每周一召开会议听取办结情况汇报，办结情况与考核挂钩。"全程代理制"是由社工为群众代跑，代送，代办事项。

（二）三定四包，确保重大项目顺利实施

作为文化旅游创新区建设项目的重要承载区域，"十二五"期间，溪北社区迎来了大开发和大发展时期。为了确保项目在辖区内能顺利实施，溪北社区立足工作方法创新，探索出了"三定四包"工作机制，有力地支撑了贵州大学扩建、湿地公园三期建设、凤鸣商务中心、花溪广场等一批重点项目的全面建设。

"三定四包"即，采取一个领导包一个项目、一个领导包一个区域的方式，坚持"定人、定任务、定时间"的"三定"措施，"包宣传、包搬迁、包拆除、包稳定"的"四包"方案。重点强化领导负责、全员参与的工作机制，充分发挥基层组织的战斗堡垒作用。在此机制支撑下，溪北社区湿地公园三期

要求完成拆迁时限仅20天，溪北社区通过自我加压、强化措施、深挖潜力、排难奋进，仅用15天就完成了征地拆迁工作。

（三）合力共治，不断创新社区管理方式

"十二五"期间，溪北社区坚持落实"五个延伸"（即环境卫生向次干道延伸、向居民院落延伸、向城郊接合部延伸、向村寨延伸、向背街小巷延伸），实行"六定"责任制（即定人、定岗、定时、定职、定路段、定奖惩），扎实推进社区城市管理工作不断完善。

在环境卫生工作方面。溪北社区把重点区域、重点管控与常规巡查管控结合起来，以"门前三包"为内容，明确各单位和经营户的职责义务，做到各司其职、各负其责。同时，有效整合社区资源，实现了社区环境卫生的根本性改变。在"整脏治乱"检查中得到好评，在各级各类接待中未出现卫生问题。

在"三创一强一提升"工作方面。溪北社区以道德讲堂为阵地大力开展居民思想教育活动。通过开展科教、文体、法律、卫生"四进社区"宣传活动，开展"绿丝带"志愿者服务活动等，使社区居民文明程度大大提高，居住环境明显改善，群众安全感、满意度逐年提升。2014年，社区获得贵阳市委、市政府授予的"新型社区·温馨家园"称号。

（四）示范引领，持续夯实基层党建基础

"十二五"期间，溪北社区成立由党委书记任组长的党建工作领导小组，坚持抓基础、重实效、添活力，及时协调解决下属党支部关键问题，"以活动开展促进项目建设，以项目建设检验活动效果"等党建工作具体措施，不断夯实基层党建基础。

党委班子率先垂范。通过党委班子及时分解任务，制订整改方案，明确任务书、时间表和负责人，做到件件有交代，事事有回应。做好基层基础工作。为了落实"四议两公开"等民主管理制度，溪北社区将社区党委、政务信息及时公开，并指导各居委会成立了居务监督委员会；对辖区非公企业下派党建指导员，逐步建立了10个非公企业党组织；加强与辖区单位的联系，80余名辖区机关党员到社区报到，参与共驻共建活动。

时刻严明党的纪律。溪北社区严格落实主要领导"五个不直接分管"的

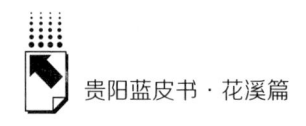

规定，将财务、人事、物资采购等权力分解给其他班子成员，特别是在项目建设过程中，社区纪委加强监督、严格把关，实现了"项目推得动，干部不出事"的目标。

三 溪北社区城市化进程中面临的难题与挑战

溪北社区在巩固城市基层管理体制改革成果、加强和推进社会管理创新中，探索出了一系列极具创新性的发展模式。但是，随着文化旅游创新区项目建设的推进、城市化进程的加快、征地拆迁等社会矛盾的凸显，溪北社区建设和发展也迎来了一系列问题和难题。

（一）成型小区少，公共设施急需完善

由于溪北社区地处城乡接合部，辖区主体是正处于过渡中的行政村。经过"十二五"发展，社区外部交通、水利、网络等基础设施得到了较大改善，但是，辖区内成型小区少，生活服务配套设施还很欠缺。特别是随着文化旅游创新区项目的推进，征地拆迁力度加大，许多村寨被整村拆迁，农民住进了楼房，但是配套的生活服务设施还未跟上，影响了失地农民的生活需求。公共服务配套设施方面，由于社区服务中心经费紧张，无法保障公共服务设施项目和民生项目的推进，居民活动场所少、出行难、环境差等问题，还有待进一步解决，教育、医疗、卫生服务等公共配套设施，也有待进一步完善。

（二）流动人口杂，服务管理难度较大

作为花溪区的文化、教育、旅游重要区域，溪北社区位于花溪区老城区交通主次干道交会之处，人员流动性大，外来人口多，属于较为复杂的地区，管理和治理难度大。特别是随着贵阳城市的扩大，原本远离老城区的溪北社区由于交通便利，近年来已成为外来务工人员的主要聚集地。许多市外进城务工人员，为了工作方便和减轻租房成本，主要聚集到溪北社区这类城郊区域。同时，随着花果园棚户区的大范围改造，许多失地农民在回迁房还未建成的过程中，也退居到了溪北社区范围内租房居住。溪北社区现常住人口中，流动人口

占一半以上，辖区内出租户多达 2291 户，出租房达 6680 间。不同身份、不同职业大量流动人口的集聚，加大了社区服务和管理的难度。

（三）诉求纠纷多，社会矛盾较为突出

溪北社区正处于大开发、大发展时期，同时也是各类矛盾的突发时期。由于征地拆迁，社区民怨纠纷多，信访维稳压力大，社会矛盾较为突出。溪北社区当前的社会矛盾主要体现在：一是征地拆迁后，失地农民后续养老、发展等问题；二是湿地公园二、三期，贵大二期、玉蝶板块等项目过渡费未兑现，失地农民生活缺乏保障等问题；三是失地农民子女择校难、读书便利性差等问题；四是失地农民正常申请建房得不到批准，拆迁安置门面未落实等问题。综合分析，上述四类社会矛盾化解难度较大，消耗了社区工作人员的大量精力，影响社区服务和管理水平的提升。

（四）专业化不足，治理水平有待提升

与城市社区管理相比，农村社区的最大差距在于管理水平较低，服务需要进一步提升。这在溪北社区具体体现在：一是社区管理网络体系尚不健全，大党委、居民议事会的功能发挥不够。二是服务机构尚未专业化、网络化。当前，社区居民对社区服务内容及其品质要求越来越高，但是社区没有行政权力统筹环境维护、治安管理、医疗服务等专业化工作，使得社区服务达不到网络化、快捷化、专业化的要求。三是从事社区工作的专业人才紧缺。溪北下辖 6 个居委会，22 平方公里，4 万余人，2015 年末社区在职在编干部只有 30 人，项目征拆、信访维稳、违建管控等繁重的工作，客观上造成社区干部只能疲于应付面上工作。

四 关于溪北社区创新城郊农村社区发展模式的探讨

溪北社区当前正处于项目大建设、大开发的关键时期，也是社区由农村向城市转型的过渡时期。溪北社区"十三五"时期要紧紧围绕大项目的推进，以项目建设为平台，创新社区服务管理模式，着力提高社区精准化治理水平，推动社区顺利过渡转型。

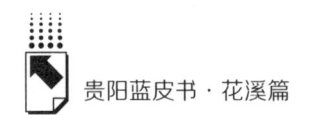

（一）实现基层党建有新举措，推动党建提质升级

社区党组织是社区管理服务的组织者和实施者，也是社区各种组织和各项工作的领导核心。因此，在"十二五"的基础上，溪北社区应强化基层党建这个抓手，实现基层党建有新举措，推动党建提质升级。

首先，溪北社区应着力构建和完善基层党组织，建议社区可在每个居委会网格内建立一个党小组，通过基层党小组的建设，强化社区各级党组织建设，推动社区基层党组织整体功能的发挥，进而凸显党组织的战斗堡垒、引领示范、先锋模范作用，激励广大干部开拓进取、攻坚克难。其次，在逐步完善党员教育管理、村居干部管理等相关制度的同时，着力解决各居委会办公用房问题，为各居委会党支部阵地建设提供有力支撑，充分发挥基层党支部的发展功能，引导各居委会壮大集体经济，夯实党建基础。

（二）实现网格管理有新机制，推动数据化治理升级

当前，贵阳市正在以大数据引领推进创新型中心城市建设，其中重点是依托"社会和云"工程建设，推动社会治理精细化水平提升。溪北社区作为花溪区文化旅游创新区项目建设主战场，应当在社区治理大数据应用和数据网络化治理方面进行探索实践，推动社区实现科学管理和精准服务。

首先，溪北社区应夯实数据档案，把涉及民生、管理、综治、计生等的数据整合起来，确保数据完整性，为"网络化治理"打牢数据基础。其次，整合社区计生、综治等各种数据并流转和共享。最后，依托网格管理、民生、管理、综治、计生等有关数据，探索整合全员平台、网格平台、派机平台，建立一个网格指挥调度中心，对网格内的人、财、物进行指挥调度，推动大数据社会治理的创新运用。

（三）实现公共服务有新局面，推动精准化服务升级

为社区居民提供优质和精准的公共服务，是社区最主要的职能。为了满足日益增长的社区居民公共服务需求，溪北社区应当在公共服务建设发展中打开新局面，探索新路径，推动社区人性化、差异化公共服务水平的提升。

首先，应在服务人群的精准化上下功夫。在已将管理服务对象进行分类、

分层、分级管理的基础上，应准确找到各类服务对象的共同需求，同时要看到个体的差异性需要，想方设法、千方百计地为个体解决实际困难。其次，应在服务方式的精准化上下功夫。一是充分利用各类移动客户端，打造各类服务信息平台，拓宽服务渠道。二是充分利用共建单位、辖区单位等资源，凝聚各方力量，形成服务合力。三是探索"需求服务"新机制，着眼转变服务视角，坚持需求导向，为居民提供个性化服务菜单。

（四）实现文化建设有新创意，推动群众满意升级

为了增强社区居民参与意识、丰富社区精神文化生活、提升社区居民的幸福感，溪北社区"十三五"期间，应着力推进社区文化建设，重点要在有创意、敢创新和接地气上做足文章。溪北社区要突破老传统、老办法、老模式，善于用群众喜闻乐见的形式与方式进行教育引领。要善于从载体上进行创新，从策划中提升创意，从形式上进行创新，彻底改变过去那种空洞的说教及形式与内容的脱节，把社会主义核心价值观融入这些多样化的载体中，注重群众身边的典型故事和案例导向，真正围绕群众的需求来打造社区文化作品，开展具有广泛群众性的系列民间文化活动，激发群众参与社区管理和服务的主动性、积极性和创造性。

参考文献

杨海涛：《城市社区网格化管理研究与展望》，吉林大学博士学位论文，2014。

何继新、李原乐：《"互联网+"背景下城市社区公共服务精准化供给探析》，《广州大学学报》（社会科学版）2016年第8期。

贵阳市群工委：《贵阳市"十二五"社区建设专项规划》，贵阳市群工委，2012年9月3日。

B.14 强化服务管理 实现混合型社区的"提档升级"

——花溪区黔江社区"十三五"发展思路研究

摘 要： 混合型社区是城镇化进程加快的重要产物，花溪区黔江社区作为混合型社区的典型，经历了从单位型小区到混合型社区的转型，"十二五"期间，黔江社区以推进"五感"为目标，大力提升居民获得感，社区基础进一步稳固。"十三五"期间，黔江社区将致力于强化服务管理，解决目前发展中仍然存在的基础设施薄弱、社会建设不足等问题，探索实现混合型社区的"提档升级"。

关键词： 黔江社区 混合型社区 服务 管理 提档升级

黔江社区地处贵阳市花溪区黔江路，邻南明区，南以长江路及其延伸段为界，面积约4.06平方公里，人口有15363户，约5.1万人，其中常住人口4万人，流动人口约0.9万人。目前，已建立5个党支部，共314名党员，入党积极分子3名。辖区内有学校、医院、成熟的小区和破产的企业，属于混合型、综合型社区。

表1 黔江社区基本情况一览

社区概况	辖区面积	4.06平方公里	辖区人口			
	辖区范围	辖黄河、长江、珠江、云凯4个居委会	户籍人口	42151人	流动人口	9109人
			18岁以下	9684人	失学儿童	0	留守儿童	6人

续表

科技和教育资源	科研院所	幼儿园		小　学		初中高中	
^	^	公办	民办	公办	民办	公办	民办
^	0	1所	7所	1所	0	0	0

社会资源	辖区内单位			辖区内社会组织		
^	行政单位	事业单位	企业（国有）	孵化型（枢纽型）社会组织	专业型社会组织	自发型（草根型）社会组织
^	1个	3个	2个	0	2个	7个

体育文化休闲餐饮住宿设施	体育场（馆）	影剧院	广场	公园	图书市场、书店	50㎡以上饭店、餐馆	旅店、招待所	写字楼
^	0	0	1个	0	0	22个	10个	0

医疗卫生资源	综合医院	专科医院（诊所）	妇幼保健院	急救中心	疾控中心	社区卫生服务站	辖区药店	养老机构	
^	^	^	^	^	^	^	^	公办	民办
^	0	5个	0	0	0	2个	13个	0	0

困难群体与特殊人群	失业人员数	退休人员数	60岁以上老人	残疾人	低保人员	刑释解教人员	吸毒人员
^	386人	804（托管）人	9649人	429人	169人	15人	192人

资料来源：2016年12月由黔江社区提供。

一　黔江社区：从传统单位型小区到混合型社区转型

黔江社区是花溪区典型的混合型社区，于2010年3月挂牌成立。出于历史原因经历了从单位家属区到混合型社区的转变，加上其属于贵阳市城市基层管理体制改革的首批试点单位，在管理体制上也经历了重要的变革。

（一）黔江社区转型发展历程与概况

1. 黔江社区经历了从单位家属区到混合型社区的演变

20世纪60年代，黔江厂、贵柴厂、纺纱厂等一批老企业发展兴盛，黔

185

江社区的前身就是在这样一批老工矿企业家属区的基础上逐渐发展起来，是一个地缘型小区。随着国家经济体制的不断更新优化，这些企业陆续破产，由于缺乏管理，地缘型的单位家属区逐渐向老旧小区演变。由于黔江社区地处贵阳经济技术开发区（原小河区）的中心区域，地理位置优越，吸引了房地产开发商和外来流动人口的注意，之后，随着珠江湾畔、小城故事等一批新型小区的建成，加上流动人口的不断涌入，黔江社区从原来的企业单位家属区逐渐演变成有学校、医院、成熟小区和破产企业的混合型、综合型社区。

2. 基层体制改革推动黔江社区服务管理模式改革

2010年之前，黔江社区还只是黔江居委会，隶属当时的黄河街道办事处，2010年3月以后，贵阳市进行了基层体制改革，当时的贵阳经济技术开发区（原小河区）对长江街道办所辖的4个社区居委会和黄河街道办事处下辖的6个社区居委会进行整合，成立了黔江、清浦、瑞华、兴隆4个新型城市社区。2011年4月，贵阳经济技术开发区（原小河区）又撤销黄河、平桥、三江、金竹四个街道办事处，成立了8个社区服务中心，至此，原小河区范围内的所有街道办事处全部撤销，其下属的12个社区均成立社区党委和服务中心，全区所有居委会和村委会均由社区服务中心指导服务管理工作，黔江社区也正式挂牌成立。

（二）"十二五"黔江社区的实践与探索

为更好地发挥好社区的服务职能，打造一个良好的社区环境，黔江社区以提升"四感"为目标，不断夯实社区的发展基础。

1. 加强党建工作，强化社区建设的责任感

黔江社区加强党建工作，对流动党员进行属地与居住地"双重管理"，通过组织在职党员和流动党员学习，对党员进行教育，增强党员党性观念，增强其参与"双重管理"的自觉性。通过建立属地党员管理制度，建立了既管所属地又管所在地的开放管理体制，实现了党员管理的"无缝"覆盖。为充分发挥党员的先锋模范作用，黔江社区还根据党员的特点，推动党员与辖区困难群众"结对子"，进行一对一帮扶活动，成立宣传教育、文化娱乐、志愿者服务各功能党小组，并通过各功能党小组开展各项服务活动，强化社区建设的责任感。

2. 突出服务主体，强化居民的幸福感

黔江社区坚持以人为本理念，把服务摆在首位，围绕居民日益增长的物质文化需求，大力发展社区服务。健全服务网络。按照花溪区区委、区政府的要求，推进社区服务网络化，更新社区服务网的内容，鼓励兴办社区服务项目，通过建立社区投入机制，逐渐形成社会福利、社会互动和市场有偿三项服务相结合的社区服务网络。扩展服务领域。合理利用社区资源，发展面向社区居民、弱势群体、下岗失业人员、社区单位等对象的各项便民、利民、护民、爱民服务。拓展服务功能。引导、规范驻社区单位的服务设施向社区居民开放，并制定相应的措施，整合、利用社区资源，加大支持社区服务的力度。拓展服务方式，利用大数据等现代信息技术，推行"预约"和"一站式"、"一条龙"等有效服务方式，不断提高社区服务质量和管理水平，提升居民的幸福感。

3. 实施为民工程，强化居民的归属感

黔江社区不断开展创建"充分就业社区"活动，做到居民委员会建立群众自治退管组织，在花溪区劳动和社会保障局指导下，开展自我管理、自我服务。在城乡低保工作方面，按照"政府统一领导、民政部门主管、有关部门协作、村居具体操作、社会广泛参与"的运作机制，社区严把程序关，并实行公开透明制度，基本实现了"应保尽保"。此外，黔江社区还关注救灾救济、拥军优抚安置工作，按政策巩固优抚对象解"三难"工作和提高抚恤补助标准等，健全社会保障体系，强化了居民的归属感。

4. 深化平安创建活动，强化居民的安全感

黔江社区以增强社区居民安全感为目的，开展平安社区创建活动。通过健全防范体系和网络，打防并举，治标与治本兼顾，将社区管理与社区治安结合，开展"两严一降"工作。通过推行社区志愿者"平安家园"活动，落实社会治安综合治理目标管理责任制，规范和维护社区生活秩序。通过加强社区法制教育和社区治安综合治理工作，打造星级平安示范小区，健全了社区法律服务、普法宣传等，促进社区化解矛盾，沟通党、政府与人民群众的联系，大大强化了社区居民的安全感。

二 历史包袱沉重，黔江社区发展面临的问题与挑战

"十二五"期间，黔江社区依托强化党建、加强民生服务等工作提升了"四感"，为社区发展打下了坚实的基础，但出于历史原因，黔江社区在基础设施、居民思想意识和社区建设等方面仍然存在困难，亟待解决。

（一）基础设施薄弱，制约发展环境优化

黔江社区大多数区域是从20世纪六七十年代企业家属区逐渐演变过来的老旧社区，由于企业破产，缺乏管理，辖区总体的基础设施十分薄弱。首先，辖区内破产企业和没有物管的小区较多，导致小区无人管理和维护，居民楼院破旧，基础设施条件差；其次，辖区的背街小巷多，道路狭窄破损，加之由华烽厂管理的农贸市场不够规范，且与黄河社区服务中心的马路市场相邻，导致社区整体的环境不佳，同时流动人口较多，也为社区居民埋下了安全隐患。基础设施薄弱严重制约了社区的发展。

（二）社区建设发展不足，降低居民认同感

基层体制改革后，社区工作主要从管理向服务转变，但由于改革的时间不长，居委会和社区工作都仍处于适应阶段，因此，在社区建设上存在很多不足。比如，部分居委会在工作中对社区的依赖性很强，对引导居民自我管理、自我服务的主动性不够。又如，辖区居民对社区工作的印象只停留在办证明、管卫生方面，对社区工作的参与意识不足。再如，社区忙于适应和处理手上的工作，在开展和创新居民活动的力度上还不够。此外，社区和行政部门在许多职能上，权责模糊，导致社区在为居民服务时权责矛盾突出，社区建设不足，大大降低了社区的工作效率，也降低了居民的认同感。

（三）共享共建意识薄弱，社区资源浪费严重

黔江社区属于典型的混合型社区，破产企业、学校、破旧小区、企业单位、新型小区等并存，在区域的公共资源上存在分布不均现象。比如，社区内

各级党政机关和企事业单位，包括学校的服务设施和闲置资源不能实现共有共享。学校的操场，寒暑假期间社区居民仍无法加以利用，这不仅浪费了大量的闲置资源，也缩小了居民的活动空间，造成居民开展文娱活动常常占领交通要道，导致社区管理混乱的现象。同时也在一定程度上降低了居民对社区的归属感，加大了社区管理难度。建立一种共享共建机制，是黔江社区亟待破解的发展难点。

三 关于实现混合型社区"提档升级"的探讨

混合型社区是城镇化建设过程中的重要产物，对区域发展有着重要影响。黔江社区要不断探索社区管理模式、提升社区管理水平，才能实现自身的"提档升级"，才能服务好居民，助力花溪区建设更高水平的小康社会。

（一）强化居民自治意识是提升混合型社区管理水平的基点

物质决定意识，意识反作用于物质，积极的意识可以影响事物，助推发展。一个社区的居民要睦邻友好、和谐生活，除了要重视法律和制度的约束外，明确居民的主体地位也很重要。社区的居民来自不同职业，有着不同的生活方式和人生观、价值观，社区管理者要通过广播、电视等不同媒介开展各种形式的正面宣传，不断强化群众的社区意识，营造"社区是我家，建设靠大家"的浓厚氛围，形成人人都是参与者、人人都是受益者、人人都是保护者的独特社区文化，从"软环境"上保持稳定，这样才能发挥居民的自治意识，提升社区的管理效能。

（二）明确社区组织结构功能是提升混合型社区管理水平的要点

贵阳市的基层体制改革已实行不算太短的时间，但目前社区与居委会、社区与其他职能部门的权责关系仍然没理清。我们认为，明确社区组织机构功能，了解社区服务管理范围，是提升社区管理、提升社区服务的基础要点。只有将社区的主要工作职能理清，体制机制理顺，将服务范围明确，并使得居民知晓，才能更好地开展工作。上级部门要引起重视，从社区管理的组织架构入手，不断调整完善、划清范围。社区本身也要通过机构设置进一步完善组织管理体系，通过强化社区服务、社会保障、文化教育等工作来完善社区生活服务管理系统。另外，社区还要与其他行政职能部门打好交道、处好关系，才能在工作上互通有无、相互配合，为社区居民尽好责、服好务。

（三）出台社区配套保障机制是提升混合型社区服务水平的重点

外来人口的聚集使原有的公共服务和社会保障体系在子女教育、医疗卫生、养老服务等方面难以满足社区居民的现实需求，这是摆在混合型社区管理者面前的难题。混合型社区需要构建一套完整的政治体系，出台相关的配套政策，通过政策和制度来保障社区管理的实效性。比如，上级部门可以制定相关政策，促使所辖机关党委和企事业单位与社区实行共享共建机制，社区也要创新工作机制，争取与辖区内的企业实现联动，进行资源共享。社区保障体制的不断完善和优化，既可以满足社区的现实需要，也可以促进社区人际融合。同时，出台社区配套保障机制也有利于健全社区发展体系，从而营造一个良好的制度环境和政策氛围，使管理工作有据可依，有政策可支撑。

（四）拓宽管理方式是提升混合型社区服务水平的关键点

立足黔江混合型社区的主要发展特点，针对不同类型的人口，要实现更好更全面的服务，只有采取更为多元化的手段，才能提升管理效能。要探索这样一种多元化的管理方式，黔江社区需要拓宽管理渠道，构建更符合混合型社区特征的基本服务管理体系。当前黔江社区的物业企业较少，具体的服务效果并不突出，因此要积极引进物业企业管理模式，推进住宅小区的物业标准化管理。同时，社区要把眼光放长远，把范围扩大，要积极联动小区的业主委员会、楼长等自治管理领头者，创新组织管理机构，完善监管职能，构建一种多元管理模式，向社区居民自治方向发展，进而使村居混合型社区管理效能得到明显提升，助推混合型社区管理"提档升级"。

参考文献

黔江社区服务中心：《"十三五"时期黔江社区发展规划基本思路》，花溪区政研室，

2016年8月。

黔江社区服务中心：《黔江社区"十二五"规划总结》，花溪区政研室，2016年8月。

黔江社区服务中心：《黔江社区基本情况介绍》，花溪区政研室，2016年8月。

陈莹膂：《村居混合型社区管理研究——以无锡市滨湖区为例》，西北农林科技大学硕士学位论文，2014。

B.15 从传统单位型社区管理向城市新型社区服务转型

——花溪区清浦社区"十三五"发展思路研究

摘　要： 单位型社区是我国社区形态中一种特殊的存在。单位型社区在计划经济体制时期，是支撑社区管理和社会治理的重要形式，在我国三四线城市，特别是以传统工业基地为支撑发展的城市普遍存在。花溪区清浦社区是一个"单位型社区"。当前，我国正大力推进全面深化改革，在此背景下，清浦社区正受到社会发展大环境的冲击和影响，单位制的社区管理模式正在逐步消解。"十三五"时期，清浦社区应当立足治理模式转型，推动由单位主导的重管理、轻服务的治理方式向以社区为主导、管理服务并重的共治模式转变，探索创新传统单位制社区治理新模式，推动社区向宜居商业型城市社区升级。

关键词： 单位型社区　管理服务　转型升级　清浦社区

一　清浦社区：从传统单位型社区向新型城市社区转型

（一）清浦社区经历了经开区工业的崛起和变迁

清浦社区是由经开区黄河、长江街道办事处经基层体制改革——街道改社区发展而来。作为贵州省唯一的国家级经济技术开发区（简称经开区），经开区属于贵阳市原小河区。在此背景下，清浦社区主要由在经开区建厂的永红厂、电杆厂、西工厂、柴油机厂和轴承厂等一批企业职工家属聚居区组成，是花溪区典型的传统"单位型社区"。辖区内现仍保留有西工厂家属区、154家属区、天力柴油机厂家属区、轴承厂万源村、永红厂家属区等多个企业职工家属小区。随着改革开放的推进，这类国有企业在市场化的激烈竞争环境中经济效益大幅下降，纷纷破产、倒闭、改制和搬迁。社区大部分普通职工通过买断工龄被迫下岗、离岗，曾经一度让城郊农村居民羡慕的单位制工作生活条件和环境，也随着后续投入的断供，变成当前制约社区提升管理和服务的一大难题。

（二）新型社区建设加速了清浦社区的转型发展

表1 清浦社区历史沿革

时间	历史沿革
2000年1月20日	国务院批准成立贵阳市小河区，辖贵阳市小河镇和花溪区金竹镇
2001年4月	小河区撤销小河镇和金竹镇，成立城镇社区办公室和农村社区办公室，分别管辖15个城镇社区居委会和17个行政村
2004年1月	小河区将城镇社区和农村社区管辖的社区居委会和行政村整合，分别成立黄河社区、平桥社区、金竹社区，并成立社区党工委和办公室加以管理
2005年5月	小河区撤销3个社区办公室，成立黄河社区办事处、平桥社区办事处、金竹社区办事处3个社区办事处
2008年3月	小河区撤销3个社区办事处，成立黄河街道办事处、平桥街道办事处、长江街道办事处、三江街道办事处、金竹街道办事处5个办事处，分别管辖25个社区居委会和17个行政村。2009年2月，5个街道办事处正式挂牌运行
2010年3月	小河区撤销长江街道办事处，将长江街道办所辖的8个社区居委会连同黄河街道办事处下辖的6个社区居委会整合，成立黔江社区、清浦社区、瑞华社区、兴隆社区4个新型社区
2012年11月15日	国务院同意撤销贵阳市花溪区、小河区，设立新的贵阳市花溪区，以原花溪区、小河区的行政区域为新的花溪区的行政区域，原小河区社会事务由新花溪区管理。小河区恢复贵阳经济技术开发区，在新花溪区行政区域内独立运行

资料来源：由贵阳市经济开发区提供。

表2 清浦社区基本情况一览

社区概况	辖区面积	约1.28平方公里	辖区人口			
	辖区范围	东:珠江路(瑞华社区) 西:黄河路(兴隆社区) 南:西南环线(平桥社区) 北:长江路(黔江社区)	户籍人口	36503人	流动人口	9529人
			18岁以下	7136人	失学儿童	0	留守儿童	3人

科技和教育资源	科研院所	幼儿园		小学		初中高中	
		公办	民办	公办	民办	公办	民办
			3所	1所		1所	1所

社会资源	辖区内单位			辖区内社会组织		
	行政单位	事业单位	企业(国有)	孵化型(枢纽型)社会组织	专业型社会组织	自发型(草根型)社会组织
	2个	4个	5个	个	1个	1个

体育文化休闲餐饮住宿设施	体育场(馆)	影剧院	广场	公园	图书市场、书店	50㎡以上饭店、餐馆	旅店、招待所	写字楼
	—	0	1个	0	3个	12个	15个	1个

医疗卫生资源	综合医院	专科医院(诊所)	妇幼保健院	急救中心	疾控中心	社区卫生服务站	辖区药店	养老机构	
								公办	民办
	1个	12个	0	0	0	2个	16个		

困难群体与特殊人群	失业人员数	退休人数	60岁以上老人	残疾人	低保人员	刑释解教人员	吸毒人员
	291人	5120人	8849人	445人	102人	32人	212人

资料来源：2016年12月由清浦社区提供。

2010年2月，原小河区作为贵阳市开展城市基层管理体制改革的首批试点，在推进街道办改社区过程中，原小河区率先撤销了长江街道办事处，成立了黔江社区、清浦社区、瑞华社区、兴隆社区四个新型社区，开了贵阳市城市基层管理体制改革的先河。2012年，贵阳市行政区划重新调整，在花溪区和原小河区基础上成立了新花溪区。作为原小河区主体的小河老工业区也迎来了企业搬迁改造和城市功能完善的转型升级。2014年4月,小河老工业区成为国家发改委确定的21个全国城区老工业区搬迁改造试点之一。清浦社区正处于小河老工业区重点搬迁改造的区域范围,作为以工厂家属区组成的社区,社区下岗职工多、居住环境差、治安状况复杂、公共服务配套设施不足,已严重制约了社区管理和服务的优化。同时,社区内低端的服务业也亟须通过改造进行升级。

二 清浦社区向新型城市社区发展的探索与实践

"十二五"时期,清浦社区紧紧立足传统单位型社区发展特点和基础,围绕社区建设主要任务,坚持创新视野,集聚现代要素,突出"党建、服务、管理、维稳"工作主题,综合推进区域经济、社区环境、公共服务、文化建设等协调发展,为推动传统单位型社区转型发展奠定了坚实的基础。

(一)以民生为根本,优化社区公共服务

为了提升社区公共服务水平,"十二五"期间,清浦社区着力在社区公共服务机制上进行创新实践,社区在依托创新探索的"1+10"服务机制和"十分钟服务岗"服务机制等的基础上,通过设立群众意见箱,公布投诉举报电话和投诉信箱,发放服务群众联系卡及服务质量监督电话,量化了服务项目,建立了《工作记录簿》台账、工作周结月报制等服务受理和反馈制度,全面推行"一次性告知、一站式办理、一条龙服务"的"三个一"高效工作模式,着力提高服务效率,增强服务效果。

同时,清浦社区以居民小区为单位,积极调整组织设置,完善组织网络,健全了"社区党委—居委会党支部—居民小区党小组"三级组织体系。通过成立党建工作联席会和社区共建理事会,初步形成了以社区党委为核心、社区全体党员为主体、驻区单位党组织共同参与和资源共享、优势互补的社区党建工作新体系,实现了区域党建工作的全覆盖,为合力开展社会治理奠定了基础。此外,在社区"大党委"领导下,社区着力抓好"党建带团建"、"党建带妇建"、"党建带工建"等工作,大力组建青年志愿者、巾帼志愿者等各类志愿者队伍,积极打造"社区一盘棋,和谐大清浦"的共驻共建大群团组织格局。

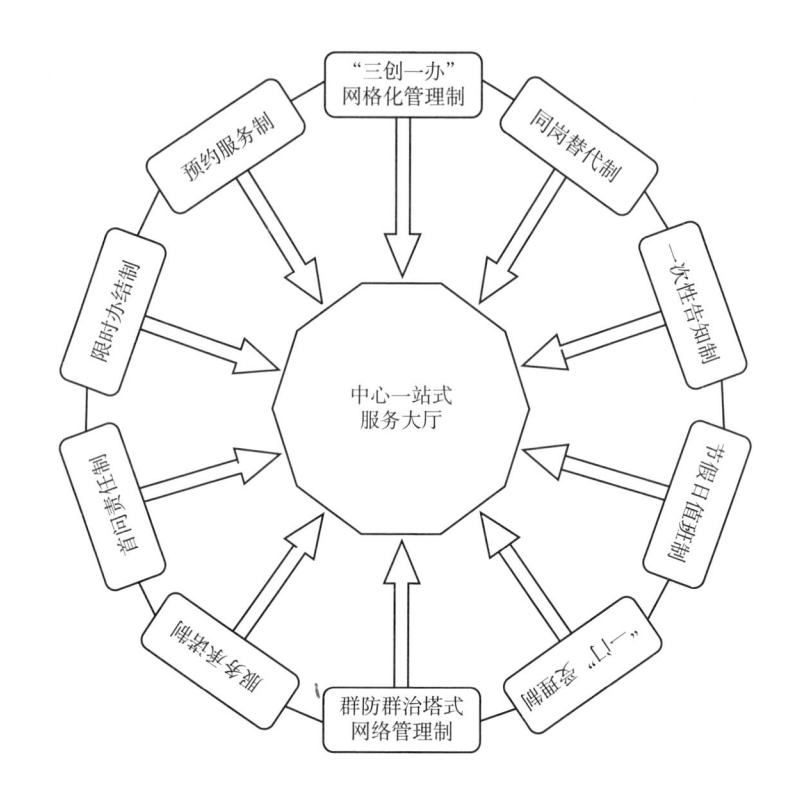

图1　清浦社区"1+10"服务机制分解

（二）以党建为核心，创新社区社会管理

"十二五"时期，清浦社区以构建"大党委"、强化基层组织建设工作为基础，确立了以党建带动、不断完善工青妇等组织建设的工作思路。社区党委通过公推直选选举后，为更好地发挥领导核心作用，党委充分整合资源，选聘了3名驻区单位党组织负责人为社区党委兼职委员（其中2名为兼职副书记），构建了社区"大党委"的工作格局，着力营造"共驻社区、共建家园"的良好氛围。同时，社区还着力通过"大党建"加强区内单位联系，打造社区多元的文化氛围，在服务区内联合共建单位，积极倡导志愿活动，利用招募的各类型志愿者开展文化宣传、助老助残等绿丝带行动，共建文化社区。

（三）以活动为载体，提升社区文化建设

为了丰富社区文化，提升社区居民参与意识，"十二五"期间，清浦社区着力构建"十分钟文化服务圈"，通过积极筹建居民活动室、图书阅览室、市民学校，通过合理设置健身器材等途径，进一步丰富了社区"大文化"服务格局，从而构建了"年年有计划、月月有安排、周周都精彩"的文化服务体系，形成了用文化丰富社区生活，用文化提升社区品位，用文化改变社区形象，建设社区"亲如一家、和谐共融"的良好氛围。

以"文化进社区"活动为载体，开展形式多样的文化活动。清浦社区通过制订详细的文化进社区活动安排，由各居委会推出自己的特色节目，每周在辖区内各居民活动小广场组织文艺演出活动，如"三创一办"文艺演出、"学劳模、敬劳模"座谈会、六一儿童书画比赛等，充分发挥辖区单位和企业多的优势，引导其积极参与社区治理。

三　清浦社区向城市社区转型面临的问题与挑战

单位型社区是计划经济时期单位制的产物，至今仍然对社区治理起着至关重要的作用。随着城市功能空间布局的不断优化，传统工业向外搬迁，房地产业快速发展，清浦社区作为单位型社区已经暴露出一些治理难题，制约了社区向城市新型社区的转型升级。

（一）特殊群体依然较多，转型发展历史包袱沉重

当前，清浦社区向宜居宜业城市社区转型发展，面临的不稳定因素依然存在，社区发展的历史包袱较重。清浦社区辖区居民主要是国有工厂下岗职工、离退休职工及其家属，以及大量在附近就业谋生的外来人口。自20世纪90年代开始，计划经济体制下的国有工矿企业由于受到较大的市场冲击，经济效益大幅缩水，引发了社区居民生活水平的变化，社区居民逐步丧失了工人身份的优越感。

社区居民的大量提前退休、下岗，引发了就业、养老方面的难题。2015年末，清浦社区尚有291人未实现就业，102人靠低保度日，近千名60岁以上

老人养老形态单一，社区特殊群体困难面依然较大。特别是随着旧城改造、房地产开发等城市功能拓展，拆迁安置、信访维稳、人户分离等社会热点问题依然存在，这些矛盾和问题制约了社区的转型发展。

（二）软硬条件依然不足，服务管理水平提升任重道远

清浦社区向宜居宜业城市社区转型发展，面临的另一个突出问题是社区软硬条件依然不足，制约了社区管理和服务水平的提升。由于清浦社区是以厂矿企业职工家属区组成的单位型社区，辖区内大多数小区建设年代久远，目前配套设施严重不足，房屋漏水、电线老化、水管堵塞等问题日益突出，又因为缺乏专业的物管进行管理，小区环境、卫生管理难度较大。

在清浦社区，由于缺乏有效的管理机制，例如西工、永红生活小区居民，在绿化带内种菜，在小区内养鸡鸭，经常引发小区内居民纠纷。此外，相邻的农贸市场由于缺乏长效管理，占道经营、乱搭乱建等问题层出不穷，服务管理水平提升任重道远。

（三）体制机制依然不顺，创新发展内部动力不足

贵阳市推进街道办改社区，减少管理层级，本意是弱化基层经济发展职能，强化基层管理和服务职能，但与全国先进城市相比，这一改革还不够彻底，体制机制还不顺畅，比较突出的问题主要表现在：一是社区、居委会职责不清，承担着大量政府部门的行政业务工作，特别是居委会的自治功能没有得到充分发挥。二是社区、居委会工作难度大，补贴低，留不住人才。由于报酬待遇偏低，一些年纪轻、有文化、有能力的社区工作者纷纷选择离开社区和居委会，而留在居委会的工作人员大部分是退休职工，这类工作人员整体年龄偏大，创新活力不足，影响了社区、居委会工作的持续性，客观制约了社区发展和居委会自治的创新能力。

四 关于清浦社区创新城市社区治理模式的探讨

面对急需放下的历史包袱、急需提升的服务管理品质、急需培育的创新发展驱动力，"十三五"时期，清浦社区应着力推进社区转型，推动社区共治意

识的培育、共治基础的夯实和共治能力的提升。通过找准抓手和载体，创新社区治理模式，推动社区发展转型。

（一）推动社区广泛参与，培育社区多元共治意识

以社区居民为主体的社区参与，是当前单位型社区中最为缺失的。由于身份的转变和生产生活条件的不如意，清浦社区单位型社区居民参与社区发展的认同度普遍不高，制约了社区的共建共治。

首先，积极引导各类主体参与社区管理。清浦社区要着力强化社区居民、辖区企事业单位等各类主体的参与意识，特别要培育各类社会组织参与社区管理，通过向上级要资金、向社会募集资金，通过市场化购买服务等形式，鼓励、扶持各类组织的发展，使社区居民、辖区企事业单位、社会中介组织、志愿服务者各类主体参与到社区建设管理中。

其次，理清社区居委会的职责和职能。居委会是居民自治的基层组织，在社区治理中发挥着不可替代的作用，但由于体制机制不顺和经费保障的不足，社区居委会俨然成为社区的下属机构，承担着较重的本属于行政单位的职能，不能发挥出自治组织的引导和保障作用。建议清浦社区要适当给居委会松绑和减责，同时，为居委会提供经费保障，使其由政府的行政执行者转变为居民的发言者和代理者，通过居委会的健康发展推动社区民主参与。

（二）推进资源共建共享，夯实社区多元共治基础

单位型社区在社会小单元内具有封闭的社会运行特点，缺乏开放性，缺乏与外界的沟通合作。因此，为了创建一个开放的新型社区，清浦社区应当加强社区资源的共建共享，夯实社区多元共治基础。

首先，推进资源共建共享机制的构建。在理清社区各类服务实体和资源的前提下，着力推进社区自治机制和社区管理服务网络的搭建，解决各级组织职责不清、职能交叉造成的社区管理难题。同时，探索"以社区党组织为核心、以社区居委会为主体、以社区工作站为平台"的社区治理模式和机制，实现社区与社会的有效整合，形成社区共建共享的利益共同体。

其次，规范社区各项管理制度和服务职责。要根据法律法规来建章立制，理清社区与社区各类民间组织的关系。一是社区居委会与社区工作站的关系。

二是社区居委会与业主委员会的关系。三是社区居委会与社区各类民间组织的关系。在理清各种组织之间关系的基础上，建立健全议事决策、开展活动、接受监督的各项规章制度。

（三）增强社区文化认同，提升社区多元共治能力

单位型社区居民对社区的依赖心理较重，文化认同感较低，社区参与意识较弱。因此，清浦社区"十三五"期间，应着力加大社区文化宣传力度，促进邻里交往和互信互助，增强社区文化认同，推动社区多元共治能力的提升。

强化社区文化宣传。建议清浦社区要充分整合和利用报纸、公告栏、微信、微博等媒介，强化宣传载体的创新，宣传内容的创新，大力推进社区文化的宣传，让社区居民能及时、高效感知社区，推动社区文化认同感的提升。同时，社区还应立足自身条件和优势，围绕居民需求和兴趣爱好，通过举办各类文化活动和文化品牌，使居民乐在其中、学在其中，感悟在其中。

推动邻里交往、互信互助。由于身份趋同、职业相近、居住集中，单位型社区本就具有加强邻里交往、互信互助的土壤和基础，只是随着城市的发展，睦邻文化在单位型社区日渐消退，当前亟须通过社区层面的重视和引导，以信息手段为支撑，打破各个小区各自为政的局面。建议强化网络信息技术的运用，开发功能多元化、灵活性强的网络交流平台，既解决居民的生活问题，又增进邻里关系，通过文化认同，推动社区居民参与社区共治能力的建设。

参考文献

赵雪：《自组织理论视角下单位型社区的社区能力建设研究——基于Q社区的调查》，河北经贸大学硕士学位论文，2016。

王家姝：《单位型社区从自治到共治的转变》，长春工业大学硕士学位论文，2016年。

贵阳市群工委：《贵阳市"十二五"社区建设专项规划》，贵阳市群工委，2012年9月3日。

B.16
以网格化管理为基础 以三类服务为重点 构建新型社区服务体系

——花溪区瑞华社区"十三五"发展思路研究

摘　要： 瑞华社区属于新型社区，"十二五"期间，在基层管理体制改革的背景下，瑞华社区通过精简管理层级、实行网格化管理，成功打造了15分钟服务圈。"十三五"期间，为进一步提升瑞华社区的服务质量，提升居民的幸福感，瑞华社区将以网格化管理、15分钟服务圈为基础，以三类服务为重点，构建新型社区服务体系，推动社区服务提质升级。

关键词： 瑞华社区　新型社区　网格管理　三类服务

瑞华社区地处花溪区长江路及其延伸路段以南，珠江路以东，毗邻黔江社区和清浦社区，属于城市中心区。社区有华阳花园、万科大都会、万科金域华府、恒大翡翠华庭、万科花城、恒森自在城等13个住宅小区，区域内原为工矿区，主要有航空央属三线搬迁企业、市属工业企业和与之配套的医院、学校和商业机构等13家单位，是集商务、文化和居住等功能于一体的"综合型社区"。

表1　瑞华社区基本信息一览

社区概况	辖区面积	2.68平方公里	辖区人口				
	辖区范围	东:珠江路 西:南山高地 南:清水江路 北:黄河路	户籍人口	24597人	流动人口		4616人
			18岁以下	5015人	失学儿童	0人	留守儿童	0人

续表

科技和教育资源	科研院所	幼儿园		小学		初中高中	
		公办	民办	公办	民办	公办	民办
	0	—	5所	2所	0	2所	0

社会资源	辖区内单位			辖区内社会组织		
	行政单位	事业单位	企业（国有）	孵化型（枢纽型）社会组织	专业型社会组织	自发型（草根型）社会组织
	0	0	1个	0	0	1个

体育文化休闲餐饮住宿设施	体育场（馆）	影剧院	广场	公园	图书市场、书店	50㎡以上饭店、餐馆	旅店、招待所	写字楼
	0	0	3个	0	1个	8个	0	

医疗卫生资源	综合医院	专科医院（诊所）	妇幼保健院	急救中心	疾控中心	社区卫生服务站	辖区药店	养老机构	
								公办	民办
	0	0	0	0	0	1个	5个	0	0

困难群体与特殊人群	失业人员数	退休人员数	60岁以上老人	残疾人	低保人员	刑释解教人员	吸毒人员
	90人	155人	2514人	186人	41人	37人	79人

资料来源：2016年12月由瑞华社区提供。

一 从发展历程看构建新型社区服务体系的基础

（一）精简管理层级，建立新型社区

贵阳市于2010年2月出台了《贵阳市城市基层管理体制改革试点工作指导意见》，之后城市基层管理体制改革试点工作在小河区和金阳新区开展，精简了管理层级，由原来的"市－区－街道－社区"四级管理模式精简为"市－区－社区"三级管理模式，其中"社区"是新型社区。新型社区是街道办事处和居委会的有机结合，承担街道办事处和职能部门的民政、卫生和计生等事务性管理和公共服务，不再承担原街道办事处的经济工作职责，新型社区没有招商压力，开始将全部精力用在为社区居民的服务上。

以网格化管理为基础 以三类服务为重点 构建新型社区服务体系

2010年3月,将原小河区长江街道办所辖的8个社区居委会和黄河街道办事处下辖的6个社区居委会进行整合,成立了瑞华社区、兴隆社区、黔江社区和清浦社区4个新型社区。2011年4月,小河区范围内的所有街道办事处全部撤销,实行"市－区－社区"三级管理模式。

(二)试点单位先行,实行网格管理

2012年6月,《关于开展城市新型社区网络化服务管理试点工作的实施意见》(筑党办发〔2012〕18号)明确了,为进一步巩固和扩大城市基层管理体制改革成果,探索适应城市新型社区服务管理需要的网格化管理新模式,提高城市基层服务管理的人性化、精细化、信息化、科学化水平,瑞华社区成为试点之一。

瑞华社区积极响应,合理划分社会管理网格,开展社区网格化建设,实施网格化管理。通过建设"网格化社区综合管理服务信息平台",整合信息采集,将社区需要采集的人口信息整合到移动智能终端,通过3G网络实现实时采集、实时上传、多处使用。同时将各个业务的办理过程进行规范化、流程化管理,根据各窗口工作职责、岗位设置、相关业务办理流程,以及与其他部门的协助方式,在数据整合的基础上,利用信息系统工作流技术模拟业务的实际办理过程,限定办理期限,提供提醒、督办机制,减少数据的重复采集、重复维护,为各级部门提供一致的、准确的人口数据,实现服务信息化。

(三)便民利民为民,打造15分钟服务圈

2010年,贵阳市城市基层管理体制改革试点运行,要求社区重点打造15分钟社区服务圈,以期社区居民在步行15分钟以内就可以享受到社区购物、医疗卫生、餐饮、就学等一系列服务,通过努力完善社区的配套设施,实现社区居民的小需求不出社区,在提高服务社区居民的质量中便民、利民、为民,提升服务社区居民水平。

瑞华社区与驻社区党组织拓展参与社区建设的广度、力度和深度,并积极开展共建、联建、帮建活动,促进社区资源的共享和利用。社区党委通过和华阳公司党委联合打造"华阳综合活动中心",建成2000多平方米的老年活动中心，对社区居民免费开放。同时瑞华社区党委与三〇〇医院华阳分院进行沟通协调，推动该院主动为老人和困难人群提供免费体检、送药等服务。针对社区需要办理暂住证的住户较多等问题，瑞华社区顺应城市基层改革，让警务工作站进社区，提高了辖区住户办理暂住证的效率，让社区服务更加便利。

二 瑞华社区构建新型社区服务体系面临的挑战与问题

（一）新型社区服务体系有别于传统社区服务体系

传统社区服务体系的服务资源来源渠道单一，服务主体行政化，存在人力、财力、物力等软硬件设施保障不足的问题。新型社区服务体系则是政府、社区、市场、公众多元主体分工合作、共同参与，服务资源多元化，形成以全体居民的基本公共服务、商业便民服务和公益志愿服务为主要内容的服务体系。

从两者的区别上看，瑞华社区构建新型社区服务体系面临很大的挑战。首先是市场和公众缺乏参与积极性，社区服务多元主体参与不足。其次社区服务集中于辖区内弱势群体的扶持救济，远不能满足社区居民多元化、个性化的需求。另外，服务运作必须要有完备的软硬件设施，但是目前存在资金整合不够、人才队伍短缺、服务设施不足等问题。

（二）瑞华新型社区服务体系构建面临的主要问题

1. 服务主体：多元主体参与不足

政府与社区缺少联动，社区与居民缺少互动。基层体制改革不是社区和居委会进行单方面的改革，而应该上下联动，不能让社区唱"独角戏"。在目前的行政化社区服务模式下，政府主导社区建设必然导致社区居民、驻社区单位和志愿者队伍对政府的依赖，很多居民都是"无事不登三宝殿"，缺乏主动参与社区服务的自觉性。同时，社区也没有充分了解社区居民对社区服务的需求，与社区组织和居民缺少沟通，缺乏引导和激励措施，导致多元主体参与不足。

2. 服务内容：社区服务覆盖面狭窄

社区服务应该涵盖基本公共服务、商业便民服务和公益志愿服务，但瑞华社区服务覆盖面不宽。目前主要集中在基本公共服务和公益福利服务方面，为居民提供的商业便民服务较少。而且社区服务项目供给与需求存在一定的矛盾，社区未能深入了解居民的真实需求，居民也未能将需求有效反馈给社区，导致现有服务项目不能满足居民的需求。

3. 服务运作："硬件"和"软件"不足

新型社区服务体系的高效运作需要完善的软硬件设施，但是瑞华社区的服务资源匮乏而且开发不足，服务管理人才短缺。瑞华社区应该吸引和整合社会资源，弥补资金和场地的不足。如果社区的场地、基础设施是"硬件"，那么人才则是社区管理的"软件"，瑞华社区目前仅有24个网格员，出于薪资待遇水平较低、发展空间局限等原因，网格员换人频繁，人才紧缺，不利于社区服务工作的连续性开展。

三 瑞华社区构建新型社区服务体系的探讨

面对当前发展存在的制约瓶颈，瑞华社区需要创新管理模式、构建新型社区服务体系，才能实现社区的提质升级，我们认为可从以下方面着手。

（一）形成多元化的社区服务主体格局

社区服务质量的提升不是社区服务中心一家的责任，需要政府、社区、居民的共同参与。因此，瑞华社区应积极构建多元化的社区服务主体格局。花溪区政府应共同参与到基层体制改革中，加强政府与瑞华社区的互动，与社区紧密结合，而不是行政指令式地安排事务性工作，同时社区应培育、引导社会组织参与到社区服务中，从政策上支持社会组织的发展，使其为社区居民提供服务。瑞华社区要积极探索社区自治工作，鼓励社区居民主动参与社区服务事项的管理，提高社区自治的水平，使社区从政务管理事项中解脱出来，从而有更多的时间组织开展社区服务。另外，要以社区服务中心为平台，加大多元主体参与的宣传力度，践行协商式民主参与的理念，完善引导和激励参与的措施，增强社区居民的凝聚力，促进新型社区服务体系中多元主体的共同参与。

（二）"三类服务"拓展社区服务内容

1. 设置多样的社区公共服务项目

新型社区服务体系的构建需要了解居民的需求，为居民提供内容丰富和针对性强的社区服务。瑞华社区应合理提供文体娱乐、医疗卫生等公共服务，满足社区不同人群的需求。首先，要提高对社区小孩、老年人和残疾人的服务质量，可以利用现有条件为有需要的小孩、老年人和残疾人提供休闲、康复和保健的场所。其次，社区要与公司合作定期举办招聘会和培训班，解决辖区居民的就业问题。再次，社区要定期开展医疗讲座和医生上门服务，为行动不便的居民提供方便。最后，社区要建立社区图书馆、休闲室等，组织开展社区文体活动，举办书画、摄影、舞蹈等培训班，丰富社区居民的文化生活。

2. 引入便利的社区商业便民服务

瑞华社区要积极引入商业机构提供便民服务，优化新型社区服务体系，满足居民的多样性需求。首先，瑞华社区应重点开展社区家政、餐饮、购物和物流配送等商业便民服务。其次，引进农贸超市，解决居民买菜难的问题，鼓励超市、便利店、餐馆、酒店等的入驻，方便居民的饮食起居。再次，引导自来水、电力、燃气等公用事业服务单位在社区设立网点，为居民缴费、业务办理提供方便。最后，还要制定相关的法律法规，强化社区商业便民服务的规范和监管，保障社区居民的合法权益，打造规划合理、竞争有序、诚实守信的社区商业环境。

3. 发展互助的社区公益志愿服务

志愿服务是社区服务的重要组成部分，有利于营造社区团结友爱和互帮互助的良好氛围，打造和谐、美丽、文明、健康的新型社区。首先，瑞华社区应鼓励和支持驻区单位、社会组织和社区居民开展互帮互助活动、学习教育活动，为需要帮助的群体提供帮扶服务。其次，瑞华社区可以安排社区志愿者与社工和高校志愿者对接，促进志愿服务的融合化发展，并形成社区公益志愿服务的制度和体系，探索成立法人志愿组织，发挥考核社区志愿服务的作用。另外，借助驻区单位、学校、医院等的力量，进行志愿者的学习和培训，使社区志愿服务更专业化。

（三）推行高效化的社区服务运作模式

1. 培育社区社会组织，加强人才队伍建设

瑞华社区应加大对社区社会组织的扶持力度，利用现有的闲置办公室、厂房、学校等，建设公益性社会组织培训基地，并对其物业管理费、租金、水电费等给予优惠，促进这些社会组织的发展，并加强对社区社会组织的专业性指导、监督检查和规范管理，促使社区社会组织进行科学、合理的规划和管理。同时，可建立一支专业化、年轻化的社区服务人才队伍，加大社区服务人才的专业技能培训力度，拓宽社区服务人才的来源渠道，提高社区工作者社会地位和薪资待遇，吸引更多的人才。

2. 整合现有社区资源，拓宽社会参与渠道

新型社区不承担经济工作职责，主要靠政府财政投入，所以开展社区服务的资金有限，需要整合社会的资金和资源。为拓宽资金来源，瑞华社区可以成立社区便民服务队，以低价承包社区绿化、修缮小区公共设施等工作，从而赚取劳动报酬，解决社区服务工作的一部分资金。可整合政府机关、医院、学校等的闲置办公场地和文体设施，实现辖区范围内社会资源的共享，以此实现社区服务的社会化，引导社会组织、驻区单位和个人开展社区服务项目，并合理分配所得收益，实现多元主体共同推进新型社区服务体系的构建。

3. 创新社区服务模式，推进信息化建设

瑞华社区网格化管理已经取得一定成效，但还需要对网格进行合理设计，对社区服务流程进行优化。瑞华社区可以增加网格员的数量，减少网格员管理的户数，以保证网格员服务的质量。另外，要优化社区服务流程，形成小问题不出网格、一般问题不出社区的社区服务管理格局。同时，进一步梳理需要下沉到网格的政务待办事项，建立委托网格员代办和送证上门机制，让社区居民感受到便捷专业的社区服务。

瑞华社区还需创新社区服务模式，建立"互联网＋服务圈"的新模式。依托原有的网格化管理，梳理目前社区居民需要的社区服务，将社区的"三类服务"与电子商务进行融合，形成网上的15分钟服务圈。一方面，帮助辖区内的小微商家、小便利店、小家政店与互联网的融合发展；另一方面，通过

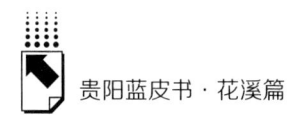

手机 App 或者微信平台，可以将不同的服务窗口延伸到居民的手上，实现政民互动。

参考文献

瑞华社区服务中心：《贵阳市花溪区瑞华社区工作调查表》，2015 年 11 月。

吴贵洪、陈笑嫒、付小飞、陈玲艳：《城市社区治理角色发展研究——以贵阳市城市基层管理体制改革试点社区服务中心为例》，《城市管理与科技》2014 年第 2 期。

史云桐：《新型社区服务体系的构建：以社区居民参与为中心》，《哈尔滨工业大学学报》2013 年第 6 期。

蔡惠卿：《广州新型城市社区服务体系建设研究》，华南理工大学硕士学位论文，2013。

中共贵阳市委办公厅：《关于开展城市新型社区网格化管理试点工作的实施意见》，http：//wenku.baidu.com/view/79754ac22cc58bd63186bd21.html，2012 年 9 月 28 日。

马庆锋：《贵阳市城市基层管理体制改革试点运行——从街居制到社区制的试点初探见效》，http：//wenku.baidu.com/view/376f6aef4afe04a1b071de22.html，2011 年 9 月 22 日。

朱书缘：《从"衙门"到"家门"——城市基层管理体制改革的"贵阳探索"》，http：//dangjian.people.com.cn/GB/17172417.html，2012 年 2 月 21 日。

B.17
立足核心区聚集各方资源 提升社区的公共性

——花溪区兴隆社区"十三五"发展思路研究

摘　要： 社区公共性的存在是维护基层社会内在秩序的重要保障，同时也是社区多元合作治理的基础。兴隆社区地处花溪区政治、经济、商业、文化的核心区域，"十二五"期间在区域化党建、社区管理服务、基层民主建设以及资源整合能力等方面得到了提升加强。"十三五"期间，兴隆社区将立足于核心区聚集资源的优势，大力培育多主体、多层次合作参与的社区治理模式，进一步提升社区公共服务、公共管理、公共安全水平，切实增强城市基层社会治理能力。

关键词： 兴隆社区　核心区域　公共性　社会治理

一　兴隆社区"十二五"社会治理创新成效显著

兴隆社区是贵阳市城市基层管理体制改革的首批试点社区，自2010年3月成立以来，充分利用贵阳市经济技术开发区核心区域的有利条件，最大限度地发挥政治、经济、文化、商业等方面优势，社区的功能与效用得到进一步提升。

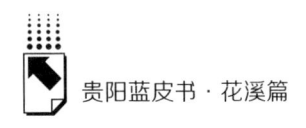

表 1　兴隆社区基本情况一览

社区概况	辖区面积	1.96 平方公里	辖区人口				
	辖区范围	—	户籍人口	16591人	流动人口	11536人	
			18岁以下	6307人	失学儿童	—	留守儿童	0

科技和教育资源	科研院所	幼儿园		小　学		初中高中	
		公办	民办	公办	民办	公办	民办
	0	0	4所	—	1所	0	1所

社会资源	辖区内单位			辖区内社会组织		
	行政单位	事业单位	企业(国有)	孵化型(枢纽型)社会组织	专业型社会组织	自发型(草根型)社会组织
	15个	4个	1个	0	0	0

体育文化休闲餐饮住宿设施	体育场(馆)	影剧院	广场	公园	图书市场、书店	50㎡以上饭店、餐馆	旅店、招待所	写字楼
	1个	1个	1个	0	0	48个	17个	0

医疗卫生资源	综合医院	专科医院(诊所)	妇幼保健院	急救中心	疾控中心	社区卫生服务站	辖区药店	养老机构	
								公办	民办
	1个	1个	0	0	0	2个	20个	0	0

困难群体与特殊人群	失业人员数	退休人员数	60岁以上老人	残疾人	低保人员	刑释解教人员	吸毒人员
	72人	0	7558人	122人	50人	25人	61人

资料来源：2016年12月由兴隆社区提供。

（一）构建"纵向到底、横向到边"的党建格局

"十二五"时期，兴隆社区以开展城市管理体制改革试点为契机，大力推进区域化党建工作，通过"一社多居"与"一委一会一中心"的方式，将社区党委、居委会党支部以及非公企业组织党支部联系起来，搭建起了全面覆盖基层的党建组织体系。除此之外，兴隆社区还不断延伸党组织在辖区的触角，对条件成熟的企业、不具备组建党组织条件的企业、条件尚不成熟的企业分别

实施"自建"、"联建"、"派建",逐步实现由条条为主的"小党建"向条块结合的"大党建"机制的突破。

(二)打造"首问负责、一站办结"的服务模式

"十二五"期间,兴隆社区为满足居民群众多层次、多样化需求,推行"首问负责、一站办结"服务模式,服务范围由过去单纯的社会福利、优抚安置、低保救济,发展为扩大再就业、为老服务、文化娱乐、便民利民等全方位服务。社区依托社区网格员,高质量打造集政策咨询、社会事务、文体休闲、医疗卫生、法律援助等多种功能于一体的"10分钟服务圈",设立计生、民政、劳动、社保等"首问责任"窗口及"服务接待"窗口,规范社区"一站式"服务大厅,推行服务承诺制、首问负责制等高效、便民制度,构建完善便民服务网络。

表2 兴隆社区2015年度民生服务十事

1	申请城镇医疗救助共计5户9人,合计32985元整;城镇临时救助3户3人,合计4000元整
2	走访慰问辖区困难家庭5户,困难老人4人,为两位百岁老人发放慰问金1600元整
3	为辖区居民办理一孩证154个
4	为41人办理残疾人乘车卡,为229人办理军人乘车卡
5	免费为居民提供孕前优生健康检查53人次
6	配置社区流动小喇叭25个,安装固定喇叭96个
7	安装B级锁芯76个
8	香港城小广场建设耗资35万余元
9	辖区小区环境卫生基础设施改造耗资13万余元
10	为辖区居民3人申请重点优抚对象

资料来源:贵阳市基层社区工作调查表。

(三)形成由粗放向精细、静态向动态、分散向集中转变的管理方式

兴隆社区除了高度密集的人流外,还有数量众多的企事业单位以及繁荣的商业。比如,兴隆社区有香江花园、榕筑花园、兴隆花园等房开楼盘

商住小区27个，1000余间门面和10多家金融机构。基于此，"十二五"期间，兴隆社区将辖区内"人、地、物、情、事、组织"全部纳入网格进行管理，科学划分社区网格，建立网格化信息平台，采取"定人、定责、定点"的网格管理法，建立"一格多员、一员多能、一岗多责"的工作机制，实现社区服务管理工作方式由粗放向精细、静态到动态、分散到集中的转变。

（四）"条块结合、共驻共建"工作机制促进基层民主提升

"十二五"期间，兴隆社区充分调动驻区单位和辖区非公企业参与社区建设的积极性，整合社区社会资源，实现教育资源、体育资源、文化设施等公共资源向社区居民免费开放，形成"资源共享、优势互补、条块结合、共驻共建"工作格局。同时，社区坚持意见收集会倾听民声、议题讨论会汇聚民意、议事决策会兑现民愿、述职评议会接受民评的"三会一评"工作法，广泛开展"亮身份、亮承诺、亮标准"活动，通过党务公开栏、民生特派监督公示栏、便民服务卡等形式公开服务承诺事项，建立完善首问负责制、一次性告知制、限时办理制等制度，让社区居民对社区服务一目了然，方便群众办事及监督。

二 制约兴隆社区可持续发展的"三大难题"

近年来，兴隆社区充分发挥核心区集聚各方资源的优势，深入推进基层社会治理创新，不断提升管理服务水平，进一步增强了社区归属感和向心力。但是兴隆社区发展仍然面临老旧小区管理难、居民群众需求高、社区工作负担重等难题。

（一）老旧小区管理困难

兴隆社区管理服务区域内有香江花园、榕筑花园、碧园花城、兴隆花园、兴隆苑等27个房开楼盘商住小区以及1个厂矿住宅小区，其中部分小区为20世纪90年代开发建设的，如科技楼、管委楼、翡翠大厦、银桥小区、电机厂宿舍、永诚明彩居等。出于历史原因，小区现有垃圾设施破坏严重，小区路面

破损，部分地段的排水系统被破坏堵塞，这些问题给社区环境卫生管理工作带来了一定困难。

（二）居民群众需求日益增多

兴隆社区处于贵阳国家级经济技术开发区中心地段，近年来因房屋买卖、出租及外来经商等因素，流动人口较多，居民群众需求多样化，既有低保、社会救济、劳动就业等利益诉求，又有环境卫生、物业管理等方面的宜居诉求。

（三）社区工作负担过重

社区党委、服务中心日常承担的党务、政务工作过于繁重。上级部门的一系列政策、任务主要依靠社区工作人员去落实，尤其是各类检查繁多，社区普遍存在人少事多的现状，致使工作人员在工作和精神上疲于应付，大大减少了走访入户、了解社情民意的时间和精力，在解决居民群众的困难、问题和为他们排忧解难上显得力不从心。

三 从三个方面看兴隆社区"十三五"发展重点

系统而有规划地整合社区资源是解决社区问题的有效途径。为了解决社区发展问题，"十三五"时期，兴隆社区将通过整合社区资源提升社区公共性，实现党建阵地共建、社区环境共抓、社区资源共享、精神文明共创、社区事务共管、社区稳定共保。

（一）依托社区网络工作站，提升公共服务水平

为提升社区公共服务水平，社区将依托社区便民利民服务大厅、社区"左邻右里"社会组织联合会及居委会群众服务站，积极发展多层次、多样化的社区服务。同时，通过整合社区公共服务资源，在居委会搭建社区公共服务站及群众工作室，推进人员和事务下沉，破除交流障碍。在社区构建全覆盖的社区信息服务网络，对居民意见及时反馈，有效解决居民困难。同时，适时调整社区管理、社区建设、社区服务等岗位，将到社区报到的党员及志愿者与"网格管理监督员"、"民事纠纷调解员"等岗位进行有效匹配，提升社区服务

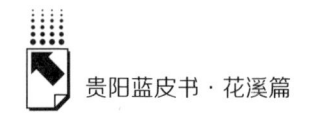

的多样化与精细化水平。此外，为满足现代居民多样及复杂的服务需求，兴隆社区大力培养培育社区社会组织参与社区管理服务，壮大社区义工队伍，实现"社工引领义工服务、义工协助社工服务"的服务模式。

（二）以"条块结合、共驻共建"推进公共管理

兴隆社区将广泛动员社会力量参与社区建设，充分调动驻区单位和辖区非公企业参与社区建设的积极性，整合社区社会资源，实现教育资源、体育资源、文化设施等公共资源向社区居民免费开放，形成"条块结合、共驻共建"公共管理格局，促进居民之间的交流，增强驻区单位对社区的归属感和认同感。同时，兴隆社区将充分整合社区内机关企事业单位资源，协调落实居委会办公场所及办公设备，与驻社区单位签订共驻共建协议，积极吸纳单位党组织负责人进入社区"大党委"，推动互助共赢、共驻共建。另外，社区还将依托花溪区社会组织孵化基地，培育壮大兴隆社区社会组织，推动形成"多元共治"。

（三）以"群防群治"打造公共安全

为营造平安和谐的社区环境，兴隆社区将充分发挥辖区4万多名居民的优势，充分调动居民群众参与到社区的公共安全治理上来，与社区、社会组织、企事业单位等共同形成"群防群治"的治理格局。制作四级网格平面示意图及公示栏，将网格基本信息、职责任务、网格长、网格管理员、网格警员及服务监督电话等内容在网格区域内的小区、院落、楼栋、单元挂牌进行公示，当辖区居民发现自然灾害、事故灾难、公共卫生事件以及社会安全事件时，可以立即通过网格人员进行反馈。此外，兴隆社区还将引导社区党员及志愿者担任"社区治安巡逻员"，实时对社区进行巡逻，确保社区安全发展。

四 关于兴隆社区"十三五"时期提升社区公共性的思路探析

在当前居民参与社区公共事务的主动性与积极性不高、社会组织发育不良的前提下，兴隆社区应从三个方面着手提升社区公共性：加强区域化党建统

筹，加快培育社会组织，营造社区公共空间，提升居民参与社区公共事务的积极性。

（一）以区域化党建为引领，形成共驻共建格局

社区建设是一项综合性的工程，基层党组织的核心统领作用有利于社区居民主动积极参与社区公共事务管理，对社区建设有着重要的促进作用。为构建起"党委领导、政府负责、社会协同、公众参与"的"多元共治"格局，兴隆社区需要提升社区公共性，首先需要统筹设置社区的基层党组织，通盘使用党建阵地，形成以社区党组织为基础、其他党组织为节点的网络化体系，规范社区内党建工作机制模式，形成共驻共建的格局。在此基础上，以区域化党建为引领，整合社区各方面资源，调动社区组织、企事业单位、居民参与到社区治理当中，实现有效的组织整合，从而形成有主体、多元参与的社区治理模式。

（二）促进社会组织培育，营造公共生活

兴隆社区应立足于核心区优势，加快社区组织的培育，增强社区组织参与社区公共事务的主动性，营造良好的公共生活环境。在自愿性的组织中，居民群众之间是一种横向关系，彼此互相信任、具有共同利益，这样的基础可以有效地推动社会组织参与到社区的治理中。社区组织是社区公共空间的重要构成，兴隆社区要想实现社区共治的局面，需要利用自己核心区的资源优势，积极培育社区自治组织力量，通过合作与购买社会服务等方式加强对社会组织的扶持，改变当前社区组织发育不良的情况，从而更好地推动社区管理服务水平的提升。

（三）提升居民参与公共事务的积极性

社区居民参与社区治理是群策群力解决民生问题的过程，它使每个社区居民都有为谋取社区共同利益发挥才能的机会。因此，社区应不断促进居民参与意识与参与能力的提升，充分发挥各方人才的优势，调动其积极参与到社区治理服务中，形成"群策群力"的治理模式，从而有效解决社区发展问题，推动社区提升管理与服务水平。

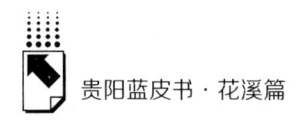

参考文献

李蔚：《何谓公共性，社区公共性何以可能?》，《河南师范大学学报》2015年第4期。

张康之、程倩：《网络治理理论及其实践》，《新视野》2010年第6期。

马海燕：《浅析城市社区资源的整合》，《北京政法职业学院学报》2009年第2期。

关信平：《公共性、福利性服务于我国城市社区建设》，《东南学术》2002年第6期。

B.18
在推动老旧小区改造中建设宜居社区
——花溪区平桥社区"十三五"发展思路研究

摘　要：　"疏老城、建新城"是提升城市品质、改变城市面貌、改善居民生活的重要举措。花溪区平桥社区作为典型的城郊接合部社区，近年来随着贵阳市城市化进程的不断加快，社区基础设施薄弱、环境脏乱、居民生活不便等问题逐渐显现出来，因此，推动老旧小区改造成为平桥社区发展的必然趋势。"十三五"时期，平桥社区将通过对老旧小区的改造，建设居民自治、管理有序、服务完善、治安良好、环境优美、文明祥和的宜居社区。

关键词：　平桥社区　棚户区改造　城中村　宜居社区

推动老旧小区改造是重大的民生工程和发展工程。近年来，平桥社区通过人、财、物的投入，已极大改善辖区环境，但由于社区属于典型的城郊接合部社区，居民住房、生活环境以及安全问题仍亟须解决。"十三五"期间，平桥社区将紧紧围绕建设"新型社区·温馨家园"这一主题，从建设和谐社区入手，推动老旧小区改造建设成为宜居社区。

表1　平桥社区基本情况一览

社区概况	辖区面积	1.9平方公里	辖区人口			
	辖区范围	—	户籍人口	12442人	流动人口	5519人
			18岁以下	2936人	失学儿童	0	留守儿童	4人

续表

科技和教育资源	科研院所		幼儿园		小 学		初中高中	
^	^		公办	民办	公办	民办	公办	民办
^	0		1所	0	1所	0	1所	1所

社会资源	辖区内单位			辖区内社会组织		
^	行政单位	事业单位	企业（国有）	孵化型（枢纽型）社会组织	专业型社会组织	自发型（草根型）社会组织
^	0	3个	2个	0	1个	3个

体育文化休闲餐饮住宿设施	体育场（馆）	影剧院	广场	公园	图书市场、书店	50㎡以上饭店、餐馆	旅店、招待所	写字楼
^	0	0	0	0	0	0	2个	0

医疗卫生资源	综合医院	专科医院（诊所）	妇幼保健院	急救中心	疾控中心	社区卫生服务站	辖区药店	养老机构	
^	^	^	^	^	^	^	^	公办	民办
^	0	0	0	0	0	2个	5个	0	0

困难群体与特殊人群	失业人员数	退休人数	60岁以上老人	残疾人	低保人员	刑释解教人员	吸毒人员
^	83人	2400人	3415人	272人	171人	32人	117人

资料来源：2016年12月由平桥社区提供。

一 平桥社区：老旧小区改造是发展的必然趋势

平桥社区位于贵阳市花溪大道中段，是典型的城郊接合部社区，辖区内多为破产歇业企业家属区，小区面貌、房屋修缮、基础设施和居住秩序等问题随着社区建设的推进逐渐成为社区发展的瓶颈，推动老旧小区改造已是社区发展的必然趋势。

（一）推动老旧小区改造的政策驱动

从2014年开始，从中央到地方，推动老旧小区改造工作开始提速。在国家层面，2014年3月，《国家新型城镇化规划》指出，要着重解决好城镇棚户区和城中村改造问题。在市级层面，2014年5月，贵阳市人民政府印发《贵阳市棚户区城中村改造2014～2018年行动计划实施方案》。作为"疏老城、建新城"的重要内容，中心城区棚户区城中村的改造，旨在着力打造房屋质量优良、配套功能完善、基础设施齐全、生活条件便利、居住环境优美的新型城市社区，力争以3～5年时间全面改善中心城区城市居民特别是低收入住房困难群体的住房条件，进而提升城市形象。此外，2015年2月，花溪区为推进辖区老旧小区改造，全面启动"三年千院"行动计划，用三年时间整体改造100个老旧居民小区。

（二）老旧小区问题阻碍社区发展

平桥社区是按以大型工矿企业为依托的居民住区划分的城镇社区，辖区内多为破产歇业企业家属区，社区发展面临诸多问题。一方面，企业破产并逐步退出市场，留下的多数是老弱病残群体，给社区的发展带来了接收难、管理难、经费难的"三难"问题。另一方面，平桥社区房屋多为20世纪80年代修建，部分为50、60年代修建，小区不仅基础设施比较简陋，而且没有物管与保洁人员，有的院落已经开始破败，危房改造等任务变得更加急迫和繁重，再加上住宅小区很难实行规范的物业管理，问题日益突出。老旧小区问题已经成为制约平桥社区发展的瓶颈。

（三）推动老旧小区改造建设宜居社区成为发展趋势

长期以来，满足居民日常生活的需要是社区的主要功能之一。但是随着物质文化生活水平的不断提升，建设宜居、生态、健康、绿色、自然的社区是社区居民共同的愿望。宜居社区涉及社区综合环境质量、公共服务设施、空间形态以及公共安全等。如果社区居住舒适、环境优美、出行方便、服务周到、老少咸宜、社会安定，有益于健康和安居乐业，有助于对社区产生归宿感、轻松感、安全感和家园感，使人们的生活状态如乐之和，无所不谐，那么这个社区便是一个适宜居住的社区。因此，平桥社区对老旧小区进行改造，完善社区基础设施，改善居民生活环境，建设健康、绿色的宜居社区满足了居民的需求。如何打造社区"宜居性"，满足居民的"高情感"需求，成为社区建设面对的重要议题。

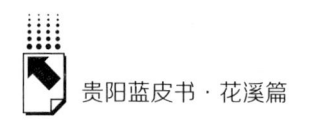

二 从宜居社区建设看平桥社区发展思路

宜居作为衡量生活质量的参考标准之一，近年来受到社区居民的普遍关注。推进宜居社区建设是平桥社区助力打造功能完善、环境优美宜居城市的有效途径。

（一）从"五要素"看宜居社区

1. 优质的居住环境

居住环境不仅包括优美的空间环境，还包括人文环境。宜居社区首先就需要有良好的自然环境，不一定要依山傍水，但必须要绿化好。同时，还要有良好的住宅环境，建筑品质高也是宜居社区的要求。良好的人文环境对于宜居社区也比较重要，有助于形成健康向上的社区文化。

2. 完善的基础设施与公共服务

基础设施与公共服务是社区居民生活必不可少的两部分，无论哪项不完善都将影响居民的生活质量。社区的基础设施在很大程度上影响着社区宜居性的高低，基础设施越完善社区的宜居性就越高。此外，社区还需要完善的公共服务，如医疗、教育、养老等。

3. 优质物业管理与社区服务

优质的物业管理与社区服务是保持社区生活环境的重要保障，物业水平的高低将直接影响社区的居住环境，物业管理涵盖公共秩序与治安维护、绿化管理养护、卫生保洁、房屋建筑及设施设备维修保养、代收代缴等方方面面，物业管理和服务不到位，将会影响居住者的正常生活。

4. 发达的商业配套与文娱资源

社区配套商业与文娱资源是居民社区生活的基础，是社区发展要优先具备的条件。发达的商业可以满足民生多样化的消费需求，为社区居民提供便利条件。此外，当前人们已不再满足于物质上的追求，还有了更高的精神生活，所以文娱资源也是社区宜居必不可少的条件。

5. 社区居民和睦相处

宜居社区的建设不只体现在社区的"硬件"上，还体现在邻里之间的关系上。和睦的邻里关系可以让居民生活得更加舒适，居民期待彼此之间相互关爱、相互尊敬、互敬礼让、融洽和睦。因此，和睦的邻里关系也是社区宜居性的一个衡量要素。

（二）平桥社区建设宜居社区面临的问题与挑战

1. 基础设施薄弱，居住环境差

平桥社区是按以大型工矿企业为依托的居民住区划分的城镇社区，辖区内多为破产歇业企业家属区。居民区基础设施投入不足，导致社区基础设施比较薄弱。另外，由于社区许多住房是20世纪六七十年代修建甚至更早，房屋修建毫无章法，道路破损，垃圾乱扔，环境卫生污染严重，已经影响到社区居民的生活质量。

2. 社区缺乏物业管理

由于是老旧厂矿居民小区，许多小区没有物业管理，甚至连保安与保洁人员都没有，小区普遍存在路不平、灯不亮、排污不畅、损毁严重、管理缺失的情况，给社区居民生活带来极大不便，加之企业改制、职工下岗等因素，社区各类矛盾也层出不穷，严重制约了居民群众安全感和满意度。

3. 政策红线阻碍小区改造

在花溪区平桥社区调研过程中发现，部分小区处于红线区域内也是妨碍社区进行"三年千院"等项目改造的原因之一。根据调研访谈，花溪大道沿线和西南环线沿线处于红线划定范围，平桥社区本想通过"三年千院"专项资金的申请，对附近院落进行改造，但由于该社区处于红线区域内，改造院落的项目未获批准。

（三）建设环境、服务、管理、平安、文明"五宜"社区

1. 环境宜居：推进棚户区与城中村改造

"十三五"时期，平桥社区要针对社区基础设施条件差、居住环境差等问题，积极争取将基础设施老旧或损坏、无停车场、无人管理的工矿宿舍、国家机关和国有企事业单位住宅、拆迁安置小区等申请列入社区"三年千院"项目改造中，积极争取上级资金支持，改变辖区基础设施现状。此外，社区还将不断创新环境卫生建设理念，大力实施绿色"细胞工程"，切实提升社区绿化率。

2.服务宜居:"四大工程"提升公共服务水平

实施"便民工程",深化为民服务体系。一方面,平桥社区将加强对服务的统筹规划与分类指导,充分发挥市场在资源配置中的作用,鼓励辖区单位与组织积极投身社区服务中,多渠道、多途径推动社区服务项目的落实,以服务项目带动社区发展。另一方面,平桥社区以居民群众需求为导向,积极深化为民服务代理制度,将与居民群众生活息息相关的事项纳入代理范围,如社会保障服务、劳动就业服务等。通过为民代理制度的实施,为辖区居民提供便捷高效的服务。

表2 平桥社区2015年度民生服务十事

1	开展退休人员指纹认证工作
2	为辖区复员退伍军人办理免费乘车IC卡
3	环境卫生集中整治活动
4	入户走访宣传防骗知识
5	低保入户核查工作
6	免费为残疾人发放辅助器具
7	积极处置安全隐患树木,保障辖区居民平安
8	协调处置小屯路坠地光缆,保障居民正常通行
9	开展小屯路中曹段占道经营综合整治,还路于民
10	慰问关怀活动

实施"为民工程",健全社会保障体系。"十三五"期间,平桥社区将通过大力挖掘社区就业潜力,开发就业渠道,同时加强对失业人员的技能培训,提高社区居民就业率,减少社区不稳定因素。"十三五"期间,力争为1000人提供免费培训,再就业率达到95%以上。此外,平桥社区加强对辖区内弱势群体的关怀,积极推行低保政策,切实帮助低保人员,解决特殊家庭生活问题。

实施"助民工程",完善社会救助体系。"十三五"时期,平桥社区将通过建立救助体系信息库,准确掌握辖区特殊人群的信息,采取大数据等技术实施有效的救助。同时,加强老年人协会建设,以市场化、全方位的服务,特别是深入开展帮扶鳏寡孤独及空巢老人工作,建立并完善安全服务、医疗服务、生活服务和温情服务"四位一体"服务网络。此外,社区还将深入推进法律服务社区，引导、指导残疾人走出家庭、融入社会，继续做好残疾人就业技能培训工作，帮助残疾人实现自食其力的目标。

实施"民康工程"，加强公共卫生服务。"十三五"时期，平桥社区将大力实施"民康工程"，大力整合社区卫生资源，完善社区卫生服务体系，提升社区公共卫生服务水平。同时，进一步健全社区卫生服务中心预防、保障、基本医疗、健康教育、康复、计划生育技术指导"六位一体"服务体系，构建"小病在社区，大病到医院，康复回社区"的社区医疗格局。

3. **管理宜居：推行准物业自治**

针对辖区老旧小区缺乏物业管理的问题，"十三五"时期，平桥社区在五山小区、三道坎小区、西站家属区、凯宏苑小区建立自管小组的基础上，推行自我管理、自我服务的居民自治式准物业管理的新模式，由社区对试点小区基础设施进行改造和整治，使小区具备基本的准物业管理条件，社区居民自发组成业委会，其中大部分为志愿者，为社区居民提供基本物业服务，包括绿化保洁、停车管理等，物业管理不以营利为目的，物业收费也比较低。

4. **平安宜居：实现治安治理全区领先**

为建设平安宜居社区，实现社区社会治安综合治理全区领先的目标，平桥社区将进一步完善辖区居民、社区居委会、社会单位三级信息队伍建设，畅通信息报送网络，特别是完善影响地区安全稳定的隐患预警信息和紧急突发事件信息的及时报送机制，"十三五"期间，社区综治工作中心将对辖区重点单位、重点街面、重点部位实现100%覆盖。同时，充分发挥各居委会群众工作室、社区群众工作站的作用，及时掌握和科学分析影响地区和谐稳定的矛盾和问题及其产生的原因。

5. **文明宜居：打造全民教育格局**

为给社区营造浓郁文化氛围，平桥社区将充分发挥辖区单位、学校文化资源优势，繁荣社区文化，提高居民文明素质。以创建学习型城区为主题，大力培育各种文体娱乐群众组织和队伍。建立以区文化活动中心为龙头的社区文化活动服务网络。加强区、社区、居三级社区教育组织、阵地和队伍建设。到2017年，逐步建立起以居民文明素质和礼仪规范教育为基础，以未成年人教育和心理健康教育为重点，以社区全民教育格局下失业人员技能培训和外来务工人员择业培训为辅助的格局。广泛开展文明单位、文明行业、文明社区等群

众性精神文明创建活动。此外，平桥社区还将建立思想道德建设长效机制，推进社会公德、职业道德、家庭美德教育，倡导爱国守法、明礼诚信、团结友善、勤俭自强、敬业奉献的基本道德规范。

三 关于平桥社区建设宜居社区的对策与建议

针对平桥社区在"十三五"时期建设宜居社区主要面临的三大挑战，我们提出以下对策与建议。

（一）放宽政策条件，为宜居社区建设夯实基础

平桥社区部分小区位于花溪大道沿线和西南环线沿线划定的红线区域内，造成了社区老旧小区改造难以推行。因此，当地政府可以适当地放宽政策条件，在不大面积进行改造的情况下，对沿线小区环境进行整治，完善小区基础设施建设，提升社区居民的生活质量。同时，依托花溪区"三年千院"行动计划，当地政府给予适当的项目与资金支持，加快平桥社区老旧小区改造速度，为宜居社区建设创造良好条件。

（二）市场与自治相结合，提升社区物业管理水平

缺乏物业管理是平桥社区环境恶劣的重要原因之一。当前，为改善社区物业管理的状况，社区推行准物业自治，由于准物业采取的是居民自治的原则，收取较少的物业费，准物业更多是一种志愿服务，不可能从根本上改善社区管理落后情况的。所以，平桥社区应加强物业购买服务，将物业管理中部分专业服务外包给专业物业机构，以居民委员会作为监督人，弥补其服务"盲区"，实现专业管理与自治管理相结合，从而有效地提升社区物业管理水平、改善社区居住环境。

（三）优化社区综合环境，促进基础设施建设

平桥社区辖区内多为破产歇业企业家属区，基础设施薄弱。加强基础设施建设、优化社区综合环境是建设宜居社区首先要做的。一方面，社区要积极争取项目，利用项目改善社区基础设施；另一方面，社区要积极培育社区组织，

统筹整合社区资源，打造社区多元化主体治理格局。同时，社区需要加强"软"环境建设，比如社区图书馆、老人活动室、青少年活动中心等建设，有效地优化社区综合环境，提升社区居民的生活质量。

参考文献

任致远：《关于宜居城市的拙见》，《城市发展研究》2005年第4期。

解雯娟：《城郊宜居社区规划研究——对我国城郊居住区规划的思考》，兰州大学硕士学位论文，2010。

赵国飞：《都市型宜居社区初探——以天津市和平区都市型宜居区规划为例》，天津大学硕士学位论文，2008。

贵阳市人民政府：《关于印发〈贵阳市棚户区城中村改造2014～2018年行动计划实施方案〉的通知》，http：//www.gygov.gov.cn/art/2014/5/6/art_18322_637766.html，2014年5月6日。

B.19
从新型社区向示范社区提质增效的路径选择

——花溪区航天社区"十三五"发展思路研究

摘　要： 随着贵阳市基层体制改革的不断推进，全市上下对基层体制改革之后的管理机制都在进行积极的探索和总结。航天社区按照贵阳市、花溪区的发展规划进行了社区体制改革，"十三五"时期，航天社区将以和谐、温馨为主题，全面提升服务功能，整体提升宜居度，打造和谐型、优质型、精品型示范社区。本文通过理论研究和实地调研相结合的方式对航天社区"十二五"时期基层管理机制进行总结和问题梳理，并在此基础上对其"十三五"时期发展思路进行研究，以达到在社区管理中去粗取精的效果。这对其他社区也有一定的参考借鉴作用。

关键词： 航天社区　社区改革　新型社区　共驻共建

为创新基层社会治理模式，实现治理体系的现代化，贵阳市于2010年在全市开展城市基层管理体制改革，成立新型社区，提升社区管理服务水平，夯实城市治理根基。

表1　航天社区基本情况一览

社区概况	辖区面积	1.8平方公里	辖区人口			
	辖区范围	辖滨河、漓江、航天园3个居委会	户籍人口	15235人	流动人口	7311人
			18岁以下	497人	失学儿童	0	留守儿童	3人

续表

科技和教育资源	科研院所		幼儿园		小　学		初中高中	
			公办	民办	公办	民办	公办	民办
	1个		0	4所	1所	0	0	0

社会资源	辖区内单位			辖区内社会组织		
	行政单位	事业单位	企业（国有）	孵化型（枢纽型）社会组织	专业型社会组织	自发型（草根型）社会组织
	2个	2个	8个	0	0	0

体育文化休闲餐饮住宿设施	体育场（馆）	影剧院	广场	公园	图书市场、书店	50㎡以上饭店、餐馆	旅店、招待所	写字楼
	1个	0	1个	0	0	8个	2个	1个

医疗卫生资源	综合医院	专科医院（诊所）	妇幼保健院	急救中心	疾控中心	社区卫生服务站	辖区药店	养老机构	
								公办	民办
	0	—	0	0	1个	2个	9个	0	0

困难群体与特殊人群	失业人员数	退休人数	60岁以上老人	残疾人	低保人员	刑释解教人员	吸毒人员
	1人	0	185人	143人	45人	5人	53人

资料来源：2016年12月由航天社区提供。

一　航天社区的基本情况及"五大一小"特征

航天社区辖区内主要以企业、职工宿舍、商品房小区为主，是典型的企业社区。因此，辖区基础设施较为完善、管理较为规范，外来人口较多，人员组成结构复杂，随着社区的不断发展，航天社区逐渐呈现"五大一小"的特征。

（一）航天社区辖三个居委会且特点各异

1. 航天园居委会辖区是贵州三大军工基地之一061所在地

航天园居委会成立于2007年12月，位于贵阳市原小河区红河路5号右侧的航天园住宅小区内，该辖区主要是贵州三大军工基地之一061基地所在地，即中国航天科工集团贵州航天技术研究院（第十研究院），其基地、生产车间、厂房及办公行政大楼都驻扎在辖区内。由于军工基地保密性较强，因此辖区内的管理比较封闭，同时规划布局、基础设施、后勤保障等都相对完善和规范。

2. 滨河居委会辖区以贵阳矿山机械厂大寨职工宿舍小区为主要组成部分

滨河居委会成立于2008年1月，位于南明河上游中曹水厂路段，辖区由贵阳矿山机械厂大寨职工宿舍小区、简易宿舍小区、河边职工宿舍小区、上河城住宅区等小区组成。其中贵阳矿山机械厂是贵阳市历史悠久的老企业，其前身是军工企业，后因发展需要，与外资企业进行了合并，此后，该企业被划分为3个居委会，其中滨河居委会隶属航天社区管理。由于该企业历史比较久远且目前经济发展不景气，因此辖区内基础设施较为陈旧，生活环境相对较差，居民生活条件较为艰苦。

3. 漓江居委会辖区以商品房小区为主

漓江居委会成立于2001年6月，地处黄河南路与漓江路交会处，由漓江花园、鑫荣花园、楠竹花园（一期、二期、三期）、汇景苑、金碧湾等商品房小区组成，该辖区居民大多是外来人员，房屋出租现象较为普遍，因此该辖区存在人员组成复杂、人口流动大、管理难度大等特点。

（二）航天社区整体上凸显"五大一小"特征

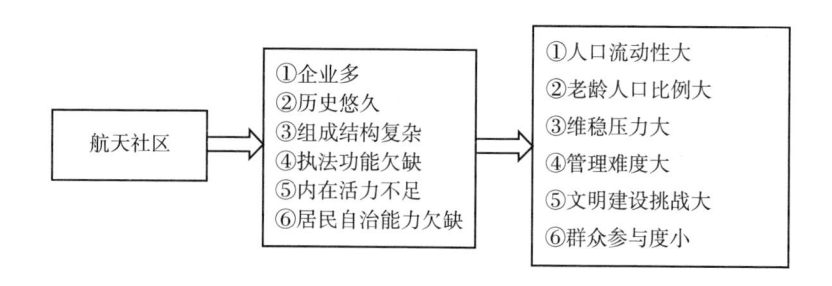

图1 航天社区"五大一小"特征

1. 人口流动性较大

航天社区属于厂矿社区，辖区内有大型国有企业和数十家民营企业，外来务工人员多，且由于民营企业的不稳定性，辖区内人口流动性大。随着流动人口的流入流出，"人走户不走"、"人进户不进"的现象愈加严重，引发的安全、计生、卫生等问题尤为突出，对社区管理构成了较大的挑战。

2. 老龄人口比例大

随着社会的发展，目前社区老年人口的数量在逐渐增多，由于大型国有企业具有稳定性和历史性，企业的老年人口数量在不断增加，社区内现有的养老服务机构、设施的规模和措施，远远不能满足老年人的服务需求。

3. 维护稳定压力大

随着社会结构的深刻变化和群众利益诉求的多元化，各种矛盾纠纷交织凸显，如何改变"五重五轻"现象——重后期处置，轻前期控制；重节点破解，轻日常化解；重各自为政，轻条块联动；重面上摆平，轻成本核算；重任务布置，轻业务培训——形成与新形势相适应的防控模式，是维护社区稳定亟须解决的一大问题。

4. 社区管理难度大

基层体制改革之后，新型社区重服务功能，去掉了执法功能，且与执法部门缺乏顺畅的联动渠道和合作模式，使得社区无法及时解决出现的部分问题，居民矛盾得不到及时疏解，社区管理难度不断加大。

5. 文明建设挑战大

社区基础设施、文化建设同步推进。目前，社区居民结构多样、复杂，整体素质参差不齐，导致社区管理难度增大，文明建设挑战较大，精神文明建设宣传及组织力度亟待加大。

6. 群众参与度较小

由于社区居民流动性大、主人翁意识欠缺，共治合力形成不够，对社区活动的积极性和参与度不高，整合社会力量的多层次平台搭建不完善，吸引群众参与的多形式载体不够，共建共享的多样化活动开展不足，导致群众对参与社区治理的觉悟和积极性未被有效激发，群众参与自治力度小。

二 航天社区建设新型社区的成效与问题

贵阳市"新型社区·温馨家园"建设项目始于2013年初，计划于2013~

2015年每年投入两亿元专项资金,对全市老旧社区进行改造,建设群众满意的"温馨家园"。航天社区作为一个厂矿型老旧小区,在项目实施期间,社区基础设施进一步完善,社区的服务功能进一步提升,但面临再次改造升级,社区仍然要破除一些瓶颈。

(一)"十三一"工作法打造"新型社区"

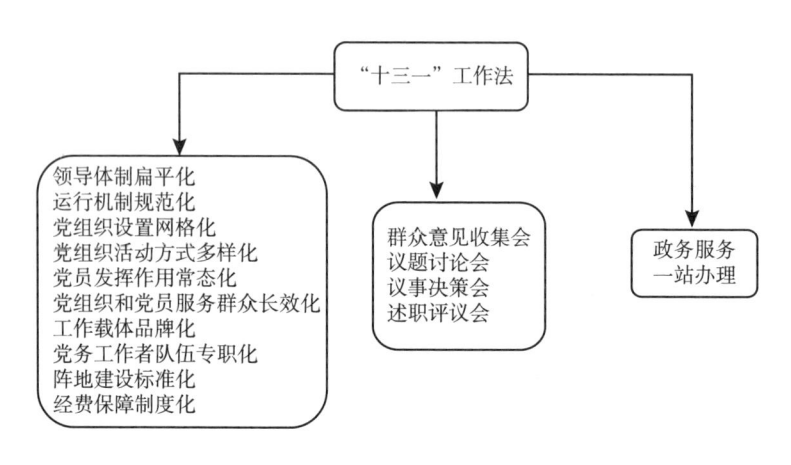

图2 航天社区"十三一"工作法

1. "十化"标准助力区域化党建

航天社区选聘驻区企业及派出所负责人兼任社区党委副书记和委员,实行"大党委制"的管理模式,统一管理辖区内党组织建设。"大党委制"采取"十化"标准推进社区党建工作,主要从管理方式、运行体制、网格设置、党员活动、服务功能、经费保障等多个方面进行管理和监督,促进区域党建水平不断提升。

2. "三会一评"落实基层民主

居民议事会实行"三会一评"制。首先是群众意见收集会,居民议事会成员负责各自区域内的民情民意收集。其次是议题讨论会,群众意见收集后,议事会负责人及时召开议题讨论会议,针对群众反馈的意见和建议进行商讨,并提交社区党委和社区服务中心。然后是议事决策会,社区党委对提出的意见建议进行商讨之后得出最终决议,社区服务中心是最终决策的实施方。最后是述职评议会，每年年终社区党员、驻区单位代表、居民群众代表等参加议事会扩大会，社区党委书记、社区服务中心主任、议事会负责人等分别对各自负责领域的工作完成情况进行述职汇报，评议结果直接纳入绩效考核指标。通过"三会一评"的方式，推动群众直接参与公共事务管理，实现基层民主最大化。

3. "一站办结"优化管理服务

政务服务大厅是政府对外行政审批和行政服务的窗口，通过这扇窗口可以折射反映一个城市建设服务型政府的水平和机关作风建设的文明程度。组建政务服务中心是搭建平台，使行政审批机关集中办公，为居民提供快捷便利服务，从而依法、规范、高效地解决问题。航天社区坚持便民、利民、惠民"三民"原则，推行"一站式"服务，同时加大对其服务能力的管理与监督，实现服务内容、服务流程的公平公正公开，实施制度上墙，从社区治理方方面面提供全方位服务，确保辖区服务全覆盖。

（二）"新型社区"建设中凸显的主要问题

1. 社区与执法部门联动性差，问题处理滞后

社区主体缺乏执法权，在进行社会管理的时候需要与执法部门密切合作，但由于社会管理涉及的执法部门范围广、部门多，社区工作人员权利与数量有限，导致社区和执法部门未能建立健全的联动机制，无法及时解决问题，增加了社区管理难度。

2. 社区基础设施建设滞后，缺乏主导权

城市社区治理条块分离，区属部门对社区的管理处于"条"层面，社区处于"块"层面。社区的基础设施建设资源主要掌握在"条"部门手中，"块"受资金等资源限制，在社区的基础设施建设上主要扮演的是决策建议角色。社区对自身基础设施建设缺乏主导权是社区基础设施滞后的重要原因，这些都制约着社区升级改造进程。

3. 居民主人翁意识不强，参与度不高

社区以服务居民为本，其建设应紧扣居民需求。社区建设需要居民的广泛参与，居民参与度的高低直接决定着社区建设的成败。航天社区内人口流动性大，人员结构复杂，进行规范管理的难度较大，以致社区居民对

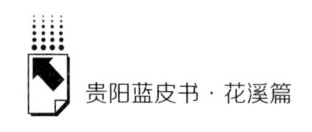

社区认同感不高,对社区活动参与热情和积极性不高,主人翁意识有待增强。

三 对航天社区从新型社区向示范社区提质增效思路的研究

经过"十二五"时期的发展,航天社区通过自身建设及贵阳市"新型社区·温馨家园"社区项目的改造,新型社区的雏形逐渐形成,基础设施逐步完善,管理体制机制日趋规范。面对提质增效的任务,航天社区坚持提升服务功能,以提升居民生活的便利度、舒适度、安全度为目标,全力打造示范社区。

(一)紧抓机遇确立"示范社区"建设目标

1. 社会建设加快促进社区升级改造

加快推进社会建设为社区的升级改造增添了动力,"十三五"是社会建设的关键时期,社会建设的发展,推动了社会保障体系的不断完善;促使群众对公共服务的新需求得到不断满足,社会创新活力进一步激发;促使群众对社会管理参与力度逐步加大,社会和谐元素持续增加;促使群众对社会公平正义的新期待得到实现,社会建设为社区建设和发展提供了重要的社会支撑,加快促进社区升级改造。

2. 基础设施建设推动社区升级改造

基础设施建设作为硬件设施的重要组成部分,是示范社区建设的前提保障,是推进社区发展不可或缺的重要因素。省、市及区每年实施项目的推进,为群众创造了更加美好的生活环境,为社区管理创造了更加有利的客观条件。社区积极做好老旧小区的改造配合工作,令居民生活设施得到改造,也全面改造升级了社区。

3. 改造升级的目标是建设示范社区

示范社区的建设与实现全面建成小康有着密切联系,示范社区建设是建成小康社会的重要内容,因此,示范社区的建设要紧紧围绕全面提升居民生活条件、改善居民生活环境来进行。社区的改造升级是在原有基础上对社区基础设施进行更新完善、对人居环境进行优化提升、对管理体制机制进行规范健全，全力提升居民生活便利程度、舒适程度与安全程度，最终建成示范社区。

（二）围绕功能优化提升"四度体验"

1. 增强服务功能，提升便利度

增强服务功能首先是加大对干部职工的综合培训力度，提升领导班子的整体素质，完善为民办事的全程代理机制。其次是依托网格化管理服务系统建立各部（室）共享的社区数据库，实现数据一次采集、资源多方共享。再次是鼓励和支持各类企业和组织、个人兴办为民服务业，增加服务产业的集聚。同时加强与辖区医疗机构的联络与合作，形成双向驱动的工作模式，推进计划生育规范化、公共卫生全面化。重视创业带动就业、社会保险和社会服务，大力发展家政服务业，实施家政服务从业人员定向培训工程，整体提升社区居民的生活便利度。

2. 增强宜居功能，提升舒适度

创新环卫工作机制，大力推行机械化，提高环卫机械化作业率，加大力度清理城市卫生盲区。探索长期有效的工作模式，标本兼治解决占道经营、小广告等各种城市顽疾。做好辖区内环境的绿化美化工作。全面清理公路沿线非法广告和标志、标语，加强病媒生物防控工作，开展病媒生物存在场所日常和季节性控制，降低区域内生物密度。加大健康教育力度，积极开展不文明行为宣传教育活动，营造社区居民人人参与创卫活动的良好氛围，提升社区舒适度。

3. 增强治理功能，提升安全度

增强事前防备、事中控制、事后解决能力，维护社会大局稳定。完善矛盾纠纷排查调处的工作责任制度，以综治工作站为依托，网格化管理平台为抓手，及时发现和调处各种社会矛盾。巩固加强专职治安巡防队伍，大力发展保安服务业，完善对保安行业的管理，进一步明确和规范物业管理公司在治安防范工作中的职责任务，充分发挥其积极作用，加大人防、物防、技防投入，建立完善的治安防控网络。加强对流动人口的服务管理，依托网格化平台机制，实现流动人口的动态监控。做好对特殊人群的教育、管理和引导，完善常态管控机制，加强对高危群体的关注和管理。深入持久地开展反邪教警示教育，加强国家安全人民防线建设，开展国家安全宣传教育，健全国家安全工作长效机

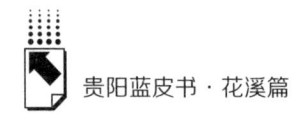

制，进一步做好新形势下的涉外国家安全和保密工作。全面排查不稳定因素，提升社区居民安全度。

4. 增强凝聚功能，提升参与度

整合社区社会资源，联创共建和谐社区。通过挖掘社区建设有生力量，广泛动员社会力量参与社区建设，积极调动驻区单位和辖区非公企业参与社区事务的热情，全面整合社区社会资源，实现教育资源、体育资源、文化设施等公共资源向社区居民免费开放，形成"资源共享、优势互补、条块结合、共驻共建"的工作格局。同时强化群团组织建设，助推社区发展升级，重点开展帮困助贫工作，发挥群团组织的职能效用，推动群团组织团结动员群众。同时开展维护群众合法权益工作，推动群团组织服务居民群众工作延伸发展。最后大力开展特色鲜明的志愿活动，推动群团组织引导居民群众自觉培育和践行社会主义核心价值观，营造社区建设人人有责的良好氛围，形成社区、社会力量、居民群众共建共享的和谐局面。

（三）创新"五九五"工程，打造"三型"示范社区

1. 实施党建工作"五联五共"，打造和谐型社区

以航天园居委会为试点，开展"五联五共"工作，即以党建工作联抓、社区党委共建，社区资源联享、和谐社区共建，精神文明联创、文明社区共建，社区治安联防、平安社区共建，环境卫生联治、绿色社区共建，实现社区工作与党建工作共建共治共享的和谐局面，着力建设和谐社区。

2. 实施全程代理"三个三"，打造优质型社区

以社区服务大厅为重点，实施全程代理"三个三"工程，全面整合社区内为民办事项目，根据为民办事项目的承办单位范围将其划分为承办、代办、联办三个类别，挑选出其中手续完整并可通过"一站式"服务大厅办理的项目，将其分别归于即办件、承诺件和上报件，最后依托社区、居委会等组织形成多地点办结、多人员办结、多时限办结等模式，建立"多元、灵活、便利"的全程代理格局，着力建设优质社区。

3. 实施宣传工作"1+4"，打造精品型社区

以突出社区工作优点、展现社区工作亮点和特色为目标，设计一个社区专属标识，充分发挥社区官方网站、微信官方公众号、宣传板以及LED显示屏

等媒体作用，全方位多渠道对社区进行宣传，全面推广社区服务品牌，不断提升居民群众归属感和满意度，着力建设精品社区。

（四）推动体制机制创新探索，真正实现提质增效

1. 条块结合的社区管理体制探索

社区由不同的社会群体以及社会组织组成，结构多元且复杂，这些组成元素尽管在一定区域内形成了集聚状态，但是其各自社会属性不同，跨行业或跨系统的沟通机制也尚未完善，最后造成了社区资源整合度不高，社区成员参与公共事务管理的意识淡薄的情况。而随着社会结构的不断重组，社区内单向沟通机制已经不适应当前的发展形势，社区的管理模式亟待转变，而大数据、互联网的发展为社区管理模式的转变提供了有效的手段。大数据平台建立后，对社区资源进行有效的整合，促进了不同行业和系统之间的互联互通，破解了条块分割的难题，促使社区更好发展。

2. 社区基础设施建设资金来源渠道多样性探索

社区转型之后没有经济职能，所有的资金依靠财政拨款，这类资金来源单一且周期长，对当下社区的建设速度有一定的阻碍，完善的基础设施是保障社区健康发展、提升居民生活幸福感的基本条件。因此，社区在下一步发展中应创新管理方式，积极探索基础设施建设资金来源渠道的多样化。坚持"谁投资，谁受益"、"谁受益，谁投资"的理念，推动社会力量参与社区基础设施建设；依托社区内丰富的企业资源，探索以政府为主导的多渠道筹措方式，为社区管理和服务提供资金来源；通过财政拨款、设立专项基金和提供优惠政策等多种形式来保障社区的基础设施建设。

3. 居民自治机制探索

随着我国体制改革的不断推进，简政放权、管理重心下移是社区体制改革的趋势，新型社区的成立促进了服务型政府职能的转变，因此，进一步引导居民参与社区自治是社区管理未来的发展方向。社区在引导居民参与社区共治的时候，首先应帮助居民树立主人翁意识，强化基层民主机制建设，积极引导社区居民参与到社区基本管理事务中，组织开展一系列的卫生监督、奉献爱心等志愿者及文化活动，在活动中促进社区居民之间的沟通，形成合力，实现人人参与、人人管理、人人都是主人的和谐局面。

参考文献

航天社区服务中心：《"十三五"时期航天社区发展规划基本思路》，2016。

连玉明、朱颖慧：《贵阳城市创新发展报告 No.1 花溪篇》，社会科学文献出版社，2015。

汪诗颖：《城市社区管理体制改革研究——以贵阳市为例》，贵州财经大学硕士学位论文，2015。

张慧丽：《城市社区建设研究》，郑州大学硕士学位论文，2004。

温朝霞：《对我国社区文明建设的若干思考》，《探求》2008年第2期。

郑杭生：《中国特色社区建设与社会建设》，《中南民族大学学报》2008年第6期。

贵阳市政务服务中心：《完善政府大厅建设 树服务型政府形象》，http：//www.gyasc.gov.cn/dybg/28828.jhtml？channel_id=，2014年8月28日。

B.20
推进企社共建共治共享
推动社区服务功能提升
建设新型现代化社区
——花溪区航空社区"十三五"发展思路研究

摘　要： 航空社区辖区内企业较多，配套设施齐全，社区人口大部分是辖区企事业单位职工及家属，常住人口单一，是一个典型的企业型城市社区。由于辖区内企业主要以生产经营为主，对社区社会事务的参与度较低，企业与社区之间互动较少，社区治理难度较大。"十三五"时期，航空社区创新基层管理方式，充分发挥驻区企业的优势，建立完善社区"大党委"工作机制，以企社共建共治共享为抓手，加强辖区内企事业单位与社区的联系，推进利益共融，推动多元主体参与社区管理，强化社区服务能力，将航空社区建设成为新型现代化社区。

关键词： 航空社区　大党委制　社企合作　共治共建

　　航空社区位于贵阳市小河区南部，距离贵阳市中心城区较近，辖区内企业较多，且经济效益好，社区内基础设施完善，精神文明建设较好，是一个典型的企业型城市社区。随着贵阳市基层体制改革的不断探索和实践，经过"十二五"时期的发展，其新型社区的管理体系已基本形成，"十三五"时期，社区的发展将登上新台阶，形成更加成熟的管理经验，为我国社区建设提供模式参考。

表1 航空社区基本情况一览

社区概况	辖区面积	辖区面积 1.26平方公里	辖区人口					
	辖区范围	辖枫阳居委会、松花江居委会、红林居委会	户籍人口	11424人		流动人口		2846人
			18岁以下	216人	失学儿童	0	留守儿童	0
科技和教育资源	科研院所		幼儿园		小学		初中高中	
			公办	民办	公办	民办	公办	民办
	0		0	2所	2所	0	1所	0
社会资源	辖区内单位			辖区内社会组织				
	行政单位	事业单位	企业（国有）	孵化型（枢纽型）社会组织		专业型社会组织	自发型（草根型）社会组织	
	1个	1个	2个	0		0	0	
体育文化休闲餐饮住宿设施	体育场（馆）	影剧院	广场	公园	图书市场、书店	50㎡以上饭店、餐馆	旅店、招待所	写字楼
	0	0	0	0	0	0	0	0
医疗卫生资源	综合医院	专科医院（诊所）	妇幼保健院	急救中心	疾控中心	社区卫生服务站	辖区药店	养老机构
								公办 民办
	0	0	0	0	0	0	0	0 0
困难群体与特殊人群	失业人员数	退休人数	60岁以上老人	残疾人	低保人员	刑释解教人员	吸毒人员	
	22人	0	0	145人	37人	4人	47人	

资料来源：2016年12月由航空社区提供。

一 航空社区建设新型现代化社区的必然性

（一）航空社区是一个典型的企业型城市社区

航空社区地处小河区南部，成立于2011年5月1日，辖枫阳居委会、松花江居委会、红林居委会，辖区内企业单位较多，是一个典型的企业型城市社区。其中，松花江居委会辖区内有王武监狱、武警九中队及三中队、武跃机械公司等企事业单位及分支机构，居民小组较为分散，基础设施建设尚待完善。枫阳居委会处于航空社区北部，辖区内主要有贵阳枫阳实业有限公司、贵州枫阳液压有限责任公司、枫阳医院、花溪区第九小学等企事业单位，医疗教育资源配置较齐全。红林居委会辖区内绝大多数居民为中航工业红林机械有限公司的职工和家属，辖区内企事业单位较多，主要有贵州红林机械有限公司、红林诚达公司、红林机电安装公司等企事业单位和贵阳市农村商业银行、建设银行等企业服务网点，是一个企业独立型居委会。红林居委会文体生活娱乐场所较为健全，精神文明建设较好，多次受到上级表彰。

（二）建设新型现代化社区是发展的必然要求

在贵州省"十二五"规划的开局之年，贵州省委、省政府立足于贵州省情提出了"两加一推"[①]的战略。贵阳市为适应这一要求，于2010年开始进行城市基层管理体制改革，切实推进社会管理工作思路创新、方法创新、制度创新，并于2012年5月公布了《贵阳市社区管理暂行办法》，在贵阳市区内全面开展社区管理体制改革。

航空社区在2011年之前隶属于原小河区三江街道办事处，随着社会的快速发展、贵阳市对基层管理的不断完善，在原小河区全区实行"市－区－社区"三级服务管理模式时，原三江街道办事处被撤销，并在此基础上设立了小孟社区服务中心和航空社区服务中心，航空社区在这样的背景下成立，并通过构建"一委一会一中心"，形成新型区域化党建工作格局。新型社区剥离了原有的经济职能，推动服务重心下沉，将发展重心从经济转移到了社区居民身上，从街道办事处到新型社区的转型、从对经济的关注到对人的关注，体现了我国社会在不断进步，精神文明水平在不断提升。而随着基层管理体制机制的逐渐成熟与完善、居民综合素质的不断提升，贵阳市基层社会治理也面临着更高的要求。

---

① "两加一推"：加速发展，加快转型，推动跨越。

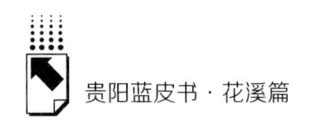

二 航空社区建设新型现代化社区的基础与瓶颈

航空社区在"十二五"期间，致力于加强辖区单位与社区联系互动，增强社区服务能力，为下一步建设新型现代化社区奠定了发展基础，但同时，新型社区的管理体制机制仍在探索阶段，也存在社区党委管理体制不够完善、社区养老服务落后、社区自治水平不高等问题。

（一）航空社区新型社区管理体制初步形成

1．"大党委"模式提升党建水平

航空社区围绕"党建工作联做、党建资源联享、精神文明联创、服务难题联解、公益事业联办、生活环境联建"的思路开展党建实践探索，从体制机制方面改变党组织的工作模式，建立起"社区大党委"的工作格局。在"社区大党委"领导下，航空社区积极建立健全社区联席会议制度，明确社区各部门的功能定位和成员单位的工作职责，推进社区党建工作从垂直管理向区域整合转变。在这种新工作模式下，社区党委行使领导权，社区议事会行使提议提案权，社区服务中心行使执行权，社区成员代表大会行使监督评判权，在这样的合理分工下，社区内各单位党组织和全体居民共同参与，条块结合，优势互补，加强了社区与企业的联系。另外，航空社区积极探索社区党组织的横向联建，创新社区党建的共建机制，发动单位党员和群众自愿参与社区建设，在社区内形成党员互教互管、困难互帮互助、治安联帮联防和共培共育的文明新风尚，从而推动"社区大党委"的科学规范运行，提升党建聚合力，加强辖区单位与社区的联系互动，强化社区服务功能。

2．标本兼治提升社会治理水平

针对辖区内企业数量多、企业生产任务重的特点，航空社区将服务辖区企业安全生产放在重要位置，围绕制度建设，逐步形成安全工作的常态化。首先，针对辖区内企事业单位、商店、建筑工地和烟花爆竹店众多的情况，航空社区对城区主次干道、加油站、商店、建筑施工现场集中开展检查整顿行动，全面贯彻落实"大检查、大督查、大整改"的安全生产三大行动。其次，航空社区大力开展综治维稳和平安创建活动，不断增强社会治安防控能力，积极做好矛盾纠纷排查调处工作，确保了重大节会的安全稳定和重点项目的施工环境。最后，针对社区存在一些吸毒人员的问题，航空社区党委多次召开专题禁毒工作会议，研究制订方案，部署辖区禁毒工作，辖区各包居领导签订禁毒目标责任书，并对社区康复人员进行慰问，主动帮助社区康复人员回归社会，加强对吸毒人员的教育管理，通过以上措施标本兼治，航空社区提升了自身社会治理水平，提升了航空社区治安水平。

3. 服务优化提升社区服务水平

首先，航空社区党委组织开展党的群众路线教育实践活动，积极回应群众关心的突出问题，并逐项制定整改措施，逐一明确"任务书"、"时间表"和整改责任人，党员干部的工作作风明显改进。其次，促进社区干部形成"亮点群众工作法"，航空社区在2015年走访群众工作中，总结、提炼了"三知"群众工作法，社区党员干部"知群众之所想，知群众之所急，知群众之所困"，切实帮助群众解决各种问题。再次，航空社区以党建"网格化"管理为依托，为居民家庭建立了包含辖区居民基本情况、联系电话及医保、社保、低保和计生节育措施等各方面信息的网格化管理系统，使社区开展服务更主动，社区干部和群众的凝聚力进一步增强，社区服务能力也得到了提升。

4. 民生改善提升宜居水平

首先，航空社区在社区养老、医疗、失业、工伤和生育保险扩面征缴方面实现突破，不断完善社保体系，基本实现养老保险、城乡居民社会养老保险、医疗保险全覆盖，同时每年开展就业技能培训和创业培训，帮助就业困难人员实现再就业。其次，航空社区将社会救济工作向纵深推进，认真落实惠民政策，严格有序开展城乡居民最低生活保障工作，对辖区低保对象实行动态管理，加强对育龄妇女和失独家庭的慰问与关怀，开通上门办证、送证到家的"便民服务直通车"。另外，航空社区不断丰富居民文化生活，于2013年成立了航空社区文体协会、书画协会，大力发展社区文化体育事业，将各项全民健身项目全面落实，开展健身运动会、文艺会演等活动丰富居民的精神文化生活，加快发展社区的社会福利事业、卫生事业、教育事业，增加了社区居民之间的联系，增强了居民对社区的归属感，增强了社区居民的幸福感。

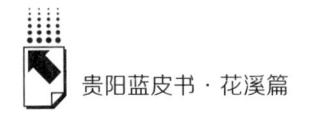

（二）航空社区建设新型现代化社区的瓶颈

1. 社企互联互通机制仍需完善

由于航空社区与驻区单位在党组织上互不隶属，行政上互不关联，辖区内一些企业与社区之间缺乏联系，社区与驻区单位之间工作协调沟通难，资源优势互补难，在职党员作用发挥难，沟通协调存在一定的障碍，虽然在党建方面"大党委"的工作起到了一定的作用，但是现在"大党委"工作模式还处在过渡阶段，航空社区对辖区单位"管不着"、"管不了"、"不好管"的问题依然存在。

2. 社区养老服务水平仍需提高

对一些子女不在身边的老人，航空社区发动居委会的党员干部来加以照顾，通过居委会的党支部时常关心照顾他们的生活，这样的服务方式不仅落后，还面临着两大问题。首先，由于没有具体的工作计划安排，通常一年左右工作人员便会放弃，被安排的工作人员难以提供长期持久的服务。其次，社区居民真正需要的是养老机构提供系统的、完整的养老托老服务，以及居家养老等服务，而航空社区的党支部目前还很难提供规范的养老服务，养老服务水平还有待提高。

3. 社区环境卫生管理水平仍需提高

由于航空社区的环境卫生工作没有得到合理分工安排，目前维护社区环境卫生的职责由居委会承担，垃圾处理设施不完善，比如社区没有垃圾车、垃圾斗，路边没有果皮箱等，严重影响了社区的垃圾清理工作。另外，居委会组建的社区环卫队伍由附近农民组成，管理很不规范，再加上航空社区的房屋建筑比较老，居民楼杂物乱存乱放，楼栋基础设施年久失修，车辆乱停乱放等问题进一步加大了社区环境清洁的难度，环境清洁问题严重影响了航空社区的面貌。

4. "多元共治"参与意识仍需加强

航空社区目前已有航空社区文体协会、航空社区书画摄影协会等社会组织，但是社会组织的种类和数量都还不够多，而且缺少活动开展阵地，社会组织对社区公共事务的参与程度不高，社区难以整合发动社区单位党组织、社区居民、辖区内中小企业和志愿者组织等参与到社区公共事务的管理中来，难以形成多元主体参与社会治理的工作局面。

三 航空社区"十三五"时期建设新型现代化社区的思路研究

航空社区在"十三五"期间将持续探索社区党组织与驻区单位党组织组建"大党委",强化企业与社区的互联互通机制,推进社企共建,推动企业参与社区共治,不断完善社区服务机制,强化服务功能,以建成新型现代化社区。

(一)以"大党委"为核心,促进社企共建共治

"十三五"期间,航空社区将继续完善社区"大党委"工作模式,坚持以社区"大党委"为核心,开展各项社区服务和社会治理工作。由于航空社区是企业型城市社区,也是两家大型军工企业所在地,社区以辖区内多家企业和单位职工为主要服务对象,社区的常住人口和服务对象相对单一,社区人口管理难度较低,"大党委"工作模式较为容易推行。

航空社区服务中心内设置党政工作部、城市管理部、社会事务部和群众工作部四个部门分管不同类别的社会工作(见图1),党政工作部为核心统领,城市管理部负责社区共建,社会事务部负责社区共治,群众工作部负责社区共享,促进"大党委"领导下的社区共建共治共享工作合力形成。要以"大党委"制为核心,使社区共建共治共享的模式有切实的部门工作支撑,以各部门之间的互相协作促进社区共建共治共享齐头并进,促进联合发展。

(二)创新党建联席会议制度,推进社区企业共建

作为企业型城市社区的航空社区,"大党委"领导下的联席会议制度在航空社区产生了良好的效果,为进一步提高辖区单位党员干部和企事业单位职工对社区公共事务的参与度,在联络机制上依然需要创新。在参会方式上可采取社区人员到单位举行会议的方式,单独就该单位的情况和单位开会对接,通过这种创新灵活的联席会议制度提高辖区企业对"大党委"社区共建模式的参与度。同时,航空社区辖区内有企事业单位,积极发动辖区内诸多小企业参与共建也是航空社区共建的一个重要方向。一方面,社区通过共建把辖区内的小

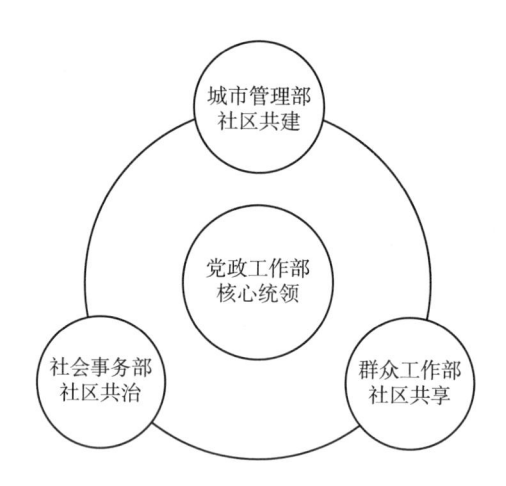

图1　航空社区服务中心的内部分工

企业联合起来,发挥规模经济效应,推动社区发展。另一方面,辖区小企业也需要社区提供社区服务,诸如劳动就业推荐、劳动事务咨询、计划生育的管理等,发动这些附属企业参与社区共建不仅有利于企业的发展,也有利于加强企业与社区的联系,从而推动整个社区的经济社会发展。

(三)培育共治意识,推动多元主体参与共治

在"十三五"期间,航空社区应建立健全社区党组织牵头、社区居民委员会和社区服务中心参加的联席会议或例会制度,研究讨论社区建设、治理和服务中的重大问题,协调沟通有关事项。

在具体实施上,首先是创新沟通形式,通过社区事务听证会、民主恳谈会、矛盾协调会和党群议事会加强多元主体的沟通,鼓励支持社区党员、居民和驻区单位参与社区事务。其次,应大力开展志愿服务,根据社区居民的构成,积极培育不同类型、不同层次的社区志愿服务组织,积极培养群众志愿服务骨干,广泛开展定点服务、预约服务和主题服务等各类志愿服务活动。最后,积极支持群众组织和社会组织开展服务,支持工会、共青团、妇联等群众组织积极参与邻里互助、居民融入和纠纷调解等社区事务和各类服务活动,从而有序推进社区服务市场化、社会化,进一步提高社区共治水平,强化社区的服务职能。

（四）创新管理方法，提高社区服务水平

"十二五"期间，航空社区的服务能力和服务水平得到显著提升，但社区服务工作还不够规范，通过完善社区规范化服务机制提升社区服务规范化水平，是形成社区共享局面的一个路径。社区规范化服务机制的完善需要从规范社区服务活动和规范社区事务管理两个方面入手。

首先，在规范社区服务活动方面，航空社区可继续推行网格化管理，以党员为骨干，在每个网格组建各类服务团队，定期开展组团式服务活动，并通过搭建信息化平台为社区居民提供交流、反馈信息的线上渠道，从而实现社区共享。

其次，在规范社区事务管理方面，航空社区可成立社区惠民项目基金，着力解决航空社区自身的养老托老服务问题，该基金要定期接受上级有关部门的财务检查和审计，每半年向居民公开项目基金财务收支情况，保障专项资金的合理有效利用，通过构建社区服务活动和社区事务管理两方面的规范化机制，推动社区共享共建，提高社区服务水平。

参考文献

航空社区服务中心：《"十三五"时期航空社区发展规划基本思路》，花溪区政研室，2015。

航空社区服务中心：《航空社区"十二五"规划总结》，花溪区政研室，2015。

丁清：《贵阳市社区管理体制改革研究——以观山湖碧海社区为例》，贵州财经大学硕士学位论文，2013。

王璐瑶、郑理谦：《驻黔央企分离移交"三供一业"工作》，《贵州日报》2015年9月25日。

雨花区左家塘街道办事处：《关于推进社区服务型党组织和社区工作规范化建设的意见》，长沙市雨花区左家塘街道办事处网，2014年5月21日。

B.21 变人口结构多元为参与主体多元 以基层和需求为导向推动社区自治

——花溪区金欣社区"十三五"发展思路研究

摘　要：　"十二五"时期，花溪区金欣社区在经历贵阳市基层管理体制改革和花溪区区划调整后，逐渐发展成为人口结构复杂、居民需求多元、社区治理以政府为主导的社区。为更好地发挥社区的服务职能，"十三五"期间，金欣社区将变人口多元为参与主体多元，以需求为导向，使社区居民参与到社区公共事务的决策和管理中，从而增强社区居民的归属感和认同感，实现社区自治。

关键词：　金欣社区　结构多元　主体多元　社区自治

金欣社区成立于2011年5月，系原小河区整建制撤销街道办事处后成立的12个新型社区之一，位于贵阳市花溪区金溪路。辖区内有国有企业、非国有企业、事业单位、金融机构、小型超市、餐饮及零商铺面等。

表1　金欣社区基本情况一览

社区概况	辖区面积	5.89平方公里	辖区人口			
	辖区范围	东:西南环线 西:石板镇 南:花溪 北:甲秀南路	户籍人口	4931人	流动人口	3405人
			18岁以下	2504人	失学儿童	0	留守儿童	0

续表

科技和教育资源	科研院所		幼儿园		小学		初中高中	
^	^		公办	民办	公办	民办	公办	民办
^	1个		1所	1所	1所	0	2所	0
社会资源	辖区内单位			辖区内社会组织				
^	行政单位	事业单位	企业（国有）	孵化型（枢纽型）社会组织		专业型社会组织		自发型（草根型）社会组织
^	0	1个	—	0		0		0
体育文化休闲餐饮住宿设施	体育场（馆）	影剧院	广场	公园	图书市场、书店	50㎡以上饭店、餐馆	旅店、招待所	写字楼
^	1个	0	1个	0	0	4个	0	0
医疗卫生资源	综合医院	专科医院（诊所）	妇幼保健院	急救中心	疾控中心	社区卫生服务站	辖区药店	养老机构	
^	^	^	^	^	^	^	^	公办	民办
^	0	0	0	0	0	1个	3个	0	0
困难群体与特殊人群	失业人员数	退休人数	60岁以上老人	残疾人	低保人员	刑释解教人员	吸毒人员	
^	8人	1069人	1005人	80人	113人	6人	31人	

资料来源：2016年12月由金欣社区提供，下同。

一 金欣社区进行社区自治的基础

（一）金欣社区发展变化历程

金欣社区属于典型的城乡接合部社区，具有城市社区与农村深度融合的特点，其发展几经变化。金欣社区曾属于金竹镇，在金竹镇被撤销后，成立了金竹街道办事处，之后金竹街道办事处被拆分为两个社区，一是金竹社区，一是金欣社区。金欣社区主要管辖原金竹镇的国有企业、私有企业和破产企业的家属区，除了省农科院外，大部分企业处在贵阳市委、贵阳市政府规划建设的金竹板块核心区。

表2　金欣社区发展变化一览

2000年	国务院批准成立贵阳市小河区,辖贵阳市小河镇和花溪区金竹镇
2001年	小河区撤销小河镇和金竹镇,成立城镇社区办公室和农村社区办公室
2004年	将城镇社区和农村社区管辖的社区居委会和行政村整合,成立金竹社区等社区,并成立社区党工委和办公室加以管理
2005年	撤销金竹社区办公室,成立金竹社区办事处
2008年	撤销金竹社区办事处,成立金竹街道办事处
2009年	金竹街道办事处正式挂牌运行
2011年	小河区撤销金竹街道办事处,拆分为金竹社区和金欣社区,并分别成立了社区党委和服务中心
2012年	国务院同意撤销贵阳市花溪区小河区,成立新的贵阳市花溪区,辖原花溪、小河区的行政区域,故金欣社区归新的花溪区管辖

按照贵阳市基层管理体制改革的相关精神，金欣社区在成立社区服务中心以后，不再承担经济发展职能，而是以服务为主。金欣社区与其他城市社区差别明显，是因为金竹镇和农村有过深度融合发展，它属于典型的城乡接合部社区，虽然发展定位为城市社区，但基础设施仍落后，人员层次复杂，属于知识分子、失地农民、外来流动人口和破产企业职工共存的多元化人口结构。

（二）金欣社区亮点和创新模式

1. 成立大党委，带动基层党组织建设

此前，金欣社区存在与驻区单位党组织互不隶属、行政上互不关联、管理上条块分割的问题，使社区党建工作与驻区单位党建工作协调沟通难、资源优势互补难、党员发挥作用难。"十二五"期间，金欣社区强化基层党组织建设，通过建设大党委将辖区党组织延伸到各个地方，不留死角进行合力，形成了由辖区省农科院党政办主任和朝晖厂党委书记担任大党委副书记，省地矿局物化勘院开发办主任和玉蝶电缆党委书记担任大党委的党委委员组织架构。

在大党委领导下，金欣社区以业余党校学习为抓手，强化思想教育，加强对党员干部的管理监督，树立基层党员干部心系群众、扎实干事的良好形象；以社区基层组织为依托，推进党建工作区域化，组织协调社区党员积极参与社区建设，充分发挥共产党员服务群众、凝聚人心的作用。同时在社区划分的每个网格中成立一个党小组，发动党员，带动居民，直接为辖区发展献计献策。

2. 借助社会组织力量进行信访维稳

金欣社区把社会组织和信访维稳结合在一起，通过社区艺术团、书画院、革命精神宣讲报告团等组织活动，借助社会组织力量进行信访维稳。以现有的文体设施为依托，开展内容丰富的文化、体育活动，从而提升居民精神文化生活质量，增强居民身体素质。通过加强"金欣书画院"、"金欣艺术团"队伍建设，加大经费投入和人员配备力度，组织居民积极参与各种文艺活动，展现金欣社区居民的文明风采。

金欣社区成立了许多社会组织，通过开展形式多样的文化活动，开展信访维稳工作，同时发挥社区居民的特长。截至目前，金欣社区成立的社会组织有"金欣书画院"、"金欣艺术团"等，其中"金欣书画院"是贵州省第一家社区书画院。这些社会组织不仅丰富了社区居民的生活，提升了整个辖区的文化氛围，还在一定程度上发挥了信访维稳的作用。

3. 发挥居委会的"自我造血"功能

金欣社区立足本地服务需求，整合政府、企业及社会资源，通过承包社区的绿化、修路等工作，进行"自我造血"，并创新居委会发展模式，实现居委会发展的自循环。在法律允许范围内，辖区的金溪居委会组织居民成立了一个便民服务队，旨在以低价承包社区绿化、修缮小区公共设施等工作，同时赚取廉价的劳动报酬。这一方面解决了居民的就业问题，另一方面为居委会积累一定的集体财产，方便开展公益活动，这样既可以创造社会效益，又可以创造经济效益。

通过由"政府输血"到"自我造血"的转变，金欣社区实现了居委会与社区其他主体、组织的良性互动和优势互补，不仅获得了更多的人、财、物资源，而且将社区其他主体、组织有效地纳入了社区服务体系中，增强了社区居民的凝聚力和向心力。同时，居委会以社工专业的理念和技术提升社区其他主体、组织的服务水平，以身边发生的变化引导居民共同完善社区服务功能。

4. 建立金欣社区微信公众平台，促进政民互动

金欣社区建立了社区微信公众平台，该平台可以根据辖区内居民、企业、商户的不同特点开展形式多样、内容丰富的网络宣传。居民通过登录手机微信，进入社区微信公众平台，即可与社区进行互动。社区利用微信平台为居民提供政策咨询、就业指导、办理事务流程介绍、网上互动式问答等业务，这不仅缩短了服务路径，而且提高了服务效率。社区各项工作也通过社区微信公众平台进行，如发布社区活动内容，收集居民提出的意见建议，开通政民互动的领导信箱等，使供需双方互动实现精准化，形成一种在监督中开展工作的局面，做到问政于民、问需于民、问计于民，增强了社区的公信力。

5. "五类群体"创新社区管理模式

金欣社区在落实好社会治理和群众工作各项方针政策的基础上，力争实现"发案少、秩序好、社会稳定、群众满意"的目标，加快平安和谐社区建设，创造良好的社会治安环境。社区结合实际对辖区内的人口进行分类归口，明确了目标责任，提出管理服务好五类群体的模式。以楼群院落为基本单元，对常住人口、流动人口、关爱群体、重管人口、利益诉求群体五类，进一步摸清底数，将邻里纠纷调解、"两严一降"巡逻守护、违法建筑管理、计划生育、民政低保、环境卫生动态等全面纳入动态管理，夯实了基层基础，筑牢了网底，在"十二五"期间实现了辖区社会稳定、群众安居乐业。

二 金欣社区进行社区自治的挑战

"十二五"时期，金欣社区通过大党委领导、创新工作方式等手段，实现了社区的稳定发展，为社区自治打下了坚实的基础，但出于历史原因，目前仍然存在基础设施不完善、管理机制不健全等问题，亟待解决。

（一）软硬件条件不足，降低生活质量

1. 基础设施落后，环境难保障

在现代社会中，经济越发展，居民和企业对基础设施的要求越高。完善的基础设施对社会经济活动具有重要的推动作用，但是建立完善的基础设施往往需较长时间和大量投资。金欣社区管辖区域涉及较多20世纪破产企业的家属

区，部分房子破旧不堪，交通不便，并且社区用于基础设施建设改造的资金较少，因此管道设施、排污设施等基础设施老旧，亟待改善。

2. 社区权责不清，职能难发挥

基层管理体制改革后，社区主要承担服务职能，很多工作职权不在社区，但是责任在社区，导致部分工作难开展。比如社区交通拥堵、企业安全生产、居民违建、小贩占道经营等问题，社区都只能劝导，没有实际的管理权。社区居委会也出现一些行政手续复杂、居民办事难的现象，亟待与行政部门厘清权利和责任。

（二）人口结构复杂与精准服务的矛盾

1. 人口结构多元，居民难管理

金欣社区人口结构复杂，不仅有高素质的居民，也有大量的外来人口、关爱群体和重管人口，利益诉求多元。社区内省农科院等成熟企事业单位，职工及家属的素质相对较高，易管理。但是社区内也存在很多困难单位，许多单位在改制以后，职工待遇差，退休工资低，人员层次不一，较难管理。同时，因为企业改制、破产，许多年轻人外出工作，只剩下老人和小孩，以致社区空心化问题严重。此外，由于社区地处城乡接合部，流动人口较多，增加了管理难度。

2. 工作人员不足，服务难覆盖

年轻人是社会发展的重要因子，社区的发展也同样需要年轻人，但金欣社区年轻人因为生活压力大，多外出谋生，社区工作人员储备不足。目前，金欣社区共有18个编制，仍无法满足工作需求，大部分工作是由临时工来承接。由于工资待遇低，临时工的流动性较大，而且责任心较弱，很难保质地完成社区安排的主要工作，由此而导致社区的服务难覆盖。

三 金欣社区进行社区自治的探讨

面对当前金欣社区的发展瓶颈，"十三五"期间，金欣社区需要转变管理方式，变人口结构多元为参与主体多元，通过"五治"并举来探索社区自治的新模式。

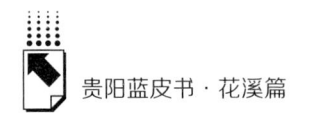

（一）依托"五治"并举创新社区治理模式

"五治"即善治、共治、法治、德治和自治，"五治"并举是金欣社区创新的一种治理模式。社区治理需要好的社区党委和服务中心统领，从"善政"向"善治"转变，不断完善"党委领导、政府负责、社会协调、公众参与、法治保障"的社会治理格局。金欣社区要充分调动党委以外的其他社会主体共同参与社会治理，激发社会组织活力；要鼓励和引导社区治理主体运用法治思维和法治方式处理社区问题、化解居民矛盾，实现维权与维稳的统一；要利用宣传和教育平台弘扬家庭美德、职业道德和社会公德，实现道德规范对社会治理主体、群体行为的软约束；要构建以民主选举、民主决策、民主管理、民主监督为主要内容的基层民主自治体系，调动社区居民的参与积极性，共同营造社区良好环境。

（二）依托居民参与提升社区治理效用

社区要真正实现自治，关键在于参与主体的多元。社会人口的高流动性和异质性加大了基层社区的管理难度，金欣社区的治理需要考虑到社区人口结构的多元，吸收社区居民的参与，增强其对社区的归属感和认同感。多元参与主体的社区治理，不仅能维护社区的公共利益，也能保障社区居民的权利。

（三）依托基层和需求指引社区治理方向

1. 加快构建以基层为导向的社区自治

网格化社会管理是社区居民自治的创新形式，是以社区居民需求为导向的服务新模式。金欣社区以基层为导向的社区自治要加快基层网格化社会管理的构建与实施，注重为社区居民做好服务。同时，要与群众建立有效的协商对话机制，协调解决群众的利益诉求问题，积极维护社区居民的根本利益，最大限度地增加和谐因素，增强社区的发展活力。

2. 加快构建以需求为导向的社区自治

社区居民的日常需求随着社会的发展不断提升，不仅包括了基本的生存需求，而且对于改善辖区环境、提供社区优质服务、构建和谐社区有着极其迫切的需求。因此，社区党委在社会治理工作中需要不断探索实践，进行有效的组织，激发社区居民的参与动力，共同进行社区的建设和治理。金欣社区治理应以居民需求为导向，做到自下而上、由内而外，做到"量体裁衣"，提升治理效用。

（四）依托"三个转变"实现社区自治

社区治理主体由单一向多元转变。金欣社区的社区治理可以根据"五类人群"的分类和居民需求的多元化，变人口结构多元为参与主体多元，增进居民对社区的归属感和认同感，实现社区治理过程中的上下互动，同时调动社区内单位的参与积极性，发挥这些单位的资源优势，营造社区共建的氛围。

社区治理手段由简单向多样转变。传统的社区治理强调政府对社区的"管制"，而实现社区自治需要治理手段向法律、文化、教育等方向转变。如治理手段法治化，从社区实际出发，根据有关法律法规，逐步将社区自治模式以制度化的形式确定下来，用法来约束管理。强化社区文化建设，培育社区居民民主自治的文化氛围，促进居民参与到社区的共同治理中。

社区治理角色由政府向居民转变。实现社区自治需要从政府的行政管理向居民的自我管理转变，该转变有助于提升居民的表达欲望，满足居民需求，提高行政效率。金欣社区的治理应以人为本，提高社区自治的能力，形成"小政府、大社会"的治理结构，在政府与社会的互动过程中，通过居民自治提升整个社区的自治水平。

参考文献

金欣社区服务中心：《"十三五"时期金欣社区发展规划基本思路》，2015年11月。
王桦阳：《贵阳市花溪区金欣社区文化建设调查研究》，华中师范大学硕士学位论文，2014。
连玉明：《社会治理关键在治根本在理》，《贵阳日报》2014年11月14日。
谭晓辉：《论城市社区多元自治管理模式》，《重庆交通大学学报》2010年第3期。
向德平、申可君：《社区自治与基层社会治理模式的重构》，《甘肃社会科学》2013

年第2期。

刘艳艳：《需求导向的社区服务发展新定位》，《南京工程学院学报》2010年第2期。

胡春晓：《居民需求导向的城市社区公共服务模式构建研究——以洪山区洛南街社区为实证调查对象》，华中师范大学硕士学位论文，2013。

B.22 在城中村改造中实现农村社区的转型发展与品质提升

——花溪区黄河社区"十三五"发展思路研究

摘　要： 长久以来，"脏、乱、差"已经成为城中村的代名词。花溪区黄河社区所辖四村都属于典型的城中村，人口层级复杂，管理难度较大。自"十二五"以来，黄河社区通过强化思想意识，注重服务管理并举，积极"自我造血"，逐步发展成为一个环境优美、服务功能相对完善的农村社区。"十三五"期间，黄河社区将依托"城中村"改造机遇，大力提升社区生态环境和人文环境，积极探索农村社区向宜居宜业优质社区的转型之路。

关键词： 黄河社区　城中村改造　农村社区　转型

黄河社区，面积9.2平方公里，辖大坡、中院、珠显、洛解4个行政村，共有33个村民小组，总计人口13000余户41000余人，其中常住户1973户7790人，流动人口11000余户33000余人，流动人口占到总人口数的80%，呈倒挂形式。所辖四村均处于城市建成区内部，村集体土地基本被城市建设征用，现仍有6个自然寨作为城中村项目有待改造。

表1　黄河社区基本情况一览

社区概况	辖区面积	9.2平方公里	辖区人口				
	辖区范围	辖大坡、中院、珠显、洛解4个行政村	户籍人口		8925人	流动人口	3.3万人
			18岁以下	2072人	失学儿童	0	留守儿童	0

续表

科技和教育资源	科研院所	幼儿园		小学		初中高中	
		公办	民办	公办	民办	公办	民办
	0	0	5所	4所	3所	0	0

社会资源	辖区内单位			辖区内社会组织		
	行政单位	事业单位	企业（国有）	孵化型（枢纽型）社会组织	专业型社会组织	自发型（草根型）社会组织
	0	1个	1个	0	0	0

体育文化休闲餐饮住宿设施	体育场（馆）	影剧院	广场	公园	图书市场、书店	50㎡以上饭店、餐馆	旅店、招待所	写字楼
	0	0	3个	0	0	69个	26个	0

医疗卫生资源	综合医院	专科医院（诊所）	妇幼保健院	急救中心	疾控中心	社区卫生服务站	辖区药店	养老机构	
								公办	民办
	0	2个	0	0	0	4个	12个	0	0

困难群体与特殊人群	失业人员数	退休人数	60岁以上老人	残疾人	低保人员	刑释解教人员	吸毒人员
	1658人	740人	682人	134人	27人	19人	67人

资料来源：2016年12月由黄河社区提供。

一 黄河社区：传统的农村社区逐渐显现城市社区雏形

（一）黄河社区经历了形态变化

黄河社区是贵阳市城市基层管理体制改革试点之一，2011年4月29日正式挂牌成立，其社区服务中心位于贵阳市花溪区珠江路珠江商贸广场。黄河社区属于地道的农村社区，所辖四个村皆属于城中村，夹杂穿插在拆划地和城市社区交错的区域范围。在城镇化步伐加快和城镇化转型过程中，它不仅经历了原小河区和花溪区的区划调整，还在管理体制上经历了贵阳市基层体制改革，并逐渐形成了既具有城市社区雏形，又摆脱不了农村生活习惯的一个农村社区。因地处城郊接合部，它具有人口类型复杂化、居民需求多元化、管理难度扩大化等特点。

（二）黄河社区经历了区划调整

黄河社区隶属于花溪区，其区域范围经历了从小河区到花溪区的区划调整过程。21世纪初，国务院批准当时位于小河区的贵阳市经济技术开发区为国家级经济技术开发区，随后，贵阳国家经济技术开发区和贵阳市小河区实行"两块牌子、一套人马"的行政管理模式。2012年11月，国务院正式下发批复，撤销贵阳市小河区，设立新的贵阳市花溪区，以原花溪区、小河区的行政区域为新的花溪区的行政区域。至此，小河区成为历史上的行政区，黄河社区区域范围被纳入花溪区管辖。

（三）黄河社区经历了体制转轨

为优化社会管理格局，健全基层社会管理体制，2010年2月，贵阳市出台了《贵阳市城市基层管理体制改革试点工作指导意见》，在原小河区、原金阳新区启动了撤销街道办事处、设立社区服务中心、精简管理层级的城市基层管理体制改革试点工作。随后，2011年4月，小河区撤销黄河、平桥、三江、金竹四个街道办事处，另行成立了8个社区服务中心。至此，黄河社区开始实行从街居管理体制向社会化治理机制转变而来的新服务管理模式。

二 黄河社区"十二五"期间转型发展实践与面临的问题

（一）黄河社区形成了"四个一"的发展模式

"十二五"的开局之年，作为贵阳市城市基层管理体制改革试点之一，黄河社区从以前"衙门化"的街居管理体制逐渐向"公共服务＋社区自治"的社会化治理机制转变，在管理方式不断变化的基础上，黄河社区立足自身特点，明确工作重点，打好基础，构建平台，建立和完善社区管理体制和工作运行机制，依托"四种模式"，逐渐适应基层体制改革后的管理方式，提升了农

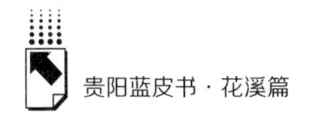

村社区的社区环境和服务管理水平。

1. 凝聚一种思想模式：抓好基层党建，筑牢根基

意识决定行动。面对新的管理体制，社区发展面临前所未有的挑战，保证思想的高度统一是关键。"十二五"时期，黄河社区首先从党建和党风廉政建设方面破除思想发展障碍。

党建工作。黄河社区首先结合发展党员的"十六字"方针，严把党员"入口关"。着重对入党积极分子进行严格考核，每年至少举办一期入党积极分子培训班，对来自各村及非公企业的入党积极分子进行入党前的培训，旨在把各方面的先进分子和优秀人才更多地吸收到党内。其次，开展文化活动、志愿服务抓好精神文明建设工作，每年承办一次庆祝建党文艺会演等文艺活动。再次，有序推进党员干部远程教育。在按时完成每月的规定性学习内容的同时，每月定期检查远教设备，不定期地走访、关心慰问辖区困难群众。最后，引导驻村干部为民办实事。社区专门下派中层干部到辖区四个村挂职驻村干部，以入户走访、宣传政策法规、收集社情民意、排查调处矛盾纠纷等为重点开展工作。

整顿软弱涣散党组织。黄河社区按照"全面清查、着力整改、严格问责、促进提高"的工作思路，通过整治，推进了软弱涣散党支部的基层组织建设。通过下派"第一书记"到村开展工作，下派党建指导员指导村党组织健全完善"三会一课"、民主评议党员、党员活动日、村民代表议事等基本制度，村干部变"坐等群众上门"为"主动送服务上门"化解矛盾纠纷；党员干部通过"大走访"收集意见等多种方式解决存在的问题。经过整改和巩固提升，后进支部的战斗力和凝聚力得到进一步增强。

整肃"四风"问题。黄河社区一方面建立长效机制，规范从政行为。在查找问题、边整边改的基础上，进一步建立和完善作风建设的工作机制、评价机制和激励机制，严明工作纪律，提高工作效率，克服涣散现象。另一方面厉行节约，规范行为。提倡"五个一"的节约理念（节约一张纸、一滴水、一度电、一分钱、一滴油），将"四难"变为"四好"（实现"门难进，脸难看，话难听，事难办"机关作风的转变），加强公务用车管理，严抓工作纪律等，将党风党纪教育与廉政文化建设结合，作为反"四风"的一项重要内容。

2. 创新一种服务模式：抓好五项服务，提升品质

积极创新服务方式和手段，不断提高服务居民群众的质量是社区改革后的重要任务，黄河社区通过"五项服务"提升服务品质。

阳光服务，黄河社区全面推进社区党务、政务、村务公开，设置干部去向公示栏，工作人员"挂牌上岗"，随时接受群众监督。信息服务，推广民情热线、社区QQ群等网络载体，及时收集、处理民情民意，畅通便民联系渠道。爱心服务，开展面对孤寡老人、残疾人等弱势群体的"一月一心愿"爱心服务活动。代办服务，深入辖区为孤寡老人及行动不便的残疾人提供全程代办低保、养老保险、医疗保险等日常事务。限时服务，认真受理群众反映事项，简化办事程序，在规定时限予以办结。

3. 探索一种造血模式：抓好资源循环，推动发展

社区体制改革后，原来街道办事处时期的经济职能不断弱化，为增进社区发展的内循环，黄河社区开源节流，盘活可用的资源，进行自我造血。一方面，积极盘活现有存量，通过修建商铺、门面出租等手段量化村集体资产，利用珠显村和洛解村等沿贵惠大道两侧区域，将村民手上还剩余的一些闲散土地和一些没有集成块的土地，经村民同意后收回村集体，然后村集体根据土地的整体情况和贵惠大道沿线物流相关情况，采用村民入股的形式建一些标准厂房和物流园配套，标准厂房的租金每年可作为部分村民的红利，也可以解决村集体经济的后续发展问题。另一方面，在所辖的中院、珠显、洛解、大坡4村成立村股份有限公司，并逐步形成激励与约束有机结合的现代企业管理运行机制，规范公司运作，并进行村股份有限公司注册，不断监督村股份制公司"节流"，在开展农村集体"三资"清产核资工作基础上，深化农村财务公开，进一步做好村集体经济定期审计工作。

4. 建立一种管理模式：抓好安全稳定，促进和谐

良好的治安环境是社会稳定发展的基础。黄河社区位于城郊接合部，区域内流动人口占到总人口的极大比例，在管理上较为棘手，因此在"十二五"期间黄河社区通过如下几个方面的工作，强化管理，维护发展环境。

"两严一降"专项工作。首先，按照贵阳市委的要求，以提高群众安全感为抓手，坚持"打防结合、预防为主，专群结合、依靠群众"，抓宣传发动工作，打宣传战，提高群众对社会治安综合治理攻坚战、平安花溪创建的知晓

率。其次，积极推行社区党政班子成员包片、工作部门分片包干，各村治保人员包保到户责任机制，定期组织社区包村干部、各村两委、党员干部及老党员广泛走访村民，收集并及时解决村民反映的社会治安案件。再次，抓群防群治工作，推进"人防、物防、技防"工程。

信访维稳，化解积案。通过召开社区联席会，分析案情，做到真包、真督、真办、真化解，推动问题彻底解决，2014年在贵州省、贵阳市集中交办的10件信访案件中，黄河社区化解办结率为100%。

强化违建拆除。搞好城市管理各项工作。通过加大对辖区违章建筑的巡查和拆除力度，确保辖区违章建筑零增长。同时在巩固"创卫"成果的基础上，以"多彩贵州文明行动"、"整脏治乱"等专项行动为载体，创新市容环境管理手段，将城管工作结合"网格化管理"，按照区域划分网格，实行"定格、定人、定责、定管理标准、定考核制度"的方式，有效开展辖区城市管理工作，有效净化了辖区环境。

（二）黄河社区亟待解决三个转变带来的发展问题

黄河社区属于典型的农村社区，"十三五"期间将通过城中村改造机遇大力提升环境和人文品质，从而实现转型升级。但"城中村"是二元经济社会的产物，仍然存在着维稳形势严峻、发展内驱动力不足、居民素质不高等问题。

1. 从村民转变为居民，思想观念与生活方式亟待转变

黄河社区所辖四个村都是典型的城中村，由于"村改居"是在城市化快速发展形势下实现的，从村民到居民，农民一时无法适应，其生活方式和行为习惯一时难以改变，其素质一如既往。目前仍存在思想观念落后、小农意识明显、缺乏公民意识、法制观念淡薄等问题，一定程度上影响着社区的建设和管理。

2. 从农村转变为城市，遗留问题与安全维稳问题亟待解决

黄河社区区域范围临近城市，开发较早，因此拆迁等历史遗留问题较多，目前信访维稳形势较为严峻。如1984年因建水库从久安乡搬迁安置到中院村的移民涉及村集体组与组之间利益分割纠纷问题；2006年的征地拆迁项目遗留的有关信访问题；近年来，大唐项目开发中新出现的差钱赔偿问题等。截至

"十二五"末,社区历史遗留信访问题共47件,其中多数案件涉及房开资金断裂、停发过渡费等方面,从社区层面难以化解,这为社区的安全稳定埋下了隐患。

3. 从街道转变为社区,发展意识与内驱动力亟待提升

就社区本身的建设来说,黄河社区还存在内驱动力不足的问题。目前,黄河社区多数干部是刚从大学"象牙塔"走到服务群众"第一线"的青年,他们有的还不会与群众打交道,所学与实践严重脱钩,心态上容易心高气傲、浮躁、没有耐心,"来"的时候就想着怎么"走",认为在基层难以实现自我价值。此外,加上"工作累、待遇低"等客观因素的影响,黄河社区正面临人才流失和干部储备不足的问题。

三 关于黄河社区进一步推动转型发展的思路探讨

"十三五"是黄河社区从农村社区向城市化和现代化发展的关键阶段,黄河社区确立了建成宜居宜业的商业性社区的目标。我们认为黄河社区只有在社会环境和人文环境的提质升级上做文章,才能不断提升社区品质,从而推进社区转型升级。

(一)黄河社区"十三五"时期进一步推动转型发展的基本思路

1. 以城中村改造为主线回应城市化与现代化的双重要求

黄河社区因其特殊的地理区位和农村社区的属性,在城市建设急剧加快的条件下,成为正从农村社区过渡到城市社区的典型"城中村"。近年来,随着花溪区城市化进程的不断加快,城中村引发的问题逐渐增多,如城市建设与城中村土地升值之间的矛盾,严重影响了花溪区经济的科学、全面、协调和可持续发展。因此,城中村改造是黄河社区实现农村城市化和推进城市现代化的重要前提,城市化和现代化代表一个地区的综合实力,是社会进步的重要标志。黄河社区"十三五"期间将以城中村改造为主线,做好社区规划,大力改造社区脏、乱、差的生活环境,将物质文明与精神文明高度结合,打造环境良好的现代化城市,推进城市化发展。

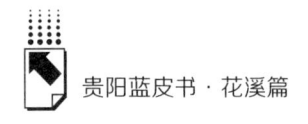

2. 以城中村改造为主线完成民生改善与提升品质的双重任务

居住在黄河社区的居民，具有典型的农转居特性，生活方式上仍然保留着小农意识形态，很难快速转变。加上基于历史原因，城中村的基础设施条件普遍较差，绝大多数住宅配套设施不全，环境较差，道路坑洼不平、排水不畅、垃圾存放场所不全等现象突出，居民生活十分不便。因此，以城中村为主线，完成好民生改善和提升城市品质，关系到黄河社区居民的切身利益，是黄河社区的重要任务。

3. 以城中村改造为主线理顺农村与城市的双重体制

城中村滞后于时代发展的步伐，出现在农村向城市转型的过渡中，具有农村和城市双重特征。而城中村问题是一个复杂的社会问题，事关城市化进程和民众的根本利益。黄河社区出于历史原因，在城中村改造中仍然存在人口构成复杂、管理难度大，环境卫生需进一步改善，社会秩序有待加强，公共设施相对缺乏等问题。城中村改造，治理是关键，在管理上黄河社区将从散漫、混乱、无序的管理阶段过渡到有规划、有体系的城市社区管理阶段，因此只有投入更多的人力、物力、财力来推动发展，并理顺农村与城市的双重管理体制，才能助推黄河社区的顺利转型。

（二）黄河社区"十三五"时期进一步推动转型发展的重点任务

1. 优化发展"硬"环境，提升宜居性

干净整洁的生活环境是民心之所向，也是社区发展的基础，要拥有宜居的生活环境，必须注重环境的治理。"十三五"期间，黄河社区要借力"城中村"改造和"温馨家园"等项目的深化推进，着力从培养村民自觉意识入手，利用多种形式，营造浓厚氛围，制订村民公约，与村民签订"门前三包"责任书，规范村民环境保护行为。要大力实施"绿、洁、畅、亮、美"工程，开展基础设施、社区环境两整治，要把公共卫生作为一件大事来抓，加大投入力度，该建垃圾点必须建，该建公厕必须建，并注重合理规划，建立起卫生环境的长效保护机制。

2. 提升发展"软"环境，强化和谐性

实现居民自治是社区发展的方向和目标。要解决发展内驱动力不足问题，就需优化发展"软环境"，不断发挥群众的力量，实现共治、自治。"十三五"

期间，黄河社区要搭建群众自治平台，结合各村实际情况，组建由各村主任、治保委员、党员志愿者等组成的村级调解委员会，并发动各村德高望重的寨老加入调解委员会中，充分发挥他们在村民中的威望参与各类综治调解，动用所有社会力量将矛盾纠纷第一时间化解在萌芽状态。要建立联防工作网络。从加强沿街沿路铺面防盗防抢工作出发，在各村寨建立沿街铺户联防网，动员热心村寨铺户作为群防群治信息员，及时通报有关信息，努力在全体铺户中建立"邻里相帮、相互守望，发现违法人员及时报警"的联防工作机制。要多措并举，积极化解信访积案，针对因一系列历史遗留问题造成的老难信访积案，通过深入调查，从现实矛盾寻找入手点，创新工作方式，从其他方面解决上访群众实际困难，或是通过和谐促进会化解信访积案，维护辖区稳定。此外，还要积极在社区层面建立社会组织培育基地，创新孵化社会公益机构，壮大社会力量。

3. 创新服务"实"举措，实现服务精准化

整合资源、开展便民利民服务是社区的主要功能，在优化环境的基础上，做到精品服务、精细化管理。黄河社区要借助大数据思维，建立社区微信公众服务平台，借助微信群开展服务、沟通、交流，帮民便民，让村民足不出户就在第一时间知道社区工作的最新动态，并解决一些实际问题。例如，村民办理户口迁移、计生、民政等多方面事务都可在微信上先了解情况，然后到社区办理，这可省却很多麻烦；村民还可以反映日常生活中的一些问题以寻求帮助等；同时社区可通过微信群将社区各项工作、各类通知进行公布，发布民警提示等，让辖区群众及时了解侵财类案件特点，切实提高群众防范意识，最终实现精准化管理和服务。

4. 开创管理"新"方式，实现治理法治化

法治化是社区治理的重要手段。在社区管理上，黄河社区要创新模式，拓宽法治视角，规范法治程序，实现社区管理法治化。黄河社区正处于从农村社区向城市社区转型的过渡阶段，在社区管理上要结合城中村改造的主线，不仅要从政府的视角出发，也要从居民的视角出发，要着力提高居民的生活质量和水平，要制订法治化的城中村治理方案，维护居民的基本权益，并尊重和照顾村民合法的权益和主张，通过灌输法治化价值，建立良好的生活秩序。此外，在法治程序规范上，要实行决策机制的法治化，治理活动的规范化、文明化、公正化。不论是采取政府主导的城市化治理模式还是村落化治理模式，都要把公众参与、专家论证、集体讨论纳入法定程序，对重大决定要实行责任追究制度和倒查机制。同时，在进行城中村改造的过程中，要严格按照国家法律法规以及治理方案进行治理和改造活动。对于关乎群众利益的如拆迁、房产置换等，要完善程序，明确操作流程，建立过程记录制度，并接受社会大众和相关职能部门的监督。

（三）黄河社区推动转型发展需要进一步研究和思考的几个问题

1. 如何进一步加强协作，齐抓共管

推动社区发展转型是助推城市发展的重要环节，关乎居民的切身利益，需要政府、社区、居民的共同努力。黄河社区要重视凝聚力的培养，要通过自上而下的系统管理模式，推进社区工作的开展。黄河社区要组建专门的领导小组，构建党委、政府领导，社工委牵头，有关部门配合的格局，要充分发挥职能作用，利用社区工作平台，把各项工作落到实处，合力推进黄河社区建设发展，更好地服务于居民群众。

2. 如何进一步完善政策，保障发展

有利的政策保障是推动社区发展的前提。贵阳市的社区，在经历基层管理体制改革的几年里，政策体制上的调整让社区发展不断优化和完善，同时也暴露出一些问题，黄河社区要加强调查总结，在落实好社区服务各项政策的基础上，发挥主观能动性，推动社区服务向产业化、专业化方向发展，并向上级争取更多的政策资金支持。另外，还要健全制度保障体系，逐步实现黄河社区建设制度的规范化、法制化。

3. 如何进一步强化功能，科学运行

近年来，贵阳市城市基层管理体制改革，实行"一社多居"管理，强化了党组织的核心领导地位，增强了社区服务、管理、凝聚、维稳的功能，但也出现了社区居委会权责不分、部门间职能交叉等现象，因此，进一步强化社区功能、科学运行成为黄河社区"十三五"时期转型升级的重要任务。黄河社区要在既有的机制约束下，不断创新发展思路，构建社会管理新格局，以转变政府职能、理顺社区和各职能部门之间的管理关系为突破口，合理配置和利用社区资源，推进基层社会管理资源再分配、利益再调整、流程再造，从而推动

社区转型升级。

4. 如何进一步扩大民主，实行自治

社区自治是解决基层管理体制改革中存在的矛盾的重要手段，是提升社区品质的重要方式。"十三五"期间黄河社区要进一步扩大民主，积极探索实行社区自治。一方面，要进一步坚持扩大基层民主，实行民主自治，并通过提高村民的素质和整个社区的文明程度，来实现社区村民的自我管理、自我教育、自我服务、自我监督。另一方面，要积极引导更多的力量加入社区自治，动员各方面的力量来支持社区建设，构建政府指导和社会共同参与相结合的格局，推动环境优美、管理有序、社会和谐的新型现代化社区的形成。

参考文献

花溪区黄河社区服务中心：《"十三五"时期黄河社区发展规划基本思路》。

谢红生、唐黎：《贵阳市城市基层管理体制改革研究》，民政部 2010 年法制理论研究课题成果。

贾少涵、崔嘉欣、褚宝良：《"城中村"社区的特点与转型对策》，《保定学院学报》2011 年第 2 期。

李瑜清、夏伟：《"城中村"治理法治模式思考》，道客巴巴，2014 年 6 月。

B.23
破解二元结构困境 提升管理服务水平 推动农村过渡型社区社会治理创新

——花溪区三江社区"十三五"发展思路研究

摘　要： 随着城市化进程的快速推进，在城乡接合部以行政村为主体发展而来的农村社区开始出现。这类社区居民正由"村民"变成"市民"，其治理体制也正由"村民自治"向"居民自治"过渡，这一进程中二元结构治理难题日益突出，亟须创新治理机制和模式。三江社区就是一个地处城郊接合部，正经历大发展的农村过渡型社区。随着市政轨道交通、棚户区城中村改造、园区产业等一批建设项目在社区的落地，社区二元结构下的治理困境逐步凸显。"十三五"时期，三江社区应立足于社区辖村体制机制探索，创新行政村事务管理和集体经济发展，着力于在过渡期内提升服务和管理的软实力，推动社区管理和服务日益完善。

关键词： 三江社区　发展困境　社区管理　服务改善

　　三江社区隶属于花溪区，由原小河区农村社区办公室、平桥社区办事处、平桥街道办事处等演变而来，由于社区下辖范围全部以行政村为支撑，因此，三江社区是典型的农村社区。近年来，随着贵阳市市政基础设施、工业发展、棚户区改造项目等一批建设项目的实施，三江社区从边远的城郊农村转变为项目建设大战场，城市和农村的二元发展结构特征日益凸显。

一 三江社区二元结构下的发展基础和条件分析

（一）三江社区正从城郊大农村向建设大战场转型

三江社区地处城郊接合部，是小孟工业园区规划范围重要拓展区域，社区总面积约12.7平方公里，辖龙王、尖山、大寨、场坝、毛寨和周家寨6个行政村47个村民组。原小河区是贵阳市城市基层管理体制改革试点之一，三江社区2011年5月在原小河区挂牌成立（原小河区2001年成立农村社区办公室，2003年变更为平桥社区办公室，2006年5月变更为平桥社区办事处，2009年2月变更为平桥街道办事处，2011年5月撤销办事处设立三江社区服务中心）。

表1 三江社区基本情况一览

社区概况	辖区面积	12.7平方公里	辖区人口			
	辖区范围	东接航空社区枫阳居委会 西接溪北社区上水村 南接小孟社区红艳村 北接航天社区漓江居委会	户籍人口	13941人	流动人口	40911人
			18岁以下	17243人	失学儿童	—	留守儿童	7人
科技和教育资源	科研院所		幼儿园		小 学		初中高中	
	1个		公办	民办	公办	民办	公办	民办
			0	8所	1所	7所	1所	1所
社会资源	辖区内单位			辖区内社会组织			
	行政单位	事业单位	企业（国有）	孵化型（枢纽型）社会组织	专业型社会组织	自发型（草根型）社会组织
	—	—	—	—	—	—

267

续表

体育文化休闲餐饮住宿设施	体育场（馆）	影剧院	广场	公园	图书市场、书店	50㎡以上饭店、餐馆	旅店、招待所	写字楼	
	1个	0	0	0	0	0	1个	—	
医疗卫生资源	综合医院	专科医院（诊所）	妇幼保健院	急救中心	疾控中心	社区卫生服务站	辖区药店	养老机构	
								公办	民办
	0	0	0	0	0	4个	—	—	3个
困难群体与特殊人群	失业人员数	退休人数	60岁以上老人	残疾人	低保人员	刑释解教人员	吸毒人员		
	103人	854人	2832人	221人	90人	34人	99人		

资料来源：2016年12月由三江社区提供。

虽然社区地处城郊接合部，但是随着贵阳市城市功能的延伸和小孟工业园区发展的需要，三江社区已成为当前贵阳市开发的重要区域。"十二五"期间，社区范围内落户建成项目50余个，包括轻轨一号线、三江口综合功能板块、格力空调、一鸣宽城、龙王村城中村改造项目等，随着项目的有序推进，辖区以城中村改造为主，集市政基础设施建设、工业发展于一体的城镇化、多元化发展格局已经初步形成。

（二）二元结构下三江社区建设正处于过渡时期

三江社区当前正处于各类市政项目、产业项目、民生项目集中建设的关键时期，同时是失地农民征地拆迁、后续安置、就业发展等众多社会矛盾滋生的特殊时期，更是社区居民日益增长的服务需求与辖区当前软硬环境不相适应的过渡时期。在这三个时期内，社区由于市政、产业发展规划的限制，棚户区、城中村改造速度的放缓，硬环境的建设远跟不上社区发展建设的需要，同时，也容易滋生各种社会矛盾。

在项目还未全部建成，后续配套设施和环境还不能有效跟上的情况下，三江社区本质上还是个农村向城市转型的过渡型社区，社区唯有着眼于破解"发展红线"的困境，着力于社区软环境的建设和提升，着力于服务和管理能力的改善，尤其是创新社区公共服务和管理方法、机制，通过软实力的提升，软环境的建设，才能为社区居民提供过渡期急需的服务。其中，尤其要以网格立体化管理和服务为依托，对流动人口进行精准管理，提高社区治安防控水平，逐步推动社区各类项目的实施，实现农村社区的转型发展。

二 三江社区创新农村社区管理和服务的实践与探索

（一）三创三强，有效破解社区辖村治理难题

创新村章社管机制，强化监管意识。社区为防止私盖公章和不按民主程序办事的行为发生，成立了"村级公章代管办公室"，实行"管"、"用"分离，对村级公章使用加强监管。社区党委根据实际制定了《公章管理制度》，按照"村级主要负责人初审签字、社区包村领导二次审核签字、具体盖章人员见签字后登记盖章"的监管流程进行公章管理。实施公章代管工作，一方面从源头上解决公章管理中程序不严、范围不清、责任不明等问题；另一方面进一步深化服务，全天候方便群众办事，提高工作效率及群众满意度。

创新财务管理模式，强化创新意识。鉴于农村村级财务管理普遍较为混乱的实际情况，三江社区着力探索创新财务管理模式，强化源头过程监督。"十二五"期间，社区在由各村均摊人员薪资的基础上，由社区牵头统一外聘具备国家承认从业资质的会计人员负责各村的财务工作，各村仅设立报账员，要求会计人员必须非本辖区村民或居民，不得与村两委人员有亲属关系。同时会计人员承担双重责任，除负责各村财务管理工作外，还要负责定期向社区党委汇报各村的财务状况。通过这一举措，实现了百姓舒心、干部安心、组织放心、上下齐心的工作目标。

创新治安巡逻机制，强化服务意识。针对社区地处城乡接合部的实际，社区经过专题研究和实地调研，从社区年轻同志里选拔成立了一支40人的"三江特勤"巡防队。一方面，这支队伍在做好本职工作的同时，分别于早上7点半至9点、中午12点半至2点、下午6点至12点三个时段在辖区开展义务巡

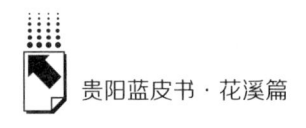

逻防控工作，维护社区的稳定和谐；另一方面，近年来，社区为有效震慑犯罪、方便群众出行，通过多渠道争取筹措，在辖区背街小巷等易发案路段共安装路灯889盏，有效防止了"灯下黑"现象的发生。

（二）三抓三促，着力提升社区服务管理水平

抓党建、筑根基、促保障。社区以"三讲"建强三江，做实基础建设。一是讲党性。要求社区领导干部、村两委成员必须坚定自己的理想信念，把个人发展与党的前途命运紧密地结合在一起，在任何时候、任何情况下都要与党中央、省、市、区委，社区党委保持高度一致。二是讲规矩。要求社区领导干部及村两委干部要带头讲规矩，做表率。既要不失"大节"，又要坚守"小节"。要严以修身、严以用权、严于律己，切实树立规矩意识。三是讲原则。要严格遵守党的各项规章制度，要认真执行，坚决维护。同时，要有宁静平和的心态，做到"无欲则刚"，老老实实做人，规规矩矩做事。

```
           ┌─────────────────┐
           │  四个确保、四个能够  │
           └─────────────────┘
    ┌──────────┬──────────┬──────────┐
┌───────┐ ┌───────┐ ┌───────┐ ┌───────┐
│确保项目│ │确保落地│ │确保进场│ │确保施工│
│能够落地│ │能够进场│ │能够施工│ │能够顺利│
└───────┘ └───────┘ └───────┘ └───────┘
```

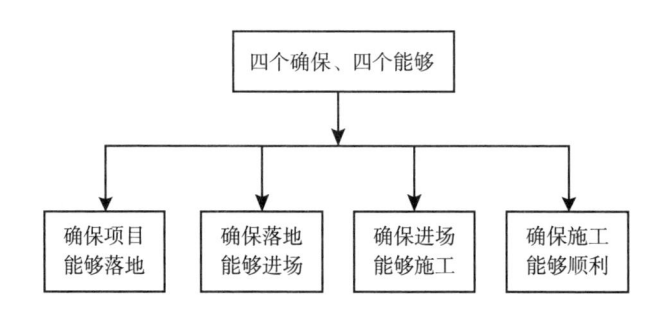

图1 三江社区"四个确保、四个能够"

抓项目、聚民心、促发展。三江社区作为农村社区，地处小孟工业园区范围。社区通过"四个确保、四个能够"，即"确保项目能够落地、确保落地能够进场、确保进场能够施工、确保施工能够顺利"，以党建为统揽，全力推进园区项目建设，促进辖区经济又好又快发展。

抓稳定、化矛盾、促和谐。社区将"化积案、解民忧"作为巩固党的群众路线活动成果的一个有效载体，认真开展矛盾纠纷排查工作，做到底数清、情况明。特别是涉及时间长、群众反映强烈的积案，社区采取强化领导包案

制，强力推进矛盾纠纷案件的化解，努力营造和谐的社会环境，促进社会的公平正义。

三 三江社区推进农村社区社会治理面临的问题与挑战

三江社区在大力推进辖区发展的进程中，也面临一系列社区治理难题，特别是随着项目建设的推进，加快了征地拆迁，使失地农民日益增多，与之相伴的二元结构矛盾日益突出，与之相适应的城市公共服务水平需进一步提高，农村遗留的社会问题也需进一步化解。

（一）规划红线限制大，社区基础设施较为落后

三江社区辖区处于各类项目的集中建设区域，轨道交通、小孟工业园区等规划限制，对社区基础设施建设限制较大。据了解，在"十二五"末，三江社区辖区内由于多个城中村和棚户区正在规划改造，一些简单的公共服务设施也无法通过审批，这造成三江社区基础设施建设滞后，公共服务配套设施依然欠缺，辖区居民活动场所少、空间小、道路脏、环境差等问题，基础设施亟须进一步改善。

（二）信访维稳矛盾多，社区层面难以有效化解

三江社区正处于区域大开发和项目建设大发展的关键时期，伴随而来的是各种社会矛盾的突发。社区当前民怨纠纷的主要体现：一是征地拆迁后，辖区居民的后续养老、发展问题；二是征地拆迁后安置房回迁房建设缓慢问题；三是失地农民后续生活保障问题；四是失地农民子女择校难、读书便利性差、公共服务不够问题。客观分析上述问题，任何一项都非社区层面能有效化解的，更多需要地方政府及各级职能部门牵头，才能得到有效解决。

（三）工作开展较困难，社区服务不够精准

与城市社区管理相比，农村新型社区的行政职能更集中，不但涉及社区的管理和服务问题，还有因项目建设所需跟进的征地拆迁问题，繁重的拆迁维稳

和矛盾化解工作，占据了社区工作人员的绝大部分精力。以三江社区为例，社区管辖6个行政村，范围达十余平方公里，客观上造成了社区服务管理的精准度较低。同时，社区干部、工作人员队伍结构不合理，流动性大，村委会工作人员年龄偏大，社区干部职工外出学习机会不多，无法满足工作需求。加上社区网格员待遇低，各项经费难以保障，硬件条件不能满足工作需求，大大制约了社区工作的开展。

（四）各级考核任务重，社区体制机制有待理顺

基层管理体制改革，主要目的是转变原有街道办事处职能，使社区管理服务工作更好地进行。但由于纵向职能未理顺，社区工作与街道办事处时期工作还有很大重叠，"属地管理"原则下的权责不对称成为影响社区工作的一大难题。同时，三江社区正处于农村社区城市化转的关键过渡时期，随着社区城市化进程的加快，辖区大部分区域将陆续征地拆迁，大部分村民将失去土地变为城市居民，村民身份的转变也将使社区工作面临诸多困境。

四 关于三江社区推动农村社区治理创新的探讨

三江社区是一个主要由失地农民和流动人口组成的特殊城郊过渡型社区，在各类项目的大力推进下，社区兼具农村社区和城市社区的双重特征。"十三五"时期，立足农村社区社会治理创新，三江社区要着力提升服务水平，提升社区治理能力，推动城郊农村社区向城市新型社区过渡和转型。

（一）推进社区公共服务提升，提高居民融入度

由于城乡二元体制的阻碍，三江社区公共服务供给还不完备，"十三五"时期，建议围绕居民需求，着力提升社区公共服务、民生服务供给水平和能力，夯实社区发展基础。三江社区要着力围绕居民各类需求，创新服务方式。随着辖区居民物质生活的改善，原有的公共服务已很难适应现阶段的居民需求，社区应立足各类居民需求的分析研判，在保障基本服务供给的前提下，扩大和优化公共服务，及时更新和完善社区公共基础设施，特别是重点解决居民

的再就业、适龄儿童的入学、拆迁群体的居住等民生突出问题，从物质上逐渐消除农民身份转化带来的疑惑，使社区服务更加精准化、精致化、精细化，推动辖区居民快速融入社区。

（二）重构社区主流治理文化，提升居民认同度

社区文化是提升社区治理能力的重要软基础。三江社区当前正处于大开发、大建设和大发展的关键时期，社区文化还未真正建构起来，由于社区农村社会的基础和底子还很厚实，基本还保留着农村社区的人文环境和居住形态，社区居民农民出身的朴实、善良本性还很突出，建议社区抓住这一优势和特点，积极推动社区主流文化的重构和提升，增强居民文化自觉，增进社区认同。在文化重构方面，建议社区要根据自身的基础和条件，立足农村文化特色，依托朴实、善良的文化根基，培育符合社会主流价值观的城市社区文化。同时，要大力凸显开放包容、和睦相处的氛围，引领外来人口和社区新居民相互融合。此外，要创新社区文化建设体制机制，加深居民对社区公共事务的参与程度。

（三）发挥社区居民主体作用，培育居民自治能力

"十三五"时期，三江社区应大力培育各类社会组织和志愿服务团队，以此推动居民自治能力提升，激活社区各类主体参与到社区治理和建设中。首先，要彻底改变居民意识不强、参与热情不涨、参与兴趣不浓的现状。建议加强社区文化宣传推广，定期举办社区文化活动，以此强化社区居民的参与意识。其次，要大力培育各类社会中介组织参与社区管理、服务社区居民。三江社区应进一步明晰社会组织的地位，通过委托、采购和合作等创新模式，发挥其参与作用，提升社区各类主体多元共治的能力。

参考文献

贵阳市群工委：《贵阳市"十二五"社区建设专项规划》，2012年9月3日。

钱玉英：《城镇化背景下的基层治理：中国的问题与出路》，《苏州大学学报》2008

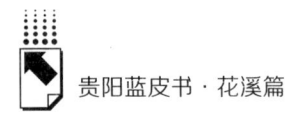

年第 5 期。

王生坤、薛婷婷：《"过渡型社区"的概念、生成因素与存在的困境》，《安徽商贸职业技术学院学报》2011 年第 1 期。

程宏如、刘雪晴：《过渡型社区治理的现实困境和应对举措》，《人民论坛》2014 年 9 月 26 日。

杨颖：《论城郊农村社区的治理》，苏州大学硕士学位论文，2012。

B.24
以大数据为引领　以项目建设为支撑探索园区社区一体化发展模式

——花溪区小孟社区"十三五"发展思路研究

摘　要： 失地农民"过渡型社区"是随着城市化发展而产生的一种特殊的社区形态，兼具传统农村社区与城市社区双重性质。随着各类项目的落地建设，小孟社区辖村的很多农民失去赖以生存的土地，成为失地农民，加上各村集体经济发展落后，失地农民返贫现象严重。同时，推进项目较多，引发了诸多征地拆迁纠纷。针对小孟工业园和小孟社区密不可分、相互促进的特点，在"十三五"期间，小孟社区将结合社区和小孟生态工业园区实际，以大数据为引领，以项目推进为支撑，积极寻找社区发展之道，积极服务小孟生态工业园区建设，探索园区社区一体化发展模式。

关键词： 小孟社区　大数据　项目建设　工业园区　一体化

小孟社区于2011年4月成立，是小孟生态工业园区主战场，下辖7个行政村28个村民小组。区域面积为29.68平方公里，总人口19542人，流动人口7362人，社区党委所属基层党组织8个，社区服务中心下设7个工作部室，共有干部职工63人，其中在编人员24人。现有大数据产业、新医药产业、高端装备制造业企业100余家，其中规模以上企业30余家，在建项目26个。

表 1　小孟社区基本情况一览

社区概况	辖区面积	29.68平方公里	辖区人口					
	辖区范围	王武、王宽红艳、丰报云、翁岩、付官、陈亮7个村	户籍人口		12180人	流动人口		7362人
			18岁以下	4681人	失学儿童	0	留守儿童	3人

科技和教育资源	科研院所	幼儿园		小学		初中高中	
		公办	民办	公办	民办	公办	民办
	0	2所	2所	2所	0	0	0

社会资源	辖区内单位			辖区内社会组织		
	行政单位	事业单位	企业（国有）	孵化型（枢纽型）社会组织	专业型社会组织	自发型（草根型）社会组织
	0	4个	5个	1个	0	0

体育文化休闲餐饮住宿设施	体育场（馆）	影剧院	广场	公园	图书市场、书店	50㎡以上饭店、餐馆	旅店、招待所	写字楼
	0	0	4个	0	0	4个	1个	0

医疗卫生资源	综合医院	专科医院（诊所）	妇幼保健院	急救中心	疾控中心	社区卫生服务站	辖区药店	养老机构	
								公办	民办
	0	0	0	0	0	1个	2个	0	0

困难群体与特殊人群	失业人员数	退休人数	60岁以上老人	残疾人	低保人员	刑释解教人员	吸毒人员
	0	0	2423人	263人	88人	11人	57人

资料来源：2016年12月由小孟社区提供。

一　小孟社区与小孟生态工业园同发展、共命运

成立之初，小孟社区就与小孟生态工业园相互支撑、密不可分。由于小孟社区的区域范围依照小孟生态工业园区域范围划分，在自身发展上，小孟社区的发展也与小孟生态工业园的发展息息相关。

以大数据为引领 以项目建设为支撑 探索园区社区一体化发展模式

（一）小孟社区与小孟生态工业园的历史联系

小孟社区的行政区域范围划分最早可追溯至小河—孟关装备制造业生态工业园区的建立。2009年7月，贵阳经济技术开发区（原小河区）向南延伸，托管原花溪区的陈亮村、翁岩村、付官村3个行政村，建立小河—孟关装备制造业生态工业园区。随着贵阳市基层管理体制改革的推进，实行扁平化服务管理，小河区于2011年4月撤销三江街道办事处，成立了小孟社区和航空社区。至此，依照小孟生态工业园区域范围划分，包含了陈亮村、翁岩村、付官村等7个行政村的小孟社区正式成立。

（二）小孟社区与小孟生态工业园的融合发展

现在的小孟社区位于花溪区北部，经济开发区东南部，是贵州省一类工业园区小孟生态工业园区的主阵地，社区下辖红艳、王宽、王武、丰报云、翁岩、付官、陈亮7个行政村。从7个行政村的发展来看，小孟社区自身定位还是一个农村社区，社区由农村和小孟生态工业园区组成。小孟社区与小孟生态工业园无论是历史沿革还是地理位置都密不可分，二者的发展深度融合。在整个"十二五"期间，小孟社区积极服务小孟生态工业园区的建设，落实了自身发展的任务，推动了小孟社区与小孟生态工业园的融合发展。

二 小孟社区服务小孟生态工业园区建设的具体实践

"十二五"期间，小孟社区通过"三个做法"强化社会治理创新，构建美丽、文明、高效的"和谐小孟"，为探索社区园区一体化的发展模式打下了基础。

（一）"三大理念"打造现代化工业园、建设美丽新农村

1. 夯实基础，明确目标

"十二五"期间，小孟社区以"区域化"建设为基础，建立大党委，将园区办、派出所和优秀的村、部室负责人纳入大党委范围，全面有效提升党委决

策和执行能力。同时，开展各类区域化党团共建，邀请辖区企业党支部参与到为群众志愿服务中来，努力构建"工业反哺农业，墙里开花墙外香"的发展模式。始终将党建工作作为各项工作顺利推进的先决条件，促进小孟社区推进项目开发、完善社会事务及服务群众。

2. 确保稳定，推好项目

"十二五"期间，小孟社区着重强化了辖区村寨、企业的安全防范意识，共化解"一号工程"积案24件，有效确保了辖区稳定和安全，2014年已完成"平安社区"创建工作，并顺利通过2015年的复查，为小孟工业园的大力发展提供了良好的安全基础。同时，位于小孟生态工业园区主战场的小孟社区，在"十二五"期间推进了大量项目入驻投产，截至2015年末，已有贵阳卷烟厂、中煤盘江重工、奇瑞汽车等多个大型企业入驻辖区投产，海尔、同济堂、货车帮等26个重点项目也顺利入驻辖区，切实为工业园区的发展提供了强劲的经济推力。在南片地块开发中，社区及村干部坚持"比、学、赶、超"的作风，一个月即完成12万平方米房屋、2000余亩土地的征收工作，创造了征地拆迁的"小孟速度"。

3. 保护生态，守住底线

良好的生态环境，是辖区群众的愿望，也是社区全面发展不可或缺的基础。小孟生态工业园身处群山丛林之间，生态环境良好。"十二五"期间，小孟社区始终把生态文明理念贯穿于小孟现代化工业园的建设中，在小孟生态工业园大力发展的同时，将保护生态当作小孟构建社区园区一家亲的重点工作，紧抓生态保护，坚定不移地走绿色可持续发展道路。此外，小孟社区结合"三创"、爱卫、多彩贵州文明行动等工作，调整辖区爱国卫生工作领导小组，组织各村认真开展环境卫生专项整治、基础设施建设工作，全方位、多渠道开展辖区内市容环境卫生整治工作，努力打造美丽新农村、"和谐小孟"。

（二）"三大抓手"建设"三和小孟"

1. "两手齐抓"促发展，打造"和谐美丽小孟"

"十二五"期间，小孟社区一手抓创新，一手抓生态，着力打造社区园区一家亲的"和谐美丽小孟"。在抓创新方面，小孟社区强化社会治理创新，加强辖区共筑共建，整合巡防队、网格员队伍，发动企业、群众共同参与辖区治理；在抓生态方面，小孟社区多次开展环境卫生大整治，强化环境卫生整治工作，建立健全环境卫生长效管理机制，成立各村森林防火队，开展各种形式的森林防火宣传，并建立健全森林防火应急处理机制。在乡村环境改造方面，小孟社区对付官村、丰报云村、王武村及王宽村部分农房进行立面改造，为辖区村民构建了良好的生产生活环境，从饮水、绿化、停车、健身等方面为村民提供良好的休闲娱乐场所，倾力打造企业村民一家亲的"和谐美丽小孟"。

2. "三联三心"强服务，打造"和谐文明小孟"

"班子联系村、党员联系党小组、职工联系群众"，小孟社区在密切党群干群关系中，借助"三联"工作法，下沉社区力量，加大为民服务的力度，通过班子成员及部室负责人联系各村，指导和帮助各村开展工作；党员联系党小组，对农村党组织落实"三会一课"学习制度起到了良好的作用；职工联系群众，始终将群众放在第一位，坚持"倾心融入、真心融入、决心融入"三项要求，听取群众意见、了解群众所需、解决群众所急；党员干部进村，与村民聊家常、话农事，真心实意地为群众办实事、办好事，着力为辖区村民、企业解决各类民生问题，并形成常态化服务模式。小孟社区在服务园区发展的同时将构建党群、干群相融合的"和谐文明小孟"放在重要位置，切实把"为人民服务"落实到每一个人、每一件事。

3. "四摆四比"显成效，打造"和谐高效小孟"

"十二五"期间，小孟社区以建设"五好"村级基层党组织为目标，始终把发挥基层党组织的堡垒作用作为发展的基石，努力创新工作内容，每月召开支部书记例会，通过一起摆问题、摆经验、摆目标、摆实事，在支书之间形成了浓厚的"比担当、比能力、比差距、比成绩"比学赶超的氛围。在"四摆四比"机制的推动下，各村党支部带领村两委努力为群众办好环境整治、路灯安装等实事：付官村完成办公楼建设，王宽村办公楼建设也正式启动。通过"四摆四比"，各项社会工作有序进行，打造出干部工作面貌优良的"和谐高效小孟"。

三 小孟社区探索园区社区一体化发展模式的问题研究

"十二五"时期，小孟社区在发展中存在的问题主要集中在集体经济落后、社区治安不稳定、社区服务管理不完善三个方面。

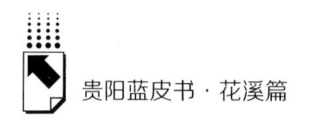

（一）集体经济发展落后，失地农民返贫严重

"十二五"末，小孟社区辖管的7个村均成立了村集体股份有限公司，但其中有造血功能的只有王武村等3个村，且多以修建不动产出租的方式来发展集体经济，这样的方式在3个村得到了成功实践，在另外4个村却出现了不动产修建成功后却租不出去或者租金很低难以营利的现象。这一方面是由于发展集体经济的方式单一，过于依赖不动产租赁产业；另一方面是社区内、村内缺乏一个完整的经济经营理念来发展集体经济，造成了村内集体经济无产业项目落地、无有效土地利用、无部门支持、无政策保障、无可持续发展和无法"造血"的问题。集体经济发展落后也造成了当地农民丧失土地之后，大量的征拆资金进账，却无产业可投、无创业渠道，大多数群众不知如何管理和用好这些征拨款，甚至出现部分群众相互攀比、大肆挥霍、盲目投资、违法集资等现象，农户征拆款留存难，导致失地农民返贫现象突出。

（二）项目征地拆迁频繁，矛盾纠纷化解较难

小孟社区位于小孟生态工业园区主战场，社区工作的一个重要组成部分就是推进辖区项目实施。根据贵州省把小孟生态工业园打造成千亿级园区的发展规划，目前在建项目26个，项目推进工作任重道远。数量繁多的项目推进工作导致社区矛盾纠纷多，项目涉及的征地拆迁，关系着老百姓的"衣、食、住、行"，不可避免会产生一些矛盾问题，老百姓频频的上访，加重了社区的维稳任务。

（三）社区职能职责模糊，社区服务管理不优

小孟社区在"十二五"期间，在城市管理方面开展违章建筑管控、环境卫生综合整治、项目推进等工作；在社会事务方面开展防汛抗旱工作、农村土地确权工作和村级三资清理工作，建立农村技术实用人才数据管理库等；在群众工作方面开展化解信访维稳、禁毒法制宣传教育等工作。但在各项工作开展的同时，并没有形成一个涵盖各类工作的系统性工作方法，社区服务达不到标准化、人本化、规范化、体系化要求，民主自治渠道偏窄，因此提高社区服务系统的综合建设能力、促进社区服务工作系统性开展，是小孟社区要解决的问题之一。

四　对小孟社区探索园区社区一体化发展模式的探讨

社区园区产业的发展，壮大了社区的集体经济，支持了社区居民的创业就业，为社区的发展、管理和服务，居民的生产生活提供了有力的支撑和保障，也决定了当前小孟社区的工作重心是做大支柱产业、实现园区社区一体化发展。

（一）园区社区一体化发展模式是小孟社区发展的必由之路

1. 农村社区的客观实际要求小孟社区借助小孟生态工业园建设实现社区发展

小孟社区面积宽广，居民农业人口为主，进行种植养殖业等农业生产。从定位上看是一个农村社区，经济、文化较城市社区来说相对落后，比如教育普及程度较低，社区青壮年大多外出打工谋生，社区建设劳动力匮乏，出现空巢村等现象。同时小孟社区对文化事业投入少，先进科学技术知识的普及和应用程度较低，公共设施建设的投入不足，社区公共环境较差。这些小孟社区的农村特点和客观实际要求小孟社区借助小孟生态工业园的建设，实现自身向基础设施完备、经济发展多元、教育文化水平更高的社区发展的目标。

2. 位于小孟生态工业园区主战场的区位条件要求小孟社区以服务园区建设为发展方向

小孟社区除了要承担一般社区的基础服务功能外，还要承担小孟生态工业园的标准化工业厂房的建造、招商、管理等功能，同时还要满足园区成员日常生活和社会参与的需求。这些功能的满足必须立足于小孟社区和小孟生态工业园区的实际，以服务小孟生态工业园的发展为方向，才能实现社区园区一体化发展。由此可见，小孟社区作为农村社区的客观实际和作为小孟生态工业园区主战场的区位条件，共同决定了园区社区一体化是小孟社区发展的必由之路。

（二）小孟社区探索园区社区一体化发展模式的路径探讨

1. 努力实现小孟社区与小孟生态工业园区同步规划

在小孟社区推进工业园区项目建设的同时，应根据小孟社区自身特点，同步规划小孟社区公路、电力、通信、绿化等公共基础设施建设，提升社区面貌，推动小孟社区的发展。通过开展就业培训，与辖区企业达成当地居民有效就业协议，为农村劳动力提供广阔的就业空间，实现村民离土不离乡、就业不离家、就地市民化，推动小孟社区从农村社区向新型农村社区发展转变。以产业为依托，以社区为基点，园区将继续积极推广就业富民、创业富民、政策富民、发展农村电子商务富民、合作经济富民等发展方式，激发农村活力，促进小孟社区农村居民发展，努力实现小孟社区与小孟生态工业园区同步规划、齐头并进、共同发展。

2. 以大数据为引领推进新型农村社区建设

贵阳市2015年出台的《关于进一步加强和改进社区工作的十条意见》第七条写道："社区治理应该强化信息平台应用，健全完善市、区（市、县）、社区网格化指挥调度三级平台，进一步完善社区网格化信息管理系统，加强信息收集、分析、处理和运用，着力建设新型农村社区。"小孟社区，依托计生系统、网络化服务管理平台、PIS系统、全员信息系统，健全完善辖区基础数据库，提高"项目征拆、违建管控、楼栋管理、人口治理、健康教育、社会治安"等基础工作的信息化率，依靠"互联网＋"计划，推进社区数字管理建设。另外，小孟社区应创新社会治理，实现从网格化管理到网络化治理的转变，动员辖区企业履行社会责任，参与辖区社会救助，鼓励公众参与，形成多方参与机制，以大数据为引领，以项目、产业为支撑，建设新型农村社区，使其社会职能更加完善，实现与小孟生态工业园的高效有机融合，推进园区社区一体化发展。

3. 以项目为支撑提升社区发展实力

根据贵州省经开区加快把小孟工业园建设成千亿级园区的规划要求，小孟社区要打造招商引资的载体和平台，拓展招商渠道，积极探索全区一体化发展模式。一方面要坚持以创新工作方式为重点，创新宣传理念和方法，打造园区品牌，提升园区的知名度和影响力，积极创造有利条件，重视以服务和治理为中心的社区职能转变，提高社区文明程度，培育优质的软环境，加快项目建设进度，以重大项目推动社区经济稳定增长。另一方面要基于多元化项目建设发展壮大集体经济，增加居民收入，解决失地农民的后顾之忧，从而提高社区发展实力。

4. 实现与周边社区的协同联动发展

在"十三五"期间，小孟社区要与周边的三江社区、花孟社区等联合服务小孟生态工业园，通过与周边社区加强联系，打造社区联合模式，实现资源整合和集约发展，避免资源浪费。社区联合发展的要点还在于城中村改造，小孟社区尤其要以王武村城中村改造为重点，做好科学改造工作。由于城乡经济活动和社会生活方式大不相同，王武村在社会结构、人口特征、社会关系上也有自身特点，这些差异要求小孟社区对农村、城市、城中村要采取不一样的服务方式。在王武村城中村的改造上，小孟社区应以"一村一议"的方式，结合王武村的农业生产和居民分布特点，制订改造方案，使农村社区化，村民市民化，利用丰富的资源优势和集约优势，实现园区和社区一体化发展。

参考文献

小孟社区服务中心：《小孟社区特色亮点工作汇报》，花溪区政研室，2015。

小孟社区服务中心：《"十三五"时期小孟社区发展规划基本思路》，花溪区政研室，2015。

绍兴文理学院社区研究课题组：《论社区思想政治工作的系统性》，《嘉兴学院学报》2011年第2期。

王征：《推进农村社区与经济园区一体化》，《社会主义论坛》2015年2月。

曹勤有：《基于工业社区理念的工业园区开发研究》，重庆大学硕士学位论文，2011。

B.25 以网格化推动社区发展特色化精细化与精准化

——花溪区金竹社区"十三五"发展思路研究

摘 要： 随着我国基层治理机制的不断探索，贵阳市于2010年2月开始试点城市基层管理体制改革，撤销了原有街道党工委和街道办事处，成立了社区党委和社区服务中心，对社区的管理体制和流程进行改造和优化，同时将网格化管理引入社区，"对下"实行"网格化"管理，为社区管理提供了新的治理理念。金竹社区处于贵阳市1、2级水源保护区范围内，其居民基本由移民组成，村集体经济较为薄弱。本文通过对金竹社区"十二五"发展成绩和存在的问题进行梳理，对其"十三五"发展思路进行研究与探讨，以期探索出农村社区在网格立体化管理机制上的改革治理模式，为农村社区的转型升级提供一定的借鉴。

关键词： 金竹社区 基层改革 社区转型 网格立体化 社区管理

一 金竹社区的发展和治理亟待转型升级

随着我国经济的不断发展，为适应基层社会管理现状，我国的基层管理体制也在进行着整体性的变革。贵阳市于2012年全面启动基层管理体制改革，金竹社区由于其农村社区的性质，在进行基层体制改革中与一般的城市社区相比还有一定的差距，需要在改革进程中不断探索和完善。

表1 金竹社区基本情况一览

社区概况	辖区面积	17.6平方公里	辖区人口					
	辖区范围	辖滥泥、金山、竹林3个行政村	户籍人口	8889人		流动人口		10379人
			18岁以下	5505人	失学儿童	—	留守儿童	12人

科技和教育资源	科研院所	幼儿园		小学		初中高中	
		公办	民办	公办	民办	公办	民办
	—	6所	2所				

社会资源	辖区内单位			辖区内社会组织		
	行政单位	事业单位	企业（国有）	孵化型（枢纽型）社会组织	专业型社会组织	自发型（草根型）社会组织
	—	—	—	—	—	3个

体育文化休闲餐饮住宿设施	体育场（馆）	影剧院	广场	公园	图书市场、书店	50㎡以上饭店、餐馆	旅店、招待所	写字楼
	—	—	6个					

医疗卫生资源	综合医院	专科医院（诊所）	妇幼保健院	急救中心	疾控中心	社区卫生服务站	辖区药店	养老机构	
								公办	民办
	—	—	—	—	—	2个	—	3个	

困难群体与特殊人群	失业人员数	退休人数	60岁以上老人	残疾人	低保人员	刑释解教人员	吸毒人员
	15人	—	1117人	149人	189人	59人	60人

资料来源：2016年12月由金竹社区提供。

（一）金竹社区是一个村集体经济薄弱的农村社区

1."社区制"改革推进需要引导过渡机制

经济职能上。新型社区强化了社区服务中心的服务功能，取消了原来街道办事处的经济管理职能，这对社区基础设施的建设和完善产生了一定的影响。加之原有集体经济较为薄弱，也制约着其转型升级。

行政事务上。社区制剥离了居委会原有的具体行政事务，在《贵阳市社区工作条例》中对社区服务中心工作进行了规定，除了要负责社区内民生保障、社区治安、计划生育、城市管理、流动人口等社会综合管理事务外，还要协调并配合政府相关职能部门做好社区内各项社会专项管理事务。但在具体的实施过程中，社区服务中心不仅要做好综合管理事务，还要做好相关职能部门安排的各项事务，形成了"上面千条线，下面一根针"的局面，社区往往疲于应付上级布置的任务，无暇将服务下沉到居民。加上本身不具备执法职能，但又要完成一些执法行为，导致社区工作难度增大。

2. "历史性"因素制约引发双重基础薄弱

金竹社区处于城郊接合部，出于区域调整等历史原因，基础设施建设较城市新建社区落后，经济基础也相对薄弱。加上金竹社区人口流动性大、困难人员多等情况，"十二五"末期，形成了公益活动开展困难、社区整体精神文明建设受阻、社区转型升级困难的状况。

3. "主体性"意识缺失导致群众参与度不够

"十二五"期间，金竹社区在管理体制方面取得了一些成绩，但社区管理创新能力依然不足，工作仍然延续原乡镇工作模式，承担着过多的行政管理职能，由于工作量过大，工作人员经常处于疲于应付的状态，其后果是既未能明显减轻政府的社会管理负担，也没能很好地发挥自己应有的社区服务职能，同时也没有从更深层次上强化广大居民参与社区管理的意识，导致工作人员和居民的"主体性"意识弱、主动参与社区管理的力度不够。

（二）金竹社区正处于一个亟待转型与升级的发展阶段

1. 深化基层管理体制改革要求社区进一步理顺管理体制机制

为适应中共贵州省委十一届十一次全体会议对贵州省社会管理体制改革提出的最大限度激发社会活力、最大限度增加和谐因素、最大限度减少不和谐因素"三个最大限度"的要求，贵阳市自2010年开始进行试点城市基层管理体制改革。2012年全面启动社区管理体制改革，撤销原有街道办事处成立新型社区服务中心，将四级管理变为三级管理，精简了管理层级。金竹社区在贵阳市整体推进基层管理体制改革的背景下成立，在经过"十二五"时期对基层管理体制改革的初步尝试之后，还需要继续理顺管理机制、完善管理体制。

2. 打造国家级全域文化旅游创新区要求社区进一步提高服务效能

依托良好的生态环境与丰富的旅游资源优势，花溪区确立了打造国家级全域文化旅游创新区的定位，通过推动单一旅游业态向综合产业转变、小旅游格局向大旅游格局转变，从而形成全域旅游格局。根据全域旅游建设的标准，需要对区域内经济社会资源尤其是旅游资源、相关产业、生态环境、公共服务进行全方位、系统化的优化提升，以实现区域资源有机整合、产业融合发展、社区共建共享。金竹社区作为花溪区的一部分，虽然受 1、2 级水源保护区的限制，不能发展与水源保护无关的产业，但可通过提升水库周边环境卫生、提升人居环境等保护水源地措施，提高服务效能，助力花溪区的整体发展。

3. 打造千亿级创新平台要求社区进一步提升发展品质

2016 年初，中共花溪区委十届七次全会暨经开区党工委 2016 年第一次（扩大）会议明确指出，"十三五"期间，花溪区、经开区将进一步深化融合，厚植创新发展城市基因，奋力打造国家级全域文化旅游创新区和千亿级开放创新平台。花溪区和经开区协同发展、共同打造千亿级开放创新平台的高站位和高标准要求金竹社区不断转型升级，全力提升发展品质，为花溪区打造千亿级开放创新平台保驾护航。

二 金竹社区在推动社区建设与发展方面的实践

基层管理体制改革将过去的四级管理模式简化为三级管理模式，精简了管理层级，在管理方式上实现了高效化。改革后的管理方式在实施过程中取得了一定的成果，也凸显出一些与现实情况不匹配的问题。

（一）金竹社区在网格化管理方面的实践

1. 探索"四包一举报"五层网络模式

金竹社区服务中心采取与执法部门合作共治的方式，各司其职、相互配合来完成各项工作。在打击违法建筑工作上，社区服务中心负责巡逻并及时上报，由城管部门依法拆除，形成"四包一举报"的模式。金竹社区以中心人员包村、两委成员包片、网格管理员包户、巡查人员包面、举报人员"报点"的"四包保一举报"的五层网络模式，实现多级防护、层层监控、责任到人，保证巡查宣传不留死角。同时，各包保小组、各村两委、各网格管理人员每天需将情况报送至社区违法建筑巡查工作领导小组办公室进行统一汇总上报，严格实行"零报告"制度。该模式从"线"上巡查，从"面"上监控，缩短了违法建筑巡查和管控工作空间和时间距离，提高了巡查工作效率，不给违法建设行为留下任何空隙，确保了近年来金竹社区违法建设的"零增长"。

2. 细化党组织网格设置

金竹社区在党组织网格设置方面，根据每个自然村寨的规模和空间布局、党员数量及分布情况建立网格，明确一名党建指导员，负责联系网格内的所有党员，并收集整理网格内的党建信息，会同所在村党组织共同做好党建工作。通过细化社区党组织网格化设置，将生活、工作在社区内的各类党员全部纳入网格党组织管理，推动社区服务全覆盖，为居民提供更加及时、到位的服务。

3. 推动居民档案规范化

居民档案规范化有利于社区更加精准地进行管理与服务，金竹社区通过网格员采集辖区村民计生、医保、社保等60多项信息，保证每家每户信息采集的完整并全部输入电脑。同时，网格管理员通过网格信息系统对房屋状态、重点户用不同颜色标记，做到了重点信息一目了然，便于有针对性地开展管理服务工作。

4. 创新网格管理机制

金竹社区通过三种方式创新网格管理机制。通过创新网格员业务提升机制，采用"学习+培训+考试"模式，全方位提高网格员业务素质。通过率先匹配工作经费，提高综合保障网格化管理工作。通过网格化管理，助推流动人口社区治理创新工作。

（二）金竹社区在理顺工作机制方面的推进

1. 明确责任，强化监督

金竹社区通过推进工作责任制，将工作目标细分到具体责任人，同时建立目标管理考核督查领导小组，实时动态跟进工作任务的完成情况，确保任务完成的时效性及准确性。除此之外，设置定期工作检查制度、工作情况通报制度、工作完成情况回访制度等，形成完整的督查机制，保证事中控制，发现问题及时解决，以制度促进各项工作的落实。

2. 对表任务，强化落实

金竹社区在落实工作的过程中，如遇到不能以固有方法解决的新情况和问题，根据实际情况，组织人员对其进行及时的调查研究，创新工作方法，寻找解决问题的有效途径，使工作在创新中不断进步，不断完善社区服务功能体系的建设，提升社区整体服务能力，全面服务居民。

3. 形成合力，强化考核

由于工作任务具有连续性，而任务的落实是由不同的环节组成，其中任何一个环节出问题都可能影响全局任务的完成，因此在落实过程中金竹社区强化考核机制，从最初任务的安排到任务的执行再到任务的完成，都有严格的考核机制对其进行鞭策和监督，保证事中控制，如发现问题或者任务落实路径偏离，能及时对其进行解决和纠正，保证任务高效完成。

三 对金竹社区以网格化为重点推进社区建设的思考

随着城市化进程的不断推进，传统的社区管理模式已经无法与现有需求实现精准化匹配，因此引进网格立体化管理机制，能更好地实现基层信息实时掌控、居民需求精准化匹配，促进群众满意的和谐社区的构建。

（一）金竹社区"十三五"发展应确立三个基本原则

1. 坚持社区主体

在社区建设中，政府为社区提供人力、物力、财力等支持的同时也使政府的地位凸显，社区主体地位淡化。在外部力量弱化的情况下，社区主体的力量得不到充分发挥，致使社区建设的持久性和成效性很难维持。通过贵阳市基层管理体制改革，社区管理层级由原来的四级变为三级，剥离了原有的行政效能和经济职能，使社区服务职能下沉，这使得社区更应该充分认识和坚持其主体地位，增强对社区的认同感和责任心，增强社区建设的发展动能及发展后劲。

2. 坚持需求导向

社区改革以便民利民为宗旨，因此，金竹社区要坚持以需求为导向，在以后的发展中持续探索更加精准的服务方式，为居民提供个性化服务，以满足居民日益增长且复杂多变的服务需求，同时继续保持社区内部良性互动，建设成

为和谐社区。

3. 坚持过程管理

基层管理体制改革提出的"多元共治"管理方式，能最大限度地激发社区自治及社区民主的内生动力。由于社区改革之前的管理过度依赖于政府指令与行政命令，久而久之形成了自上而下的管理方式，也造成了社区服务功能单一及日常效率低下的境况。在新型社区成立之后，构建了"多元共治"的管理模式，管理上更倾向于激发居民自治活力，但鉴于新型社区成立时间短，新老管理方式交替尚在探索过渡阶段，因此金竹社区在未来的发展中仍应坚持强化过程管理，以求探索更加高效、科学的管理方式。

（二）把强化网格化管理模式作为金竹社区转型升级的首要任务

1. 把网格化管理作为创新基层管理体制的有效机制

随着经济社会的快速发展，以及生产生活方式的深刻变革，社会矛盾逐渐向多元化、复杂化转变，社会管理方式亟待创新。网格化管理的实质是在社区与居民之间搭起沟通的桥梁，将社区管理与服务的触角延伸到千家万户，实现社区与居民之间的良性互动，促使管理更加深入、服务更加精准。同时，通过网格化管理平台，还能将社区各类资源进行有效整合，保证社区服务的时效性、矛盾解决的及时性以及服务的精准性，创造一个和谐安定的社区环境。

2. 把网格化管理作为提高基层服务效能的有效方法

传统基层组织是条块分割、各自割裂的，在管理模式以及运作模式方面已经不能适应现代经济社会发展的需求，而网格化管理模式强调以人为本，根据实际需求对网格进行设置，能推动基层工作人员主动投身到社区服务中心工作中，履行岗位职责，提高工作效能，从而更好地服务群众。

3. 把网格化管理作为提升基层发展品质的有效载体

传统管理模式形成的是"上面千条线，下面一根针"的工作传导机制，部门之间责任不清晰，工作落实主体不确定，造成目标任务完成质量不高、社区发展品质无法提升的现象。而网格化管理的主要作用是实现联系群众工作的网状化、普遍化和常态化，以及增强责任工作的落实性和可控性，切实推进社区工作的全面落实。网格化管理打通了上下级沟通的渠道，明确了任务主体，为目标任务的完成提供了保障，提升了社区发展品质。

（三）推动社区发展特色化、精细化、精准化、规范化

1. 以改革与跨越发展为主线实现发展特色化

近年来，随着农村城市化建设进程的加快，金竹社区在建设发展过程中人与土地分离的矛盾、经营收益的矛盾、房屋土地被征收后续生活来源的矛盾等问题逐渐凸显。为疏解这些矛盾，金竹社区未来的工作重点在于指导和帮助所辖各村因地制宜地组建经济实体，以项目建设带动村级集体发展，为村集体和村民搭建一个发展平台，从而扶持壮大集体经济，带领村民增收以解决生存的后顾之忧。

首先是指导和帮助各村以村集体为主，以村民入股的形式成立村级经济发展有限公司，因地制宜地为各村提出实体项目引资和融资发展建立服务平台。然后各村再成立发展公司，以公司加农户的形式利用阿哈水库一级、二级保护区内退耕还林的土地，成立有苗林经营许可权限的苗木种植公司，并引进专业技术人才，将种植公司培育发展为既能提供种植苗圃，又能对外承接绿化工程的经营实体。同时，还可在金竹板块开发建设过程中，在金竹片区农村人口安置区范围内将安置区规划分成居住区和非居住区，宣传和动员居民入股不动产管理公司。除此之外，还可以各行政村为平台组建劳务管理公司，引进建筑工程技术人才，成立具有建筑修缮资质的服务队伍，与金竹板块内的物业管理协作，为金竹板块提供劳务服务，解决农村富余劳动力在城市化进程中的就业问题。最后还要进一步加大自主创业的宣传力度，为村民自主创业提供政策和技术上的支持，促进有经营管理能力的村民自主创业，增加村民就业岗位和增收渠道。

2. 以环境与安全保障为重点实现管理精细化

环境和安全是保证居民生活舒适度和安全感、推进金竹社区城市化建设的首要前提。因此，金竹社区在发展中，应重点实现管理精细化，重视稳定环境及安全的保障。

在环境方面，首先要以经开区大环卫一体化改革为依托，大力推进环境卫生整治工作。其次要以贵阳市、经开区"三年攻坚方案"为载体，全力以赴做好辖区环境卫生各项工作。以阿哈水库饮用水源保护为目标，努力做好"整脏治乱""创模""创卫"等各项工作。最后要以金竹板块改造等各大项目

建设为契机，不断完善辖区各项基础设施建设，提升城市管理水平，营造干净、整洁、文明、和谐、有序，人与自然和平共处的友好型社区环境。

在安全保障方面，首先要加强基础建设、狠抓群防群治，要着重加强社区综治工作队伍建设。其次要梳理化解民间矛盾，防止矛盾激化，积极消除各种不稳定因素和隐患，健全完善情报信息采集、研判和评估体系，搭建民政、法律援助等各项工作服务平台，围绕具体纠纷案件，进行多形式、多手段的调解。同时要大力宣传发动群众，动员村民积极参与，力争全社会齐抓共管，营造良好的综合治理氛围。最后要强化服务管理措施，落实服务和管理并举的原则，健全完善信息定期报告制度、考核制度等工作制度，对外来人员坚持平等化、亲情化和人性化的管理模式，增强流动人口的归属感。

3. 以民生与服务保障为核心实现服务精准化

随着金竹社区转型升级不断深入、居民素质不断提高，对民生保障及服务方面的需求越来越趋于多样化、复杂化，因此，金竹社区在民生保障及服务方面的管理也应逐渐完善。

在民生保障方面，首先应以网格服务、全程代办服务等现有的服务体系为依托，探索建立社区网上与线下综合服务体制。通过网格信息管理系统提供的社区公共服务大数据，为服务对象量身打造公共服务，进一步实现辖区居民足不出户享受公共服务。其次应建立集农村低保、特困人员供养、城乡临时救助、城乡医疗救助、教育救助等于一体的社区社会救助平台。通过搭建救助平台，强化社区保障制度之间的衔接，使辖区困难群众得到及时有力度的救助，保障受困群众的基本生活。

在服务方面，首先要实施便民利民服务精细化、数据化。建立社区—村—网格三级便民利民服务体系，村级建立全程代办服务站，网格作为全程代办服务点，组建由社区劳动协管员、村级劳动协管员与网格员组成的全程代办员队伍，使服务从村组延伸到每户，保证居民的需求能得到及时的满足。同时，通过社区公共服务大数据，主动服务无人照管的留守儿童、空巢老人、重残等弱势群体，实现数据化服务，真正做到便民利民。其次是在提供老年人服务、就业再就业服务、城乡居民养老保险服务、流动人口管理服务等常规性服务的基础上，开展前置服务，即利用社区公共服务大数据，挖掘潜在的服务需求，为辖区居民服务。

4. 以工作机制转变为抓手实现治理规范化

工作机制的转变是社区转型升级的主要体现，金竹社区在转型升级过程中要着力于工作机制的转变，以其为抓手实现治理的规范化。在社区党建工作方面，首先要加大党员网格化管理服务工作力度。进一步推动网格化管理服务长效机制的规范有效运行，持续巩固提升。其次要加大党建推动村民自治的力度。认真总结党建推进村民自治工作的做法、经验，在发展中创新、在创新中发展，让村民真正实现"自我教育、自我管理、自我监督、自我服务"。同时要加大发展集体经济和特色经济的力度。结合农业结构调整和产业化经营，建设蔬菜、苗木种植等特色产业基地，加快新农村建设步伐，在条件成熟的村开展"美丽乡村"建设工作，促进村级经济发展。最后要加大农村非公党建工作推进的力度。要把发展潜力大、工作业绩优、群众口碑佳的企业中政治素质好、文化程度高的员工吸收到党组织中来，尽快形成社区非公党建工作的新局面。

参考文献

金竹社区：《"十三五"时期金竹社区发展规划基本思路》，金竹社区，2015。
贵阳市人大：《贵阳市社区工作条例》，贵州省人民代表大会常务委员会，2013。
杨海涛：《城市社区网格化管理的研究与展望》，吉林大学博士学位论文，2013。
汪诗颖：《城市社区管理体制改革研究——以贵阳市为例》，贵州财经大学硕士学位论文，2015。
郑湘：《社区网格化管理存在的问题及对策研究》，湘潭大学硕士学位论文，2013。
王军：《城市社区主体互动困境研究——以哈尔滨市 X 社区为例》，哈尔滨工程大学硕士学位论文，2010。

B.26
服务发展"两手抓" 夯实农村社区基层基础

——花溪区花孟社区"十三五"发展思路研究

摘 要： 随着城镇化和城乡一体化发展的推进，地处城郊接合部的农村社会正在经历城市化的变迁。在这种变迁的过程中，农村社区公共基础设施建设滞后、服务管理能力不足、传统产业面临升级的问题日益凸显。花孟社区是花溪区典型的少数民族城郊型农业社区，社区服务基础薄弱，农村集体经济发展滞后。"十二五"时期，花孟社区围绕强基固本的主线，推进基础服务创新，取得了一定成效。"十三五"期间，花孟社区在提升社区服务水平的同时，也将紧抓自身作为小孟工业园新的增长极的发展机遇，结合自身特点，抓党建，带全局，致力于基层治理与建设，努力形成"条专块统"的服务格局，致力于服务文化旅游创新区和千亿级开放创新平台建设。

关键词： 花孟社区 基层基础 服务改善 治理提升

花孟社区于2012年10月16日正式挂牌成立，位于贵阳市南部，花溪区北部，东接孟关乡沙坡村，西接阳光社区棉花关，南接清溪社区桐木岭村，北接小孟社区陈亮村。辖区总面积20.4平方公里，管理范围分别为麦乃村、把伙村、杨中村3个行政村，现有常住人口6280人，其中少数民族人口约占总人口的80%。在产业布局上以农业为主，是一个典型的少数民族城郊型农村社区，也是小孟工业园区新的增长极。

表1　花孟社区基本情况一览

社区概况	辖区面积	20.4平方公里	辖区人口				
	辖区范围	麦乃村 把伙村 杨中村	户籍人口	5192人	流动人口		1655人
			18岁以下	1558人	失学儿童	0	留守儿童	4人

科技和教育资源	科研院所		幼儿园		小学		初中高中	
			公办	民办	公办	民办	公办	民办
	—		—	2所	2所	—	—	—

社会资源	辖区内单位			辖区内社会组织		
	行政单位	事业单位	企业（国有）	孵化型（枢纽型）社会组织	专业型社会组织	自发型（草根型）社会组织
	0	1个	0	0	0	0

体育文化休闲餐饮住宿设施	体育场（馆）	影剧院	广场	公园	图书市场、书店	50㎡以上饭店、餐馆	旅店、招待所	写字楼
	3个	0	0	0	0	17个	0	0

医疗卫生资源	综合医院	专科医院（诊所）	妇幼保健院	急救中心	疾控中心	社区卫生服务站	辖区药店	养老机构	
								公办	民办
	0	0	0	0	0	1个	2个	—	—

困难群体与特殊人群	失业人员数	退休人数	60岁以上老人	残疾人	低保人员	刑释解教人员	吸毒人员
	4人	0	837人	94人	75人	12人	17人

资料来源：2016年12月由花孟社区提供。

一　从"两大转变"看花孟社区发展前景

"十二五"期间，随着城乡一体化进程的逐步推进，贵阳市对基层管理体制逐步进行了创新改革，花孟社区借助体制改革努力实现由城郊农村向新型农村社区的转变。随着小孟生态工业园的发展，花孟社区区位优势不断凸显，结合自身特点，花孟社区从社区基层服务工作入手，通过五大工作紧抓服务与发展，夯实基层服务基础，由传统农村社区朝着小孟生态工业园新的增长极转变。

（一）花孟社区正由城郊农村向新型社区转变

花孟社区处在贵阳市南端的城乡接合部，社区成立时属于曾经的贵阳市行政辖区小河区。2012年11月15日，国务院正式下发《国务院关于同意贵州省调整贵阳市部分行政区划的批复》（国函〔2012〕190号），同意撤销小河区，成立新花溪区，由此，花孟社区也归现花溪区管辖。花孟社区管辖区域以农村村落为主，村内道路、路灯、网格等各项基础设施欠账较多，村内居民以种植草莓、玉米、莲藕等作物和水果为主，同时养殖生态河鱼增加收入。另外，部分青壮年进城务工。花孟社区自成立以来，积极协调区级各部门，基本完成辖区各村自来水使用、路灯安装使用、村寨串户路路面硬化等工作，在发展壮大村集体经济、提高农民收入的同时，提升干部综合服务能力，使花孟社区由原来的纯农业村落向着新型农村社区转变。

（二）花孟社区正转变为小孟生态工业园新的增长极

花孟社区北部与小孟社区接壤，与小孟生态工业园的发展密不可分。"十二五"期间，花孟社区境内实施的项目有开发大道五期、市域快铁、孟溪路、思杨路及区委党校、清华中学分校、烟叶复烤产业园、杨中村棚户区改造安置点，统称为"四路两校一园区一点"，交通发展潜力巨大。首先，花孟社区辖区面积20.4平方公里，社区面积较大，辖区居民以发展农业为主，可开发土地面积广阔，有充足的工业用地，具有良好的工业园区发展基础；其次，花孟社区北边与小孟社区陈亮村接壤，在这里建设工业项目有利于配套小孟生态工业园，实现产业集聚发展，集约优势正在显现；此外，花孟社区可以服务于小孟工业园区建设，花孟社区通过完善基础设施来支撑小孟生态工业园区的发展，可成为小孟生态工业园新的增长极。这些定位和转变都要求花孟社区重视以服务为中心的社区职能转变，提升社区基层服务水平和治理能力，培育优质的软环境，吸引项目入驻并长留。

二 花孟社区"十二五"强基固本的实践与探索

"十二五"期间,花孟社区结合自身特点,紧紧围绕农村经济发展、提升社区干部工作能力和创新社会治理方式三个重点,通过"一村一策"助推农村经济发展,通过村两委测评提升基层干部综合素质,通过"三员三长"创新基层网格治理,通过六大工程加强基础设施建设,大力推进社区强基固本。

(一)"一村一策"助推农村经济发展

"十二五"期间,花孟社区通过"一村一策"在农村集体经济的发展上,对辖区内3个村的具体情况进行科学分析,有针对性地对每个村采取因地制宜的思路发展农村集体经济。具体来说,杨中村依托工业产业发展争取建设用地,发展仓储经济;把伙村依托良好的生态优势,搭上"文化旅游创新区"之车发展吃、游、购、赏等三产服务业;麦乃村依托清华中学分校的带动效应和城市综合体改造发展三产服务业,增强造血功能。

图1 花孟社区"党员双线"工作结构示意

(二)"党员双线"增强干部工作能力

"十二五"期间,花孟社区通过"党员双线"实现村委委员和社区干部党员分别定期联系村民小组,从两个方向按照两条线联系村民,以此了解基层村民的情况。开展双线联系工作,是花孟社区党委结合社区实际基于两个方面考虑的创新做法。开展"党员双线"联系工作对培养社区干部工作能力有着良好的促进作用。首先,针对刚进社区工作的干部来说,了解社情民意,可锻炼新进社区干部的群众工作能力,增强干群关系。其次,双线联系的做法有助于防止社区干部和村委委员的工作流于形式化，通过"党员双线"这种形式，让社区干部和村委委员下到基层跟群众打交道，以此来防止党员干部工作走形式、走过场，对于提升社区干部的工作能力、加强干部群众联系大有裨益。

（三）村两委测评提升基层干部综合素质

"十二五"期间，花孟社区制定了《干部职工季度测评办法》、《村两委及成员考核办法》，进一步完善对村两委的考核。花孟社区把考核工作作为党建工作中的一项重要内容，把它跟党组织建设放在首要位置，以党建作为社区一切工作的引领。如果把考核工作和其他工作比喻成一条线，那么党建就是一根针，用党建来"穿针引线"，把社区工作统一联结起来。花孟社区利用监委会组织和村民代表对村委委员的工作进行测评，如果测评分数低于60分，社区将安排三个月的时间，让这名干部以待岗的方式进行整改，让干部反思学习，三个月期满后需要向组织提出申请，证明反思学习效果后才能继续返回岗位工作。花孟社区以这样的方式来提升两委的工作能力、提高干部的综合素质。

（四）"三员三长"创新基层网格治理

由于花孟社区是一个农村社区，居民居住相对分散，这给社区网格工作带来了不小的困难，因此，花孟社区在网格化工作的大框架下，探索基于自己农村社区的小块状的特色网格化管理方式，创造性地提出了"三员三长"网格工作方法。"三员三长"分别是指网格员、村两委委员、治安巡防员、党小组长、村民组长、计生育龄妇女小组长六类人员。首先，通过"三员三长"把这六类人员统筹起来，让他们和党小组组长和村民组长进行工作和信息上的沟通。其次，这六类人员也是社区做群众工作的上情下达和下情上传的必然通道，把他们统筹、组织、发动起来，形成党委和社区密切联系群众最基层的桥梁和纽带。这样的模式将党委、村和居民连成一线，以线成网，延伸服务触角，增强了花孟社区以党委为核心组织的系统性和严密性，使社区居民信息反馈更快更全面，不断提升社会治理能力和水平。

（五）"六大工程"加强基础设施建设

花孟社区将社区工作划分为"绿、亮、净、美、畅、安"六大工程来推进，通过六大工程来加强农村基础设施建设。"绿"，指花孟社区的生态保护、森林防护以及绿化工程等方面的工作；"亮"，指花孟社区辖区内的道路路灯基础设施，通过加强工作让路灯亮起来；"净"，指花孟社区的环境污染治理、环境卫生保护等方面的工作要抓好落实；"美"，指花孟社区对辖区村庄进行整治，建设美丽乡村的工作；"畅"，指花孟社区的辖区道路，针对道路不通的地方，要进行修路，硬化道路，对已经硬化但现在破损的道路要对其进行修缮，保持社区内部道路畅通状态，加强村与村之间的联系，为居民提供良好的出行环境；"安"，指花孟社区的治安，包括摄像头安装工作和村级治安巡逻队常态管理的工作。围绕这六类服务工程，花孟社区完善了硬件设施，为建成新型农村社区打下了良好基础。

三 花孟社区"十三五"面临的问题与挑战

"十三五"时期，是花孟社区推进项目大建设、产业大发展、治理大提升、民生大改善的关键时期。但是，由于社区是一个典型的少数民族城郊型农村社区，居民利益诉求复杂多元，民生改善需求多，社区存在一系列亟待解决的难题。

（一）征地拆迁较多，矛盾纠纷化解压力大

为配合推进"四路两校一园区"工业项目的征地和拆迁，花孟社区在项目推进的过程中出现了很多矛盾纠纷，且有的矛盾纠纷是历史遗留问题，解决难度大。例如家庭成员之间、组与组之间、村与村之间财产分配的问题，房屋确权的问题，就地安置问题等。同时，村民由于长期从事农业生产，土地情结比较深厚，对搬迁安置提出很多要求，例如村民不愿搬到城市里面，不愿住电梯房，或者能接受搬家但不能离开村子等。村民的法律意识薄弱和由村民转居民的观念转变不够，给纠纷调解带来了很大的困难。以上这些问题导致了很多村民信访，花孟社区的维稳任务变得十分艰巨，要从源头上解决这些问题，对花孟社区来说是一个挑战。

（二）社会组织较少，社区服务职能不完善

贵阳市2014年实施"村委会"改"居委会"至今，花孟社区的职能服务部门还没有完全适应改制后居委会的工作模式，导致了社区服务职能缺失的问题。另外，花孟社区在大党委领导下的社区组织十分匮乏，缺少多方主体参与限制了花孟社区的社会服务工作，导致社区服务职能不够完善、服务水平不高等问题。因此，在"十三五"期间，怎样引进壮大社会组织，通过多元化社会服务来完善社区服务职能、提高社区服务水平，是花孟社区亟待解决的一个问题。

（三）人才资源缺乏，社区治理能力提升难

首先，由于人才缺乏，花孟社区和社区服务中心的领导班子中部分职位仍然空缺，导致社区部分基本职能行使困难。例如花孟社区的一名党委副书记除了担任党委副书记外，还需要兼职纪委书记、政法委书记、组织委员、宣传委员和武装部长，可见，花孟社区的服务工作在规范化、标准化和工作创新等方面还较为落后。其次，花孟社区服务工作人员不足，并且工作能力也亟待提高，比如在面临拆迁引发的一些干群关系问题时，有些干部因缺乏经验或自身能力不足，没有妥善处理好干群关系问题，影响了社区的稳定和发展。

（四）基础设施不足，夯实发展基础任务重

花孟社区基础设施滞后，难以适应社区发展的新要求。虽然花孟社区已经基本普及互联网宽带，但是网络的联通还不稳定，网速也不能满足居民远程教育的需要，网络通信建设还需要加强。社区办公面积狭小，多部门共用办公室降低了社区工作人员的办事效率；花孟社区虽然有一些道路，但是有的道路不平或已经破损，基础道路还有待新建或修缮；另外，花孟社区已经陆续安装一些路灯，但是群众反映路灯时亮时不亮，影响了社区的治安和群众的生活；最后，社区内群众几乎没有文化娱乐广场，居民缺乏文化娱乐活动，影响了社区的凝聚力。如何通过加强基础设施建设来完善社区服务职能、提高社区服务水平，是花孟社区亟待解决的另一个问题。

四 对花孟社区"十三五"时期夯实基层基础的思考

"十三五"期间,花孟社区在继续提升社区服务工作的同时,也应将社区工作的重心转移到发展社区所辖村落的经济发展上来。通过提升服务促发展,通过提升农村经济发展水平夯实社区基础,两者齐头并进、相辅相成。

（一）着力提升社会治理能力，破解社区发展难题

从花孟社区"十二五"发展面临的问题来看,花孟社区的服务水平仍有较大的提升空间。花孟社区不仅要提高辖区基础环境、硬件设施、服务水平,还应该着力提升社区服务软环境。花孟社区可通过科学培训机制,提高干部工作能力和综合素质,建立激励机制以改变干部工作面貌,并通过鼓励、扶持的方式促进社区社会组织的发展,形成多元主体共同参与社区治理的局面,为居民提供和谐共治的社区服务平台。同时以依靠群众、服务民生为工作重点,不断提升服务水平,完善农村基础设施,进一步探索社会治理和群众工作新思路。

1. 找准一个切入点：创新社区机制建设

花孟社区在实施干部考核测评机制、提升干部综合素质的同时,应加强法制宣传教育,定期开设法律讲堂等,扎实推进社区民主法制建设和精神文明建设,提升村民法律意识。另外,要切实为居民着想,深入联系群众,优化工作方法,从根本上解决社区信访率高、维稳难度大的问题。同时,应建立面对居民的就业转型培训机制,保证被征地拆迁的失地农民通过就业转型为社区居民,确保其找到新的收入来源,避免拆迁农民返贫的现象,确保居民在项目推进的同时受益,共享社区发展成果。

2. 把握一个核心点：全力服务小孟园区

作为小孟生态工业园新的增长极,花孟社区在"十三五"期间,不仅要完善工业园区发展所需的公路、电力、通信等园区生产运作的基础设施,还要做好社区的美化绿化工作,改善人居环境,满足工业园区企业职工对绿色生态环境的需求。一方面只有完善项目入驻优惠政策,才能为企业项目入驻提供良好的政策空间环境；另一方面要提高社区文明程度,培育优质的软环境,打造

招商引资的载体和平台,吸引项目入驻并长留,提升服务小孟生态工业园区的水平,形成小孟生态工业园辐射带动花孟社区发展的良好局面。

3.明确一个关键点:探索新型治理模式

花孟社区在创新社会治理方面,可以培育具有社区服务辅助功能的社会组织。比如在社区整治环境卫生工作的同时,专门成立卫生管理协会之类的社会组织;在做社区治安工作时,发展治安巡逻小组,发动社区居民群防群治。在社区工作中不断丰富社会组织的种类,使不同类型的社区组织并行发展,形成互相带动激励的局面,强化居民群众的参与意识。而且这样的社区服务组织能够适当配合花孟社区对村委干部的考核机制发挥作用,比如当干部考核不及格被"召回"时,可适当发挥社区服务组织的作用,保证社区服务工作的正常运行。培育发展社会组织,有助于提高社区服务水平,形成多个社会组织共同参与社区服务、社会治理的自治局面。

(二)着力促进辖村经济发展,夯实基层发展基础

花孟社区在"十三五"期间应该以发展辖村经济带动社区服务提升,夯实基层基础。在发展思路方面,花孟社区应紧紧围绕"保生态、促发展"总体目标,积极推进辖区项目建设,不断拓宽辖村经济发展道路,带动农户增收,推动特色新农村建设。

1.强化项目带动,推进"四路两校一园区"建设

"四路两校一园区"是花孟社区正在推进的七大建设项目,"十三五"期间,花孟社区应积极配合职能部门完成"四路两校一园区"项目建设,鼓励有实力的企业通过招商联营方式落户花孟社区,使规模以上工业总产值能有新的突破,增强园区经济活力。同时,在推进现有项目快速建设的同时,花孟社区还应做好内部招商引资的方案细则制订,完善项目引进机制,转变社区以农业为主的单一产业发展格局,提升社区的经济发展水平。

2.优化产业结构,促进产业转型升级

农业仍然是"十三五"时期花孟社区辖村的主导产业之一,扶持村内已有的农业项目,培育新的农业项目,都是花孟社区促进经济发展的优先选择。在推进现代农业转型方面,花孟社区首先应积极开展种植养殖知识培训,做好家禽疾病预防培训,定期开展种植养殖经验交流会,提升村民的种植养殖能

力。其次要制定农业发展优惠政策，完善农业风险赔偿机制等，为村民农业生产活动构建安全的空间，为花孟社区从事农业生产的居民的生产生活提供保障，提高居民经济收入。此外，花孟社区应积极扶持培育村内第二产业和第三产业的发展，创新产业发展模式，促进三产的协调融合发展，提升花孟社区经济发展水平和可持续发展能力。

3. 发展集体经济，带动村民发家致富

集体经济发展滞后是花孟社区所辖村落发展面临的一个重要问题，花孟社区是一个少数民族城郊型农村社区，其布依族文化传承保护良好，少数民族特色优势十分明显。"十二五"期间，花孟社区民族手工艺品、民族服饰和民族食品加工的集体经济发展三大支柱已经构建起来。基于此，花孟社区应该将社区内的少数民族文化元素转化为市场经济吸引力，通过打造花孟社区少数民族独特品牌，通过商标注册、保护品牌原创性、提高产品附加值的方式来带动辖村农民创业就业，发展农村集体经济。此外，应发展农村电子商务，打通线上线下销售渠道，拓宽产品销售面和销售市场，请专业人才为村民集体经济发展提供指导，引导村民选择合理的产业发展路径，促进农村集体经济发展，从而促进花孟社区发展。

（三）加强基础建设，提升社区发展环境

1. 完善社区基础设施，满足居民生产生活需求

在继续推进"绿、亮、净、美、畅、安"六类基础设施工程建设的同时，花孟社区应做好宽带线路改造，完善辖区内互联网络服务，使社区办公和村民日常使用网络更加便利，提升工作效率和生活质量。同时，还要建设群众文化休闲场所和公共活动小广场，增加体育设施，满足社区居民日常文体活动的场地需求，提高居民的幸福指数和满意度。

2. 加强社区环境整治，推动社区绿色发展

花孟社区要加强环境整治，加强对社区内企业和居民的宣传教育，增强居民的环保意识，要发动社区干部的力量，树立"清洁卫生人人有责"的理念，协同城管和卫生部门，深入贯彻执行社区卫生管理条例。另外，对影响环境清洁的行为要立即制止并规劝，对违规排放的企业要及时举报，打造清洁绿色的社区环境。

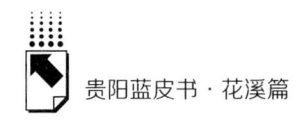

3. 加强治安综合治理，推动安全社区建设

"十三五"时期，花孟社区要积极维护社区社会治安秩序，对吸毒人员积极做好社区矫正，加强法制宣传教育、法律援助和法律服务，协同有关部门对闲散青少年、留守儿童和吸毒人员进行教育管理。另外，村两委要认真研究和有序组织村级治安巡逻志愿者、网格员以及广大党员和群众，加强偷盗防范、外来可疑人员巡查，增强村民毒品、邪教、地质灾害、火灾防范意识，不断强化村民公共安全意识、提升各村治理能力。

4. 加强党风廉政建设，保障风清气正

按照党风廉政建设的要求，持续深入推动党的学风、思想作风、工作作风建设，组织干部队伍建设，按从严治党的方针，践行全面从严管党治党，为辖区建设营造风清气正的软环境。

参考文献

花孟社区服务中心：《"十三五"时期花孟社区发展规划基本思路》，花溪区政研室，2015。

花孟社区服务中心：《花孟社区特色亮点工作汇报》，花溪区政研室，2015。

B.27
突出古镇文化　构建全域格局 打造全域文化旅游创新区核心区和 中国国际特色旅游小城镇

——青岩镇"十三五"发展思路研究

摘　要： 发展美丽特色小城镇是深入推进新型城镇化的重要抓手，对于推动经济转型升级和发展动能转换具有重要意义。2016年，住建部公布了首批127个中国特色小镇，青岩镇榜上有名。在此背景下，认真总结青岩镇的发展优势及"十二五"期间取得的成绩，分析研究"十三五"时期的发展思路及发展策略，对于青岩镇打造全域文化旅游创新区核心区和中国国际特色旅游小城镇具有重要意义。

关键词： 青岩镇　全域文化旅游创新区　国际特色旅游小城镇

青岩镇是贵州省四大名镇之一，也是贵阳市唯一的国家级历史文化名镇，总面积92.3平方公里，辖17个行政村2个居委会106个自然村寨，有汉、苗、布依、侗、壮等11个民族，现有总人口34321人（见表1）。青岩镇历史悠久、文化深厚、文物古迹丰富，具有很高的历史价值、文化价值和旅游价值。

表1 青岩镇基本情况一览

概况	辖区面积	92.3平方公里	辖区人口					
	辖区范围	东接黔陶乡，南与惠水县接壤，西与燕楼、马铃乡相连，北邻贵筑办事处	户籍人口		7626户	流动人口	2783人	
				34321人			
	自然资源	旅游资源丰富。在贵州历史上占有极其重要的政治、经济、军事地位，有"南部要塞"、"筑南门户"之称	困难群体	低保人员	588人	外出打工	522人	
				60岁以上老人	4218人	建档立卡贫困户	738人		
	||| 特殊人群	残疾人	383人	失业人员	76人	刑释解教人员	108人
	|||	留守儿童	166人	吸毒人员	284人	缠访、集访带头人	6人
	|||	失学儿童	—				

经济发展	村(居)民可支配收入		地方财政总收入	村集体经济		一产总值	二产总值	三产总值	辖区内企业	招商引资			全社会固定资产投资
	村民	居民		总数	资金总额					签约金额	签约企业	落地企业	
	13739元	26532元	9811万元	17个	1268.36万元	28237万元	34041万元	105190万元	298个	15.1亿元	4个	2个	32亿元

基础设施建设	六个小康专项行动计划					
	小康路	小康水	小康房	小康电	小康讯	小康寨
	90公里	全面达标	1000户	全面达标	已全覆盖	建成1.2万平方米文化广场，太阳能路灯700盏，公共厕所8座

教育资源	幼儿园		小学		中学(初中和高中)		大中专及以上院校
	公办	民办	公办	民办	公办	民办	0
	1所	12所	7所	1所	1所	0	

文体建设	人文资源	重点文化节庆活动	公共文体活动场所(包括广场、公园和体育运动场所等)
	菊林书院	春节、"四月八"苗族活动、端午节、"六月六"布依族活动	17个村级篮球场、3个健身小广场

医疗卫生资源	乡镇卫生院			1个	养老院	1个
	医护总数	床位数	床位占用率		村级卫生室	17个
	50人	40个	14.4%			

资料来源：2016年12月由青岩镇提供，本文下同。

突出古镇文化 构建全域格局 打造全域文化旅游创新区核心区和中国国际特色旅游小城镇

一 从三个维度看青岩镇的基本概况及特征

（一）从区位上看，青岩镇是贵阳的"南大门"和花溪的次中心，交通便捷、集散作用突出

青岩镇位于贵阳市南郊，距贵阳市中心29公里。东接花溪区黔陶乡，南与惠水县接壤，西与花溪区燕楼、马铃乡相连，北邻花溪区贵筑办事处，素有贵阳"南大门"之称。青岩镇作为"筑南门户"，通过"十二五"期间的建设，已经成为花溪次中心。青岩镇境内交通便捷，纵贯南北交通体系网络实现全覆盖。南环高速、贵惠高速、省道210、省道101、田园南路等外联型交通干线过境，花安高速即将建成通车；北环线、桐惠线、青燕线、龙燕线、东早线等内通型道路建成通车；县乡公路四通八达，纵横交错，村寨道路相互连接。青岩已经融入贵阳、贵安半小时经济发展圈。青岩的旅游交通枢纽作用更加明显，对外联系更加便捷，集散优势更加突出。

（二）从文化上看，青岩镇是中西方文化的交汇地和黔中文化的展示窗口，历史悠久、文化富集

青岩镇始建于明洪武十一年（1378年），至今已有600多年的历史。青岩融中西方文化于一体，佛教、道教、基督教以及天主教和谐共处。除了宗教文化外，青岩还有军屯文化、建筑文化、饮食文化、红色文化、民俗文化等，是展示黔中文化的重要窗口（见表2）。

表2 青岩镇多元文化类型

文化类型	文化代表
军屯文化	山地兵城·黔中古镇
宗教文化	佛教、道教、基督教、天主教四教并存
饮食文化	卤猪脚、双花醋、玫瑰糖
建筑文化	较完好的城墙、完整的传统城镇风貌
民俗文化	花灯、舞龙、地戏
驿站文化	古驿道、会馆
红色文化	红军指挥所、革命领袖家属曾居地

（三）从实力上看，青岩镇荣获中国特色小镇、中国历史文化名镇等称号，享誉中外，影响深远

随着旅游基础设施的不断完善，经营理念的不断创新，宣传推介力度的不断加大，国家AAAA级景区通过验收及青岩堡顺利开街，青岩逐渐成为享誉全国的古镇。2011年，青岩镇获得全省唯一的"省级卫生镇"和"省级食品安全示范一条街"的荣誉称号。2012年成为全国第三批改革试点镇，2014年获得全国文明村镇的荣誉称号，2015年成为贵州省100个示范小城镇建设先进单位，2016年又成功入选住建部公布的首批127个中国特色小镇，青岩镇的知名度和影响力大幅提升，享誉中外，影响深远（见表3）。

表3 青岩镇荣誉一览

时间	荣誉
1991年	贵州省省级文物保护单位
1992年	贵州省历史文化名镇
2005年	中国历史文化名镇 中央电视台中国魅力名镇提名奖
2006年	全国历史文化名镇
2010年	国家级AAAA景区 中华诗词之乡
2011年	贵州省唯一的省级卫生镇和省级食品安全示范一条街
2012年	全国第三批改革试点镇
2014年	全国文明村镇 贵州省100个旅游景区考核第一名 成功举办"贵州省第九届旅游发展大会"
2015年	贵州省100个示范小城镇建设先进单位 贵州省100个重点现代服务业聚集区 贵州省特色优势服务产业聚集区 贵州省民族团结进步创建活动示范乡镇 国家5A级旅游景区预备景区 第三批全国特色景观旅游名镇名村示范名单 成功承办"2015贵阳马拉松比赛"
2016年	中国特色小镇

突出古镇文化　构建全域格局　打造全域文化旅游创新区核心区和中国国际特色旅游小城镇

二 "十二五"时期青岩镇推动特色发展的实践与成绩

"十二五"期间,青岩镇在坚持"旅游强镇"发展战略的基础上,明确提出了"一个跨越、二个转型、三个突破"[①]的发展思路,明晰了旅游产业转型升级"三步走战略"[②]。通过五年的努力,青岩镇初步形成了"梯次推进,产城融合"的发展格局,基本实现了"景区通达性增强,旅游便捷性突出,业态层次性分明,项目承载力提升"的发展目标。

(一)创新建设模式,破解发展瓶颈

青岩镇面对市政基础设施和旅游配套设施双落后的状况,仅靠上级财政性资金补助和景区自身积累来发展,难以满足发展的需要。经过认真分析研究,青岩镇提出"立足自身,打牢基础,借力平台,依托市场"的"四位一体"思路,创新景区与城镇发展联动的投融资模式,突破资金瓶颈。

1. 打牢基础,实现五规协调统一

强化旅游产业规划、古镇保护规划、城镇空间规划、土地利用规划、林地利用规划等五个行业规划的协调统一,组织编制《青岩景区旅游规划》、《青岩古镇保护与整治规划》、《青岩镇总体规划及集镇控制性规划》,积极对接国土部门修编《青岩镇土地利用总体规划》、林业部门修编《青岩镇林地保护利用规划》,使项目落地和实现土地价值成为可能。

2. 借力平台,强化融资助推发展

为充分发挥景区与旅游产业、旅游产业与城镇建设相互带动作用,青岩镇全盘谋划,分步实施,通过生地变熟地、熟地变热地的过程,最终实现景区周边城镇建设用地的最大收益,确保青岩从乡镇基础条件上的古镇设施转变为具有完备城市功能的旅游目的地的投入。

[①] "一个跨越、二个转型、三个突破":指由单一观光游古镇向完备城市功能的知名旅游文化名镇跨越;产业结构和城镇建设的升级转型;在投融资、社会管理、基层组织建设上有新突破。

[②] "三步走战略":打造5A旅游目的地、创建旅游集散地、实现休闲旅游度假区。

表4　青岩镇2012～2015年主要融资发展情况一览

时间	融资机构	融资金额	作用或影响
2012年	中国工商银行花溪区支行	5亿元	拉开了青岩镇景区大建设的序幕
2013年	贵阳市旅游文化产业投资(集团)有限公司,贵阳市城市发展投资(集团)股份有限公司	30余亿元	借助第九届旅发大会在青岩召开的契机,加强青岩景区基础设施及周边主干网的省级改造
2015年	贵阳市土地储备中心	4.5亿元	启动青岩产业用地的土地储备2000亩,现已上报省市国土部门,将加快项目落地和产业升级转型

3.依托市场,狠抓招商引资

青岩镇立足延伸产业链条,瞄准填补产业空白,重点围绕旅游配套和休闲度假谋划一批文化旅游商业项目,并且十分注重项目可行性论证,超前启动项目前期工作,注重做好项目配套服务,缩短落地时间。从图1可以看出,"十二五"期间,青岩镇招商引资到位资金逐年增长,特别是2015年实现了跨越式增长,招商引资达到15亿元。

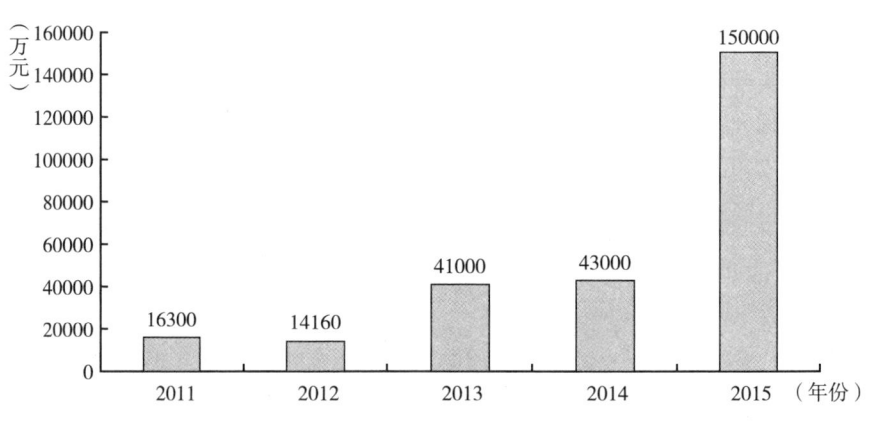

图1　2011～2015年青岩镇招商引资到位资金比较

资料来源:2012～2015年青岩镇政府工作报告、2015年青岩镇工作总结。

(二)加强统筹谋划,推动产业升级

2013年9月22日贵阳市政府确定将青岩古镇作为第九届省旅发大会主会场,青岩镇以此为契机,加强统筹谋划,推进了旅游产业转型升级工作。

1. 树立科学发展理念

青岩镇在建设发展的过程中，一方面坚持"大青岩景区"发展理念，统筹推进黔陶、高坡等乡镇旅游景点的建设，启动了"周渔璜、周钟瑄文化交流中心"及"周氏宗祠"项目、高坡扰绕"美丽乡村"建设等项目，形成花溪南部旅游带；另一方面坚持保护性开发的理念，遵循古镇原有肌理，实施城墙恢复连通工程，提升景区内街巷、民居景观，规范古镇内商家门头牌匾设置，以及游线构（建）筑物、景区环卫设施、标识标牌等的管理。

2. 加强景区配套设施建设

新建和改造停车场4个，新建游客服务中心2个，新建游客广场3个，新建和改造旅游公厕12个，全面实施智慧旅游系统建设。

3. 打造旅游发展综合体

实施"寻坊"北门文化旅游综合体、南门文化旅游产业区、张公馆恢复重建等项目。同时，引进贵州省游客集散中心（青岩）、花溪区两馆一中心、龙井新苑古玩城、青岩特色酒店群、狮子山片区旅游文化产业综合体、前街古建筑街区、文化旅游科技创意街区等项目，倾力打造以休闲度假为核心的文、体、卫、商、旅综合体。

（三）推进软硬件建设，提升城镇品质

青岩镇按照省级重点示范小城镇的要求，加强硬件建设和软件建设，实现城镇生活环境和品质的飞跃提升。

1. 在硬件建设方面，着力完善城镇基础设施

"十二五"期间，青岩镇完成以田园南路、北部环线、桐惠线、青燕线、东早线、交通路等为主体的路网设施建设改造。配套完成给排水、燃气、雨污管网等综合管网下埋工程，同步实施慢行系统建设，形成景区步行游览、景区慢行系统和景区过境交通环线的"三环"交通体系。按乡镇标准化学校要求，新建青岩中学、小学、幼儿园，新建青岩敬老院和农贸市场，扩建青岩卫生院和青岩水厂，建设青岩污水处理厂及垃圾收集系统。结合本地居民的商业配套，实施了玉带湾畔、田园美庐、玉带溪苑等6个安置点项目建设，极大地改善了群众的居住条件，有效实现了古镇保护的目标。

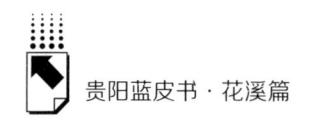

2. 在软件建设方面，着力提升城镇管理水平

青岩镇以古镇综合整治为重点，大力实施亮化、净化、美化工程。加快优化古镇及景区周边环境，卫生、秩序整治提升速度。在古镇区设立了集城管、工商、卫监、消防、公安于一体的综合管理服务队，实行"综合管理，三班循环，全年无休"的管理模式，推行"诚信商户、诚信村居民"等旅游诚信体系建设，从而树立景区管理在游客和商户心目中的良好形象。

（四）建设美丽乡村，改善农村面貌

"十二五"期间，青岩镇按照"清洁乡村、人文乡村、产业乡村"的建设要求，着力解决群众关心的热点难点问题，实现城乡统筹。

1. 以项目建设促村容改观

以"一事一议"、"美丽乡村"项目建设为依托，争取投入资金5000多万元，实施项目60多个，完成龙井村、山王庙村小摆托寨、北街村小西冲、扬眉村、新哨村、谷通村、新关村、西街村等14个村的基础设施建设，改善了村容村貌。

2. 以实事办理提升群众幸福指数

青岩镇大力推进农村危房改造、村级综合楼修缮建设、通组路、改水等实事工程，狠抓劳动社会保障、新型农村合作医疗、"金秋助学"等工作，累计发放各种救助资金1500余万元，受益群众达3万余人，切实做到惠民利民。通过敬老院建设、农贸市场迁建、污水处理厂建设、农村环境综合整治，解决群众养老难、买菜难和生活环境差等问题。

3. 以农业产业提升促使农民增收

建立三个农业产业基地，分别是达夯-谷通-新楼5000亩优质农产品蔬菜产业带基地，大坝-二关1000亩胭脂萝卜种植产业基地以及思潜村2000亩次早熟蔬菜基地。成立16个合作社，其中2个农机合作社，14个种植合作社，以此助推农业产业发展。开展民族民间农家乐服务培训、种植养殖技能培训500人次，在龙井村、山王庙村、北街村发展种植养殖合作社3个，发展庭院经济110户。

4. 以旅游环境改造打造乡村旅游路线

除了打造以青岩古镇为核心的旅游产业外，还十分注重青岩古镇周边村寨的乡村旅游产业发展，通过打造精品客栈和田园风光，提升旅游接待能力。

5. 以活动开展树文明形象

组织开展"双诚信双承诺"计生示范村评比、"打非治违"安全生产、领导干部驻村帮扶、绿丝带志愿者服务、"道德讲堂"、"多彩贵州文明行动"、"文明家庭"、"诚信农民"、"星级文明户"，以及美好家庭评比、好媳妇、好婆婆、贤德榜等活动，推动"文明诚信青岩镇"建设。结合村寨民风民俗特色，投入资金200余万元，新建布依文化展示馆，增设布依民族文化墙1000平方米，新建文化广场3个，补充农家书屋图书10000余册。充分展示和宣传文化知识、文明礼仪，通过先进典型教育引导群众树立良好的文明风尚，提升医疗卫生、计划生育、文化体育、法律服务、农民技能培训和转移等公共服务管理水平。

6. 以平安创建保百姓平安

强力开展"两严一降"工作，2014年共发生案件95起，同比下降31%，安全感测评结果为96.97%。2015年初，获得"2012~2014年省级文明乡镇"、"全国文明村镇"荣誉称号，龙井村荣获"中国少数民族特色村寨"称号。

三 青岩镇"十三五"总体发展思路探析

（一）发展定位：全域文化旅游创新区核心区和中国国际特色旅游小城镇

"十三五"时期，在大旅游、大数据的时代背景下，青岩镇要紧抓贵阳市打造世界旅游名城和花溪创建文化旅游创新区、全域旅游先行示范区的契机，立足自身优势和国际视野，深度挖掘宗教文化、军屯文化、建筑文化、饮食文化、红色文化、民俗文化等多元融合的文化内涵，注重处理好传统与现代、传承与发展的关系，加大旅游业与文化、城镇、农业、大数据等相关产业深度融合力度，着力将青岩打造成为文化旅游创新区核心区和中国国际特色旅游小城镇。

（二）发展目标："五个创建"

按照全域文化旅游创新区核心区和中国国际特色旅游小城镇的发展定位，

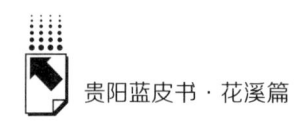

"十三五"时期，青岩镇要坚持"一年打基础，三年大提升，五年见成效"的发展原则，积极推动"五个创建"发展目标的实现。

1. 创建国家5A级旅游景区

按照国家5A级旅游景区标准，加快青岩景区的综合整治和改造提升，突出"文化、古镇、山水、田园"主题，着力提升景观景点、挖掘文化内涵、完善基础设施、升级服务质量，确保在2016年创建成为贵阳市首个5A级旅游景区，将青岩打造成国内一流、世界知名的旅游目的地。

2. 创建贵州旅游集散中心

依托贵阳市公路、铁路、航空网络中心节点优势，加快推进青岩旅游集散中心建设。重点是进一步完善城镇基础设施建设、提升旅游接待能力、完善公共服务体系，基本建成与旅游业发展相适应的旅游集散服务设施体系，发挥公共信息资源共享、服务机制健全、保障体制灵活有效、区域辐射带动力强劲的功能，将青岩建成全省旅游集散地。

3. 创建人文旅游示范基地

在创建国家5A级旅游景区的同时，通过提升传统文化、公共文化、时尚文化及民俗文化，开发"三种模式"，打造"三条线路"："传统文化＋生态旅游＋传承"的模式，青岩古镇－花溪公园－湿地公园（孔学堂）生态文化精品旅游线路；"民族文化＋休闲旅游＋扶贫"的模式，"青岩－黔陶－高坡美丽乡村"精品旅游线路；"现代文化＋体验旅游＋创新"的模式，青岩－燕楼－大学城文创精品旅游线路，力争2017年建成人文旅游示范基地。

4. 创建国家文化产业示范基地

按照《国家级文化产业示范基地》创建标准，加快文化产业基地和区域性特色文化产业群建设。2017年，将青岩古镇建设成为国家文化产业示范基地；2018年，以青岩黄磷厂为中心打造全省具有特色的文化创意标杆，建成文化旅游示范基地；2019年，依托两馆一中心及南门体育运动基地，打造文化娱乐运动基地；2020年，以"文化创意业＋文化旅游业＋文化娱乐业"的多元文化碰撞，将青岩创建成为国家级文化产业示范园区。

5. 创建国家级旅游度假区

树立建设旅游功能完备的"全域旅游"理念，打造青岩大景区。构筑花溪南部青岩-黔陶-高坡旅游产业发展格局，按照"一带、三组团"①布局，重点打造"一路五景区"②，将花溪南部建设成为花溪国家级旅游度假区核心，率先实现贵阳市国家级旅游度假区的零突破。

（三）发展布局："一核、一带、一轴、三环、四区"

"十三五"时期，青岩镇依托镇区的山水空间结构和人文特色，着力构建"一核、一带、一轴、三环、四区"的空间结构形态（见表5），形成产城一体的全域发展模式。

表5　青岩镇"十三五"空间结构形态

空间结构形态	具体内容
一核	以古镇区为核心的历史文化保护核，严格保护文物、历史建筑和街巷风貌，提升古镇景观，传承黔中文化
一带	以玉带河为滨河生态休闲景观带，生态保护核景观建设为主题，打造优美的山水游憩空间
一轴	以古镇茶马道为南北历史文化体验轴
三环	古镇核心环、旅游产业发展环和对外交通联系环，形成镇区功能组织由内到外的三个环
四区	田园南路旅游配套服务区、北门片区生态旅游休闲区、南部片区都市旅游文化体验区、中部田园风格保护区

资料来源：青岩镇人民政府《青岩镇基本情况》。

四　青岩镇"十三五"时期发展策略的思考

（一）依托国家特色小镇战略，增强城镇发展动力

"十三五"时期是我国特色小城镇发展的重要战略机遇期，住建部、国家

---

① "一带、三组团"：青岩片区休闲度假带，青岩文化旅游休闲度假组团、黔陶生态旅游休闲度假组团、高坡山地旅游休闲度假组团。
② "一路五景区"：青岩-黔陶-高坡环形旅游公路，青岩山王庙森林公园、黔陶鬼架桥徒步探险景区、高坡红岩峡谷景区、高坡云顶草场高原台地景区、高坡摆弓岩瀑布景区。

发改委、财政部下发的《关于开展特色小镇培育工作的通知》明确指出，到2020年要培育1000个左右各具特色、富有活力的特色小镇。为了支持特色小城镇的发展，国家发改委启动实施了"千企千镇工程"。青岩镇作为首批中国特色小镇，要充分发挥政府部门的主动性和创造性，积极争取国家在扶持特色小城镇发展方面的各项政策，吸引和鼓励社会力量、社会资本以及社会组织参与青岩镇的建设，不断优化内部发展结构，创新旅游发展模式，努力将外部力量吸纳消化为内生动力，实现青岩镇的可持续发展。

（二）深入挖掘培育多元文化，提升城镇发展魅力

文化是青岩古镇发展的核心竞争力。"十三五"时期，青岩镇要积极梳理目前区域内的各类文化资源，统筹规划，重点发展。一是加大传统文化的传承与发展力度。编制《青岩古镇民居修缮导则》，科学指导民居修缮。二是推动民俗文化的挖掘与展示。开展布依族文化挖掘工作，建设布依族文化传习所，展示龙井、山王庙等布依族村寨的建筑风格、文化特色，形成以古镇为龙头、多个民族村寨环绕的"众星拱月"态势。三是加强公共文化的培育与弘扬。以特色文化为主线，以节庆造势，以活动聚人气，深度挖掘古镇宗教文化、红色文化及屯堡文化，打造系列大型旅游节庆活动，如状元许愿节、布依风情节等。四是开展时尚文化的创新与交流。以黄磷厂为载体，打造创业基地、文化创意研发中心、大学生创业基地，形成与世界对话的文化交流平台。

（三）加强生态环境保护，提升城镇发展品质

"十三五"时期，青岩镇要坚持绿色发展、生态发展理念，围绕生态化、园林化、千园之城建设三个方面，打造低碳、绿色、环保发展模式，将生态优势转化为发展优势，促进生态环境升级转型。一是在生态化方面，要通过连接景区自行车和电瓶车道，完善景区慢行系统，畅通景区"快旅慢游"的完整游道；实施朱家坡、黄家坡、黑神庙、龙井山头绿化工程，严控景区周边新建项目容积率、高度、绿化率等规划指标；大力推进景区内管网下埋、空气监测平台建设，引进推广新能源，实现代步、取暖等方式的转变。二是在园林化方面，要实施市政道路行道树绿化、面源草坪花田绿化、局部节点植物景观美化

等项目，分路段种植特色花卉及树木，突出差异性；重点打造玉带河及南门水体景观，突出水体沿岸的景观层次、植被多样性。三是在公园建设方面，要紧抓贵阳市打造"千园之城"机遇，打造南门汽车体育运动公园、佛教主题公园、狮子山山体公园、山王庙森林公园、龙井森林公园等一批城市公园，推进森林公园、综合公园、主体公园三级公园体系建设。

（四）注重治理体系构建，提高城镇发展质量

"十三五"时期，随着青岩镇经济社会的快速发展，长期积累的一些旧问题和新出现的问题也将集中出现，在此背景下，积极构建科学完善的治理体系，对于青岩镇破解各种发展难题、提高居民群众的满意度和幸福度具有重要意义。因此，青岩镇要围绕区委提出的"以大数据为手段推进治理能力'精细化'，以强基固本推进服务'精细化'，以多方参与推进协同治理'精细化'，以法治建设推进社会治理'精细化'"的要求，着力化解"美丽乡村"、平安青岩、大扶贫以及普惠民生等重点任务建设中遇到的各类问题，努力提高青岩镇的治理水平和发展质量。

参考文献

青岩镇人民政府：《青岩镇2011~2015年政府工作报告》，2015。
中共青岩镇委员会、青岩镇人民政府：《青岩镇2011~2015年工作总结》，2015。
青岩镇人民政府：《青岩镇基本情况》，2015。
青岩镇人民政府：《青岩镇"十二五"规划期间工作亮点》，2015。
青岩镇人民政府：《青岩镇工作情况汇报》，2016。

B.28
借大数据推动转型升级 建设智慧旅游型小镇

——花溪区石板镇"十三五"发展思路研究

摘　要： 随着大数据和生态文明时代的到来，贵阳市大数据、大旅游发展步伐进一步加快。石板镇作为花溪区的中心乡镇和贵安新区的核心规划区，具有交通路网四通八达、少数民族文化底蕴深厚、生态环境较好、产业高度集聚等良好的发展条件。"十二五"期间，其综合实力得到了快速提升、基础设施逐渐完善、产业发展凝聚力增强。本文通过对石板镇"十二五"期间发展经验的梳理，总结出发展中存在的问题，并进一步提出"十三五"时期借大数据推动转型升级、建设智慧旅游型小镇的发展思路，以期推动石板镇更好更快的发展。

关键词： 石板镇　大数据　大旅游　智慧旅游

随着我国经济和科技的快速发展，城市空间的容纳能力逐渐趋于饱和，城乡发展差距日益显现，在此背景下，城镇化发展应运而生。石板镇抓住贵阳市大数据、大生态时代到来的契机，全面推动产业转型升级，促进工业化和城镇化的完美融合，奋力建设智慧旅游型小镇。

表1　石板镇基本情况一览

概况	辖区面积	51.6平方公里	辖区人口						
	辖区范围	辖石板镇街道居委会和石板一村、石板二村、合朋村、羊龙村、花鱼井村、镇山村、芦荻村、花街村、摆勺村、茨凹村、云凹村、隆昌村、盖冗村、蔡冲矿居委会、矿灯厂居委会	户籍人口	5035户		流动人口	8843人		
				24756人					
			困难群体	低保人员	城低保527人农低保297人	外出打工	323人		
			特殊人群	60岁以上老人	3666人	建档立卡贫困户	80人		
				残疾人	363人	失业人员	335人	刑释解教人员	129人（其中2015年为28人）
				留守儿童	9人	吸毒人员	108人	缠访、集访带头人	1人
				失学儿童	0				
	自然资源	4A级天河潭风景区							

	村(居)民可支配收入		地方财政总收入	村集体经济		一产总值	二产总值	三产总值	辖区内企业	招商引资		全社会固定资产投资
	村民	居民		总数	资金总额					签约金额	签约企业	落地企业	
经济发展	14790元	14000元	11671.5万元	13个	9253970.95元	1.19亿元	7.31亿元	8.232亿元	3500个	0	0	0	7.5亿元

	六个小康专项行动计划					
基础设施建设	小康路	小康水	小康房	小康电	小康讯	小康寨
	31300米	—	88户	—	10个通信铁塔	2个

续表

教育资源	幼儿园		小学		中学(初中和高中)		大中专及以上院校
	公办	民办	公办	民办	公办	民办	0
	2所	8所	6所	2所	1所	2所	

文体建设	人文资源	重点文化节庆活动	公共文体活动场所(包括广场、公园和体育运动场所等)
	—	3个	10个

医疗卫生资源	乡镇卫生院		1个	养老院	2个
	医护总数	床位数	床位占用率	村级卫生室	13个
	44人	20个	25%		

资料来源：2016年12月由石板镇提供，本文下同。

一 从石板镇自身发展基础看转型升级的可行性

"十二五"时期，随着产业园区及多个专业市场的建立，石板镇非公经济发展迅速，经济实力逐步增强，基础设施建设逐步完善，转型升级的基础条件已具备，加上大旅游、大数据、民营企业快速发展，为石板镇的转型升级带来重要机遇。

（一）综合实力提升为转型升级提供有利条件

1. 产业集聚初步形成

"十二五"期间，石板镇非公经济发展迅速，产业发展势头逐步向好，发展成效显著，产业集聚优势初步形成。建成了农产品物流市场、二手车交易市场、石材加工批发市场、五金机电市场等多个专业市场。并于2011年建成贵阳金石产业园，该园自开园以来累计实现经济规模336亿元。域内规模以上工业总产值从2010年的1.44亿元增长到2015年的14亿元，现有2000万元规模以上工业企业6家，入驻各类企业、商户6000余家。

2. 经济实力快速增强

石板镇形成以工业为主的产业集聚形态，经济实力快速增强。国民生产总值从2010年的2.94亿元提升到2015年的16.70亿元，增长4.68倍；地方财政收入从2010年的834.64万元提升到2015年的11671.5万元，增长12.98

倍；农民人均可支配收入从2010年的6450元提高到2015年的14790元，增长1.29倍，经济实力快速增强。

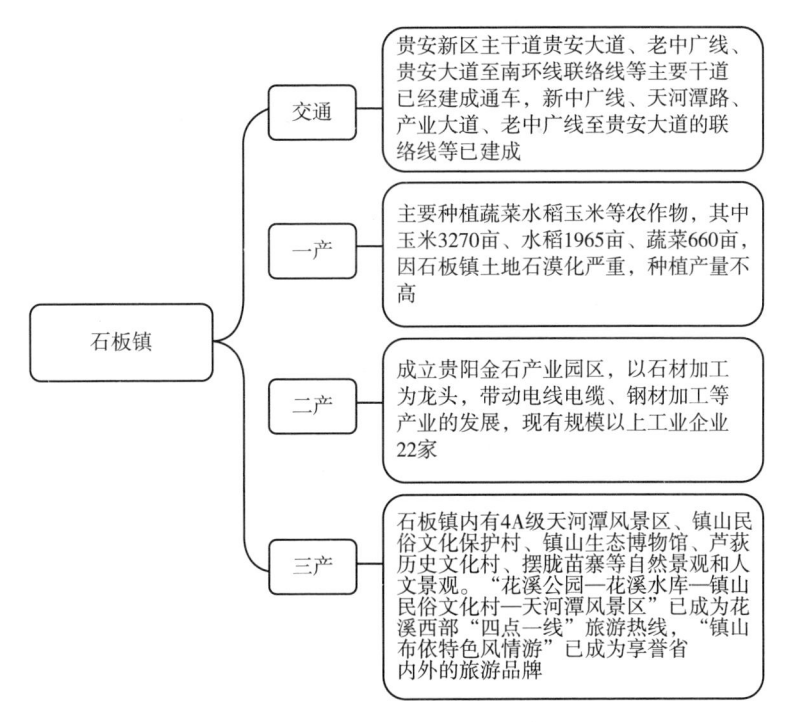

```
石板镇
├─ 交通：贵安新区主干道贵安大道、老中广线、贵安大道至南环线联络线等主要干道已经建成通车，新中广线、天河潭路、产业大道、老中广线至贵安大道的联络线等已建成
├─ 一产：主要种植蔬菜水稻玉米等农作物，其中玉米3270亩、水稻1965亩、蔬菜660亩，因石板镇土地石漠化严重，种植产量不高
├─ 二产：成立贵阳金石产业园区，以石材加工为龙头，带动电线电缆、钢材加工等产业的发展，现有规模以上工业企业22家
└─ 三产：石板镇内有4A级天河潭风景区、镇山民俗文化保护村、镇山生态博物馆、芦荻历史文化村、摆陇苗寨等自然景观和人文景观。"花溪公园—花溪水库—镇山民俗文化村—天河潭风景区"已成为花溪西部"四点一线"旅游热线，"镇山布依特色风情游"已成为享誉省内外的旅游品牌
```

图1　石板镇交通及三产发展情况

3. 基础配套设施逐步完善

"十二五"期间，石板镇基础设施明显改善，城镇面貌持续改观，城镇化建设全面推进。首先，为配合产业集聚发展需求及提升居民生活质量，石板镇着力于周边路网规划建设，基本已将交通动脉打通，形成了通达花溪城区、贵安新区、观山湖以及贵阳市主城区的路网体系。其次，建成污水处理厂、垃圾收集转运站等，解决了环境卫生问题。最后，提升改造全镇村居及企业的自来水管网铺设，解决了全镇用水问题。

（二）"三大发展"机遇为产业转型升级提供有利环境

1. 大旅游发展

"十三五"期间，恰逢花溪区创建国家级全域文化旅游创新区。借此契机，石板镇可对镇内旅游景区及周边项目提质增效，结合自身丰富的、有特色的旅游资源，深入挖掘少数民族特色文化，大力发展乡村旅游，打造集精品化、特色化、生态化于一体的特色旅游路线。

2. 大数据发展

"十三五"时期，贵阳市明确提出"以大数据为引领加快打造创新型中心城市"的任务目标，将大数据作为战略手段，并出台了一系列政策文件，促进全市整体转型发展。同时，毗邻石板镇的贵安新区大数据发展模式和花溪区千亿级创新平台建设为石板镇利用大数据实现转型升级提供了人才和技术保障。石板镇结合现有产业，加快实现大数据与已有产业的深度融合发展，因地制宜探索差异化创新方法，实现转型升级。

3. 民营企业发展

全面认识石板镇民营经济的集聚特点，借助中央、贵州省、贵阳市对加快民营经济发展的政策支撑，分领域、分行业、分类型帮助民营企业增强发展信心、推动其适应经济发展新常态，抓住"民营经济"发展的新机遇。在优惠政策的支持下，要发挥政府服务职能，对民营企业发展提供指导性、引领性意见及帮助，构建新型政商关系，促进民营经济良性发展，推进城镇化建设进程。

（三）"以产促城　以城带产"互动发展形成双赢格局

1. 产业集聚推进城镇化进程

"十二五"期间，石板镇初步形成了产业集聚的格局。高度的产业集聚降低了生产要素成本，便利的可达条件增加了合作交流的机会，提升了产业综合竞争力，促使经济实力快速增强。产业的集聚不仅是生产要素的集聚，更是与之相适应的政策规定、基础设施及相关服务产业的综合集聚，促进城镇的基础设施逐步完善、服务功能进一步提升、城镇化率进一步提高。同时，产业集聚带来了人口高度集聚，分摊了基础设施的成本，降低了城镇化成本，推动了城镇化的快速发展。

2. 城镇化进程带动产业发展

石板镇城镇化格局已具雏形，基础设施、政策支撑、相关配套的服务产业也在逐步协同完善。石板镇城镇化的逐步推进，促进了当地人才以及产业的集聚，为产业集聚营造了良好的环境、提供了生产要素和技术资源，也为产业集聚向高层次的演进提供了机遇。

二 石板镇借大数据推动转型升级进程中的优势和制约

石板镇"十三五"发展期间拥有区位优越、交通便利、资源丰富等优势条件，也面临一些阻碍其转型升级的矛盾。管理机制与城镇化规模不匹配、区域经济发展不平衡、基础设施建设与服务需求不相适应等问题阻碍着石板镇的进一步发展。

（一）三个维度下的发展优势

1. 区位优势

石板镇是花溪区西部中心乡镇，紧邻贵安新区和经开区，处于贵安新区与贵阳市相连的龙头位置，是贵阳市、花溪区、贵安新区交融的三个黔中经济发展圈的交汇区域。同时，石板镇部分区域被纳入贵阳市中心城区规划范围，整个行政管辖区域均被纳入国务院批复的《贵安新区总体规划》的核心区域，区位优势明显，发展潜力巨大。

2. 交通优势

石板镇辖区路网基本形成"五横五纵"的道路体系结构，打通了石板镇东西方向和南北方向的交通大动脉，解决了交通瓶颈问题，理顺了与花溪城区、贵安新区、观山湖以及主城区的道路体系。四通八达的路网体系的构建，为地方经济社会发展奠定了良好的基础。同时铁路货运枢纽在区域周边的分布，为产业集聚和物流集散提供了良好的支撑条件，石板镇未来将拥有公铁联运的绝对交通优势。

3. 资源优势

旅游资源丰富多元。石板镇地处南明河上游，境内有4A级天河潭风景区、镇山民俗文化保护村、芦荻历史文化村等。得天独厚的旅游资源为石板镇的旅游业发展提供了优越的先天条件，石板镇被列为花溪创建全域文化旅游创新区"一核四带六环线"布局的重要构成部分。

人才集聚。随着各类大中小型企业的高密度入驻聚集，石板镇依托花溪区内高校资源优势，分别与贵州大学、贵州财经大学达成战略合作协议，共创共享

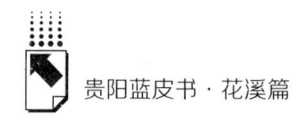

科研成果，全面构建了一个人才集聚洼地。同时与共青团省委青年创业就业服务中心合作搭建"贵州青年创新创业示范园区"，大力提升了人才的聚集力度。

产业集聚优势明显。石板镇辖区已陆续入驻十大商会组织，发挥民营企业商会总部的带动作用，形成产业聚集效应，实现产业转型升级，助推园区产业持续有序发展。

（二）"三个矛盾"制约发展

1. 社会管理机制与城镇化规模不相符之间的矛盾

随着城镇建设的高速发展和城市化进程的加速推进，各类社会矛盾日益凸显，但与城镇规模相符合的社会管理机制并未同步建立，导致管理的难度进一步加大。如城镇建设带来的征地、拆迁、违法建设等各种利益矛盾错综复杂，陈旧的管理方式无法及时排解已有矛盾，社会管理及维稳工作任务艰巨，基层的法治队伍建设和当前的社会矛盾形势不匹配，矛盾的日益积聚为稳定发展埋下了严重的安全隐患。

2. 区域之间经济增长失衡的矛盾

产业发展之前缺乏统筹规划布局，导致石板镇区域经济发展差异大。例如，产业集聚密度大的区域基础设施配套完善，村集体经济增长较快，村民生活富裕；产业集聚密度小的区域则与之相反。全镇部分区域经济发展快，却因缺乏对区域发展的合理规划，难以发挥产业集聚的辐射带动作用，导致区域经济增长失衡，整体经济发展速度受影响。

3. 日益增长的服务需求与不完善的基础设施之间的矛盾

随着石板镇城镇化进程的加快，产业园及居住人群对城镇服务功能的需求日益增加，已有的基础配套设施已经不能满足服务需求，城镇承载负荷加重，城镇排解功能减弱，社会不稳定因素增加，对石板镇社会管理和经济社会的发展都形成了很大的阻碍。

三 对借大数据推动转型升级、实现城镇化发展思路的思考

随着信息化时代的到来，大数据已经逐步渗透到各行各业中，作为一种新的生产要素，大数据已然成为创新发展的主要手段。石板镇以现有的资源为载

体，全面推进大数据与现代产业的融合发展，最终实现石板镇转型升级、打造现代化城镇的美好愿景。

（一）借助大数据推动转型升级的必要性

1. 贵阳市提出"以大数据为引领加快打造创新型中心城市"任务

2016年7月，中共贵阳市第九届委员会第六次会议明确提出"以大数据为引领加快打造创新型中心城市"的重要任务，同时会议审议通过《中共贵阳市委关于以大数据为引领加快打造创新型中心城市的意见》等"1+4+1"配套政策支持文件。在此背景下，石板镇借大数据推动转型升级既顺应了大势发展，也可充分利用政策优惠条件实现自身产业低成本转型升级。

2. 石板镇紧邻贵安新区和经开区，技术可达性强

在贵安新区大数据管理模式和花溪区千亿级创新平台建设的契机下，石板镇专业人才集聚度高，专业化指导性强。再加上自身优越的地理位置和可利用的资源渠道多元，为石板镇的转型发展创造了有利条件，为实现转型升级提供了技术支撑保障。

3. 大数据的开发应用催生新的产业形态

随着科技水平的发展，大数据已成为除资本资源、人力资源、自然资源以外的第四种生产要素，被广泛运用到生产和生活的各个领域，催生了一批新的产业形态。结合石板镇原有的产业资源，并将二者有机融合发展，既可实现产业转型升级又可实现绿色集约化发展。

（二）将大数据与产业深度融合，实现转型升级，打造智慧旅游型小镇

1. 加强"大数据+互联网"与现代产业多方融合发展

石板镇要依托大数据、互联网产业发展，创新电子商务与制造业的集成应用，将其与物流、家具贸易、果蔬交易、二手车交易等有机融合，形成智慧物流及电商模式的现代产业体系，实现线上与线下并举发展，推动民营企业向以大数据为主要手段的高端、低碳产业转型升级。要加强金石产业园中已有的大数据产业发展，建立起完整的配套体系，打造贵州省首家"互联网+物流园"模式的一站式物流港，实现物流项目更全、运营模式更新、物流成本更低、物

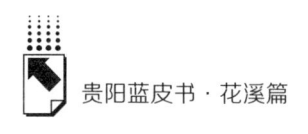

流区位更优的目标，助推园区企业转型升级。

2. 强化"大数据+互联网"与文化、旅游业深度融合发展

石板镇拥有得天独厚的旅游发展基础、丰富多彩的少数民族文化、气候宜人的居住环境，依托花溪区创建国家级全域文化旅游创新区的大背景，加快建设天河潭景区提升改造项目，扩展其旅游承载功能。同时，有机结合城镇化建设与"四在农家·美丽乡村"项目，发展精品农家乐、精品农家客栈等特色乡村旅游，增强石板镇的乡村旅游在"一环四带六环线"中的核心吸引力。积极推进文化产业与旅游产业的深度融合，深入挖掘"黔中一绝"天河潭、吴中蕃辞官归隐等历史文化故事，传承特色民族文化习俗。深入挖掘"大数据+互联网"与文化旅游融合发展的巨大潜力，打造智慧旅游型小镇。

3. 加快城镇基础设施建设，提升城镇功能

加快城镇配套基础设施建设，加快项目实施进度。石板镇要完善污水处理及配套设施、尾水排放等污水处理体系，在现有的路网体系基础上进行进一步的细化建设，保障石板镇镇内与镇外路网通达无阻，为经济发展提供基础保障。加快景区及其周边配套区域整体设施的改造，扩宽其承载面，增强其承载能力，保护和发展生态资源。同时优化石板镇内教育、医疗、环境卫生等配套服务设施，强化其社会服务能力，整体提升城镇功能，推动城镇化建设全面实施。

（三）对建设智慧旅游型小镇中制约因素的思考

1. 规划上：统筹产业规划与区域规划，促进产业与区域"三化"发展

目前石板镇产城融合发展还在逐步深入，通过工业带动城镇化发展不仅要引进产业，还需要通过对产业进行选择和全面的规划，严格把控产业准入制度，建立良好的产业链环境，加强区域总规划和产业发展之间的关联性，统筹区域及产业特点进行精准匹配耦合发展，引导产业与产业关联发展、产业与区域之间带动发展、区域与区域之间协调发展，促进产业与区域之间关联化、层级化、梯度化发展。

2. 产业上：构建特色产业体系，推进城镇化进程

产业集聚是推进城镇化进程的主要力量，新型城镇化的推进立足当地产业特色，有规划地引导产业集聚，重点培育绿色环保、有发展潜力和具有核心竞争力的产业体系。在构建特色产业体系过程中应重点发展最具本地优势的产业、产品，提高产业集中度，优化产业空间布局，同时应大力培育与引导关联产业，形成完整的产业链，提升区域性品牌影响力，为持续扩展产业空间奠定基础。

3. 服务上：以改善城镇公共基础配套设施为重点促进产业集聚

服务功能的提升是石板镇建设智慧旅游型小镇的重点，第三产业发展壮大的首要前提是服务功能的完善，因此石板镇在下一步的发展中首先应该着重完善辖区内基础设施以及与产业相配套的服务设施，提升产业集聚区服务功能。其次，以服务园区及主城区为重点，大力发展金融业、服务外包业、现代物流业等，推进优势突出、特色鲜明的服务集聚区形成，提高辖区内产业发展品质。最后是注重政府职能的转换，增强政府的服务能力，强化市场管理与监督，保障市场环境的良性与健康发展。

参考文献

中共花溪区石板镇委员会、花溪区石板镇人民政府：《石板镇经济社会发展战略研究》。

花溪区石板镇工作情况汇报：《坚守两条底线　实现和谐发展　让石板成为最美的践行小镇》，2016年8月9日。

陈思宇：《新型城镇化视角下产城互动机制研究》，《成都行政学院学报》2014年总第91期。

李娜：《对应用大数据推动经济社会发展创新的思考》，《价格月刊》2015年3月总第454期。

王超、李蔚、王虹：《产城综合体：工业化、城镇化互动发展的路径创新》，《社会科学研究》2013年第3期。

B.29
承接"两区"发展机遇
做足产业配套延伸
建设"四位一体"创新型工贸城镇
——花溪区燕楼镇"十三五"发展思路研究

摘　要： 建设创新型工贸城镇是实现产业结构优化升级、增强区域经济实力的重要路径。"十二五"时期，花溪区燕楼镇依托产业转型升级和城镇化建设，经济社会发展取得了长足进步，城镇化水平进一步提高。面对"十三五"时期的新形势，燕楼镇提出总体经济实力达到花溪区的中上水平的发展目标。针对这一目标，燕楼镇立足自身发展基础，破解发展困境，紧抓发展机遇，从构建"四位一体"格局出发，建设创新型工贸城镇，推动燕楼镇经济社会发展全面升级。

关键词： 燕楼镇　城镇化　产业转型　创新型工贸城镇

地处贵阳市花溪区西南部的燕楼镇，地形狭长，东西长约13公里，南北宽约5公里；地势南高北低，海拔为1200米至1500米，以山区、半山区为主，在2014年12月正式撤乡建镇。燕楼镇曾经是花溪区有名的产煤大镇，随着煤炭资源的不可再生和建设生态文明的发展需要，2010年，燕楼镇开始筹建燕楼工业园，逐步从地下"工业"转型成地面产业，实现了产业结构的优化升级。

承接"两区"发展机遇　做足产业配套延伸　建设"四位一体"创新型工贸城镇

表1　燕楼镇基本情况一览

<table>
<tr><td rowspan="8">概况</td><td>辖区面积</td><td>57平方公里</td><td colspan="5">辖区人口</td></tr>
<tr><td rowspan="2">辖区范围</td><td rowspan="2">东与青岩古镇相邻，南与马铃乡接壤，西接贵安新区马场镇，北与贵安新区大学城相连</td><td rowspan="2">户籍人口</td><td>3660户</td><td rowspan="2">流动人口</td><td rowspan="2">2676人</td></tr>
<tr><td>14917人</td></tr>
<tr><td rowspan="5">自然资源</td><td rowspan="5">耕地面积10110亩，占总用地的11.82%，人均占有耕地0.75亩。田4155亩，人均0.31亩。旱地5955亩，人均0.44亩。森林面积2110.98公顷，森林覆盖率32.33%。主要矿产为煤，储量大、质量好</td><td colspan="2">低保人员</td><td colspan="2">367人</td></tr>
<tr><td rowspan="4">困难群体</td><td>60岁以上老人</td><td>80人</td><td>建档立卡贫困户</td><td>213户467人</td><td>外出打工</td><td>352人</td></tr>
<tr><td rowspan="3">特殊人群</td><td>残疾人</td><td>157人</td><td>失业人员</td><td>2人</td><td>刑释解教人员</td><td>33人</td></tr>
<tr><td>留守儿童</td><td>57人</td><td rowspan="2">吸毒人员</td><td rowspan="2">13人</td><td rowspan="2">缠访、集访带头人</td><td rowspan="2">0</td></tr>
<tr><td>失学儿童</td><td>0</td></tr>
<tr><td rowspan="3">经济发展</td><td colspan="2">村(居)民可支配收入</td><td rowspan="2">地方财政总收入</td><td colspan="2">村集体经济</td><td rowspan="2">一产总值</td><td rowspan="2">二产总值</td><td rowspan="2">三产总值</td><td rowspan="2">辖区内企业</td><td colspan="3">招商引资</td><td rowspan="2">全社会固定资产投资</td></tr>
<tr><td>总数</td><td>资金总额</td><td>签约金额</td><td>签约企业</td><td>落地企业</td></tr>
<tr><td>村民</td><td>居民</td><td colspan="11"></td></tr>
<tr><td colspan="2"></td><td>12243元</td><td>—</td><td>—</td><td>8个</td><td>507万元</td><td>7731万元</td><td>2.2亿元</td><td>1.45亿元</td><td>15个</td><td>21亿元</td><td>16个</td><td>15个</td><td>10亿元</td></tr>
<tr><td rowspan="3">基础设施建设</td><td colspan="15">六个小康专项行动计划</td></tr>
<tr><td colspan="2">小康路</td><td colspan="3">小康水</td><td colspan="2">小康房</td><td colspan="2">小康电</td><td colspan="2">小康讯</td><td colspan="3">小康寨</td></tr>
<tr><td colspan="2">通寨道路26.7公里，进组道路9.6公里，道路硬化5.8公里，串户路36公里</td><td colspan="3">新建干渠、排涝渠及维修山塘等涉及8个村67个水利项目。排污沟渠7360米;维修沟渠约28000米，维修山塘水库2个，河道治理5公里，维修人畜饮水管网15处</td><td colspan="2">—</td><td colspan="2">—</td><td colspan="2">—</td><td colspan="3">74个项目</td></tr>
</table>

续表

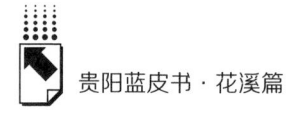

教育资源	幼儿园		小学		中学(初中和高中)		0
	公办	民办	公办	民办	公办	民办	
	0	5所	4所	0	1所	0	

文体建设	人文资源	重点文化节庆活动	公共文体活动场所（包括广场、公园和体育运动场所等）
	燕楼营盘、旧盘跳花场、摆念大洞、金山洞遗址	正月初七苗族跳花场、正月间地戏表演、舞龙表演、迎春篮球赛、山歌比赛	公共文体活动场所有9个

医疗卫生资源	乡镇卫生院			1个	养老院	0
	医护总数	床位数	床位占用率	村级卫生室		8个
	16人	10个	100%			

资料来源：2016年12月由燕楼镇提供，本文下同。

一 从外部机遇和"十二五"实践看燕楼镇发展基础

燕楼镇是花溪区重要的工业强镇，"十二五"期间，燕楼镇利用区位发展优势，通过产业转型升级和城镇化建设，使得燕楼镇经济实力显著增强，城镇化建设水平显著提高，为全镇经济社会整体升级奠定了坚实的发展基础。

（一）外部机遇

贵安新区于2014年经国务院批复成立，是新一轮西部大开发重点建设的五个城市新区之一。2016年5月，国务院批准贵安新区为双创区域示范基地。贵阳经济技术开发区是由国务院批准成立的国家级经济开发区，自2000年成立至今，经开区已经成为贵阳市经济发展速度最快、最具发展潜力的工业经济区域之一。上述两区均拥有丰富的自然资源、坚实的产业基础及良好的人文条件，这些优势在促进其自身发展的同时，也为周边地区的发展发挥了示范作用和辐射效应。

1. 区位优势凸显

燕楼镇距贵阳市中心27公里、花溪区行政中心14公里，原为贵阳市南段远郊乡镇。随着贵安新区、经开区的建设发展，燕楼镇的区位优势日益凸显：

北与贵安新区大学城相连，西与贵安新区马场镇接壤；镇内的燕楼产业园被花溪区区委纳入贵阳经济技术开发区统筹发展，被贵阳市政府定为中关村、经开区产业园分园。燕楼镇成为贵阳市与贵安新区协同发展布局的交界区与核心区。

同时，根据贵阳市城市功能区划调整，花溪区提出了"一核四带六线"的全域旅游发展思路和发展布局。燕楼镇在该布局中区位独特，有巨大的发展潜力。燕楼镇正好与"一核"中的青岩古镇、大学城相邻，同时是"四带"中南部山地民俗、西部农旅休闲旅游带的核心区。独特的区位优势为燕楼镇打造西部农旅休闲带、拓展花溪区全域旅游的承载空间提供了新的可能。

2. 产业要素聚集优势

20世纪90年代，美国经济学家保罗·罗宾·克鲁格曼在其创建的新经济地理学理论中探讨了产业聚集形成机制的三个方面，一是市场导向需求，二是市场扩大效应的影响，三是产业地方化、地方专业化，这三方面相互作用后促使生产某种产品的若干个不同类型企业，以及为这些企业配套的上下游企业和相关服务业，在某一区域高度地聚集在一起。

以此对照燕楼镇的产业发展状况，不难发现，燕楼镇具备了产业聚集的优势。首先，燕楼镇地处贵阳市与贵安新区的交界区，对两区的协同发展具有联结协同作用。因此燕楼镇的市场潜力不仅来自本身，更来自贵阳市与贵安新区。其次，贵安新区及贵阳经济技术开发区发展至今对特定原材料及产品（如煤炭、建材）的需求量日益增大，考虑到运输成本及燕楼镇自身的优势条件等因素，必会有相关企业在燕楼落户。最后，贵阳市政府及花溪区委对燕楼产业园发展提供的政策性支持以及燕楼镇优越的区位条件、丰富的旅游资源和日益完善的交通网络也为相关产业在燕楼聚集提供了得天独厚的条件。

"十二五"期间燕楼镇在省外招商引资金额创历史新高。燕楼产业园一期已有15家企业落户，4家企业投产，落户企业主要为建材生产及环保设备制造等企业。这表示燕楼镇具有一定的产业聚集优势。

3. 人才资源丰富

燕楼镇背靠花溪大学城，有着丰富的人才资源。贵安新区大学城拥有3个院士工作站、1个博士后流动站、5个博士学位授权点、1个博士培养项目、

38个一级学科硕士学位授权点、238个二级学科硕士学位授权点、15个专业学位硕士点、1个国家级重点实验室、一个国家级工程技术研究中心等。创新型人才丰富，专家、教授队伍规模大、水平高，研发创新人才优势突出，为燕楼镇打造"四位一体"的创新型工贸城镇提供了人才保障。

（二）内部基础

"十二五"期间，燕楼镇凭借"两区"发展平台，推进产业转型升级和城镇化建设，为打造创新型工贸城镇聚集了以下优势条件。

1. 地下"工业"向地面产业转型

燕楼镇原为贵阳市传统产煤乡镇，境内煤矿储量大、煤质好。煤矿企业原是燕楼镇财政收入的主要来源。但出于生态保护的考虑及经济发展的需要，2011年燕楼镇内产煤企业逐步关停，截至2015年，镇内只留下一家年产量15万吨的新兴煤矿企业。为了寻找新的经济增长点，燕楼镇开始筹建燕楼工业园区。按照园区办的最新规划，燕楼工业园总面积为23平方公里，分两期建设。园区一期规划以新型建材为主，目前，共引进尧柏水泥、三圣建材、泰达隆、科润华等15家企业。现已有4家企业建成投产，总投资9.6亿元，其余11家企业均已开工建设。园区二期规划重点以装备制造、仓储物流、高校创业孵化及旅游商品研发产业为主。通过近几年的努力，燕楼镇逐步从地下"工业"转型成地面产业，实现了产业结构的优化升级。

2. 经济成就远超"十二五"规划指标

"十二五"期间燕楼镇经济实力显著增强。2015年，燕楼镇生产总值4.55亿元，比2010年增长242.11%；全社会固定资产投资完成10.16亿元，比2010年增长823.64%；财政总收入完成7713.8万元，比2010年增长703.52%；公共财政收入完成4482.3万元，比2010年增长1087.36%；省外招商引资实际到位资金从2978万元增加到8亿元；第一、二、三产业增加值占地区生产总值的比重达到17.85∶49.61∶32.54；总体经济实力显著增强，尤其是固定资产投资、招商引资、财政收入等核心指标超过了"十二五"时期规划的指标（见表2）。

表2　燕楼镇"十二五"期间经济增长情况

单位：万元，%

项目	生产总值	固定资产投资	财政总收入	公共财政收入	省外招商引资实际到位资金
2015年	45500	101600	7713.8	4482.3	80000
2010年	13300	11000	960	377.5	2978
增长率	242.11	823.64	703.52	1087.36	2586

3. 燕楼镇城镇化水平进一步提高

"十二五"初期，燕楼镇构建了燕楼小康社会城镇计划建设工作思路，致力于打造工贸型小镇。根据这一思路，燕楼镇先后完成了《燕楼生态文明乡总体规划》《燕楼工业园区发展规划》及《燕楼土地利用总体规划修编》等规划项目方案。2012年，燕楼特色集镇规划的编制完成并通过评审。同时，建成了集客运站、钢化大棚和电子显示屏于一体的农贸市场，完成了集镇文化广场、绿化工程、排污管网工程、蔬菜批发市场、集镇道路二期工程建设以及路灯安装等工程。

燕楼镇基础设施建设也日益完善。2011～2015年，燕楼镇用争取到的7000余万元项目资金和帮扶资金实施了燕楼、坝楼、思惹、谷蒙、旧盘等村文化广场、村寨道路、排污管网、人畜饮水、河道治理、山塘清淤、村级活动阵地改造等300多个项目，为村民提供一个环境优美、秩序良好的生产生活环境。

除此之外，燕楼镇也从教育、社会保障、卫生计生、文化科技等多个方面改善民生，提高人民生活质量。综合各方面因素，"十二五"期间，燕楼镇城镇化水平得到了显著提高，并于2014年12月正式撤乡建镇。

二　燕楼镇发展面临的困境与挑战

"十二五"期间，尽管燕楼镇在产业转型升级和社会建设方面取得了巨大的进步，但要想打造"四位一体"的创新型工贸城镇，在基础设施、产业发展服务配套方面仍面临诸多困难和挑战。

（一）基础设施较为薄弱

基础设施建设是产业发展和社会进步的基础，虽然燕楼镇"十二五"期间在经济发展上取得了较大成效，但由于财力有限，投入资金不足，水、电、路、绿化环境、群众活动场所等基础设施建设仍然不足。而各村落在制定村庄规划后，由于执行力度不够，其房屋建设无特色、集镇卫生条件不足，公共基础设施不足。此外，燕楼产业园基础设施不完善，导致园区承载能力和吸引力不够强，严重阻碍着燕楼镇的整体发展。

（二）生产用水资源匮乏

水是生命之源，是人们生存和经济发展的基础条件。燕楼镇属长江水系与珠江水系的分水岭，地下水资源丰富，但地表水资源相对匮乏，境内仅有一条小燕河，流量较小，这导致村民群众的生产生活用水十分困难。加上近年来，燕楼工业园区不断发展和扩大，入驻的企业不断增加，企业对水的需求也越来越大，但现有的工业用水供应量无法满足日益增长的企业，这给工业园企业的生产发展造成了极大的阻碍。

（三）标志性项目支撑不足

标志性项目是树立品牌效应，引领发展的关键。近年来，燕楼镇园区建设日新月异，在项目发展上不断取得突破，但是出于基础设施薄弱，园区服务功能滞后，吸引人才、吸引资金的支撑不够等原因，燕楼镇的整体比较优势不足，造成招商乏力，使产业园发展陷入了困局。因而，燕楼镇在产业发展上，需要打造一些标志性项目来引领和支撑整个产业园区的发展，为产业园区提升知名度，推动产业发展升级。

三 加速建设"四位一体"创新型工贸城镇的探讨

"十三五"是燕楼镇夯实产业转型基础，奋力推进全镇实现更高水平全面小康的关键时期，燕楼镇紧抓贵安新区、贵阳经济技术开发区的建设发展机遇，结合自身实际，确立了建设"制造—研发—物流—服务"四位一体的创新型工贸城镇的目标，实现产业互动、构建发展格局、具体实施打造计划，是燕楼镇"十三五"时期的主要任务，对此，我们形成了以下思考。

（一）如何实现产业互动

产业互动能推动企业科技进步、产业升级。对燕楼镇来说，产业互动包含两个方面的内容：一是产业转移机遇中的承接；二是在市场竞争和科技进步的条件下，发挥后发优势。

燕楼镇可以凭借内部基础，抓住外部机遇，实现产业互动。具体实施路径：首先，承接经开区制造业转移，发展新型工业；其次，发挥人才优势、后发优势，转化贵安新区研究成果，发展大数据相关产业，同时发展仓储物流，为燕楼镇产业聚集提供条件；最后，依托当地农业基础及旅游资源，挖掘周边旅游市场，发展生态农业与现代旅游业相结合的现代农旅产业。

（二）如何构建"四位一体"的发展格局

以物流和科技服务为支撑，承接经开区装备制造业转移，协同贵安新区仓储物流、文化创意及科研成果转化。以都市现代农业为基础优化"做精"第一产业；以四大新型工业（新型建材、装备制造、高校创业孵化、旅游商品研发）为主导"做强"第二产业；以发展现代农旅一体化观光休闲度假旅游和工业旅游为基础，以仓储物流和科技服务为支撑"做优"第三产业。打造基础设施齐备、服务配套完善，集"制造—研发—物流—服务"于一体的"小而美、特而强、活而新"的创新型工贸城镇。

（三）如何具体打造工贸城镇

1. 紧抓园区建设，完善园区规划和产业布局

完善园区建设，实现产业布局，燕楼镇需要抓紧完成三个方面的工作。

一是加快推进现有项目建设。对于已入驻企业，做好协调服务工作，促进企业的可持续发展。同时，尽快完成园区二期土地收储，为下一步发展和规划奠定良好的基础，创造良好的发展环境。

二是完善园区基础设施。加强园区水、电、路、讯、气等基础设施及公共服务设施建设，解决园区内用水、用电、排污等基础设施建设问题，提升

"硬件"水平和园区形象,吸引更多的企业落户燕楼产业园区。

三是加强招商引资工作。依托经开区政策优势,积极争取花溪区的支持,自主选择和吸引起点高、效益好、技术含量足、附加值高、上档次的项目开发建设;同时,自身培育具备创意及发展空间的企业,促使燕楼产业园建设规模化。

2. 借助全域旅游的契机,推动产业转型升级

推动产业转型升级,燕楼镇需要完成两个方面的工作。

一是打造旅游产品的研发生产基地。"十三五"期间,燕楼镇可依托大学城的科研和人才优势,鼓励企业利用新技术和智能技术围绕文化旅游创新区的建设提升改造传统产业和产品。例如,利用区位条件和产业园优势,围绕燕楼鸡哈豆腐、豆腐乳、青岩玫瑰糖等已拥有一定知名度的地方特色食品、风味土特产进行创意包装,在确保产品质量的前提下,激发游客的购物兴趣和购买欲望。同时,创新旅游产品研发设计,提升旅游产品品质,拓宽旅游产品销售渠道,提高产业园中高端旅游产品研发生产能力。实现既可满足旅游者的购物需求,又可传播旅游地形象的双重价值;促进企业和高校等科研机构合作,开发具备文化创意、时代特征及符合大众消费品位的旅游小商品,促使科技成果转化为生产力。

二是打造省级环保节能科普基地。以全域旅游先行示范区的创建为平台,利用中电投城市生活垃圾综合处理项目的建成,构建环保社会行动体系,创建省级环保节能科普基地,使燕楼镇具备接待公众参观调研、学习考察的能力。以"环保·节能"为主题,通过知识普及、实物展示、参与、互动、娱乐等方式,为公众提供丰富生动的环保科普信息,成为全域旅游"绿色"发展的有力载体。

3. 完善功能与配套服务,大力发展现代工贸

要打造创新型工贸城镇,燕楼镇要着眼于完善公共基础设施建设。加大公共设施和基础配套设施建设力度,着力解决集镇停车难、交通堵、环境差等突出问题,改善投资环境和村民生活环境。进一步完善集镇发展规划,优化集镇布局,加快集镇基础设施建设。继续开展农村环境集中综合整治,完善农村环境治理和管护体系。进一步做好拆违控违工作,逐步规范农房建设和完成集镇风貌设计,积极争取资金启动集镇房屋立面改造,着力改善集镇面貌。

除此之外,要发挥辐射带动作用。充分利用燕楼镇自身的区位、产业、交通等优势,超前谋划经济发展新思路。针对工业化和城镇化水平相对滞后的现状,科学规划产业园区和城镇配套设施,有序拓展城镇空间,走有特色、集约型、多样化的山区绿色城镇化道路。发挥毗邻花溪大学城和燕楼产业园的优势,适度超前规划建设文化和生活设施,大力发展现代工贸,为大学城高校毕业生打造经济舒适的"栖息地",助推高校园区、产业园区融合发展,打造大学生就业和创业的聚集区。

4. 增强与"两区"互动,实现产业配套延伸

燕楼产业园作为经开区拓展区域,需按照"一区多园"的模式,进一步做好园区发展规划和园区产业布局。另外,按照优势互补、资源互惠、共同发展的原则,要主动弥补贵安新区在仓储物流、文化创意及科研成果转化上的短板,争取建设用地指标,承接经开区产业转移和发展配套产业。近期依托新型建材产业基础,建设和发展以低碳节能环保为主导的建材新兴产业,做强新型建材、装备制造和生产性服务业;中远期做强高端装备制造、物流、科技服务、高校创业孵化、旅游产品研发,形成"研发—制造—物流—服务"一体化的现代产业体系。

参考文献

武星:《基于 DEA 的贵阳经开区物流业与制造业协同发展研究》,《中国商论》2015年第 23 期。

雷蓉、郑小云、胡北明:《城市新区生态文化旅游融合发展研究——以贵安新区为例》,《生态经济》2015 年第 11 期。

刘庭学:《太和——崛起的工贸型小城镇》,《四川党的建设》(农村版)1997 年第 9 期。

许自前、陈少华:《建构新型工贸城镇 再现文明古镇雄风》,《理论学习月刊》1995 年第 11 期。

陈天宇:《产城一体化理念下的工贸型小城镇规划研究》,河北工程大学硕士学位论文,2016。

王春晖:《产业集聚、要素积累与地区产业升级:区域开放视角的机理与实证》,浙江大学博士学位论文,2015。

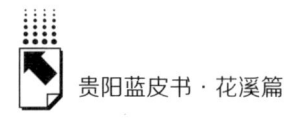

郝良峰:《推动贵安新区城市化与工业化互动发展研究》,贵州财经大学硕士学位论文,2014。

侯超:《打造"天府第一名镇"新型文化旅游城的实证研究》,西南财经大学硕士学位论文,2013。

王成超:《我国大学城的空间模式与区域联动》,华东师范大学硕士学位论文,2005。

李锐:《城乡统筹导向下我国内陆省际边界城镇发展现状及对策研究——以重庆市秀山县为例》,重庆大学硕士学位论文,2008。

B.30
发挥区位、土地、生态三大优势打造生态新城
——花溪区麦坪镇"十三五"发展思路研究

摘　要： 城镇在社会结构中起着上联城市、下联农村的作用，是推进农村现代化的重要引擎，也是新农村建设的重要载体。"十二五"期间，借助贵阳市、贵安新区和花溪区发展机遇，麦坪镇对自身经济结构进行了战略性调整，综合经济实力得到了显著提升。产业生态化和环境生态化是生态新城建设的两大追求，"十三五"期间，麦坪镇通过紧抓贵阳创新型中心城市建设、贵安新区建设、花溪全域文化旅游创新区建设三大机遇，依托自身区位、土地、生态三大优势，加快完善基础设施和公共服务设施的建设，以产业生态化和环境生态化为主导，着力打造麦坪生态新城，为生态城镇建设提供经验借鉴。

关键词： 麦坪镇　生态新城　产业生态化　环境生态化　城镇化

在以工业化推进城镇化过程中如何实现经济与环境协调发展，是乡镇发展面临的重要问题。"十三五"时期，麦坪镇将生态作为发展要素之一，进行经济发展与生态保护和谐统一的探索，为其他乡镇在城镇化建设中实现生态保护与经济发展双赢提供一定的借鉴。

表1　麦坪镇基本情况一览

<table>
<tr><td rowspan="9">概况</td><td>辖区面积</td><td colspan="2">49.3平方公里</td><td colspan="4">辖区人口</td></tr>
<tr><td rowspan="2">辖区范围</td><td rowspan="2">辖麦坪、场坝、新寨、康寨、戈寨、汪庄、刘庄、施庄、杉一、杉二、兴诚、彭官和大坡13个行政村</td><td rowspan="2">户籍人口</td><td colspan="2">4594户</td><td>流动人口</td><td>271人</td></tr>
<tr><td colspan="2">19678人</td></tr>
<tr><td rowspan="6">自然资源</td><td rowspan="6">森林面积1008.5公顷，小二型水库2个（干塘水库、双井水库），经果林</td><td rowspan="3">困难群体</td><td>低保人员</td><td>375人</td><td></td><td></td></tr>
<tr><td>60岁以上老人</td><td>2823人</td><td>建档立卡贫困户</td><td>—</td><td>外出打工</td><td>160人</td></tr>
<tr><td rowspan="4">特殊人群</td><td>残疾人</td><td>320人</td><td>失业人员</td><td>5人</td><td>刑释解教人员</td><td>29人</td></tr>
<tr><td>留守儿童</td><td>99人</td><td rowspan="2">吸毒人员</td><td rowspan="2">179人</td><td rowspan="2">缠访、集访带头人</td><td rowspan="2">0</td></tr>
<tr><td>失学儿童</td><td>1人</td></tr>
</table>

<table>
<tr><td rowspan="3">经济发展</td><td colspan="2">村(居)民可支配收入</td><td rowspan="2">地方财政总收入</td><td colspan="2">村集体经济</td><td rowspan="2">一产总值</td><td rowspan="2">二产总值</td><td rowspan="2">三产总值</td><td rowspan="2">辖区内企业</td><td colspan="3">招商引资</td><td rowspan="2">全社会固定资产投资</td></tr>
<tr><td>村民</td><td>居民</td><td>总数</td><td>资金总额</td><td>签约金额</td><td>签约企业</td><td>落地企业</td></tr>
<tr><td>11821元</td><td>—</td><td>3795万元</td><td>13个</td><td>2410.21万元</td><td>6115万元</td><td>12767万元</td><td>8290万元</td><td>43个</td><td>0</td><td>0</td><td>0</td><td>71930元</td></tr>
</table>

<table>
<tr><td rowspan="3">基础设施建设</td><td colspan="6">六个小康专项行动计划</td></tr>
<tr><td>小康路</td><td>小康水</td><td>小康房</td><td>小康电</td><td>小康讯</td><td>小康寨</td></tr>
<tr><td>戈寨、麦坪、彭官、施庄共计6.55公里</td><td>—</td><td>—</td><td>—</td><td>—</td><td>麦坪村剪刀塘建设文化广场1个，公厕1个，长廊80米，人行道2公里</td></tr>
</table>

<table>
<tr><td rowspan="3">教育资源（个）</td><td colspan="2">幼儿园</td><td colspan="2">小学</td><td colspan="2">中学(初中和高中)</td><td>大中专及以上院校</td></tr>
<tr><td>公办</td><td>民办</td><td>公办</td><td>民办</td><td>公办</td><td>民办</td><td rowspan="2">0</td></tr>
<tr><td>1所</td><td>6所</td><td>7所</td><td>0</td><td>1所</td><td>0</td></tr>
</table>

续表

	人文资源	重点文化节庆活动	公共文体活动场所 (包括广场、公园和体育运动场所等)	
文体建设（个）	刘仕连,麦坪乡刘庄村人,相传是现居住在刘庄村人的第一代高祖。祖籍四川,距今十六辈人,因平夷有功,被当时的朝廷封为平夷大将军	四月八、六月六	13个篮球场,健身路径4条,14间图书室及阅览室	
医疗卫生资源（个）	乡镇卫生院		1个	养老院	1个
	医护总数	床位数	床位占用率	村级卫生室	14个
	12人	6个	0		

资料来源：2016年12月由麦坪镇提供。

一 四大成就奠定麦坪镇"十三五"发展基础

麦坪镇隶属花溪区，地处贵阳市花溪区的西北角，属于贵安新区规划区，同时也处在贵安新区、花溪区、清镇市、观山湖区"四区（市）"交界的中心位置，地理位置优越，地形以低中丘陵为主，在产业发展上仍然属于典型的农业乡镇。全镇辖13个行政村，目前全镇总人口约2万人，耕地面积约1.1万余亩，主要农作物有水稻、油菜、蔬菜等。"十二五"时期，依托贵安新区和花溪区的发展机遇，麦坪镇的发展得到了大幅提升，截至2015年末，全镇的经济、产业结构以及社会事业等都取得了长足发展。

（一）综合经济实力不断增强，区域经济发展活力迸发

麦坪镇在"十二五"期间，紧抓辖区项目建设机遇，通过引导农民发展生产，实现全镇生产总值、固定资产投资、地方财政收入、农村居民人均纯收入四个综合经济指标成倍增长。截至"十二五"期末，生产总值达2.7亿元，是"十一五"期末1.1亿元的2.45倍；固定资产投资达7亿元，是"十一五"期末的10倍；公共财政预算收入达1695万元，是"十一五"期末的5倍；依托引导农民种植布朗李、秋葵等市场价值较高的农业产品，农村居民人

均纯收入达11821元，是"十一五"期末的2.3倍，在2014年度、2015年度连续两年获得花溪区综合目标考核一等奖，年终综合目标排名"突飞猛进"，经济水平大幅提高。麦坪镇在"十二五"期间取得的综合经济发展成果为麦坪生态新城建设打下了良好的经济基础。

（二）基层组织建设持续巩固，服务管理能力显著提升

"十二五"时期，麦坪镇通过高标准、严要求开展党的群众路线教育实践活动，深入查摆整改"四风"问题184个。落实党风廉政建设主体责任和监督责任，查处镇村两级"慵懒散漫浮"干部51人次，党政纪问责18人。利用微信工作群，通过发视频、照照片、返数据等形式，及时反馈工作开展情况，构建起立体式全覆盖的干部实绩考核数据平台。将群众关心、社会关注的热点问题作为监督重点，及时解决民生领域的突出问题，督促备案民生项目85项，办理民生问题反映、举报100余件。通过严整组织纪律，严肃工作人员作风，强化基层组织建设，增强了党的核心凝聚力。

（三）重点项目推进步伐加快，人民群众福祉切实增进

"十二五"时期，麦坪镇抓住一系列发展机遇，加快推进辖区内重点项目，增进了人民群众的福祉。首先是基本建成了国家重点项目沪昆高铁麦坪段，同时，金马大道、百马大道、天河潭大道、湖磊路、贵红路等贵安新区城市一级主干道也已全部建成通车，形成了四通八达、出行便捷的交通运输网。其次是协调资金，实施万亩土地整理项目，改造提升了辖区内农业基础设施，改变了全镇农业基础设施滞后的状况。另外，争取市区资金940万元，完成清镇异地引水工程项目，解决了9个村共1万余人的"饮水难"问题。

（四）社会事业发展逐年进步，生活保障体系日趋健全

"十二五"时期，麦坪镇通过各项举措逐步推进社会事业发展，推动了群众生活保障体系的完善。首先是农业经济的规模化发展，"十二五"时期，麦坪镇打造了新寨特色蔬菜种植基地600亩，并成功试种红秋葵200亩；积极开展石漠化治理工程，完成了6700亩布朗李种植，农业发展规模逐步扩大。其

次是社会治安综合治理成效突出。截至2015年底,"两抢一盗"发案率明显降低,打击吸贩毒人员106人,群众安全感达98.33%,比"十一五"期末提升了13.33个百分点。除此之外,有效改善了农村卫生环境状况,实施了150余户危房改造项目,改善了困难群众住房条件,完成了大树脚美丽乡村示范点建设。最后是教育事业蓬勃发展,五年来,全镇教育质量显著提升,麦坪镇生源被各大重点院校录取率持续上升。

二 优劣势并存的麦坪镇"十三五"发展环境分析

经过"十二五"时期的发展,麦坪镇城镇化水平迈上了新台阶,但在促进城镇化建设进程中,一些限制因素的阻碍作用也在逐步凸显,在一定程度上制约了麦坪镇的深入发展。

(一)三大优势助力麦坪镇"十三五"发展

1. 区位优势推动区域协同发展

麦坪镇地处贵阳市花溪区的西北角,也是贵安新区、花溪区、清镇市和观山湖区"四区(市)"交界的中心。镇政府所在地为麦坪镇场坝村,距贵阳市、贵安新区管委会、花溪区政府等周边较发达地区较近,可达性较强,为推进区域协同发展提供了良好的条件。其次,麦坪镇与外界相连的交通路网也十分发达。在公路运输上,金马大道、百马大道、天河潭大道、贵红路和湖磊路等城市一级景观大道从麦坪镇区域内穿过,其中麦清线、麦戈线、康打线、八公里至金华等四条四级公路贯穿全境。在铁路运输上,拟建的贵阳市域快速铁路和湖林铁路支线均将在麦坪镇内设站,沪昆铁路在紧靠麦坪镇的贵安新区直管区设站。麦坪镇和中心城市也保持着紧密的交通联系,不仅是贵安新区的"北大门",也是贵阳和贵安互通必经的"交通枢纽",未来高铁及快铁经济的发展潜力巨大。

2. 土地资源支撑未来转型发展

从土地面积看,麦坪镇土地面积广阔,全镇总面积49.3平方公里,南北长12.3千米,东西宽14千米,待开发土地共有3万亩左右,有十分广阔的开发用地空间。从地质地形看,麦坪镇地处苗岭山脉中段,在贵州高原第二台阶上，处于黔中隆起南缘与黔南凹陷地过渡带，地势北高东南低，具有低丘缓坡的特点，坡度较小、地势平坦。麦坪镇属于典型的农业乡镇，土地主要附着物为农房和农作物，主要建筑为村民居住建筑，已建用地247公顷，只占麦坪总用地面积的5%，可开发土地面积较大，开发成本和开发难度低，便于未来转型发展。因此，土地是麦坪镇发展工业和旅游业的重要优势。

3. 生态条件助力全域绿色发展

良好的生态环境为生态新城的建设提供了生态条件。麦坪镇属亚热带季风湿润气候，气候温和，四季分明，年均气温在13.8℃左右，无霜期年均270天，平均日照时数为1300小时，年平均降水量1160~1200毫米，气候条件优良，可以为果蔬种植、花卉培植提供良好的湿度及日照条件。此外，麦坪镇是贵阳市的二环林带与贵安核心区生态绿带的组成部分，森林覆盖率高、环境优美、植被良好，境内有桃花湖、双井水库等十多处生态湿地湖泊，有1.5万亩布朗李特色经果林以及2万亩生态林，丰富的生态资源将推动麦坪镇成为贵阳及贵安新区都市休闲区的重要组成部分，有利于将麦坪镇打造成花溪全域文化旅游创新区的特色旅游板块。

（二）三大难题制约麦坪镇"十三五"发展

1. 规划力度不足，城镇化进程推进慢

虽然麦坪镇隶属于花溪区，但它也是贵安新区总体规划下的片区，由于目前还未出台关于麦坪镇区域性发展的详细规划，麦坪镇在城镇建设、招商引资等过程中存在着项目引进难、项目落地难、项目推进慢的问题。区域经济发展规划的滞后，影响了麦坪镇的经济发展，导致城镇化进程推进缓慢。

2. 产业结构单一，地方经济增长慢

2013年以前，麦坪属于典型的农业乡镇，产业结构极为不合理，仅在戈寨村有一个万亩布朗李基地，第二、三产业发展滞后。其中第一产业基本以传统农业生产为主，生产力低下；第二产业的支柱产业为煤炭开采业，麦坪镇历史上一度拥有大小煤窑200余口，年产煤70余万吨，财政收入90%以上来自煤炭开采；第三产业基本为零。2000~2013年，为响应国家关井压产的政策，麦坪镇进行了从产煤大乡向传统农业乡镇的转型，使地方经济支柱产业缺乏支撑，导致居民经济来源单一，就业渠道狭窄，经济总量增长缓慢。

3. 基础设施滞后，群众"获得感"提升慢

虽然麦坪镇对外拥有良好的交通区位优势，但由于麦坪镇辖区内村落较多，区域范围广阔，村寨道路年久失修，道路等基础设施还比较薄弱。同时由于重点项目建设，麦坪镇的主干道麦清线和麦戈线长期受重车频繁倾轧，现已破损不堪，造成了近2万名群众出行困难，乡镇内部基础设施逐步恶化。

三 关于麦坪镇"十三五"打造生态新城的思路研究

"十三五"期间，麦坪镇应结合自身实际，立足土地、区位、生态三大优势，抢抓发展机遇，着力推进基础设施全面改善、产业结构转型升级、社会民生再上台阶，打造以生态为引领、绿色协调发展的麦坪生态新城。

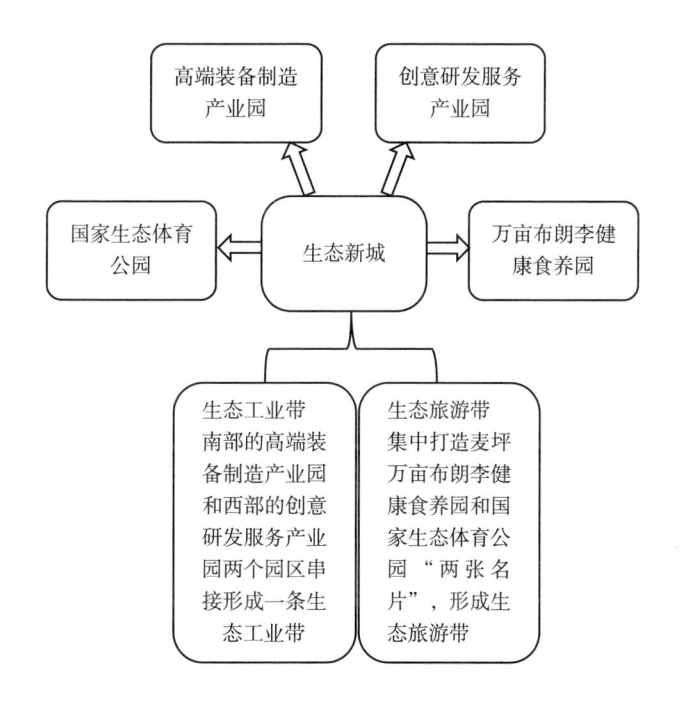

图1 麦坪镇打造生态新城规划布局

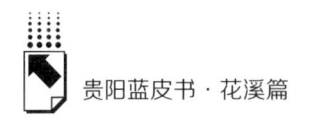

（一）贯彻一个理念：生态优先、绿色发展

生态是贵州发展的底线。麦坪镇在发展过程中也要深入贯彻这一理念，保护好自身生态优势，建设好麦坪生态新城。

首先，在产业选择上，麦坪镇要坚持生态优先原则，要围绕生态产业布局，着眼于生态利益和长远利益，从产业选择上对生态资源做到保护性开发，发挥生态产业选择对地区经济发展的示范带动作用。其次，要强化生态文明观念和生态道德，培育乡镇居民的生态文明意识，形成绿色循环低碳发展的新经济增长点和绿色发展、生态文明的麦坪风尚。

（二）找准一个支撑："一城、两带、四园"

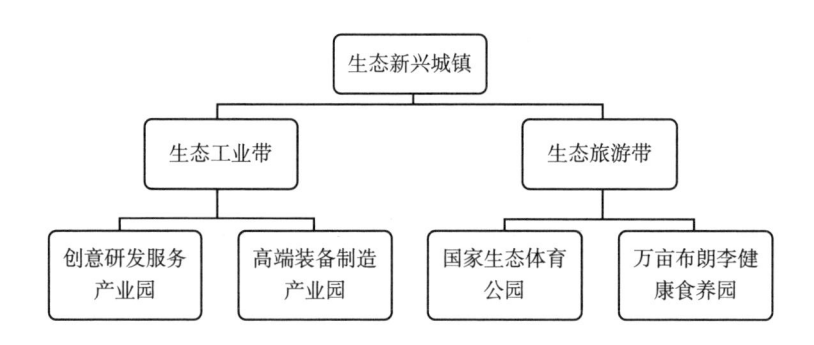

图 2 麦坪镇"一城、两带、四园"的产业布局

1. 建设一座生态新兴城镇

麦坪镇依托区位优势，借力贵安新区和经开区的特殊政策，通过大力发展生态休闲旅游、体育健康养生、创意研发服务、大数据等新兴产业，建设一座"规划布局新、功能配套新、产业结构新、城镇面貌新"的生态新兴城镇。

2. 打造生态工业带和生态旅游带

立足麦坪镇自身产业特点，"十三五"期间在辖区内因地制宜打造生态工业带和生态旅游带。一，生态工业带。主要涉及地域范围为场坝村、麦坪村、康寨村、汪庄村、杉一村。借助毗邻贵安新区直管区和贵阳市观山湖区、清镇市这一区位优势，由南部的高端装备制造产业园和西部的创意研发服务产业园串接形成一条生态工业带,吸引低碳环保、高效节能的知名企业入驻园区。二,生态旅游带。主要涉及地域范围包括戈寨村、康寨村、新寨村、施庄村、麦坪村、彭官村及大坡村。依托区域范围内现有的森林、河流等自然生态空间和生态要素,集中打造麦坪万亩布朗李健康食养园和国家生态体育公园"两张名片",形成生态旅游带。

3. 立足产业条件建设四大产业园区

为破解产业结构单一、支撑产业缺乏等一系列历史遗留问题,麦坪镇在"十三五"时期立足当地产业条件建设四个园区,推动麦坪镇生态新城建设目标的实现。

高端装备制造产业园。依托贵安新区、中关村贵阳科技园已入驻的软件研发、科技信息服务和云计算、3D打印等信息技术产业,编制高端装备制造产业园发展规划。借助园区路网、湖磊路等基础设施,在场坝村、麦坪村、康寨村、新寨村范围内实施场地平整、标准厂房建设,通过招商引资渠道,打造以高端装备制造为支柱产业,研发办公中心、物流仓储、技术研发为延伸产业的新兴产业聚集中心。

创意研发服务产业园。根据贵安新区在建的行政中心、贵安小镇、同济医院等重点项目规划选址情况,编制创意研发服务产业园发展规划。结合桃花湖良好的自然环境,以现代科技创新、研发创业、生态绿色为特色,重点发展企业创新总部、小微企业孵化、科技成果转化及配套研发等知识生产功能产业,吸引投资人、企业家、优秀创客团队进驻,打造创新创业基地。

国家生态体育公园。首先以国家生态体育公园建设为核心,加快推进一期工程建设,建成综合训练馆、游泳馆、青少年活动中心等一批体用场馆,并完成基地周边地块回收工作,新建山体健身步道、绿地步行健身通道以及自行车健身通道。其次充分利用大坡村、兴诚村、彭官村保存较好的林地、湿地、湖泊等资源,大力发展度假疗养、体育经济、高端养老等大健康产业,带动现代服务业发展,将国家生态体育公园打造成花溪全域文化旅游创新区的一个标志性景区。

万亩布朗李健康食养园。作为花溪全域文化旅游创新区"一核四带六线"的重要组成部分,麦坪万亩布朗李健康食养园将以有机果蔬种植为主,农家养生美食体验为辅,依托天河潭国家5A级旅游景区和久安古茶茶旅一体化联动

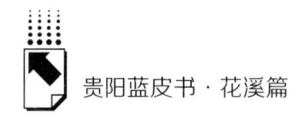

发展，完善水、电、路等基础设施，建设标准接待中心 5000 平方米、环山自行车道 10 公里，实现有机果蔬采摘、农家乐、休闲、摄影、采风、自驾游等要素聚集的农旅休闲旅游精品线。

四 对麦坪镇"十三五"打造生态新城的几点思考

"十三五"时期，麦坪镇在对自身发展基础、优势条件、限制因素等深入分析的基础上，要围绕打造生态新城的总体目标，通过"一城两带四园"的产业布局进行产业结构调整，推动当地综合实力不断增强。同时，麦坪镇需要在社会事业、组织建设等方面持续发力。

（一）紧盯总体目标，推进产城一体

麦坪镇应始终坚持高起点规划、高质量建设、高水平管理的要求，加快实现麦坪生态新城建设目标。首先是着力打造新兴产业聚集地。以贵安新区总体规划为标准，准确定位园区企业准入条件，将高端装备制造和创新型中小企业作为重点招商对象，引进以小微企业孵化、科技成果转化、软件及信息服务等业务为主的创新企业。其次是着力打造生态旅游新环线。按照花溪全域文化旅游创新区建设的总体部署，以"四园"推动"两带"，以"两带"促进"一城"，将创新创业基地参观、高端体育项目体验、健康养生、休闲垂钓以及赏花品果等诸多旅游元素串成一线，规划一条"天河潭风景区——生态工业园区——万亩布朗李食养园——国家生态体育公园——桃花湖湿地公园——创新创业中心"旅游新环线，助推生态工业和生态旅游两大产业协同发展。

（二）用好政策红利，优化发展环境

1. 依托文化旅游创新区建设提升城镇发展面貌

"十三五"时期，花溪区将全力推进全域文化旅游创新区建设，努力打造花溪发展升级版。麦坪镇要紧抓机遇，全面改善辖区内基础设施建设，依托花溪区的生态、旅游、文化和人才资源，坚持绿色发展。要利用区域内布依族的布摩文化、万亩经果林和双井水库等资源，开发主题突出、多元复合的休闲乡村文化旅游模式，发展生态旅游，全力提升集镇面貌，把麦坪打造成集生态休

闲旅游、高端健康养生和体育休闲度假于一身的绿色生态乡镇和城市近郊旅游休闲胜地。

2. 积极融入贵安新区，推进产业结构优化

麦坪镇作为贵安新区规划区的一个片区，借国家支持贵安新区发展的"东风"，要积极融入贵安新区的建设，发展创意研发产业，走绿色经济和特色经济发展道路，做好贵安新区的外围服务配套和产业链的延伸，实现差异化发展，形成产业强镇的发展态势，将麦坪打造成贵安新区和贵阳的产业承接转移中心。

3. 借力创新型中心城市建设，培育发展新动能

"十三五"时期，贵阳市以打造创新型中心城市为目标，麦坪镇应顺应趋势，着力培育发展新动能，积极发展电子信息产品制造、软件及信息服务、信息化应用等产业项目。同时利用毗邻贵阳市、观山湖区和清镇市的区位优势，结合辖区内金马、百马、天河潭等城市主干道路网的交通优势构建开放平台，实施迁村并点工程，实现内外融合、城乡协调，改善麦坪城镇面貌，并积极衔接贵阳市的发展规划和战略，在产业、要素、物流、环境等方面积极谋划，争取成为贵阳市产业发展辐射的优先选择。

（三）强化三项措施，保障稳步发展

1. 强化党的核心领导和服务能力提升

首先要强化党员干部队伍管理。持续推进"两学一做"学习教育，着力解决党员队伍在思想、组织、作风、纪律等方面存在的问题，通过组织学习，更加深入全面地了解党章、党纪党规以及习近平总书记系列重要讲话精神。其次是深入推进党代表常任制。坚持召开党代会年会，有效提升党代表参政议政积极性，明确全镇年度工作任务和工作目标；进一步创新党代表工作载体，完善党代表工作制度，提升党代表参与社会事务能力。

2. 强化规划引领和完善规划体系

加强规划引领是麦坪镇转变经济发展方式，打造生态新城的客观要求。麦坪镇应以被纳入贵阳市周边城区修编范围为契机，强化规划引领，完善规划体系，注重项目跟进，在麦坪总体规划下，加快土规、城规等控制性详细规划编制进度，着力在产业布局、旅游发展、基础设施建设、民生事业发展、集镇改

造等方面扩容增量。

3. 强化人才保障和专业技能培训

人才是推动地区发展的重要条件之一。麦坪镇首先要加快智库建设。以麦坪"校地共建"院校专家学者为主,引进产业规划、城镇建设、农村旅游、市场融资等方面的高级专业人才。其次要推进"四园"人才队伍建设。以麦坪发展顾问、驻村干部、镇村干部为主,邀请麦坪智库专家以及省市区相关领导,围绕麦坪"四园"建设规划,进行专题培训,提升专业技能,促进麦坪镇"四园"发展。最后是支持本土人才队伍建设。以旅游人才为主,大力实施"育才计划",在专业技能培训、政策优惠等方面给予倾斜和支持,培养一批专业技术强、管理水平高、经营理念新的复合型人才队伍。

(四)落实三大工程,巩固发展基础

1. 落实重大项目建设工程,持续优化发展环境

为推进新兴产业的聚集,麦坪镇应全力推动重大项目建设工程的落地,进一步招商引资,营造良好的环境。"十三五"期间,麦坪镇要继续推进贵安新区湖磊路、贵红路、宾阳大道延伸段建设以及北部路网、东纵线新建工程,进一步加快沪昆高铁麦坪段建设,尽快实现通车运行,搭上"高铁经济快车"。要组织精干力量,加快推进中八农场搬迁、国家生态体育公园以及杉一、杉二、兴诚等安置点建设项目。要积极协调项目资金,完成交通运输提升改造工程,为村集体经济发展、村民生产生活提供更加便捷的交通条件。

2. 落实社会治理工程,全面改善人居环境

居民居住的安全感和舒适度是保持社会稳定的首要前提。"十三五"时期,麦坪镇要全力维护社会稳定。建立重大政策措施风险评估制度,建立维稳信息网络,将不稳定因素控制在萌芽状态,做到"小事不出村,大事不出镇"。要深入推进"禁毒人民战争",健全禁毒工作体系,定期与各部门、各村、各学校等签订禁毒工作专项责任书,构筑横到边、纵到底的禁毒防治网络。同时,完善社会化康复站功能配套设施,提升对吸毒人员的管理帮扶水平。要打造"两严一降"升级版,进一步强化村级警务助理、村级巡防、治安志愿者三支队伍建设,进一步提高重要时段见警率,形成有效的群防群治体系;进一步提高技防水平,加快实现重点路段、重点区域摄像头监控全覆盖,

有效降低"两抢一盗"发案率,确保群众安全感测评达到99%以上。

3. 落实民生保障工程,不断提升居民获得感

不断提升居民获得感是保证生态城镇建设的首要前提。首先麦坪镇要"高一格"落实扶贫开发,围绕扶贫攻坚战"六个精准"要求,对全镇困难群众实行动态管理,针对困难群众致贫、返贫原因,集中整合社保、民政、农业、经发、村建等部门资源,建立形式多样、措施到位的精准扶贫工作机制,实现"高一格脱贫,快一步小康"的目标。其次要促进教育公平。继续实施科级领导干部结对帮扶困难优秀学生工作机制,每年定期召开教育工作大会,表彰优秀教师、优秀学生,营造尊师重教的良好氛围。大力提升麦坪教育水平,加快麦坪中心完小、彭官小学建设。再次,要依托"四园"建设过程中巨大的用工需求以及人才缺口,通过创意研发服务园成熟的培训、推介平台,有效解决群众就业难、投资渠道窄等问题。最后要着力改善人居环境,通过实施房屋立面改造、山塘水库清淤、庭院整治、水电管网改造等方式,逐步改善人居环境,提升村寨整体形象。

参考文献

赵国锋、段禄峰:《西部地区生态城镇建设的理论、构想和路径》,《现代城市研究》2013年第4期。

贵阳网:《贵阳出台意见全力支持花溪建设文化旅游创新区》,http://www.gywb.cn/content/2014-10/30/content_ 1806746.htm,2014。

廖道彬:《生态小城镇建设及发展模式研究——以南安市水头镇为例》,华侨大学硕士学位论文,2013。

孙春霖:《服务业集聚、产业升级与城镇化的协同关系研究》,山东大学硕士学位论文,2015。

郭静:《我国产业集聚对城镇化影响研究》,黑龙江大学硕士学位论文,2015。

B.31
以"智慧物流+休闲车旅"为重点建设产城互动示范小城镇

——花溪区孟关乡"十三五"发展思路研究

摘　要： 随着我国城镇化进程的不断推进，"十二五"时期孟关乡对城镇化建设进行了积极的探索，辖区内产业集聚格局初步形成，经济得到快速增长，城镇配套设施逐步完善。"十三五"时期孟关乡将进入全面发展的关键时期，将基于以产促城、以城带产，以"智慧物流+休闲车旅"为发展重点，合力打造"产城互动"的示范小城镇，并积极探索产城融合的发展模式，以期为我国推进城镇化建设和发展提供一定的参考。

关键词： 孟关乡　智慧物流　休闲车旅　产城互动　城镇化

2000年，中央出台的《中共中央国务院关于小城镇建设有关政策》（中发〔2000〕11号文件）将小城镇建设作为解决农村经济落后问题的有效途径，为小城镇建设提供了强有力的政策助力。2012年，贵州省印发了《中共贵州省委、贵州省人民政府关于加快推进小城镇建设的意见》，全面助推示范小镇建设，希望打破农村经济发展的瓶颈，促进城乡一体化发展。

以"智慧物流+休闲车旅"为重点　建设产城互动示范小城镇

表1　孟关乡基本情况一览

概况	辖区面积	68.2平方公里	辖区人口					
	辖区范围	8个行政村、2个居委会	户籍人口		6500户	流动人口	28000人	
					25000人			
	自然资源	全乡有稻田9050亩,土地4830亩,林区面积3.5万亩,森林覆盖率达50%以上。地下水资源丰富质优,均为水质较好的重碳酸钙水和重碳酸钙镁水,乡境内共有大小溪流6条,总长约30公里	困难群体	低保人员	206人			
				60岁以上老人	20人	建档立卡贫困户	20人	外出打工	126人
				残疾人	290人	失业人员	45人	刑释解教人员	36人
			特殊人群	留守儿童	17人	吸毒人员	80人	缠访、集访带头人	0
				失学儿童	0				

经济发展	村(居)民可支配收入		地方财政总收入	村集体经济		一产总值	二产总值	三产总值	辖区内企业	招商引资		全社会固定资产投资
	村民	居民		总数	资金总额					签约金额	签约企业	落地企业	
	1.1万元	—	2.5亿元	8个	2亿元	21824万元	32736万元	163682万元	11个	385500元		10个	529482万元

	六个小康专项行动计划					
基础设施建设	小康路	小康水	小康房	小康电	小康讯	小康寨
	50公里	全面达标	185户	全覆盖	全覆盖	2014年在全区率先完成"同步小康"创建工作

教育资源	幼儿园		小学		中学(初中和高中)		大中专及以上院校
	公办	民办	公办	民办	公办	民办	0
	2所	8所	5所	1所	1所	2所	

文体建设(个)	人文资源	重点文化节庆活动	公共文体活动场所(包括广场、公园和体育运动场所等)
	—	—	3个

医疗卫生资源	乡镇卫生院			养老院	0
	医护总数	床位数	床位占用率	村级卫生室	8个
	1人	20个	100%		

资料来源:2016年12月由孟关乡提供。

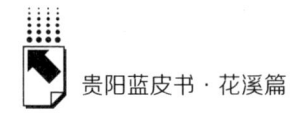

一 立足"两个视角" 理清孟关乡发展现状

"十二五"时期,孟关乡按照以工业带动农村发展的思路,引进了一系列项目,进入大开发、大建设、大发展的阶段,经济实力快速增长,基础设施逐步完善,管理方法日趋成熟,初步完成了从集体经济薄弱的农村到以工业为主的经济强乡的转型。

(一)经济发展:经济连续增长是发展的内在动力

1. 抓发展机遇完成产业转型升级

"十二五"期间,孟关乡从汽贸城项目入驻开始,相继迎来改毛铁路货运中心、碧桂园、两港一中心、传化物流、市域快铁等重点项目进乡落地,孟关乡逐步完成从以农业为主的传统少数民族乡镇向以工业为主的现代经济强乡转型升级(见表2)。

表2 孟关乡三产发展情况

农业发展情况	石龙、谷立两个边远的村发展农业,截至目前,红星村"胭脂萝卜"基地已达600多亩、莲藕基地500多亩、谷立大蒜种植400多亩、巾帼林2000多亩,农民人均年收入逐年提高,农民人均年收入从2000年不足2000元增加至2014年的11000元
工业发展情况	孟关乡镇企业产品涉及建材、冶金、化工、机械、养殖等门类,乡辖有贵州华曦玻璃制品有限公司、贵阳华港农牧有限公司、正邦畜牧有限公司、贵阳闽达轧钢厂、贵州天地福肥业有限责任公司、贵州贵诚道路有限公司、贵阳宝翔行汽车销售服务有限公司、贵州利海源房地产投资开发有限公司、贵州正黔工程机械投资有限公司等九家规模以上企业,同时有贵阳(孟关)国际汽贸城、改毛铁路货运中心等
旅游业发展情况	欧洲风情小镇(碧桂园)城市综合体

资料来源:花溪区孟关乡人民政府《孟关乡经济社会发展战略研究》。

2. 产城一体化初具雏形

孟关乡"十二五"期间引进大批以工业为主的企业,产业的集聚发展带来人口、教育、金融等生产要素的集聚,促使城镇的承载能力及服务功能整体升级。此外，孟关乡在发展经济的同时，对孟关大道、贵惠大道城市一级主干道和贵惠高速公路"贵阳南站"等重要交通节点进行建设并已投入使用，形成了"一环三纵四横"的路网格局，完善了基础设施建设，发挥了"以产带城"的作用，增强了城镇服务功能。城镇服务功能增强的同时还带动了现代服务业发展，初步形成了"以城促产"的格局和"产城一体化"发展形势。

（二）社会建设：社会文明和谐是发展的最终目标

1. 基础设施全面改善，小城镇建设成效明显

为与快速增长的经济发展保持同步，孟关乡逐步完善本区域内的路网建设。在贵阳市"三环十六射线"中，有环城高速公路（南环线）、桐荫路、富源路等城市重要道路通达孟关乡，另有铁路运输、市域快铁等穿插其中。目前，路网设施的全面提升，突破了制约发展的交通瓶颈，为后续的发展打下了坚实的基础。

2. 网格化管理体系高效运转，基层兜底工作持续推进

2010年为整合城市管理资源，提高城市管理效率，降低管理难度，贵阳市发布《贵阳市全面推进城市网格化管理工作攻坚方案》，并在全市推行。孟关乡所辖区域内工业产业较多，人口流动较快，管理难度较大，但通过网格化管理，创造性地在汽贸城园区内成立了"党群服务中心"，推动了社会管理与服务功能进一步延伸到一线基层，网格化管理体系得到高效运转，保证了对基层信息的实时动态掌控，城镇治理得到明显改善。

3. 社企齐抓共管，社区企业安全生产得到保障

孟关乡辖区内以工业企业为主，有九八四四、久联化工两家民爆企业，中石化油库、中航油谷立油库2处，中石油、中石化、中航油输油管道3条，规模以上企业11家。这些企业在带来巨大经济效益的同时也潜伏着巨大的安全隐患，安全生产保障任务艰巨。孟关乡党委通过实行"一岗双责"、"党政同责"的管理制度，与企业携手齐抓共管，使区域内的企业生产保持在安全线以内，潜在生产危机得到了有效防控。

二 着眼"两大机遇"理清孟关发展条件

"十二五"期间，孟关乡凭借自身生态环境优美、少数民族文化丰富、产

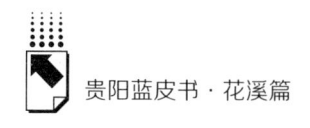

业初步集聚的优势，借力眼下发展机遇，着力全面提升城镇功能。与此同时，孟关乡还存在产业集聚和城镇建设不匹配、行政职权与管理不对称、基础设施建设不完善等问题。

（一）孟关乡打造示范小城镇的优势条件

1. 政策红利

花溪区打造国家级全域文化旅游创新区、全域旅游先行示范区和千亿级开发创新平台战略的持续推进，为孟关乡进一步完善配套基础设施、提升城镇配套服务功能、创新城市综合管理、集聚产业发展、整体提升城镇形象提供了更多的机遇与条件。2012年，孟关乡被列为示范小城镇，依托中央及地方政府出台的一系列相关政策支持，小城镇建设在土地使用、贷款、税收及就业等方面都享有一定的便利和优惠，有利于推动第一产业劳动力向第二、三产业转移，逐步优化产业结构，全面提升城镇功能。

2. 区位优势

孟关乡西邻贵阳经济技术开发区，北临双龙航空港经济区，是贵州省"黔中经济区"向南辐射的"前沿阵地"。同时，孟关乡处于小孟工业园既定规划范围的核心位置，依托贵阳市委、市政府出台的一系列政策支持，孟关乡面临着良好的发展机遇。与此同时，孟关乡基本路网建设已形成"一环两纵四横"的格局，加强了孟关乡与贵阳中心城区及周边城市的联系，便利的交通条件是全乡经济建设的保障。

3. 资源多元

孟关乡地形是以低中山丘陵为主的丘原地貌，地下水资源丰富质优，乡境内共有大小溪流6条，森林覆盖率达40%以上，地处亚热带，冬无严寒，夏无酷暑、春秋多变，具有丰富且不可再生的生态资源。

孟关乡域内少数民族特色文化底蕴深厚，有很大的开发价值。同时，借助花溪区全域旅游先行示范区中"东部工业文化旅游带"布局，融合民族特色文化与其他旅游要素发展，有利于打造工业文化旅游点。

孟关乡现已形成以汽车贸易和物流为主的产业集聚格局，产业集聚带来了高素质人才及服务产业的集聚，丰富的高素质人才资源为以后的转型升级提供了人才保障。

（二）"产城互动"愿景下孟关城镇化问题凸显

1. 城镇建设与产业集聚不匹配

城镇化的本质是产业、要素、人口在某一特定空间的高度聚集，其中产业集聚是城镇化的基本条件，通过产业集聚带来各种要素的集聚，从而促进城镇化的建设。反之，产业集聚的大规模形成，对城镇功能的要求也在日渐增加，完善的城镇服务体系是保证产业集聚持续发展的根本。虽然孟关乡产业集聚发展格局已基本形成，但目前城镇的基础设施建设薄弱、城镇建设与产业集聚不匹配，制约了孟关乡的整体发展。

2. 行政职权与社会管理不对称

随着我国及地方政府对城镇化建设的支持力度加大，城镇化建设速度在不断加快，然而基层管理体制目前仍处改革初期阶段，完整合理的管理机制尚未建立，所以，过快的建设速度与现有的管理体系之间出现了互不适应现象。如城镇管理权限与方式未得到及时调整与转变，导致管理权限与管理责任不对称，超出权限范围的管理无法执行，区域性的综合管理、服务、整体功能与乡的建制不相匹配。且基层社会管理的法律环境和施政环境也尚待完善。因此，城市管理难度进一步加大。

3. 资源配置不均衡导致区域发展参差不齐

在城镇化建设中，资源的合理化分配可促进区域协同发展，从而推进城镇化整体发展。城镇化建设过程中，孟关乡对全局规划考虑不足，产业集聚布局与空间规划有割裂，导致出现了区域发展不协调、经济差异大等问题。如以南环线为界，西面的孟关村、上板村、沙坡村、红星村、五星村、改毛村等地方建设项目多、产业发展良好、基础设施完善、村民生活富裕，而南环线东面的谷立村、石龙村农业基础薄弱、经济发展相对落后、农民增收困难、基础设施不健全，村民生活相对较差。

4. 项目征地带来新考验

近年来，孟关乡按照花溪区"强区升位"的工作思路，大力发展孟关工业园区，抓住"西部大开发"时代契机，加大招商引资力度，积极进行产业转型升级，落地项目较多。需要占用的土地也越来越多，目前辖区内各村大部分土地已被征用。伴随而来的是村民缺乏固定的土地发展集体经济，又缺乏再

就业的知识和技能，还缺乏稳定的经济收入等问题，这些都为后续社会和谐稳定、经济良好发展埋下了一定的隐患。

三 对孟关乡建设"产城互动"示范小镇思路的研究

在"十三五"时期，孟关乡明确自身"三个服务功能"的定位，依托辖区内现有的生态资源、人文资源以及产业资源，通过六个方面的重点任务来全面建设"产城互动"的示范小城镇。

（一）三个服务功能明确"产城互动"发展定位

1. 建设智慧物流小镇，提升服务产业园区功能

"十三五"时期，孟关乡注重"去本位主义"意识，提升服务意识，抓住发展机遇，以改毛铁路货运中心、传化智能物流港和两港一中心为主要支撑，发展多种形式的电子商务产业和现代物流产业，完善与周围产业园区相匹配的服务设施，以此带动智慧小城镇建设，将孟关乡打造成一个"智慧"、"物流"、"城镇"三位一体的小城镇，全面形成"产城互动"格局，提升其服务产业园区的能力。

2. 打造休闲车旅基地，加强服务城市新区功能

随着孟关乡招商引资力度的加大，各种高端产业及精品住宅小区陆续进驻，城镇建设取得一定成效。在下一步的发展中，孟关乡需要提前布局城镇发展配套服务设施，大力发展服务业，依托现有的国际汽贸城、汽配城等汽车产业基础，衔接汽车产业上下游业态，形成汽车产业链。同时挖掘谷立村和石龙村特色文化及旅游元素，结合"电商产业园"、碧桂园等的发展，促进"汽车休闲+特色民族文化+电商"三产融合，推动孟关乡汽车产业从单一化向多元化、休闲化、定制化发展，最终形成西南休闲车旅高地，提升其文化、娱乐、休闲功能，为城市新区提供全方位的服务。

3. 升级配套设施，推进服务周边地区功能

孟关乡作为一个特色产业集聚的城镇，在吸引产业、人口等集聚方面具有自己的优势，继续完善自身的服务配套设施，将提升自己的核心竞争力，形成更大的凝聚效应。在"十三五"发展规划中，孟关乡在现有交通路网、产业基础及园区基础上，不断增强孟关乡基础配套设施建设，形成与周边区域的小孟工业园、双龙航空港经济区、龙里县工业园区等产业园相配套的城镇服务体系，全面增强孟关乡对周边地区的服务能力。

（二）六项重点全面推进"产城互动"格局形成

"十三五"期间，孟关乡为全面推进产城互动格局形成，着重从以下六个方面入手，加速城镇化进程。

1. 以智慧旅游为核心，发展多元化体验的旅游模式

围绕花溪区创建国家全域旅游先行示范区这一战略定位，孟关乡要大力挖掘集聚在民族文化、田园、山地、户外运动、生态农业、汽车休闲等方面的旅游资源，促进以智慧旅游为核心，田园休闲观光、山地休闲观光、户外运动休闲、生态农事体验、生态农业度假、汽车休闲度假等多元化旅游产业发展，完善配套服务设施建设，优化环境，提升整体服务休闲功能，打造高品质、多样化的乡村旅游示范点。

2. 对空间进行差异化布局，避免区域发展失衡

以南环线为分界线，以集镇为中心，明确区分孟关乡西部产业区和东部生态休闲区，注重区域协同发展。其中，在西部产业区，以孟关大道为发展轴线，结合村庄提升改造进一步优化沿线商、住功能布局；结合传化物流、两港一中心构建现代物流组团；结合汽贸城建设构建汽车贸易组团；结合碧桂园房地产以及沿线建筑立面改造构建生态商住组团，实现产城协调发展。在东部休闲区，结合生态旅游发展谷立农家民宿组团、石龙农业观光组团、长坡林场山地休闲运动组团，坚持生态涵养功能，有节制地发展生态旅游。尽量缩小区域发展差异，形成东西协同发展的和谐局面。

3. 以"汽车+"产业发展带动工业旅游

联合车企展现车展文化。依托汽贸城发展，积极对接汽车行业，发展各种商业形态，例如汽车影院、汽车餐厅、汽车酒吧等，形成多元化、立体化、主题化的"汽车产业+"发展模式。

输入文创基因打造酷车小镇。以汽车售后和汽配城为基础，对接汽车生产及改装企业，实现汽车个性化定制，建设文化创意产业园区，形成规模大、规格高的酷车小镇，实现汽配市场的文化升级。

依托生态资源发展休闲车旅。将辖区内石龙村长坡林场打造成车旅基地,满足用户对体验空间、越野车体验和自驾游的需求。车旅基地依托林场生态环境,以免费体验高端汽车为特色,融合汽车体验、汽车销售、汽车会展、有机农产品、山地运动等元素,打造健康、活力、生态的车旅基地,实现"汽车产业+生态农业+休闲养生"的联动发展。

4. 引进电子商务产业,指导村民转型发展

以"大数据"、电子商务等新兴产业为重心,加强村民培训,引导村集体经济转型升级,拓展村集体产业外延,将"互联网+"与物流产业深度融合,促进电子商务规模化发展,增加村民就业机会,实现村民和区域物流中心建设的双赢发展。

5. 完善配套设施,建设和谐宜居环境

从配套服务设施上着手,在集镇改造、基础设施以及乡镇治理方面全力推进城镇建设。首先,加快沿线建筑物立面改造,有效提升集镇风貌,推进集镇物联网建设,提升集镇智慧化水平。其次,完善基础配套,以全域的角度思考、全局规划、合理布局各项工程设施,促进全域经济发展、工作生活、卫生教育等各领域设施保障建设。最后,强化社会治理,努力建设法治政府,推进"依法治乡"进程,建立健全公平、公正、公开的社会保障体系,提升"网格化"管理水平,为全乡人民提供和谐稳定的发展环境和安全保障。

6. 挖掘民族文化特色,提升文化软实力

围绕贵阳市创建国家公共文化服务体系示范区的战略目标,配合完成贵阳市创建国家级公共文化服务体系示范区,加强综合文化建设。孟关乡着重完善省级非物质文化遗产代表队伍、民间业余文艺队等的建设,打造有特色的民族民间文化品牌,使保护文化遗产的传承得以延续,全面丰富孟关文化特色,增强文化发展自信。

四 对孟关乡建设现代示范小城镇的思考

在进一步建设示范小城镇中,孟关乡以自身汽车贸易和物流两大集聚产业为依托,全面融合辖区内已有的生态要素和人文要素,积极对接汽车贸易和物

流的上游产业和下游产业,对辖区内产业和空间进行合理的规划布局,实现有层次、有关联、有发展的"产城互动"示范小城镇建设。

(一)拓宽村民增收渠道,探索多元增收长效机制

依托自身产业资源优势,结合区域及产业规划布局,差别化探索村民增收的多元化渠道,加大对村民理论及技能培训的力度,提升村民就业能力,为村民提供就业途径。对村民创业提供切实可行的引导并争取政策优惠,探索村民增收的长效机制,激发村民就业及创业积极性,实现村民从农民到居民的转换。

(二)加强统筹区域与产业协同规划,缩小区域发展差距

新型城镇化的规划不能单独以"镇"论"镇",要运用现代化理念科学系统地对全局进行规划。针对孟关乡区域差异特征,着眼全局发展,统筹区域规划与产业规划,因地制宜,明确功能定位,加强产业集群之间的关联性,有梯度、有层级地进行规划,合理布局全域产业。同时要考虑产业规划与城镇规划的配套衔接,增强产业集群和城镇建设功能的互补性,缩小发展差距,实现区域协同发展。

(三)加强对产业集聚区的辐射带动作用,推进城镇化进程

中心城市带动与辐射区域经济的发展论认为城市是一个巨大的"磁场",城市中高品质的服务能力、市场规模效益都在吸引着外界的人才、资本等发展要素的聚集。产业集聚区的建设是推动城镇化发展的动力源泉,城镇化发展也可为产业集聚提供环境和条件,两者相互促进。在后续发展中,要注重加强对两者关系的探索,对产业发展和区域规划进行合理布局和安排,形成互相关联、互相促进、互相包容的产城发展形态,使经济效益最大化。

参考文献

国务院办公厅:《中共中央国务院关于小城镇建设有关政策》,http://www.gov.cn/zhengce/2015-07/22/content_2900883.htm。

贵州省住房和城乡建设厅：《中共贵州省委　贵州省人民政府关于加快推进小城镇建设的意见》。

孟关乡人民政府：《积极发挥支撑、引领、示范作用　全力打造"产城互动"的现代示范小城镇》，孟关乡人民政府，2016。

花溪区孟关乡人民政府：《孟关乡经济社会发展战略研究》，2016。

徐琳瑜：《论生态优先与城市环境保护规划》，《中国人口·资源与环境》2014年第14卷第3期。

张红岩：《新型城镇化和产业集聚区互动发展研究》，《商业时代》2013年第10期。

陈伯庚、陈承明：《新型城镇化与城乡一体化疑难问题探析》，《社会科学》2013年第9期。

姚士谋：《中国新型城镇化理论与实践问题》，《地理科学》2014年第6期。

赵芳媛：《特色文化在新型城镇化进程中的支撑作用研究》，云南大学硕士学位论文，2015。

张利利：《城镇化进程中乡镇政府的职能定位及管理机制创新——以山东省D市乡镇政府为例》，中国海洋大学硕士学位论文，2012。

B.32
以生态农业、文化旅游为抓手推动传统农业向现代都市农业转型
——花溪区马铃乡"十三五"发展思路研究

摘　要： 作为以传统农业为主导产业的乡镇，马铃乡基础设施薄弱、工业水平低下、土地指标缺乏等因素严重制约着全乡社会经济的发展，转型成为发展的必然趋势。马铃乡有丰富的自然与人文资源，近年来随着贵安新区建设的快速推进，花溪文化旅游创新区的逐步实施，马铃乡迎来了又好又快发展的机遇期。"十三五"期间，马铃乡将紧紧围绕"农村特色化"和"景区生态化"的发展理念，发展与文化旅游创新区相适应的都市农业、观光农业、景观旅游业，把特色农业、农产品加工业、休闲旅游业、集镇服务业作为重点，突出交通引领和重大项目带动，形成"一带、一园、三区、四基地"的产业发展格局，推动传统农业向现代都市农业转型。

关键词： 马铃乡　传统农业　都市农业　转型发展

当前，都市现代农业已经成为打造城市综合体、城乡一体化、建设美丽乡村的重要组成部分，贵阳市农业已经跨入都市现代农业的门槛。作为农业乡镇的马铃乡，随着贵安新区建设的快速推进和花溪文化旅游创新区的逐步建设，生态资源与文化资源优势不断凸显。调整产业结构，明确产业方向，推进一、二、三产业相互融合和渗透是马铃乡转型发展的重要途径。

一 从优劣势看马铃乡发展的基础与条件

马铃布依族苗族乡位于贵阳市花溪区西南面，长期以来，由于受区位与交通条件的影响，全乡经济社会发展一直处于落后状态。随着贵安新区和花溪区的快速发展，马铃乡迎来了前所未有的机遇。

表1 马铃乡基本情况一览

概况	辖区面积	81.08平方公里		辖区人口				
	辖区范围	东:惠水县 南:长顺县 西:贵安新区 北:燕楼乡	户籍人口	2474户		流动人口	100人	
				9504人				
	自然资源	马铃乡水资源优良且水量丰富，马铃河流经19.5公里，流域面积87km²，径流量1.68m/s，水质常年稳定在地表水Ⅱ类标准；全乡森林面积为61202.5亩，森林覆盖率达到59.29%；常年气候温和，冬暖夏凉，空气优质清新	困难群体	低保人员	189人			
				60岁以上老人	1307人	建档立卡贫困户	558人	外出打工	3000人
			特殊人群	残疾人	142人	失业人员	0	刑释解教人员	47人
				留守儿童	50人	吸毒人员	11人	缠访、集访带头人	0
				失学儿童	2人				

经济发展	村(居)民可支配收入		地方财政总收入	村集体经济		一产总值	二产总值	三产总值	辖区内企业	招商引资			全社会固定资产投资
	村民	居民		总数	资金总额					签约金额	签约企业	落地企业	
	10080元	—	1601.9万元	3个	250500元	11375万元	5263万元	7041万元	7个	20000万元	3个	3个	30000万元

基础设施建设	六个小康专项行动计划					
	小康路	小康水	小康房	小康电	小康讯	小康寨
	56.346千米	自来水覆盖89%	135户	小康电覆盖率100%	通信全覆盖	投资1811.6022万元

续表

教育资源（个）	幼儿园		小学		中学(初中和高中)		大中专及以上院校
	公办	民办	公办	民办	公办	民办	0
	1所	1所	3所	0	0	0	

文体建设	人文资源	重点文化节庆活动	公共文体活动场所（包括广场、公园和体育运动场所等）
	徐霞客游历文化 凯伦金家化石古寨文化 水车坝布依文化 夜郎土司文化 建文帝传说	正月十二布依歌会 "六月六"布依民族风情节	马铃村文化广场 水车坝文化广场 七一桥文化广场

医疗卫生资源	乡镇卫生院			1个	养老院	0
	医护总数	床位数	床位占用率		村级卫生室	3个
	18人	6个	0			

资料来源：2016年12月由马铃乡提供。

（一）从发展优势看，具备转型发展的基础与条件

1. 交通区位条件显著改善

2012年，随着贵阳市城市功能区划调整，花溪区由贵阳市南端最偏远的郊区变成贵阳市与贵安新区系统发展布局的交接区、核心区。马铃乡是贵阳市与贵安新区交接的核心地带，随着贵安新区的快速发展，马铃乡的区位优势更加凸显。此外，交通基础设施的不断建设也令马铃乡极大地突破了发展瓶颈。近年来，花安高速（花溪至安顺）、东纵线联络线（贵安新区与惠水长田工业园区连接线）、青－马旅游专线（青岩至马铃乡）的修建，提升了马铃乡的交通区位优势，使之融入贵阳郊区一小时旅游圈。

2. 拥有丰富的自然与人文资源，生态环境优势明显

在生态环境方面，马铃乡水资源优良且水量丰富，马铃河流经19.5公里，水质常年稳定在地表水Ⅱ类标准；全乡森林面积为61202.5亩，森林覆盖率达到59.69%，常年气候温和，冬暖夏凉，空气优质清新，生态环境优势突出。在人文资源方面，马铃乡有布依族、苗族民俗文化和农耕文化等地方文化。水车坝、盐井是贵阳市特色民族村寨，其生产、生活仍保持着原有的民族风格特

性。金家化石古寨位于马铃乡凯伦村，是省委、省政府命名的全省第一批"历史文化名村"。马铃乡还有众多的人文历史传说，如明太祖朱元璋之孙朱允炆避祸白云寺，在马铃乡隐姓埋名以和尚面目示人，遗迹甚多；徐霞客于戊寅年四月进入马铃寨，西行至水车坝向南进入白云山等。

3. 以市场需求为导向的现代都市农业兴起

马铃乡发展现代都市农业的关键因素是传统农业与旅游业得到了长足发展，农业旅游业产业融合程度不断提升。"十二五"期间马铃乡农业得到了快速发展，豇豆、棒豆、黄瓜等架材类蔬菜累计种植面积达到33300亩次，中华鲟、金鳟、三文鱼等特色冷水鱼养殖出产量约10万公斤；脆皮柿子、核桃、沙利特黄金梨等果业种植共计12239亩次。2015年，农业增加值完成一亿多元，农业产业结构由传统的粮食蔬菜等常规农产品种植逐步向以市场需求为导向的综合型农业发展。同时，马铃乡旅游服务业在"十二五"期间也得到了迅速发展。伴随着"一事一议"项目的有序推进，乡容乡貌得到进一步提升，以"农家乐"为核心的乡村旅游产业逐渐兴起，并初步在马铃河沿线形成了以冷水养殖、农业观光为主的乡村旅游发展格局。

（二）从发展劣势看，转型发展是突破瓶颈的最优路径

1. 土地资源缺乏，基础设施薄弱

马铃乡土地资源分布零散，大规模集中连片土地稀少，农用地占全乡土地总面积的70.06%，建设用地仅占1.42%，土地资源成为全乡发展特别是项目落地建设的重大制约。基础设施薄弱也是马铃乡发展中亟须解决的问题。马铃乡水资源分布不平衡，乡内无稳定的供水系统，目前10余个村寨还未通自来水，没有规范的污水收集处理系统，公共服务设施较差。全乡通乡公路、通组公路设计修建标准低，通行条件差，存在较为严重的破损现象，难以满足发展的需要。此外，马铃乡大部分村寨尚未安装光纤，未通网络及有线电视，无法满足信息化发展的需要。

2. 产业形态单一，三产发展缓慢

2005年以来，按照国家产业政策调整要求，以煤炭为主的乡经济受到严重影响，发展重点由工业转向农业，"十二五"末，马铃乡境内仅保留一家传统工业企业。全乡农业产业结构科技含量低，土地整理利用率不高，对市场供

求变化信息掌握不准，产业链不长，缺乏有效的加工、包装、配送等环节，难以形成规模产业。旅游资源破碎分散，缺乏精品景区景点，加上投入不足，开发利用率低，尚无法带动配套服务业发展，目前第三产业仍处于萌芽状态。

3. 人力资源不足，集体经济发展滞后

马铃乡民大部分是传统意义上的农民，文化程度多在初中以下，高中及以上文化程度的人数仅占总人口的 2.67%。全乡无种植、养殖专业户，无特种技术工人，无经验丰富的企业管理人才，缺乏具备一定专业技术水平和管理能力的人才和现代农民。此外，集体经济发展缓慢也是马铃乡面临的问题。2013年，马铃乡由原来的 8 个行政村合并为 3 个村，但是受区位及产业发展定位的限制，无村兴办企业，3 个村均为空壳村，没有集体经济来源。虽然合村后，马铃乡相继建成了一批种养殖协会、合作社及农业产业公司，但是从整体上讲，由于缺乏经验和实体经济项目支撑，这些组织及小企业尚未对村集体经济发挥作用。

二 马铃乡转型发展的基本思路与总体布局研究

"十三五"期间，马铃乡将立足自身优势，抢抓发展机遇，坚持"生态文明之乡、绿色产业之乡、旅游文化之乡、冷水养殖之乡"的发展定位，围绕"农村特色化"和"景区生态化"的理念，积极发展与全域文化旅游创新区相适应的现代都市农业，推动传统农业乡镇转型发展。

（一）发展思路

"十三五"期间，马铃乡立足自身资源发展优势和产业基础，结合周边区域发展，积极融入国家级全域文化旅游创新区的创建工作中，按照"精品山地休闲度假地，厚重民俗人文体验带"的发展定位，以"中部重点打造，东西两翼齐飞，全乡协调发展"的思路，打造马铃城乡共享的"5+2"生活新模式和农文旅一体化新业态，重点发展特色种植养殖、农产品集散加工、度假旅游业等主导产业，突出建设马铃农文旅一体化新景区，打造花溪旅游新亮点，带动全乡经济社会快速发展，走出一条欠发达乡镇经济发展和生态保护"双赢"的发展道路。

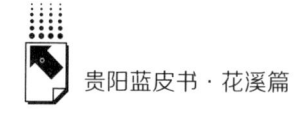

（二）发展目标

到2017年，马铃乡将结合谷中农业科技创客园的建设，加快马铃河沿河两岸农业产业结构调整步伐及马铃河沿线旅游精品路线的打造。同时做好云中百花园、红岩水库、燕马都市蔬菜保供基地示范园区的建设，突出山、水、田、园的文章，发展休闲旅游，使得集山水田园休闲、农业旅游观光体验、民族文化、地方特色美食、休闲度假的农旅休闲概念基本形成，乡村休闲和农业观光效益初显。

到2020年，依托红岩水库项目建设，马铃乡将全乡旅游产业放在马铃河沿线区域，开发龙耳朵景区，承接青岩古镇旅游观光线路，同时依托贵安新区的发展及凯坝的区位优势，配套服务贵安新区电子科技园及综合保税区，与前期中部打造形成照应。打造全乡产业发展"旅游+"，将旅游观光产业向农特产品加工、旅游产品开发、苗木花卉培育、民族特色文化等方向延伸，延长旅游产业链，提升旅游附加值，使休闲度假产业初具规模，城乡共享的"5+2"生活新模式和农文旅一体化新业态效益明显。

（三）突出"一带、一园、三区、四基地"总体布局

"十三五"时期，马铃乡将根据产业发展的现状，把特色农业、农产品加工业、休闲旅游业、集镇服务业作为重点，突出交通引领和重大项目带动，以及"中部重点打造，东西两翼齐飞，全乡协调发展"的发展思路，形成"一带、一园、三区、四基地"的发展格局。

"一带"。以青岩－马铃公路为主线，通过"一园三区四基地"的打造，形成贯穿马铃的"青－马通道经济带"，同时注重"青－马"通道沿线生态保护，形成生态效益明显的绿色经济产业带。

"一园"。落实全市现代农业重点组团规划建设布局，结合燕马都市蔬菜保供基地示范园区建设，以土地流转、合作经营等方式，积极发展现代农业，沿马铃村至新村的马铃河沿线区域，建设马铃现代农业产业园。

"三区"。依托贵安新区东纵线延伸段和花安高速的通车运行，以及贵安电子产业园、保税区的发展，以特色农产品加工为重点，配套农产品批发及冷链物流等商贸流通业，规划布局3平方公里左右的"凯伦农产品集散加工

区"；依托马铃河及红岩水库的修建，将马铃河沿河乡村旅游资源要素和农业观光要素进行叠加串联，重点以山水田园风光、布依风情、创意农业、农耕文化底蕴为主体资源，打造集农业观光、休闲娱乐、创客创业、餐饮于一体的"马铃休闲度假旅游区"。以马铃集镇为基础，东连红岩水库安置点，西向水车坝延伸，规划布局3平方公里左右的"马铃集镇综合服务区"。

"四基地"。突出马铃冷水鱼特色，同步发展盐井特色餐饮区，在谷中盐井至马铃红岩区域布局"马铃冷水养殖基地"；承接贵安新区湖潮片区养殖业，以平山上院至大坡为核心布局"平山畜禽养殖基地"；依托红岩水库项目建设，在水库环线区域优先布局经果林种植，集中打造"特色经果林种植基地"；利用道路交通和生态环境优势，在上云至中寨片区规划建设"谷中苗圃种植基地"。

三 以生态农业、文化旅游为抓手打造现代都市农业的路径探析

"十三五"时期，马铃乡要以生态农业、文化旅游为抓手，大力推动全域文化旅游创新区建设，依托红岩水库、花安高速、蔬菜保供基地示范园区等项目的建设，着力实施基础设施提升和服务设施提升工程，衔接马铃河沿线自然风光，加大水车坝、盐井美丽乡村示范点及谷中村云中百花园的打造力度，推进全乡农文旅一体化进程。

（一）构建乡村生态体系，打造"国家级生态示范乡"

以"四在农家·美丽乡村"建设为载体，加强村庄绿化、集镇道路绿化、集镇污水处理和村庄污水改造工程建设，净化空气；要完善生态林保护机制，建立归属清晰、权责明确、监管有效的林权产权制度，加强生态林补偿经费在林业资源保护中的作用；要坚持保护优先、自然恢复为主，积极开展石漠化治理、山塘修葺维护、饮用水源保护、天保工程建设，让青山常在、碧水长流，真正让全乡人民享受到优质的生态环境。

同时，要依托马铃乡山多地少的特点，以创建国家级生态示范乡为契机，开展全域性植树造林和天然林保护工程，实现全乡森林覆盖率达65%以上，

加快"云中百花园"建设进程，打造千亩特色花卉观光园及现代都市农业观光体验项目，确保在2020年前成功创建国家级生态示范乡。要按照"林上山、鱼下滩"和"一村一品、一村一特、四季有花、四季有果"的理念，实施经果林种植、花卉苗木种植，彰显山的青翠和水的灵动，开展生态林保护，强化红岩水库水源地保护工作，强化马铃河、凯伦河流域综合整治。

（二）围绕全域旅游功能定位，打造"乡村休闲和农业观光地"

"十三五"期间，马铃乡要以马铃河为核心，以"燕马都市蔬菜保供基地示范园区"建设为切入点，以"劳动、徒步、观景、赏花、采果、休憩"为内容，通过"公司+合作社+农户"的模式，发展休闲农业观光园、农田大地景观园、农业动漫园、农业创意园、农耕乐园、农业文化展示馆等业态，整合周边农家乐、乡村客栈、休闲农庄，进一步充实农业科技创客园、云中百花园、珏玲种植园等项目内容，推动"四在农家"乡村休闲度假游发展。要以建成的红岩水库环线公路连接处为起点，经关塘－新村－水车坝－七一桥－盐井，建环马铃河和红岩水库的滨水自行车慢行观光道，配套建设公共自行车租赁点，建成马铃河沿岸慢游系统；要通过专业化、合作社组织模式，着力打造现代都市农业观光体验项目，完善配套基础设施，形成订单体验式的农业经济、观赏性庭院苗木的花卉经济、赏花采果度假一体化的果园经济，带动村民增收。同时，马铃乡还要大力发展冷水养殖，建设水产养殖项目，重点打造以马铃鹅火锅、马铃冷水鱼、珏玲种植园为代表的特色美食主题庄园，同时力争规划布局支持发展50家以上乡村客栈农家乐，提升旅游服务水平。

（三）坚持文化为魂，打造少数民族文化活动品牌

"十三五"期间，马铃乡在乡村建设过程中，要注重民族符号的添加，凸显民族文化元素，加大对历史人文的保护力度，加大凯伦金家古寨、水车坝古桥、盐井古桥的保护力度，将历史人文融入新农村建设中。要充分发挥民族文化在少数民族地区的引领作用，在完成马铃水车坝、谷中盐井美丽乡村示范点建设的同时，着力打造"马铃水车坝正月十二布依歌会"和"谷中盐井六月六布依民族文化风情节"两个少数民族文化活动品牌，发挥节庆"磁场效

应",将民族文化活动与社会主义核心价值观有机结合,传承民族文化精品,带动乡村旅游发展。

(四)大力推进"旅游+农业""旅游+文化"融合发展

马铃乡在加强现代农业与旅游观光业的深度融合,持续推进燕马都市蔬菜保供基地示范园区建设的同时,要以马铃河为核心,沿马铃河两岸实施经果林连片规划、连片种植,建设乡村旅游农业观光带,并对沿线村寨进行环境卫生整治、村容寨貌改造、公路设施完善,提升乡村旅游配套服务功能,重点推出乡村酒店、自驾驿站、乡村养老等乡村旅游业态,推进全乡传统农业向全域旅游转型发展。此外,马铃乡还要以"四在农家·美丽乡村"建设为载体,采取整村推进和集中连片的模式,加大力度推进具有民俗文化风情风貌的村容寨貌提升改造,将山水田园风光和传统农耕文化、历史人文文化、民族风俗文化、自然生态文化相结合,将马铃河沿河原始自然风光与红岩水库库区景观相结合,打造库区景观,发展旅游业。

参考文献

严茂超:《生态经济学新论——理论、方法与应用》,中国致公出版社,2001。

张锦华、吴方卫:《现代都市农业的生态服务功能及其价值分析——以上海为例》,《生态经济》(学术版)2008年第1期。

任小茜:《现代都市农业发展研究——以常州市新北区为例》,华东师范大学硕士学位论文,2006。

B.33
立足跨区域协同 推进文旅融合发展 建设独具特色生态文化旅游示范乡
——花溪区黔陶乡"十三五"发展思路研究

摘 要： 文化因旅游而生动，旅游因文化而精彩，文化是旅游的灵魂，旅游是文化的载体。"十三五"期间，黔陶乡将紧紧围绕花溪区创建文化旅游创新区战略目标，以人文底蕴为依托，以发展生态旅游为龙头，以建设特色旅游小镇为载体，以发展绿色产业为支撑，以建设青黔农旅产业园为契机，将黔陶乡水域资源、森林资源、历史人文资源、布依文化资源与青岩古镇进行深度融合，实现与青岩古镇的跨区域协同发展，形成花溪南部旅游的重要支撑带，并全力建设以休闲养生、文化体验、避暑度假为特色的生态文化旅游示范乡镇。

关键词： 黔陶乡 "十三五" 跨区域协同 文旅融合

黔陶布依族苗族乡位于花溪区东南部，是花溪区仅有的三个民族乡镇之一，也是全区唯一一个布依族苗族乡镇。全乡总面积74.48平方公里，下辖7个村、1个居委会。2015年末居住有汉、布依、苗、仡佬等10多个民族，少数民族人口4000多人，占总人口的40%以上。黔陶乡生态气候条件优越，历史人文资源富集，如何深度挖掘历史、人文、民俗资源，实现山水气候生态和文化旅游的有机结合，走出一条文化和旅游融合发展的特色之路，已成为黔陶乡在"十三五"时期亟须研究的重大课题。

表1 黔陶乡基本情况一览

概况	辖区面积	74.48平方公里	辖区人口			
	辖区范围	东与龙里县为邻,南与高坡乡和惠水县接壤,西与青岩镇相连,北与孟关乡毗邻	户籍人口	2620户	流动人口	473人
				12067人		
	自然资源	生态环境好,森林资源覆盖率达62.18%;水资源丰富,有赵司河、老榜河两条主要河流穿境而过;有集险、峻、奇于一体的鬼架桥为代表的自然山水资源;有以周渔璜、周钟瑄、桐埜书屋为核心的历史人文资源;有以布依族苗族为特色的民族民俗文化资源;有自康熙起相传下来的赵司贡茶资源。有品种多样的野生菌特色餐饮业	困难群体	低保人员	386人		
				60岁以上老人	60人	建档立卡贫困户	73人	外出打工	56人
			特殊人群	残疾人	198人	失业人员	15人	邢释解教人员	31人
				留守儿童	14人	吸毒人员	31人	缠访、集访带头人	0
				失学儿童	0				

经济发展	村(居)民可支配收入		地方财政总收入	村集体经济		一产总值	二产总值	三产总值	辖区内企业	招商引资			全社会固定资产投资
	村民	居民		总数	资金总额					签约金额	签约企业	落地企业	
	12468元	—	621.7万元	7个	—	12515万元	9222万元	11198万元	7个	20050万元	5个	2个	30000万元

续表

	六个小康专项行动计划					
	小康路	小康水	小康房	小康电	小康讯	小康寨
基础设施建设	自然村寨都通水泥路	完成赵司河治理以及黔陶村、马场村等村沟渠建设	2014年完成马场村三组60户立面改造；2015年完成马场村二组140户立面改造；2016年完成马场村一组110户立面改造	安装太阳能路灯276盏，覆盖8个村(居)	8个村(居)全覆盖	完成老榜河、栗木寨、小马场3个"美丽乡村"示范村寨建设；完成黔陶村、关口村等村7个文化广场建设；完成5处景观长廊建设等
教育资源	幼儿园		小学		中学(初中和高中)		大中专及以上院校
	公办	民办	公办	民办	公办	民办	0
	1所	3所	1所	0	0	0	
文体建设	人文资源		重点文化节庆活动		公共文体活动场所(包括广场、公园和体育运动场所等)		
	1.两周文化；2.布依文化；3.苗族文化；4.土司文化		3个		8个		
医疗卫生资源	乡镇卫生院		0		养老院		0
	医护总数		床位数		床位占用率	村级卫生室	8个
	12人		6个		66.7%		

资料来源：2016年12月由黔陶乡提供，本文下同。

一 从四个"创新示范"看黔陶乡发展功能定位

花溪区是贵阳市的城市名片。2016年8月，贵阳市委召开常委会议，专题研究指导花溪区经济社会发展，要求花溪区在全域文化旅游创新区建设中，突出在"以文'化'区、生态文明、全域旅游、新型城镇化"中进行创新示范。[1]

---

[1] 孙惠楠：《坚持以大数据为引领，文化为魂、生态为本、高端定位、融合发展，加快建成全域文化旅游创新区》，《贵阳日报》2016年8月24日。

立足跨区域协同 推进文旅融合发展 建设独具特色生态文化旅游示范乡

作为文化旅游创新区建设承载主体的九个乡镇之一,黔陶乡应在四个"创新示范"中找准落脚点,进一步理清发展思路,抢抓发展机遇和政策红利,深度推进文化旅游创新发展。

(一)黔陶乡是以文"化"区创新示范的重要承载区

贵阳市委要求,花溪区要坚持以文化为魂,按照"既有想法又有办法"的要求尽快破题,充分利用大数据手段,深挖文化内涵,用好文化载体,激活文化创新,聚焦文化表达,抓好文化产业、文化事业,在以文"化"区上创新示范。黔陶乡是花溪区文化元素最为多元聚集的乡镇,区域内独特丰富的文化要素将是花溪区实现文化创新发展、文旅融合推进的重要支撑和载体。因此,黔陶乡"十三五"发展期间,应主动发挥特色多元文化优势,承担起为花溪区在以文"化"区方面创新示范的重要作用。

(二)黔陶乡是生态文明创新示范的重要支撑区

"坚持生态为本,突出大花园、大溪流两大特色,念好'优''特''保''建'四字诀,精心优化空间开发格局、做好山水田园文章、保护城乡生态环境、建设公园城市体系,加快建成'百园之区',在生态文明上创新示范"。[①]这是贵阳市对花溪区在生态文明发展方面的最新要求。黔陶乡生态气候环境优越,森林覆盖率达62.18%,素有"天然氧吧"之称。"十三五"期间,按照花溪区公园城市"百园之区"建设计划,黔陶乡将规划打造骑龙"双周"文化休闲公园、老榜河休闲避暑公园、河西养生养老森林公园等八个各类主题城市公园。"十三五"期间,黔陶乡应当着力建设好八个主题公园,做足山水田园文章,在生态文明建设中突出特色,承担起为花溪区在生态文明上创新示范做重要支撑的功能。

(三)黔陶乡是全域旅游创新示范的重要拓展区

贵阳市对花溪区文化旅游创新区建设还提出,要坚持高端定位,以旅游与

[①] 孙恩楠:《坚持以大数据为引领,文化为魂、生态为本、高端定位、融合发展,加快建成全域文化旅游创新区》,《贵阳日报》2016年8月24日。

"三农"、大数据等的结合为重点,盯住"旅游+"做大文章,在全域旅游上进行创新示范。从花溪区"小城市、大农村"的区域特点来看,全域旅游实现的关键和重点在九个特色乡镇。黔陶乡资源优势突出,明确提出"十三五"发展要融入青岩5A景区、实现协同发展,推进文化、旅游和都市农业的深度融合,打造以休闲养生、文化体验、避暑度假为特色的生态文化旅游示范区。因此,立足全区全域旅游发展,黔陶乡应承担起花溪区全域旅游发展重要拓展区的功能和定位。

(四)黔陶乡是新型城镇化创新示范的重要发力区

贵阳市把脉花溪区文化旅游创新区建设时,还重点提出花溪区要坚持融合发展,聚焦城乡一体化、产城一体化、城旅一体化、教城一体化、区域一体化,在新型城镇化上创新示范。推动城乡一体化是当前花溪区发展的重要路径,也是破解城乡二元困境的现实手段。当前花溪区乡镇的城镇化率还不高,特别是在广大的农村区域,较低城镇化水平已成为制约经济社会发展的重要瓶颈。黔陶乡虽然生态人文资源丰富,但是由于基础设施建设滞后,经济社会发展不充分,全乡城镇化率仅为8.49%。因此,从自身发展需求和全区城乡一体化发展要求来看,黔陶乡将是花溪区未来推进城乡一体化发展的重要区域,黔陶乡在推进文化旅游示范发展的同时,应大力聚集各类发展条件,推动产城一体化、城旅一体化的城镇化发展进程。

二 优势明显、难题突出是黔陶乡的发展实际

表2 黔陶乡"十二五"生态文化旅游创建指标分析

序号	创建项目	创建指标	完成指标	创建情况
1	旅游业增加值占GDP比重	15%以上	19%以上	达标
2	旅游从业人数占就业总人数比重	20%以上	54.77%	较好达标
3	年游客接待人次达到常住人口倍数	10倍以上	21倍	较好达标
4	农民人均纯收入来源于旅游收入比重	20%以上	14.9%	未达标
5	旅游税收占地方财政税收比重	10%以上	3.15%	未达标

（一）"三大优势"凸显黔陶发展基础

1. 山水生态优越，典型的天然氧吧

黔陶乡山水生态优势突出，是花溪区典型的天然氧吧。境内地势东高西低，山峦起伏较大，平均海拔为1343米，森林覆盖率达62.18%，负氧离子含量高，素有"天然氧吧"之称，全年平均气温在16℃左右，7月平均气温23.6℃，年平均降雨量1579.3mm，无霜期292天，是发展度假避暑、休闲养生产业的理想地。同时，赵司河、老榜河两条河流穿境而过，8条小溪分布于全乡各村，森林、河流、山体、峡谷、村寨、田园景观可塑性强，有利于打造生态黔陶。

2. 文化资源独特，有丰富的人文民俗

黔陶乡是花溪区人文资源要素最为多元的乡镇。境内拥有以周渔璜、周钟瑄为主的历史名人文化，以及与其相关的历史文化、贡茶文化、农耕文化，是黔陶打造两周文化创意园、发展历史文化产业的基础。同时，黔陶乡布依族、苗族风情浓郁，拥有古朴的民族民俗文化、土司文化、陶文化，增加了黔陶文化的广度与深度，特别是布依文化，已具备发展青岩黔陶布依民俗文化体验带的基础。

3. 区位优势凸显，是南郊旅游线的连接通道

黔陶乡区位地理优势明显，是花溪区南部便利的十字通道。黔陶乡距贵阳市主城区仅29公里，处于一区两县（花溪区、龙里县、惠水县）的交界处，属贵阳近郊，从贵阳城区自驾半小时可到达，便于依托贵阳、服务贵阳，打造都市近郊休闲养生旅游目的地；集镇距花溪区政府所在地16公里，西邻青岩新城，北接孟关新城，南连高坡，处于花溪南部乡镇的十字枢纽，是花溪南部旅游线的重要连接通道和组成部分。

（二）"四大难题"凸显黔陶发展瓶颈

1. 基础设施滞后，难以适应区域发展需求

"十二五"期间，黔陶乡经济发展取得了较大成就，但由于财力有限、投入较少，全乡基础设施建设依然落后。突出表现在，集镇规模小，城镇化率低，集镇环卫配套设施落后，给排水系统和垃圾中转站建设不完善等；同时，全乡农村综合环境整治水平还不高，"美丽乡村"项目覆盖率低，水利设施抗灾能力弱，旅游接待能力差，各行政村通信光纤、4G网络还未实现全覆盖，

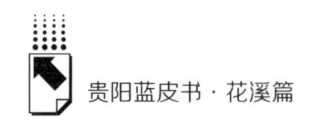

严重制约了智慧旅游、"互联网+"及农村电子商务的大力发展。

2. 旅游开发不足，难以实现产业结构调整

黔陶乡旅游资源丰富，资源要素多元，分布广泛，旅游发展潜力巨大，但当前还未实现有效开发，还未形成知名、成熟的旅游线路。同时，由于投入不够，深入挖掘不足，品牌打造不够，对外文化资源宣传力度不大，未能将文化旅游资源优势与农业有机融合，并引领乡村休闲、农旅观光和休闲度假旅游发展。最终因为旅游开发不足，产业结构调整缓慢，难以将丰富的旅游文化资源优势转化为地方经济社会发展的推动力。

3. 文化挖掘不够，难以支撑文旅融合发展

黔陶乡有着独具特色、丰富多元、和谐共生的各类文化，保留了较好的文化承载体，但"十二五"期间对文化的系统整理、挖掘利用还远远不够。文化的物化不足，文化与旅游的融合度不高，借助文化推进旅游发展的机制和手段缺乏创新，地域文化特色未有效彰显，文化旅游产业尚未成型，文化在经济社会发展中的作用还未充分凸显。

4. 产业链条较短，难以推进农业转型升级

农业是黔陶乡当前经济社会发展的另一大支柱产业。"十二五"末，黔陶乡已初步形成以骑龙村、赵司村、马场村为中心，万亩香葱为代表的贵阳市调味品生产基地，以马场村、赵司村为中心的贡茶种植基地，以及以关口村、马场村、半坡村为主的大鲵特色养殖基地。但是，当前农业的规模化、产业化程度依然不高，产业链条还不够长。特别是农业产业化发展缺乏龙头企业的引导和向精深加工的延伸，同时农业与旅游业、餐饮业等第三产业的融合度还不高，制约了观光休闲旅游业态的培育。

三 立足跨区域协同发展的黔陶乡发展思路探讨

（一）理清跨区域协同发展的内涵特征

协同发展体现了辩证统一的全局开放思维。"十三五"期间，黔陶乡要实现跨区域协同发展，不仅要切实融入青岩5A级景区，还要实现更大范围的协同发展，北接孟关新城、贵阳市区，南连高坡乡。因此，黔陶乡应立足全乡旅游资源分布、产业发展现状与功能分区特点，形成"多组团、多线路、多业态"的空间布局，真正形成"西融北接南连"的跨区域协同发展格局。

对内协同要求黔陶乡推动全乡各村寨共同发展，这是推进黔陶乡均衡发展的关键，也是通过各个村寨支点撬动全乡大发展的现实路径。"十三五"期间，黔陶乡要明确各村寨发展定位，要着力推进各村寨美丽乡村建设和农村公共服务提升、农村社会治理升级，真正形成全乡范围内的乡村一体化、文旅差异化发展，形成全乡整体与个体的有机联系、互相促进，进而推动文化旅游全域发展。

（二）明确跨区域协同发展的空间布局

"十三五"期间，黔陶乡应紧紧围绕花溪区"一核、一轴、四组团"全域旅游空间布局，牢牢抓住"一轴"空间布局机遇，把握"一轴"产业布局特征，与青岩文化旅游业态和高坡山地旅游业态进行区分和融合，延伸青岩大景区旅游空间，承接高坡山地休闲度假旅游发展。

结合黔陶乡旅游资源分布、产业发展现状与功能分区特点，"十三五"期间，黔陶乡应科学构思"一镇两带四组团"的空间布局（见表3）。全乡应以建设青黔农旅产业园为契机，融入青岩5A景区，丰富5A景区旅游内涵，延伸5A景区旅游空间；北接孟关新城、贵阳市区，大力发展都市近郊旅游、休闲养生业，服务都市居民；南连高坡，推进黔陶乡与高坡乡产业发展实现链接，推动"西融北接南连"跨区域协同发展格局的纵深发展。

表3 黔陶乡"一镇两带四组团"空间与产业布局

一镇	都市近郊布依生态小镇	以集镇为中心区域,规划建设面积"都市近郊布依生态小镇"
两带	都市休闲农业产业带	以马场、赵司、骑龙、关口、半坡片区为核心区域,延伸与拓展高效示范农业园区建设,促进都市休闲农业发展与农业产业结构调整有机结合,打造都市休闲农业产业带
	茶文化产业带	以马场、赵司、骑龙万亩生态茶园为核心区域,深度挖掘茶叶附加值,提升茶叶产能,打造赵司贡茶品牌,同时利用贡茶文化底蕴,发展贡茶文化休闲度假旅游项目,打造茶文化产业带

续表

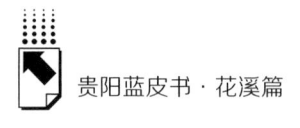

四组团	文化产业组团	以骑龙村为核心区域,依托桐埜书屋、周渔璜故居、周渔璜墓及周钟瑄在台湾的影响力,推进文化元素的聚集与融合,打造集文化、艺术、创意、传播、教育、体验、休闲于一体的"文化产业组团"
	户外探险活动组团	以谷洒村鬼架桥为核心区域,依托其"奇、峻、险"的自然风貌及完好的原始生态,打造集山水休闲、森林观光、沟谷游憩、户外探验等于一体的"户外探险活动组团"
	滨水休闲养生组团	以老榜河流域为核心区域,充分挖掘"花和溪"资源,进一步彰显布依特色,将其打造成现代休闲度假养老一体化的"滨水休闲养生组团"
	休闲农业组团	以关口、马场两个布依村为核心区域,以民族民俗文化展示、民族生活体验、农耕文化体验、田园风光游览、乡愁体验等为重点,发展乡村旅游和养生养老产业,实现农旅结合,打造"休闲农业组团"

四 以文旅融合发展为引领推进黔陶乡跨区域协同发展

围绕"十三五"跨区域协同发展的理念,黔陶乡应重点推进"生态建设工程、文化建设工程、旅游基础工程、旅游扶贫工程"四大工程建设,推进农业旅游一体化。

(一)实施生态建设工程,做强生态旅游优势

"十三五"期间,黔陶乡要大力实施生态建设工程,推进生态环境、生态景观与生态产业建设,做强生态优势。建议以农村综合环境整治为载体,倡导生态理念,突出生产生活面源污染治理与防范,加强水资源、土地资源、森林资源等的保护与治理,使森林覆盖率逐步提高,确保生态环境持续改善。还要以自然布局为基础,打造"花、山、水、林、景"五要素相生相融、主题鲜明、形式多样、精彩纷呈、田园环境优美的绿色产业园,实现旅游全景式发展的目标。另外,建议加快发展以蓝莓等鲜果采摘为主题的采摘园、生态农庄、

农旅一体观光体验园，依托森林与气候资源，加快野生菌的培植与繁育，依托优质水资源，加快冷水鱼、娃娃鱼等养殖，发展绿色食品。

（二）实施文化建设工程，挖掘传承特色文化

独具特色的历史人文、布依苗族民俗文化是黔陶乡推进生态旅游发展的重要支撑。"十三五"期间，建议黔陶乡立足黔陶文化资源优势，探索"文化+旅游"模式，传承与发展好乡村文化、传统文化、民族文化、历史文化，促进各种文化相融互促，进而形成文化旅游品牌和文化旅游精品。建议以布依文化为主体，建设以布依民族民俗文化展示与体验为主题的布依文化园，推出文化特色突出、游客参与性强的系列民族民俗文化活动；另外，还要以"两周文化"为主体，深入挖掘与周渔璜、周钟瑄及其有关的贡茶文化，发展茶文化休闲度假旅游项目，深入发挥周钟瑄在台湾的影响，学习与借鉴台湾农业先进模式与管理经验，大力发展休闲农业；另外，建议以陶文化为主体，追根溯源深入挖掘明朝以来的黔陶陶文化，建设以小镇为中心的陶文化街区，建设体验馆、制作中心与展示中心，展现与延续"黔中之陶"美名。

（三）实施旅游基础工程，打造精品旅游线路

旅游配套设施落后是制约黔陶乡文化旅游发展的最大瓶颈。"十三五"期间，建议黔陶乡以花溪南部旅游线建设为契机，围绕"一镇两带四组团"的空间布局，重点推动旅游基础工程建设，推进花溪南部深度旅游线路的形成。

推进"一镇"基础设施建设，改善集镇休闲养生环境。围绕旅游抓好服务项目建设。建议紧扣吃、住、行、游、购、娱六大旅游要素，推进旅游配套设施建设，推进集镇风貌设计、公路沿线农户立面改造、集镇排污管网建设、集镇绿化亮化以及黔陶河提升与景观化建设。推动"两带"农旅结合，提升农业休闲养生功能。建议围绕建成都市休闲农业产业带，重点抓好农旅项目建设、农耕体验园建设、万亩茶园基地建设、贡茶文化休闲度假项目建设。

推进"四组团"板块建设，丰富休闲养生业态。建议围绕建成"文化产业组团"，重点打造布依文化园、"两周文化"园；同时，围绕建成"户外探险活动组团"，尽快建成以山地户外活动为特色的谷洒山体户外运动体验公园；围绕建成"滨水休闲养生组团"，建成以亲水和避暑休闲为特色的老榜河

避暑休闲森林公园、以生态养生养老及大健康为特色的河西养生养老森林公园；围绕建成"休闲农业组团"，重点推进"四在农家·美丽乡村"示范点的提升，建设珍珠式农旅产业园。

（四）实施旅游扶贫工程，推进产业精准脱贫

围绕贵州省"大扶贫"战略的制定和实施，黔陶乡"十三五"期间，还应着力实施旅游扶贫工程，以旅游推动扶贫工作，帮助扶持贫困村、贫困户共建共赢，实现可持续发展。

建议强化旅游基础扶贫，以发展旅游业为切入点，推进贫困村基础设施建设，全面推进道路、水利设施、村寨立面整治、公共厕所、文化娱乐设施等旅游基础设施建设，实现基础设施系统提升档次。再则，要推进旅游产业扶贫，建议深入挖掘旅游资源，大力发展旅游产业，因地制宜重点引导发展桑葚、冷水鱼、娃娃鱼等特色种植、养殖业，发展集游园采摘、特色饮食、休闲度假于一体的旅游产业，加大项目扶持力度，引导、扶持贫困农户参与旅游发展。另外，还要创新旅游扶贫机制，建议把发展旅游与精准扶贫相结合，在贫困村的旅游产业发展中，采取以农旅企业为主体，村集体与村民以生产要素入股的方式，兼顾企业、集体与农户三方权益，推动旅游资源的开发与项目落实，让更多群众享受旅游红利。

参考文献

花溪区人民政府：《花溪区国民经济和社会发展第十三个五年规划纲要》，花溪区人民政府，2016年2月。

花溪区委政研室：《融入青岩5A景区协同发展，打造以休闲养生、文化体验、避暑度假为特色的生态文化旅游示范区》，《花溪区各乡镇"十三五"发展思路汇报》，2016年。

文林：《挖掘特色文化资源促进文旅融合发展》，《贵阳日报》2016年3月24日。

刘辉、杨禹璋：《看黔陶乡如何借全域旅游打造乡村发展路》，《贵阳日报》2016年3月21日。

B.34
立足山地资源特色 推进农文旅融合发展建设高坡国际山地户外运动旅游休闲度假区

——花溪区高坡乡"十三五"发展思路研究

摘 要： 发展山地旅游是推动高原山地发展的重要途径，对维系山地生态平衡、发挥山地资源优势有着重要的促进作用。花溪区高坡乡因其海拔较高、山地资源丰富、民族文化氛围浓郁，是花溪区重要的特色旅游地。"十二五"期间，高坡乡立足自身优势，大力发展山地特色农业，在经济社会各领域取得了长足的进步，但发展基础薄弱、人才资源不足，发展仍面临诸多困难。"十三五"时期是高坡乡奋力攻坚、后发赶超的关键期，为此，高坡乡应明确发展目标，构建合理的发展格局，充分利用自身山地资源特色，着力推进"农旅、体旅、文旅"融合发展，以期建成高坡国际山地户外运动旅游休闲度假区，推进全乡经济社会整体提质升级。

关键词： 高坡乡 特色农业 农旅融合 山地旅游

高坡苗族乡位于贵阳市东南端，距贵阳市51公里，距花溪区行政中心31公里，地处花溪与龙里、惠水三县（区）交界处，全乡平均海拔1500米，年平均气温12.5℃~14℃，属典型的高寒山区。出于地处高山、交通不便、水源缺乏、气候寒冷、土层薄、语言不通等原因，高坡历来经济发展缓慢，原为省级二类贫困乡，在2012年才实现整乡"减贫摘帽"。

表1　高坡乡基本信息一览

概况	辖区面积	120平方公里	辖区人口				
	辖区范围	位于贵阳市东南端，位于北纬26°11′～26°19′，东经106°46′～106°33′，辖19个行政村121个村民组87个自然寨	户籍人口	5197户	流动人口	175人	
				20765人			
	自然资源	旅游资源丰富，境内有红岩峡谷、云顶草场、摆弓岩瀑布（悬棺）、甲定洞葬、万亩梯田、灵应寺、二屯岩摩崖石刻、营盘遗址、石门云海、石门晚霞、红军标语等景点景观	困难群体	低保人员	621人		
				60岁以上老人	2901人	建档立卡贫困户	2358人	外出打工	7712人
				残疾人	233人	失业人员	22人	邢释解教人员	28人
			特殊人群	留守儿童	566人	吸毒人员	13人	缠访、集访带头人	1起5人
				失学儿童	0				

经济发展	村(居)民可支配收入		地方财政总收入	村集体经济		一产总值	二产总值	三产总值	辖区内企业	招商引资			全社会固定资产投资
	村民	居民		总数	资金总额					签约金额	签约企业	落地企业	
	9966元	12500元	8502.42万元	19个	—	42584万元	7710万元	44191万元	5个	10.7亿元	4个	4个	30000万元

基础设施建设	六个小康专项行动计划					
	小康路	小康水	小康房	小康电	小康讯	小康寨
	88.44公里	9个村人饮管网维修	248户	—		3116万元

教育资源	幼儿园		小学		中学(初中和高中)		大中专及以上院校
	公办	民办	公办	民办	公办	民办	0
	1所	0	6所	0	1所	0	

文体建设(个)	人文资源	重点文化节庆活动	公共文体活动场所（包括广场、公园和体育运动场所等）
	苗秀传承人1人，银饰制作传承人1人，芦笙制作传承人1人，射背牌表演传承人1人	春节跳场、跳洞、"三月三"、"四月八"	4个

续表

医疗卫生资源	乡镇卫生院			养老院	—
	医护总数	床位数	床位占用率	村级卫生室	17个
	12人	20个	0.0001		

资料来源：2016年12月由高坡乡提供，本文下同。

一 从山地资源特色看高坡乡农文旅融合发展基础

高坡乡是花溪区有名的少数民族乡镇，拥有良好的山地旅游资源，"十二五"期间，高坡乡立足自身资源优势，大力发展山地农业和旅游业，为农文旅融合发展奠定了良好的基础。

（一）产业经济快速增长，村民生活大大改善

1. 经济高速增长、产业加速融合、工业发展零突破

"十二五"期间，高坡乡依托自身山地资源特色，大力发展山地特色农业、农村电子商务，并首次进行工业建设，在经济建设上取得重大突破。"十二五"末，生产总值完成33277万元，比2011年增加18720万元，增长率为128.60%；固定资产投资完成30000万元，比2011年增加24794万元，增长率为496.26%；工业生产总值完成7710万元，实现零的突破；招商引资到位资金3亿元，比2011年增加26982万元，增长率为894.04%；公共财政预算收入完成2107.51万元，比2011年增加1800.27万元，增长率为585.95%；农村常住居民人均可支配收入9966元，比2011年增加6516元，增长率为188.87%。

表2 高坡乡"十二五"期间经济增长情况

单位：万元，%

项目	生产总值	固定资产投资	工业生产总值	招商引资到位资金	公共财政预算收入	农村常住居民人均可支配收入
"十二五"末	33277	30000	7710	30000	2107.51	1
较2011年增长量	18720	24794	7710	26982	1800.27	0.65
增长率	128.60	496.26	0	894.04	585.95	188.87

农村电子商务是转变农业发展方式的重要手段，有利于促消费、扩内需，推动农业升级、农村发展、农民增收。"十二五"期间，高坡乡重视农村电商发展，努力促进农村电子商务与农村一、二、三产业深度融合，加快推进农村电子商务发展，建立了经开区电商扶贫产业园，成功搭建高坡乡农村电商服务中心和19个村级电商便民服务站的乡村两级电商服务网络，实现了高坡自酿米酒、红米、土鸡蛋、黑毛猪肉等农特产品在网上销售的目的。

此外，高坡乡成功引入首家规模以上企业——中国水利水电集团贵阳院，其在高坡乡投资7.8亿元，建成装机总容量79.5MW、年产值0.91亿元的环保新能源风电场，这标志着高坡乡工业发展实现零的突破，也为高坡乡添加了一道独特的风景，厚植了高坡乡的旅游优势。

2. 以精准扶贫、资金整合、文化建设改善生活质量

在精准扶贫方面。"十二五"初期，高坡乡19个行政村中有13个贫困村，占行政村总数的68%，贫困户数3178户，贫困人口15183人，占总人口的74%。"十二五"期间，高坡乡通过抓产业化扶贫项目实施、落实精准扶贫各项任务和贵阳市政协"7+2同心扶贫工程"，不断改善贫困人口生活环境和生产条件，通过产业项目帮扶、资金物资帮扶、就业创业带动等方式，带动贫困人口增收。到2015年末，高坡乡所有贫困村贫困户完全脱贫出列。

在资金整合方面。依托美丽乡村建设，整合旅游项目资金、"一事一议"资金、民宗资金、旅游扶贫资金共3785.7万元，按照"以点带面，突出重点，整乡推进"的方式，实施美丽乡村建设工程，重点对旅游资源突出的平寨村、扰绕村、水塘村、甲定村以景区的概念和标准进行美丽乡村建设。实施危房改造248户，完成新建住房41栋，维修住房83栋，维修牲畜圈131个，彻底解决了困难群众人畜混居的问题。

在文化建设方面。"十二五"期间，高坡乡建设了9个村级篮球场，6个村级健身路，全乡通广播电视率达98%以上。通过加大对高坡苗族文化保护、传承、宣传的力度，在春节和苗族"四月八"节日期间组织开展原生态民族文化活动，成功举办了三届高坡苗族"四月八"民族文化活动。此外，办学条件也得到改善，协助新建了甲定片区寄宿制小学，建成了高坡苗族少儿艺术团，并在高坡中心完小建立了"乐童之家"。

立足山地资源特色　推进农文旅融合发展　建设高坡国际山地户外运动旅游休闲度假区

（二）明确了发展机遇和优势

1. "一地两区"建设带来发展机遇

近年来，随着贵阳市、花溪区经济社会的快速发展，高坡乡也赢得了更多的发展机遇。2014年10月，花溪区启动文化旅游创新区建设；2015年10月首届国际山地旅游大会，明确了贵州打造世界知名山地旅游目的地的目标；2016年3月，花溪区创建国家全域旅游先行示范区正式启动。高坡乡紧抓"一地两区"的建设机遇，充分发挥山地资源特色，加快推进基础设施建设，尤其是旅游配套设施建设，发展观光农业、打造旅游景点、开发旅游线路，努力建成高坡国际山地户外运动旅游休闲度假区。

2. 山地资源特色凸显旅游发展优势

高坡乡具有丰富的自然旅游景观和人文旅游景观，能够满足游客的不同需求。高坡乡海拔高，自然生态良好、文化资源丰富，民族风情多彩多姿，保存了优美的山地风光，境内有红岩峡谷、云顶草场、摆弓岩瀑布（悬棺）、甲定洞葬、万亩梯田等景点景观，有芦笙歌舞、跳洞、斗鸟、斗牛、射背牌等神秘、独特的高坡苗族文化。山地资源特色和旅游优势突出。

二　高坡乡推进农文旅融合发展的瓶颈

"十二五"时期，高坡乡在经济社会的发展上取得了长足进步，但仍存在规划指导不配套、基础设施严重落后等问题，这影响了高坡的整体发展。

（一）规划不完善，发展方向不清晰

合理完整的规划，是指导乡镇经济社会发展的前提。在"十二五"期间，高坡乡的系列规划不完备，与经济发展不配套，当时仅有《高坡苗族乡总体规划》《高坡乡集镇南部片区修建性详细规划》《高坡乡集镇立面景观环境整治规划》和扰绕村、水塘村美丽乡村规划的设计方案，并没有完整的高坡乡控规、旅游规划、产业发展规划等，这使得经济发展与生态保护"两条底线"不能有效发挥作用，用规划引领建设发展的工作无法开展，一定程度上造成高坡乡发展方向的不明确。

（二）基础设施落后，束缚地区经济发展

完善的基础设施是推动乡镇建设的基础。"十二五"期间，高坡乡唯有一条贵阳方向的进乡路，且路窄坡陡弯大，导致高坡发展长期受阻，是高坡经济发展的主要瓶颈。村组机耕道、水利沟渠等生产设施不足，制约农业生产发展。乡内没有停车场、公厕等配套设施，影响旅游发展。另外，由于土地利用占补平衡，高坡目前没有建设用地，受规划、土地及产业准入条件的限制，招商引资落地困难，这也成为阻碍高坡乡经济社会全面发展的重要因素。

（三）工作条件艰苦，人才资源储备不足

人才干部是乡镇经济社会发展的重要支撑。"十二五"期间，高坡乡路途远、路况差，用水不便等客观条件，影响了乡干部的工作积极性，不少年轻骨干工作满规定年限后，都奋力外调或考调，工作能力突出的也时常被上级部门长期抽调或借调，乡内人手不足，导致工作大量积压，工作完成效果不理想。加上村内大量中青年常年外出务工，村带头致富能人少，村干部带头发展能力弱，导致高坡发展缺乏持续性和创新力。

三 建设高坡国际山地户外运动旅游休闲度假区的探讨

"十三五"是高坡乡继实现全面脱贫后，转入后发赶超、奋力攻坚、全面建成更高水平小康社会最为关键的时期，在新形势和新常态下，高坡必须立足自身不足，抢抓"一地两区"发展机遇，以推进"农旅、体旅、文旅"融合发展为核心，以构建"一区、两核、三带"布局为载体，重点实施"五大发展"行动计划，从而建成高坡国际山地户外运动旅游休闲度假区。

（一）明确目标，建成"高坡国际山地户外运动旅游休闲度假区"

高坡乡应围绕建设"高坡国际山地户外运动旅游休闲度假区"的定位和目标，坚持规划引领、项目带动、基础设施先行。通过改善水利基础设施、提

升交通通达力、优化产业结构、完善旅游配套设施功能、扩大人才队伍建设，建成自然风光秀丽、生态环境优美、民族风情浓郁、特色产业突出、人民幸福和谐的山地户外运动旅游休闲度假区。

（二）紧抓核心，推进"农旅、体旅、文旅"融合发展

高坡乡应依托山地资源，以"1+3"模式，即"旅游"+"山地户外运动休闲、山地观光农业、苗族文化体验"，加快推进基础设施改善、观光农业发展、旅游景区改造、民族文化挖掘、旅游线路开发、项目策划推广，实现产业规模、产业结构、产品体系和品牌形象的全面升级，促进"农旅、文旅、体旅"深度融合发展。

（三）依托载体，构建"一区、两核、三带"布局

一区：高坡国际山地户外运动旅游休闲度假区。高坡乡要强化全域旅游开发理念，以高坡全域旅游开发为重点，创新发展理念和模式，突出山地特色，创新旅游业态，完善休闲度假功能配套，着力推进精品线路打造、旅游宣传营销、基础设施完善、服务质量提升、旅游商品开发和市场主体培育，推动旅游业从低端向高端、从短线向长线、从粗放向集约、从分散向集中发展，建成集摄影摄像、观光旅游、户外探险、徒步露营、运动休闲、农耕体验、民族文化探寻等于一体的山地户外运动旅游休闲度假区。

两核：高坡旅游集散中心、甲定旅游集散中心。以现有高坡集镇和甲定集镇为基础，着力打造功能完备、设施齐全、特色鲜明的高坡和甲定两大旅游集散中心，承接全乡山地旅游和特色产业的全面发展。推进南北片区城镇化联动建设，北部片区依托现有高坡集市，南片依托现有甲定集市，以现有的集镇为基础，实施房屋立面整体改造和特色包装、农贸市场建设搬迁、集镇综合整治提升等，提升集镇形象；通过引进龙头企业和项目，着力开发打造旅游文化休闲度假街区，形成富有特色和功能完备的山地旅游小城镇和全乡旅游休闲度假的集散中心，辐射带动南北片区 19 个村协同发展。

三带：山地户外休闲、山地特色农业、苗族文化体验旅游产业带。

石门至云顶一线：山地户外运动休闲观光旅游产业带。在充分保护原始农耕文化和自然景观的前提下，重点策划打造好石门、扰绕、平寨等独具特色的

梯田风光、草原风光和峡谷风光，着力打造石门村至云顶村公路沿线四季景观，从而发展观光旅游、休闲旅游。做好景区开发和旅游配套服务，重点拓展户外露营、自驾体验、山地攀岩等旅游新业态，打造生态气候宜人、自然风景迷人、民族风情诱人的山地户外运动休闲旅游产业带。

水塘至甲定一线：山地特色农业旅游产业带。利用山地气候优势、生态环境和土壤条件，推进水塘至甲定一线山地立体生态农业的发展，打造以精品水果、冷凉蔬菜为主的种植业，以及生态肉牛、黑毛猪、草地鸡为主的养殖业，大力发展特色农家乐和休闲山庄，重点探索山地观光、采摘体验、认种认养等体验农业的发展，形成独具特色、富民富乡的山地特色农业产业带。

杉坪至龙云一线：苗族文化体验旅游产业带。充分发挥杉坪至龙云五个村寨的苗族风情浓郁、古村寨保护较好的优势，打造杉坪至龙云一线富有特色的苗族文化体验旅游产业带。着力完善村寨基础设施，强化村寨自然遗产保护，着力传承展示苗族芦笙歌舞、跳洞、射背牌等独特文化遗产，吸引游客进行民族文化探寻之旅。

（四）采取举措，实施"五大发展"行动计划

1. 实施基础设施改善行动计划，夯实旅游发展基础

着力推进路网建设工程。按"拓宽乡内纵向，新建打通横向，实现纵横交会"的思路，提升改造黔陶至高坡的旅游公路、008县道高坡至龙里段道路；新建高坡中学至云顶村路口的高坡集镇环线、甲定至克里的甲定集镇环线、云顶至五寨、五寨至批林、龙云至甲定的南部横向通村路。

着力推进水利建设工程。重点抓好苦篙冲提水工程，解决北片10个村群众的饮水难问题；新建、改造、维修南片9个村的水利设施，解决管网失修、管养困难的问题；加大山塘、水池、沟渠等农业生产设施建设力度，改善闲置田土的栽种条件，提高土地利用率。

着力推进电信提升工程。在健全基础设施的同时，大力实施"旅游+信息化"工程和WiFi覆盖工程，统筹推进供电、通信等基础设施建设，提高电信网容量和承载能力，全面提升高坡的环境面貌及公共配套、信息化水平，为高坡转型升级和旅游发展提供硬件基础。

2. 实施旅游景区改造行动计划，改善旅游服务环境

着力推进集镇提升工程。搬迁高坡农贸市场，对高坡集镇内原敬老院、财政所等破损危旧房以商业开发方式进行改造，完善配套设施，提升旅游接待能力。改造甲定农贸市场，整治提升甲定集镇旅游形象，根据南北两个集镇的人口规模和发展趋势，在两个集镇中心规划建设污水收集处理、垃圾回收处理设施。

加强旅游服务设施建设。新建游客中心、停车场、公厕、广场、步道、观景摄影平台等旅游基础设施，提高旅游接待能力；实施石门至云顶提升改造、立面整治项目；完成高坡旅游指示标牌设置；引导扶持有条件的农户开办农家乐、乡村客栈。

加快景区景点开发。全力保护高坡珍贵的梯田风光和高原石林、峡谷原生态风光，同步打造石门村至云顶村公路沿线油菜花景观，发展观光旅游。围绕旅游景点和公路沿线加大植树造林和植草种花的力度，积极招商引资开发红岩峡谷、云顶草原、摆弓岩瀑布、皇帝坡山体公园，打造核心景观。

3. 实施特色观光农业行动计划，促进农旅融合发展

推进特色农产品基地建设。充分发挥高坡气候、生态和地理优势，着力引进龙头企业，强化企业带动，打造黑毛猪、草地鸡养殖基地，红米、小茨菇、晚熟糯玉米、冷凉无公害蔬菜种植基地，大力推进产业化、规模化发展，形成独具特色、富民富乡的"高坡农场"山地特色农产品品牌。

促进农旅融合发展。围绕旅游发展，建设万亩梯田观光园，蓝莓、金刺梨等水果采摘园，羊驼、矮马养殖骑行园等休闲农业园区，在旅游线路周边村庄进行整村打造，引资开设特色餐饮、精品民宿，实施农旅融合发展。

加快农村电商发展。完善乡、村两级电商便民服务网络，健全电商服务支撑体系，发挥经开区高坡电商扶贫产业园的阵地作用，招募农村电商合伙人，吸引各类人才返乡创业，激活创新活力，培育更多电商市场主体，做好外销商品的保供工作，提升进出商品流量、数量、质量，促进高坡产业快速转型升级。

4. 实施民族文化挖掘行动计划，增强乡村田园魅力

加强民族文化保护。加强文化基础设施建设，广泛开展文体活动，组织文体部门开展民族民间文化的保护工作，着力推进文化资源的挖掘和保护，强化

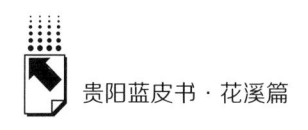

对少数民族民俗、历史古迹遗迹的文献搜集整理,讲好"高坡故事"。

传承民族文化艺术。打造民族文化进校园示范小学,编制高坡苗族乡文化地方教材;成立中、小学民族文化、芦笙和苗族古歌等民族艺术团队,弘扬和传承高坡独特的民族文化。

塑造民族文化品牌。以"四月八"等民族节日为载体,搭建平台,引导群众过好民族节日;编排原生态民族节目,外出参赛展演,宣传高坡苗族文化;打造一批道路沿线特色民居和特色村寨,组织群众排练民族民俗节目为游客表演,展现高坡神秘独特的民族文化魅力;做好高坡苗族芦笙、银饰、刺绣制作技艺的传承培训,开发制作旅游商品;结合现代流行的户外音乐节等文化活动,打造高坡文化旅游品牌。

5. 实施项目策划推广行动计划,推动旅游提档升级

积极引进营销团队。整合高坡乡重要旅游产业资源,通过政府引导、市场运作,积极组建综合性旅游企业集团,培育发展具有一定规模的旅游企业,使之成为高坡乡重大旅游项目投资经营的重要支撑。

加强精品路线和产品开发。依托营销团队、乡镇旅游发展中心、旅行社、户外俱乐部、骑行团体等组织,积极开发徒步穿越线、健身骑行线、营盘探秘线等精品旅游线路,推出高坡一日游和高坡两日游等旅游产品。

加强山地特色旅游品牌的塑造。基于"高坡苗乡"的民风、民俗等进行人文品牌打造;基于高坡峡谷、瀑布、石林、田园美景进行自然风光宣传;基于"高坡三宝"(红米、小茨菇、黑毛猪)等特色化、绿色化产业,进行特色美食推广,从而提升山地文化旅游在省内和全国的知名度与影响力。

参考文献

中共高坡苗族乡委员会:《高坡乡"十三五"发展思路》,2016年。

程进、陆林、晋秀龙、黄剑锋:《山地旅游研究进展与启示》,《自然资源学报》2010年第1期。

张弘、申鹏:《欠发达地区社区发展的个案分析——贵阳市高坡乡调查》,《贵阳农业科学》2002年增刊。

立足山地资源特色　推进农文旅融合发展　建设高坡国际山地户外运动旅游休闲度假区

何东、王文娟、文林、杨小平：《系列报道：花溪上百余项目　建设文化旅游创新区》，贵阳网，2015年5月21日。

谢素香：《陈敏尔：努力把贵州打造成为世界知名山地旅游目的地》，新华网，2015年10月10日。

田花、孙操、王文娟、付启杨、杨小平、文林：《贵阳市推进全域旅游发展暨花溪区创建国家全域旅游示范区动员大会在花溪召开》，花溪人民政府公众信息网，2016年3月17日。

B.35
坚持生态涵养功能
推进茶文旅一体化发展

——花溪区久安乡"十三五"发展思路研究

摘　要：　花溪区久安乡资源丰富，生态良好，曾是一个产煤大乡，"生态文明"的春风吹醒了沉睡的久安人民，"十二五"期间，久安乡关停所有煤窑，依托古茶资源优势，打造久安现代高效茶叶示范园区，经济发展由"黑"转"绿"。"十三五"期间，久安乡将依托生态、古茶、文化等优势，在坚持生态保护的基础上，推进茶文旅一体化发展，实现久安发展的"涅槃重生"。

关键词：　久安乡　"黑转绿"　生态　古茶　茶文旅

久安乡位于花溪区西北部，贵阳市西南面，处于贵阳市饮用水源阿哈湖上游库区一、二级饮用水源保护区，距贵阳市政府驻地17公里，距花溪区23公里。全乡总面积48.66平方公里，共辖7个行政村，60个村民组，总人口14227人，少数民族人口2639人，占全乡人口的18.6%，是有名的产煤大乡和古茶树之乡。

表 1 久安乡基本情况一览

概况	国土面积	48.66平方公里		辖区人口				
	辖区范围	辖小山村、雪厂村、打通村、拐耳村、巩固村、久安村、吴山村7个行政村		户籍人口	4151户		流动人口	345人
					14227人			
	自然资源	境内54000株以上古茶树,树龄在400~600年间	困难群体	低保人员		275人		
				特殊人群	60岁以上老人	—	建档立卡贫困户	248人	外出打工	—
					残疾人	263人	失业人员	—	邢释解教人员	—
					留守儿童	33人	吸毒人员	87人	缠访、集访带头人	—
					失学儿童					

注:部分合并单元格以近似方式呈现。

经济发展	村(居)民可支配收入		地方财政总收入	村集体经济		一产总值	二产总值	三产总值	辖区内企业	招商引资			全社会固定资产投资
	村民	居民		总数	资金总额					签约金额	签约企业	落地企业	
	11670元	—	—	7个	210万元	17595万元	10744万元	2555万元	8个	25000万元	8个	8个	23555万元

基础设施建设	六个小康专项行动计划					
	小康路	小康水	小康房	小康电	小康讯	小康寨
	880万元	—	52户	—	—	1379万元

教育资源	幼儿园		小学		中学(初中和高中)		大中专及以上院校
	公办	民办	公办	民办	公办	民办	
	1所	3所	1所	0	1所	1所	0

文体建设	人文资源	重点文化节庆活动	公共文体活动场所(包括广场、公园和体育运动场所等)
	茫父文化、盐茶古道、古茶树	苗族二月跳场	8

医疗卫生资源	乡镇卫生院		1个	养老院	0
	医护总数	床位数	床位占用率	村级卫生室	9个
	12人	6个	9%		

资料来源:2016年12月由久安乡提供。

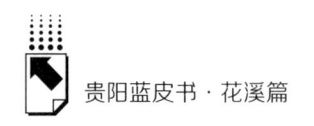

一 "壮士断腕",久安乡"黑转绿"的前世今生

(一)靠山吃山,传统的煤矿大乡

久安乡煤炭资源十分丰富,储藏量高达13370万吨,是贵阳市优质煤炭基地之一,是花溪区历史上有名的产煤大乡。20世纪八九十年代,依靠着脚下的"聚宝盆",久安乡人民靠山吃山,开始对地下煤矿进行大规模的开采,煤窑最多的时候达到了400余家,乡财政收入80%以上来自煤炭开采,3000余名群众以挖煤为生。1991年,为充分利用煤炭资源优势发展农村经济,政府部门对煤炭开采进行统筹规划,走上了规模生产和集约经营之路,久安乡顺势将资源优势转化为经济优势,促进人民脱贫致富。因为煤,久安人民曾富甲一方,但也是因为煤,久安人民的后续发展也陷入过困境。

(二)守住底线,从"黑色经济"到"绿色经济"

久安乡除了是有名的煤乡外,还是古茶树之乡。随着人们生态文明意识的增强,为保护贵阳"水缸"——阿哈湖水库资源环境,国家实施了关停小煤窑的政策,久安于2010年开始关停境内煤矿,至2011年全部关停。至此,致富的"靠山"没了,久安乡人民陷入了发展的窘境。正在久安人民迷茫之际,贵阳市委、市政府吹响了建设生态文明城市的号角,久安人民从沉睡中清醒过来,把目光锁定在54000余株古茶树上,并迅速找到了转型发展的"定海神针"——茶业。从2011年起,久安乡引进龙头企业贵州贵茶公司,挖掘古茶树资源优势,创建以标准化茶叶种植、茶叶产品研发及加工为主导的茶产业。自此,久安乡产业发展从"地下挖煤"转向"地上种茶",经济由"黑色经济"转向"绿色经济",村民由矿工变茶农,短短几年时间,久安乡实现了"绿色"转身,从"产煤乡"变成了"产茶乡"。

(三)转型升级,文化旅游成功起步

1. 主导产业成功转型

随着区域内煤窑的全部关停,久安乡奋力探索出一条发展茶产业,使主导产业由地下转到地上、由"黑色"转为"绿色"的转型之路，形成"公司+基地+农户"模式。目前久安茶园面积达 20000 亩以上，成为贵阳市近郊最大的茶园基地。随着产业的不断推进，久安古茶的知名度逐步提升，先后被评为"中国高原古茶树之乡""贵州十大最美茶乡""贵州十大茶旅目的地"等；2015 年，以久安古茶树为主的"花溪区古茶树和茶文化系统"被农业部评为"中国重要农业文化遗产"。

2. 园区建设成效明显

久安抓准发展载体，着力园区建设，成效明显。建成古茶公园、茶文化广场、古茶树快繁中心及技术示范试验区等。久安园区"久安千年红""久安千年绿""久安千年白"三个优质品牌获无公害产品认证。此外，还建成占地 3000 平方米的茶叶加工生产线 3 条，其中两条从日本引进，年产达 1000 吨以上，同时，经欧盟有关机构鉴定，久安茶品质已达到其准入标准，并与星巴克签订购销合同。整体上，2013 年久安高效茶叶示范园区被列入贵州省"5个100 工程"，是当年花溪区唯一的一家省级农业园区。截至 2015 年底，园区已累计投入资金 5.9 亿元，产值达 5.4 亿元。

3. "茶文旅"已见雏形

立足古茶优势，久安乡深入挖掘茫父文化、茶文化和少数民族文化，向"茶文旅"一体化迈步。不仅出版了描写久安古茶树历史的《人行草木间》一书，还对乡村干部进行茶艺、采茶、炒茶培训，邀请省市相关部门帮助开发特色茶餐，组织开展久安跳花场、巩固跳云场等少数民族跳场活动；举办刺绣培训班，传承和发展"苗绣"这一非物质文化遗产。收集整理久安历史文化名人姚茫父的作品、材料，打造"茫父文化"，希望通过茶文旅融合，进一步实现产业发展升级。随着茶产业的进一步发展，久安乡不断完善交通基础设施、进行村级风貌整治等，并依托"创卫"系列活动，实现社会事业的协调发展，"十二五"末，久安乡的"茶文旅"一体化已见雏形。

二 "生态紧箍"，从优劣势看久安乡的发展基础

久安乡生态良好、物产丰富，煤矿和古茶资源成为久安的发展基础，良好的生态环境成为久安乡引以为傲的发展优势。但也正因为生态良好，久安乡

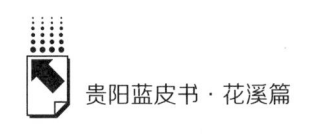

98%的面积都处于阿哈湖水库的一、二级保护区，这无形中为久安戴上了一个"生态紧箍"，使久安乡发展空间严重被挤压，发展困境亟待突破。

（一）"四大优势"聚能量

1. 生态环境良好

久安乡地处阿哈湖饮用水源保护区，生态环境优美。其海拔1100~1416米，常年云雾缭绕，年平均气温15.3℃，7月平均气温22.3℃，冬无严寒，夏无酷暑。森林资源丰富，乡境内森林面积36500亩，系贵阳二环林带保护区域，森林覆盖率达52.6%，1998年被全国绿化委员会授予"全国造林绿化百佳乡"称号。

2. 古茶资源独特

久安境内有54000余株古茶树，树龄在400~600年间，大的植株在600年以上，专家鉴定后认为"久安古茶树是目前国内已发现的最古老最大的栽培型灌木中小叶种茶树"，久安古茶树于2015年获得"中国重要农业文化遗产"称号，贵州省仅有两个地方获此殊荣，具有重要的利用和研究价值。

3. 文化资源丰厚

久安乡有着悠久的产茶历史，《贵州志》里曾有"煤炭窑"茶叶上贡朝廷的记载，境内仍保存有较为完整的中国盐茶古道1000余米。久安是北京"画坛领袖"、一代通才大师、颖拓艺术创始人"茫父"姚华的故乡，"茫父"成为久安独一无二、极具价值的文化名片。此外，久安还拥有历史悠久的禅文化、知青文化、竹文化、剿匪文化、生态文化和少数民族文化等。

4. 地理优势明显

久安位于黔中经济区正中心，东邻经开区，南靠石板镇，西接贵安新区，北连观山湖区。距贵阳市政府17公里，距贵阳老城区18公里，距花溪区行政中心23公里。紧靠西南商贸城，毗邻石板农产品物流园等大型商贸集散地，环城高速公路穿境而过，相对于其他茶区地理优势明显。

（二）"三大困境"待破局

1. 环境因素制约，区域发展受限

久安乡地处贵阳市"三大水缸"之一——阿哈湖上游，全乡98%的面积

均属于一、二级饮用水源保护区，因此不能发展工业和有污染的服务业，在发展空间受限的情况下，久安乡经济发展受阻，乡民想发展却不能发展，求发展与保生态的矛盾凸显，导致经济发展与生态保护的任务同样艰巨。同时，久安乡辖区多为林地保护区和基本农田保护区，建设用地尤为紧张，用地指标严重制约了全乡的产业发展。

2. 基础设施薄弱，农村面貌落后

从地图上看，久安乡位居黔中经济区腹地，地处贵阳和贵安连接的核心，但贵安大道和太金线到了久安边界就成为断头路，绕城高速公路穿行境内却封闭而行，没有路口连通久安，尽管被贵安新区、贵阳老城区、经开区、观山湖区围绕，却近似孤岛，加之未形成路网架构，弯多路窄，路况差、等级低，未能发挥地理优势融入贵阳、花溪半小时经济圈。同时，久安乡仍存在村民居住分散，自然村寨多，村容村貌较差，公共设施不完善、功能配套不健全等问题。水利、电力、农业等基础设施建设滞后，亟待改善升级。

3. 人力资源匮乏，结构不尽合理

久安乡交通不便、生活条件较为艰苦等原因，导致久安乡人才资源匮乏，难以引进人才，也难以留住人才。特别是近两年来，为支持花溪区发展大局，部分工作能力突出的同志被有关部门长期抽调或借调，加之空编较多，人手不足，中年骨干存在断档，一定程度上影响久安乡工作的开展。

三　"破解困局"，生态涵养下的茶文旅一体化探讨

（一）立足生态涵养，发展定位要明确

绿水青山就是金山银山，明确好发展定位，不走粗放发展的老路是久安乡谋发展的基础。在贵州省创建生态文明先行示范区的主基调下，贵州省委、省政府提出要将花溪区打造成为"全域旅游先行示范区"，这为久安乡的"生态紧箍咒"带来了破解密码，久安乡从旅游着手，为发展带来转机。贵阳市市委九届六次全会吹响了"以大数据为引领加快打造创新型中心城市"的号角，

通过创新思路、创新手段、创新途径，变劣势为优势，也为久安大力发展"大数据+农业"、"大数据+茶业"、"大数据+旅游"，助推茶文旅一体化，实现生态保护和产业发展双赢目标指引了方向。此外，久安乡在花溪区"十三五"时期打造文化旅游创新区"一核四带六线"布局中扮演着重要的节点角色，久安将在保护好生态基底的基础上，构建完备的茶产业体系，以打造"都市近郊茶旅文化示范区"为目标，推进茶文旅一体化发展。

（二）立足生态涵养，发展格局要合理

1. 擦亮"三张名片"，理清发展思路

立足水源保护地的生态红线，久安乡的发展思路要围绕贵阳市打造创新型中心城市、花溪区建设"国家级全域文化旅游创新区和千亿级开放创新平台"的总体部署，要抓住全域旅游先行示范区"一核四带六线"布局的机遇，坚守两条底线，创新思路，变劣势为优势。久安发展要找准重心，以茶为核心、以文化为魂，构筑精神高地，深挖文化富矿；要找准抓手，融合大数据、大健康、大扶贫、大旅游等工作，通过园区建设创新发展，开发旅游路线，擦亮"茫父故里、古茶之乡、生态久安"三张名片，推动"茶文旅一体化"，实现茶产业向文化旅游产业转型升级。

2. 抓牢乡情村情，构建"三园、七板块"互动格局

立足发展基础，聚合发展要素，久安乡要按照发展定位，抓住乡里现有的特色资源，依托7个行政村，努力构成"三园、七板块"的格局。

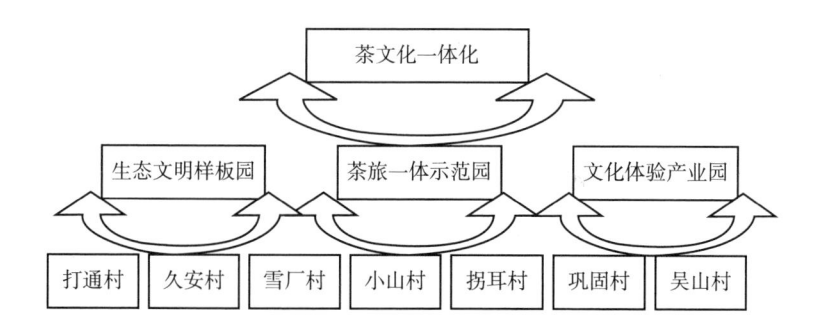

图1 久安乡"三园、七板块"互动格局

打造生态文明样板园。久安应以生态保护为前提，巩固久安生态优势，提升生态理念。将久安产煤时期留下的小煤窑遗址打造成乡村小煤窑博物馆和生态文化宣传教育基地，展示过去小煤窑高污染、低效率、高风险、低效益的生产场景，供游客进行体验式参与互动，使游客感受从过去满目疮痍的煤山锈水到如今一望无边的青山绿水的强烈反差，自觉肩负起守护生态环境和传播生态理念的责任。同时开发大健康产业、生态观光体验游、情怀旅游、低碳旅游等，让游客品味乡愁，推动生态产业化、产业生态化，实现生态和发展双赢。

打造茶旅一体示范园。久安应充分用好"中国重要农业文化遗产"、"中国高原古茶树之乡"、省级农业示范园区等金字招牌，做好体验、乡愁两篇文章，为园区融入文化之魂，丰富久安文化内涵，打造茶旅一体心灵圣地，成为游客养身、养心、养老首选地。同时争取引进"裸心谷"类似的高端项目落户久安。依托龙头企业和大户，建设贵州茶叶集散中心，将久安乡打造为贵州省茶产业的桥头堡。

打造文化体验产业园。久安要进一步强化文化就是核心竞争力的认识，将茫父文化中"诗书画印"等中华传统文化和高雅艺术与茶产业融合，营造"书香茶韵"的氛围，吸引高端人士修身养性，提高茶产品附加值；开发茫父颖拓、墨盒、画瓷、竹编、苗绣等文化旅游创意产品及文化体验项目，做好穿越旅游等文化创意体验游，将文化软实力变成经济硬支撑。

构建七个板块。发展不是一个村一个区域的事，而是要行政村形成各自发展特色，互动助推。久安要围绕久安村古茶公园、万亩茶园、知青竹林和美丽乡村点，建成集观光、休闲、旅游、科普、体验于一体的"茶文旅综合体板块"。要依托雪厂村森林公园、九龙山山体公园及绿色蔬菜基地、开心农场，建成"山体绿色生态板块"。依托打通村丰富的森林资源，将林下食用菌种植发展成为久安乡又一特色产业，建成"林下经济板块"。发挥小山村的区位优势，以贵茶公司茶叶加工生产线为重点，建成"茶叶工业旅游板块"。依托拐耳村红色剿匪基地和独特的山林资源，打造国防教育示范基地，供游客进行真人CS实战，建成"体育休闲板块"。依托巩固村大坪水库及生态优势，建成以休闲、养老、养生、养心为主的"健康养生板块"。依托吴山村毗邻观山湖的优势，引进绿色加工、现代物流企业，打造环保产业集群，建成"绿色企业板块"。

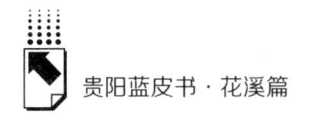

（三）立足生态涵养，发展方式要科学

立足现实，久安乡"十三五"要以打造"都市近郊茶旅文化示范区"为目标，推进茶文旅一体化发展，我们认为需要从主题差异性、产品多样性、景区优质性、考评科学性上努力，才能在保护生态环境的基础上，实现产业的转型升级。

1. 注重主题差异性，避免同质化发展

茶业属于传统行业，往往以产品为中心，而随着时代经济的不断发展，传统茶业的发展模式趋于雷同。贵州省因其特殊的地貌和气候条件，是中国种茶、制茶和饮茶最早的地区之一，凭都匀毛尖、湄潭翠芽早已名声在外的都匀地区、湄潭地区早已形成良好的发展模式。久安生态古茶要在众多茶中脱颖而出，注重主题发展的差异性、避免同质化发展的关键。

久安乡的茶产业要以文化为引领，修建茶文化碑廊、久安乡茶文化展示馆，向干部、村民及游客展示中华茶文化、贵州茶产业及茶历史，让游客了解茶、爱上茶、消费茶。开展茶文化"五进"活动，让茶文化深入机关、学校、企业、村寨、家庭，开设特色课堂，使久安人民懂茶、爱茶、说茶，修身养性、提升素质，推动产业发展。在此基础上，突出茶文化培训主题，与村集体经济结合，充分利用短期培训基地，对外接待培训班，使经济得发展、文化得传播、农民得实惠。此外，还可突出"茶文化+"，将其与书画等艺术形式以及儒、道、佛文化等融合，以开展各类活动为依托，将游客对茶的消费从"柴米油盐酱醋茶"的物质层面上升到"琴棋书画诗酒茶"的精神层面。这样通过主题和特色的创新，既可以给游客不同的茶文化体验，又能避免地区之间的同质化竞争。

2. 创新产品种类，发挥文旅融合优势

在旅游业的发展中，开发创新产品是重点。久安乡的茶产业虽然已形成一定规模，但茶文旅融合的产品亟待开发。茶文化旅游产品通常分为横向组合和纵向组合。横向组合是围绕茶文化的物质性、制度性和精神资源而设计的旅游产品和吃、住、行、游、购、娱产品，是旅游要素的一体化经营。纵向组合则包括横向层面与各类产品相关的丰富内容及旅游项目，通过体验可给人以神秘性、敏感性，对大多数游客都具有不可抗拒的吸引力。久安乡可依托现有的基础，开发茶产品、文化产品、农特产品，打造精品景区，并开发旅游路线。因此，我们建议久安乡要为游客提供多种选择的可能，不断开发创新各种旅游产品，实现旅游产品的多样性。

3. 注重景区优质性，完善基础设施建设

自驾游现在已成为周末游、近郊游的主要方式，久安乡农旅一体化发展虽然针对的游客很多元，但贵阳市周边地区的市民仍是主流。久安乡在依托"美丽乡村"等项目进行基础设施升级改造的同时，更要加大对景区的质量提升。在拓展旅游路线和提升景区开发水平的同时，要加强旅游沿线标识牌、加油站、停车场、住宿、医疗等配套设施的完善，并不断提高旅游接待水平和服务质量。此外，还要特别加强生态保护的基础建设工作，要在红线范围内将污染物进行环保处理，如建设标准化垃圾中转站和处理站，探索推行垃圾分类处理，配套建设污水生态处理系统，力争实现零污染、零排放。

4. 注重考评科学性，保护生态是前提

守住发展和生态"两条底线"，是中央对贵州的明确要求，也是贵州省贵阳市发展的基本前提。久安乡是饮用水源一二级保护地，生态发展的红线很明确，它决不能以牺牲生态环境去换取一时的经济增长。但是对这样的生态水源保护区，发展的经济标准并没有降低，这使类似于久安乡的生态保护区出现了要保护又要经济指标的"双要"标准，在客观条件下这样的指标任务是难以完成的，这使得区域发展矛盾突出，这也成为其发展中最为痛苦的事情。因此，我们建议上级有关部门在针对这样的特殊区域制定经济发展指标的时候能创新考评机制，能"因地制宜"，如相对降低标准，或者将标准更多向生态保护方面倾斜，一方面可为乡镇发展减压，减少矛盾激化，另一方面也为生态保护助力。另外，在规划的过程中久安乡还要注重环境承载力，不能为求发展过度消费生态，要制定相应的游客量接待标准，在红线范围内求发展，才能实现"古茶香、生态美、产业兴、文化浓、百姓富"的久安梦。

参考文献

花溪区人民政府：《花溪区国民经济和社会发展第十三个五年规划纲要》，2016 年

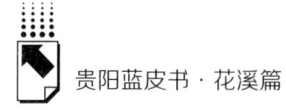

2月。

花溪区政研室:《花溪区各乡镇"十三五"发展思路汇报》,2016年8月。

黄喜文:《花溪区久安乡打造贵阳市生态文明最美体验地》,《贵阳日报》2016年6月23日。

冯卫英:《茶文化旅游资源研究——以环太湖地区为例》,南京农业大学研究生毕业论文,2011。

社会科学文献出版社　**皮书系列**

❖ 皮书起源 ❖

"皮书"起源于十七、十八世纪的英国，主要指官方或社会组织正式发表的重要文件或报告，多以"白皮书"命名。在中国，"皮书"这一概念被社会广泛接受，并被成功运作、发展成为一种全新的出版形态，则源于中国社会科学院社会科学文献出版社。

❖ 皮书定义 ❖

皮书是对中国与世界发展状况和热点问题进行年度监测，以专业的角度、专家的视野和实证研究方法，针对某一领域或区域现状与发展态势展开分析和预测，具备原创性、实证性、专业性、连续性、前沿性、时效性等特点的公开出版物，由一系列权威研究报告组成。

❖ 皮书作者 ❖

皮书系列的作者以中国社会科学院、著名高校、地方社会科学院的研究人员为主，多为国内一流研究机构的权威专家学者，他们的看法和观点代表了学界对中国与世界的现实和未来最高水平的解读与分析。

❖ 皮书荣誉 ❖

皮书系列已成为社会科学文献出版社的著名图书品牌和中国社会科学院的知名学术品牌。2016年，皮书系列正式列入"十三五"国家重点出版规划项目；2012~2016年，重点皮书列入中国社会科学院承担的国家哲学社会科学创新工程项目；2017年，55种院外皮书使用"中国社会科学院创新工程学术出版项目"标识。

权威报告·热点资讯·特色资源

皮书数据库
ANNUAL REPORT(YEARBOOK) DATABASE

当代中国与世界发展高端智库平台

所获荣誉

- 2016年，入选"国家'十三五'电子出版物出版规划骨干工程"
- 2015年，荣获"搜索中国正能量 点赞2015""创新中国科技创新奖"
- 2013年，荣获"中国出版政府奖·网络出版物奖"提名奖
- 连续多年荣获中国数字出版博览会"数字出版·优秀品牌"奖

成为会员

通过网址www.pishu.com.cn或使用手机扫描二维码进入皮书数据库网站，进行手机号码验证或邮箱验证即可成为皮书数据库会员（建议通过手机号码快速验证注册）。

会员福利

- 使用手机号码首次注册会员可直接获得100元体验金，不需充值即可购买和查看数据库内容（仅限使用手机号码快速注册）。
- 已注册用户购书后可免费获赠100元皮书数据库充值卡。刮开充值卡涂层获取充值密码，登录并进入"会员中心"—"在线充值"—"充值卡充值"，充值成功后即可购买和查看数据库内容。

卡号：324266752865
密码：

数据库服务热线：400-008-6695
数据库服务QQ：2475522410
数据库服务邮箱：database@ssap.cn
图书销售热线：010-59367070/7028
图书服务QQ：1265056568
图书服务邮箱：duzhe@ssap.cn

S 子库介绍
ub-Database Introduction

中国经济发展数据库

涵盖宏观经济、农业经济、工业经济、产业经济、财政金融、交通旅游、商业贸易、劳动经济、企业经济、房地产经济、城市经济、区域经济等领域，为用户实时了解经济运行态势、把握经济发展规律、洞察经济形势、做出经济决策提供参考和依据。

中国社会发展数据库

全面整合国内外有关中国社会发展的统计数据、深度分析报告、专家解读和热点资讯构建而成的专业学术数据库。涉及宗教、社会、人口、政治、外交、法律、文化、教育、体育、文学艺术、医药卫生、资源环境等多个领域。

中国行业发展数据库

以中国国民经济行业分类为依据，跟踪分析国民经济各行业市场运行状况和政策导向，提供行业发展最前沿的资讯，为用户投资、从业及各种经济决策提供理论基础和实践指导。内容涵盖农业，能源与矿产业，交通运输业，制造业，金融业，房地产业，租赁和商务服务业，科学研究，环境和公共设施管理，居民服务业，教育，卫生和社会保障，文化、体育和娱乐业等100余个行业。

中国区域发展数据库

对特定区域内的经济、社会、文化、法治、资源环境等领域的现状与发展情况进行分析和预测。涵盖中部、西部、东北、西北等地区，长三角、珠三角、黄三角、京津冀、环渤海、合肥经济圈、长株潭城市群、关中—天水经济区、海峡经济区等区域经济体和城市圈，北京、上海、浙江、河南、陕西等34个省份及中国台湾地区。

中国文化传媒数据库

包括文化事业、文化产业、宗教、群众文化、图书馆事业、博物馆事业、档案事业、语言文字、文学、历史地理、新闻传播、广播电视、出版事业、艺术、电影、娱乐等多个子库。

世界经济与国际关系数据库

以皮书系列中涉及世界经济与国际关系的研究成果为基础，全面整合国内外有关世界经济与国际关系的统计数据、深度分析报告、专家解读和热点资讯构建而成的专业学术数据库。包括世界经济、国际政治、世界文化与科技、全球性问题、国际组织与国际法、区域研究等多个子库。

法律声明

"皮书系列"(含蓝皮书、绿皮书、黄皮书)之品牌由社会科学文献出版社最早使用并持续至今,现已被中国图书市场所熟知。"皮书系列"的LOGO(📓)与"经济蓝皮书""社会蓝皮书"均已在中华人民共和国国家工商行政管理总局商标局登记注册。"皮书系列"图书的注册商标专用权及封面设计、版式设计的著作权均为社会科学文献出版社所有。未经社会科学文献出版社书面授权许可,任何使用与"皮书系列"图书注册商标、封面设计、版式设计相同或者近似的文字、图形或其组合的行为均系侵权行为。

经作者授权,本书的专有出版权及信息网络传播权为社会科学文献出版社享有。未经社会科学文献出版社书面授权许可,任何就本书内容的复制、发行或以数字形式进行网络传播的行为均系侵权行为。

社会科学文献出版社将通过法律途径追究上述侵权行为的法律责任,维护自身合法权益。

欢迎社会各界人士对侵犯社会科学文献出版社上述权利的侵权行为进行举报。电话:010-59367121,电子邮箱:fawubu@ssap.cn。

社会科学文献出版社